IGLESIA Adventist
Cerro Grande
tel. 22-24-2374

Siempre Gozosos

Experimentando el amor de Dios

Siempre Gozosos

Experimentando el amor de Dios

JUAN O. PERLA

APIA

GEMA EDITORES

Siempre gozosos
es una coproducción de

APIA
Asociación Publicadora Interamericana
2905 NW 87 Ave. Doral, Florida 33172, EE. UU.
tel. 305 599 0037 – fax 305 592 8999
mail@iadpa.org – www.iadpa.org
Presidente **Pablo Perla**
Vicepresidenta de Finanzas **Elizabeth Christian**
Vicepresidente de Producción **Daniel Medina**
Vicepresidenta de Atención al Cliente **Ana L. Rodríguez**
Vicepresidente Editorial **Francesc X. Gelabert**

Agencia de Publicaciones México Central, A.C.
Uxmal 431, Col. Narvarte, Del. Benito Juárez, México, D.F. 03020
tel. (55) 5687 2100 – fax (55) 5543 9446
informacion@gemaeditores.com.mx – www.gemaeditores.com.mx
Presidente **Erwin A. González**
Vicepresidente de Finanzas **Irán Molina A.**
Director Editorial **Alejandro Medina V.**

Edición y diagramación del texto
Cantábriga, SC

Diseño de la portada
Ideyo Alomía L.

Copyright © 2008
Asociación Publicadora Interamericana
GEMA EDITORES – Agencia de Publicaciones México Central, A. C.

Impreso por
Litografía Magno Graf, S.A. de C.V.

Impreso en México
Printed in Mexico

ISBN 10: 1-57554-664-7
ISBN 13: 978-1-57554-664-3

En esta obra las citas bíblica han sido tomadas de la revisión de 1960 de la Reina-Valera (RV60) de las Sociedades Bíblicas Unidas. Cuando la fraseología lo ha aconsejado, se ha recurrido a la Nueva Versión Internacional (NVI).

1ª edición: agosto de 2008

Ruego al Señor que estas meditaciones matinales nos ayuden a lo largo de todo este año a gozarnos en el incomparable amor de nuestro Padre celestial. Mi anhelo es, con la sencillez del niño que colocó en las manos de Jesús su escasa comida para que la multiplicara y alimentara a los cinco mil, poner estas meditaciones en manos del Maestro para que, multiplicadas y bendecidas por él, enriquezcan y aumenten la espiritualidad del pueblo de Dios.

Quiero expresar mi agradecimiento a Miriam, mi querida esposa, por su fiel y amante apoyo y su ayuda en la preparación de este material devocional, y a mis hijos, Susy y Otoniel, por haber sido los inspiradores de algunas de las meditaciones y por el ánimo que me han brindado para poder terminar sin desfallecer la que para mí ha sido grata, pero ardua tarea de redacción de las 365 meditaciones.

Ahora, así dice Jehová, creador tuyo, oh Jacob, y formador tuyo, oh Israel.
No temas, porque yo te redimí; te puse nombre, mío eres tú.

Isaías 43: 1

D ios tiene preparadas buenas cosas para ti en este nuevo año. Las condiciones durante los trescientos sesenta y cinco días que siguen se anticipan excelentes. No importa lo que suceda, todo, absolutamente todo, obrará en tu favor. Así lo afirma la Sagrada Escritura: «A los que aman a Dios, todas las cosas les ayudan a bien» (Rom. 8: 28).

Debemos saber que Dios tiene un plan para nuestra vida. De otra manera, la existencia sería una tragedia incomprensible. A menos que, al crearnos, Dios haya tenido un propósito, las cosas que nos ocurrieran no podrían explicarse; la vida sería un misterio. Entender esto nos ayudará a enfrentar la vida con valor y confianza. Muchas cosas serán inexplicables, pero será motivo de consuelo saber que Dios tiene un propósito para tu vida y que el final es lo que cuenta. Será motivo de consuelo creer que Dios sabe lo que está haciendo. No importa que la ruta que tome, o la manera en que trabaje, sea difícil de aceptar. Para llevarlo a ser gobernador de Egipto y salvador de su familia, Dios condujo a José a través del desprecio, la esclavitud, el maltrato injusto, y la cárcel.

Quizá pienses que Dios solo tiene un plan para los misioneros, o para los que hacen grandes cosas, pero no es así. Tú fuiste creado con diseño exclusivo. El molde en que fuiste formado nunca más se volvió a usar. Eres una creación única, traída a este mundo con un propósito único. Es posible que muchas veces no entiendas el plan de Dios, y no sepas a dónde quiere guiarte. Puede ser que en algún momento sientas que solo te ocurren cosas malas. Pero recuerda que todas las cosas en las manos de Dios redundarán para tu bien.

La larga espera para el matrimonio te traerá un buen esposo o una buena esposa. Los muchos años de paciencia sufriendo injusticias finalmente terminarán, y él «exhibirá tu justicia como la luz y tu derecho como el medio día» (Sal. 37: 6). Dios no pierde el control cuando ocurre la tragedia. Tampoco pierde el control cuando cambian las circunstancias. Las cosas suceden porque Dios tiene un propósito para nuestra vida. Cada día de este nuevo año mantén en tu mente el mensaje del profeta Isaías: «Ahora, así dice Jehová, creador tuyo, oh Jacob, y formador tuyo, oh Israel» (Isa. 43: 1). Has sido creado por designio divino. Hay un plan divino para tu vida y todo lo que suceda obrará en tu favor.

Enseñándoles que guarden todas las cosas que os he mandado
y he aquí yo estoy con vosotros todos los días hasta el fin del mundo. Amén.
MATEO 28: 20

A pesar de que los buenos deseos y las mejores esperanzas están en el ambiente al comenzar el nuevo año, es inevitable que el temor y la incertidumbre aparezcan como fantasmas en nuestras mentes. Se suscitan interrogantes que revelan preocupación y miedo. Surgen preguntas como: ¿Qué me traerá el nuevo año? ¿Recibiré buenas o malas noticias? ¿Seré sorprendido por algún acontecimiento inesperado o desagradable? Los pronósticos de algunos que pretenden conocer el futuro perturban e inquietan nuestro espíritu con sus terribles augurios de guerras, crisis financieras, accidentes aéreos, ataques terroristas, terremotos, violentos huracanes y muchas otras cosas que incrementan el temor.

Al dar el primer paso en el sendero de este año, lo que más anhelamos son buenas noticias. Necesitamos escuchar algunas cosas que nos traigan ánimo y seguridad, algo que nos reanime el espíritu, tranquilice la mente, y nos impulse a avanzar con paso firme en este nuevo año.

Desde hace mucho tiempo aprendí que el único lugar seguro al que acudir en busca de seguridad y buenas nuevas es la Palabra de Dios. Las palabras del Señor siempre son contemporáneas, sin importar los miles de años transcurridos desde que fueron escritas. La palabra de Dios es eterna y se aplica a cada uno de nosotros, en todo tiempo, en cualquier lugar, en cualquier circunstancia.

La promesa de Jesús hecha a sus discípulos antes de retornar a su Padre, «He aquí yo estaré con vosotros todos los días», trae seguridad, fortaleza y tranquilidad al corazón de cada uno de los hijos de Dios. Aunque cada vez que abrimos el periódico o escuchamos las noticias se nos recuerde que este mundo es un lugar peligroso y que no hay ni un sitio seguro humanamente hablando, los hijos de Dios sabemos que *sí* hay un lugar seguro.

El único lugar seguro está *en el centro de la voluntad de Dios*, allí donde se reconoce su presencia, donde se acepta su señorío, donde se recuerdan sus palabras: «He aquí yo estoy con vosotros». La presencia de Dios hace de cualquier sitio un lugar seguro, a pesar de los peligros, porque el Señor está siempre en el centro de control y está presente en todas las circunstancias.

Ten ánimo en el Señor durante este día. La presencia de Dios estará contigo cada uno de los trescientos sesenta y cinco días del año, para darte seguridad y paz.

Dios es nuestro amparo y fortaleza, nuestro pronto auxilio en las tribulaciones.
SALMO 46: 1

L a situación era difícil para uno de los miembros de mi iglesia. Su corazón estaba destrozado. La prueba había estremecido hasta los mismos cimientos de su fe. Habían secuestrado a uno de sus hijos, prominente abogado. El secuestro duró varias semanas. Cada día de ausencia del hijo amado se convirtió en una horrenda pesadilla. Se pagó una suma considerable por su rescate. Sin embargo, los días pasaron y el joven no aparecía. De pronto, recibió una llamada telefónica que le dio la desgarradora noticia de que su hijo había sido asesinado por los secuestradores. Habían hallado su cuerpo en estado de descomposición, sepultado a escasos centímetros de la superficie de la tierra.

La visita pastoral que le hice a aquel hermano para consolarlo fue una de las más difíciles que recuerdo. Tan pronto tomé asiento en la sala de su casa, me dijo:

—Pastor, no me hable de Dios. Él no está con sus hijos durante la hora de la prueba. No sé dónde está. No siento su presencia.

¿Podemos experimentar la presencia de Dios en tiempos de necesidad? ¿Cuando la angustia golpea el corazón? ¿Cuando nace ese hijo enfermo? ¿Cuando el negocio fracasa? Dios nos habla hoy a través de su Palabra para que sepamos que siempre está de nuestra parte. Aunque seamos responsables en un ochenta por ciento de las dificultades que afrontamos, él no se cruza brazos ni nos dice: «¡Te lo dije! Es culpa tuya. Lo que te ocurre solo es resultado de tus decisiones». Dios no es así. Está contigo, no contra ti.

¡Qué alentador es saber que Dios es nuestra fortaleza! La verdad que enseña el Salmo 46 es que Dios siempre está con nosotros. ¡Cuán diferente sería nuestra reacción ante el temor si de verdad supiéramos que Dios está con nosotros! Él es la fuente de esperanza y poder en la prueba. Nuestro constante ayudador.

Hay tres maneras en que Dios nos apoya. En primer lugar, es un refugio, un lugar de protección adonde podemos correr y en el que podemos hallar seguridad. En segundo lugar, es nuestra fortaleza; es poder para hoy, no consuelo para mañana. Dios da fortaleza ahora. Momento tras momento. Es fortaleza en el momento de necesidad. En tercer lugar, es nuestro ayudador, siempre disponible durante la prueba. No importa cuán sorprendente, difícil o inesperada sea, podemos experimentar la presencia del Señor. Está en el mismo bote que tú cuando viene la tempestad y las aguas rugen con furor.

Confía en Dios. Él es nuestro amparo y fortaleza.

Por lo cual pido que no desmayéis a causa de mis tribulaciones por vosotros, las cuales son vuestra gloria.
EFESIOS 3: 13

El temor, la angustia y el desánimo invadían el corazón de los cristianos de la iglesia de Éfeso. ¿Cuál era la causa? ¿Por qué el desánimo? ¿Cuál era la razón para que sus corazones estuviesen deprimidos? Era que su amado pastor, el apóstol Pablo, se encontraba prisionero. Ellos pensaban que si esa era la suerte del hombre de Dios, ¿qué sería de ellos?

Pero Pablo les escribió desde la prisión, diciéndoles: «Por lo cual os pido que no desmayéis». No se desanimen. No se angustien. No desmayen. ¿En qué basaba el apóstol este mensaje de ánimo? Hay tres razones por las cuales Pablo pidió a los efesios —y pide a todo cristiano— que no desmayasen.

Pablo dice: «Soy prisionero de Jesucristo, no tengo por qué desalentarme. No soy prisionero del César». No se encontraba en aquellas circunstancias por el capricho, los deseos o los planes de los hombres. Eran la voluntad y los planes de Dios. Las adversidades en la vida del cristiano no son accidentes, no son producto del destino, no son resultado de la mala suerte o el azar. Son los propósitos de Dios para su vida. San Pablo era feliz y estaba en paz donde Dios quería que estuviera. Lo mismo debe ocurrirnos a nosotros.

Pablo no desmayaba porque consideraba que Dios está por encima de todas las cosas. Por eso dice que de Dios «toma nombre toda familia en los cielos y en la tierra» (Efe. 3: 15). No hay nada que supere a Dios; nada lo incapacita; nada lo inhabilita. Él es el vencedor del sepulcro. Está por encima de la muerte. Está por encima del cáncer y de cualquier enfermedad incurable.

Pablo estaba enraizado en lo más profundo del corazón de Dios. Por eso dice: «A fin de que arraigados y cimentados en amor, seáis capaces de comprender» (Efe. 3: 17). Estaba tan escondido en el amor de Dios que no temía ni la prisión ni la muerte. Sabía que, aunque tuviera que ir al descanso, el amor de Dios jamás lo olvidaría.

No tienes por qué desanimarte. Si el dolor del abandono del esposo embarga tu corazón, no te desalientes hasta el punto de perder tu fe. Si has escuchado el diagnóstico de una enfermedad incurable, no te desanimes. Tu Dios dirige tu vida. Él es más grande que las circunstancias. Dios te lleva en lo más profundo de su corazón. No te desanimes; no desmayes. Confía en Dios.

No os acordéis de las cosas pasadas, ni traigáis a memoria las cosas antiguas.
ISAÍAS 43: 18

L os psicólogos dicen que hay dos archivos principales en la memoria de cada persona. Un archivo está lleno de los fracasos, las caídas, los recuerdos dolorosos, los resentimientos por ofensas recibidas, las privaciones y los daños que nos han ocasionado. El segundo es su archivo de victorias. Contiene el registro de los logros, los momentos felices, los comentarios estimulantes escuchados y todas aquellas cosas de las cuales te sientes orgulloso.

Investigaciones realizadas comprueban que la disposición de una persona, su estado de ánimo, depende del archivo en que se concentra. Mucho antes de que los psicólogos hicieran esos descubrimientos, los escritores bíblicos aconsejaron no poner la vista en los fracasos del pasado, en los recuerdos negativos, en lo que queda atrás. Animaron a sus lectores a tener un punto de vista saludable y positivo de la vida.

El apóstol Pablo aconseja a sus lectores y oyentes que no piensen en lo que queda atrás (Fil. 3: 13), que dejen en el olvido todo aquello que deprime, paraliza o altera la paz y la tranquilidad. Aconseja poner la atención en el archivo donde se encuentra lo bueno, lo amable, lo puro, lo que es virtuoso, en lo que es digno de ocupar nuestros pensamientos (Fil. 4: 8).

¿En qué archivo te concentras tú? Muchos viven conectados a su archivo de fracasos. Concentran su atención en sus desengaños, en sus heridas, en sus experiencias dolorosas, en sus días tenebrosos y en sus horas de pesar. Dios declara en su Palabra que nuestros fracasos han sido puestos en el olvido, que nuestros errores han sido echados en lo profundo del mar. Nuestras faltas fueron lanzadas tan lejos como la distancia entre el oriente y el occidente (Sal. 103: 12). Alguien ha dicho que Dios ha lanzado nuestros pecados al fondo del mar y ha puesto un rótulo que dice: «Prohibido pescar».

El salmista David habla de lo que ocurrió cuando se centró en su archivo de fracasos. Afirmó: «Mi pecado está siempre delante de mí» (Salmos 51: 3). Como consecuencia de ello, sintió que sus huesos se secaban. Todo cambió cuando concentró su atención en el perdón y la salvación de Dios.

Te animo hoy a dejar de vivir en el pasado. Olvida lo que queda atrás y pon tu vista en lo que está delante. Si vuelves al pasado, considera tu archivo de victorias. Aunque sea una sola victoria, acude a ella. Si no recuerdas ninguna victoria, recuerda el momento en que Dios te salvó. Esa es la más grande de todas las victorias.

Y el ángel de Jehová se le apareció, y le dijo: «Jehová está contigo, varón esforzado y valiente».
JUECES 6: 12

Gedeón llegó a ser un poderoso soldado en el ejército del Señor. A los ojos de Dios, aquel juez de Israel era un hombre intrépido, una persona de una extraordinaria valentía. Sin embargo, Gedeón no tenía el mismo concepto de su propia valía. La percepción que tenía de sí mismo era totalmente diferente de la de Dios. Cuando el ángel le dijo: «Ve con esta tu fortaleza y salvarás a Israel» (Jue. 6: 14), respondió: «Ah, Señor mío, ¿con qué salvaré yo a Israel? He aquí que mi familia es pobre en Manasés, y yo el menor en la casa de mi padre» (Jue. 6: 15). ¿Por qué Gedeón pensaba de esa manera? Es posible que fuera por humildad genuina. Pero es posible, también, que las circunstancias por la que atravesaban él, su familia y su pueblo, determinaran su manera de pensar. El concepto que los madianitas tenían de los israelitas influía en las creencias de Gedeón. Se veía como lo veían sus enemigos: esclavo, derrotado, pobre.

Gedeón era como muchos de nosotros. Encontraba difícil creer que Dios lo hubiese elegido para una obra especial. Desconocía los dones con los que Dios lo había capacitado. Dios no nos llama a realizar ninguna cosa para la cual no nos haya preparado. No ve cómo somos, sino cómo podemos llegar a ser con su gracia y con su ayuda. Tómale la palabra a Dios. Cree que eres lo que él dice que eres. Si dice que eres un santo, cree que lo eres, y vive y anda como un santo. Si dice que tus vestiduras son blancas, cree que lo son, y vive sin mancha y contaminación. Si dice que eres su amigo, vive feliz y confiado, y háblales a otros de tu buen amigo Jesús. Si te dice que eres justo, cree que lo eres, y vive como una persona justa. Si dice que tienes su poder, cree que lo tienes, y vive como vencedor. Si te dice que puedes derrotar al gigante, cree que lo puedes hacer, y debes salir a vencerlo.

No escuches a las personas que te dicen que no tienes capacidad para hacer las cosas que Dios te pide que hagas. No te espacies en las circunstancias. Si lo haces, nunca serás capaz de realizar ninguna cosa.

Es importante que hoy comiences a verte tal como te ve Dios: valiente, lleno de coraje, poderoso y audaz. La elección es tuya. Para ti puede ser imposible, pero Dios puede hacer cosas sobrenaturales en tu vida. Vive hoy la vida abundante que Dios tiene para ti.

Mucho más que langostas

enero 7

> Mas los varones que subieron con él, dijeron: «No podremos subir contra aquel pueblo, porque es más fuerte que nosotros». Y hablaron mal entre los hijos de Israel, de la tierra que habían reconocido, diciendo: «La tierra por donde pasamos para reconocerla, es tierra que traga a sus moradores; y todo el pueblo que vimos en medio de ella son hombres de grande estatura. También vimos allí gigantes, hijos de Anac, raza de los gigantes, y éramos nosotros, a nuestro parecer, como langostas; y así les parecíamos a ellos».
>
> NÚMEROS 13: 31-33

Cuando el pueblo de Israel llegó a las fronteras de Canaán, Dios le ordenó a Moisés que enviara espías a la tierra para explorarla. La orden que les dio fue esta: «Observad la tierra cómo es, y el pueblo que la habita, si es fuerte o débil, si poco o numeroso» (Núm. 13: 18). Los espías recorrieron la tierra y presentaron su informe: Diez de ellos vieron la tierra de forma negativa y pesimista. Solamente Josué y Caleb vieron la tierra y sus habitantes desde la perspectiva de las promesas de Dios. Señalaron que la tierra era sumamente buena y que debían conquistarla inmediatamente.

Los diez espías pesimistas miraban la vida desde una perspectiva humana que conduce a la derrota. Decían: «Ellos son más grandes. Nos devorarán. Somos muy poca cosa». Frecuentemente enfrentamos los mismos temores que experimentaron aquellos diez espías. Dios quiere que entremos en la tierra prometida, que tomemos posesión de ella, pero hay enemigos que nos llenan de miedo y nos hacen sentir pequeños e insignificantes. Esos enemigos pueden tomar la forma de adicciones, entretenimientos, finanzas o prioridades mundanales. Incluso podemos enfrentar enemigos más tangibles que amenazan con causarnos dolor físico o emocional.

Todos estos enemigos parecen ser gigantes invencibles que pueden mantenernos fuera de la tierra prometida. Solo hay una salida: al igual que Caleb y Josué, hemos de ver la vida desde la perspectiva de las promesas de Dios. Debemos hacer un recuento de las circunstancias en que Dios nos ha librado en el pasado. Al recordar lo que Dios ha hecho por nosotros en el pasado, nos alentaremos para decir: «Gloria a Dios. Estoy listo para heredar la Canaán celestial».

Sin una perspectiva clara de quiénes somos tú y yo en Jesucristo, todo enemigo parece ser un gigante invencible. Pero cuando depositamos nuestra confianza en Dios y permitimos que obre en nosotros; nos veremos como Dios quiere que seamos. «Antes, en todas estas cosas somos más que vencedores por medio de Aquel que nos amó» (Rom. 8: 37).

13

Entonces oí una gran voz del cielo que decía: «Ahora ha venido la salvación, el poder, y el reino de nuestro Dios, y la autoridad de su Cristo; porque ha sido lanzado fuera el acusador de nuestros hermanos, el que los acusaba delante de nuestro Dios día y noche».
APOCALIPSIS 12: 10

No permanezcas bajo condenación. Deja de escuchar las voces que te susurran constantemente al oído aquellos pecados y faltas que ya fueron confesados y perdonados. A Satanás se le llama el acusador de los hermanos porque le encanta vernos vivir agobiados por un sentimiento de culpa y condenación. Acumulará todas las acusaciones que pueda contra nosotros.

Algunas serán acusaciones por faltas que cometimos, pero exageradas. Otras serán acusaciones falsas, mentiras abiertas, acusándonos de pecados que no cometimos. Pero todas harán que te sientas muy mal, y más culpable de lo que eres.

Satanás te dirá: Ayer trataste mal a tu esposa. Esta mañana le gritaste a uno de tus compañeros de trabajo. La semana pasado criticaste a los líderes de la iglesia. Anoche, mientras regresabas de tu trabajo, te descontrolaste y fuiste imprudente con otros conductores.

Si cometes el error de aceptar esas acusaciones, te privarás del gozo que resulta de tener confianza en Dios. Recibe la misericordia de tu amante Padre celestial. Sobreponte a tus pecados y fracasos que Dios ya lanzó a lo más profundo del mar. No albergues sentimientos de culpabilidad, porque vivirás mortificado diariamente. No permanezcas bajo condenación. Si deseas obtener la victoria, es tiempo de poner los pies firmemente sobre la roca de tu salvación. Di: «No escucharé más esas voces que solo producen sentimientos de culpabilidad en mi corazón. Es verdad que no soy perfecto, pero estoy bajo la gracia de Cristo. He cometido muchos errores, pero estoy seguro que he sido perdonado por la misericordia de Dios». Mientras ames a Cristo de todo corazón, y el deseo predominante de tu corazón sea servir a Dios y hacer su voluntad, puedes tener la seguridad de que Dios está complacido contigo.

Di hoy al enemigo con firmeza: «He sido limpiado con la sangre de Jesús. Mi Biblia dice que "Ninguna condenación hay para los que están en Cristo Jesús" (Rom. 8: 1). Seré victorioso. No escucharé tus acusaciones. No viviré agobiado por sentimientos de culpa por pecados que Dios ya me perdonó. Dios está trabajando en mí y he recibido su misericordia».

Hoy es un nuevo día. No mires hacia atrás; mira al frente. Contempla al ángel del Señor a tu derecha confrontando a Satanás y asegurando que tú has sido comparado con el alto precio de la sangre de Jesucristo.

> Y hubo una voz de los cielos que decía:
> «Este es mi hijo amado, en quien tengo complacencia».
>
> MATEO 3: 17

Un profesor de una de nuestras universidades me dijo lo siguiente: «He trabajado con todas mis fuerzas durante muchos meses. Algunas veces me quedé trabajando hasta altas horas de la noche. Sacrifiqué mucho del tiempo que debí haber dedicado a mi familia. Di lo mejor de mí para cumplir con el proyecto que se me solicitó realizar. Después de tanto sacrificio y entrega, no recibí una sola palabra de aprecio».

¿Sientes que no eres apreciado? ¿Hace ya mucho tiempo que no escuchas una palabra de reconocimiento? ¿Se te hace difícil recordar cuándo fue la última vez que te dijeron que habías hecho un excelente trabajo? ¿Crees que necesitas un poco más de reconocimiento del que recibes? Le preguntaron en cierta ocasión a un empleado cómo le iba en su trabajo. Prestamente respondió: «Supongo que bien, porque no me han dicho nada».

Y si eres dirigente y tienes bajo tu dirección a otros, ¿desde cuándo no le dices ninguna palabra de reconocimiento o encomio a tu empleado? ¿Y qué tal te portas como esposo o como esposa? ¿Y como padre o como madre? ¿Felicitas a tus hijos por sus logros, por pequeños que sean? Para ellos es muy importante el reconocimiento o una palabra de elogio de parte de sus padres. Según los psicólogos, todo ser humano necesita al menos cuatro elogios diarios. Lo cierto es que todas las personas necesitamos afirmación. Los cumplidos, que siempre deben y pueden ser honestos, son de mucha ayuda, porque aumentan la autoestima para alcanzar una vida mejor. Es importante reconocer que cualquier tipo de estímulo hace que la persona se sienta viva. Son muy pocos los individuos que podrían pasar cuarenta y ocho horas sin ningún tipo de estímulo sintiendo que viven de forma plena. Sin embargo, hay quienes pasan prácticamente toda la vida, no solo sin una sola palabra de reconocimiento, sino heridos por la crítica y el desprecio. Hay mucho dolor y mucha infelicidad en la tierra. Mucho de ese dolor y de esa infelicidad se debe a la falta de estímulo de aquellos que están en posición de autoridad: padres, madres, maestros, autoridades civiles y administradores de empresas.

¿Tienes hijos? Recuerda cuando tus padres expresaban frente a otros lo orgullosos que se sentían de ti, y no escatimes los elogios a tus hijos. Estas palabras de Dios son un santo elogio para su Hijo Jesús: «Este es mi Hijo amado, en quien tengo complacencia». Jesús vivió para agradar a su Padre, y este reconoció y elogió ese hecho. Haz lo mismo con tus hijos.

El cumplido de Dios es también para ti. Él te dice: «Eres mi hijo amado. En ti tengo complacencia. ¡Eres maravilloso! Estoy complacido de todos tus esfuerzos por agradarme. Sé que vives para servirme. Gracias».

Yo soy el Dios de Betel, donde tú ungiste la piedra, y donde me hiciste un voto. Levántate ahora y sal de esta tierra, y vuélvete a la tierra de tu nacimiento.
GÉNESIS 31: 13

Hay cosas tuyas que solo Dios conoce. Dios conoce con exactitud cada uno de los rincones de tu corazón. Nadie más que Jacob conocía la historia de Betel. Para Jacob, Betel era un lugar muy especial, porque allí Dios le había confirmado el pacto abrahámico y le había repetido la promesa de Abraham. Muchos años después de Betel, Jacob se había sentido deprimido. Había aprendido la amarga lección de sentirse víctima del engaño. Pero cuando el patriarca estaba pasando por aquella crisis, Dios se le presentó y le dijo: «Yo soy el Dios de Betel, donde tú ungiste la piedra, y donde me hiciste un voto. Levántate ahora y sal de esta tierra, y vuélvete a la tierra de tu nacimiento» (Gen 31: 13).

¡Qué Dios tan compasivo y comprensivo! Pudo haberse presentado como antes: «Soy el Dios de Abraham y de tu padre Isaac...» Pero Dios comprendió que Jacob necesitaba aliento. Por eso le recordó Betel, la casa de Dios, donde se había encontrado con él. Al recordar lo que había ocurrido en Betel, encontraría el aliento para seguir adelante haciendo la voluntad de Dios.

¿Tienes que tomar una decisión importante? ¿Estás pasando por una crisis? ¿Has sido víctima de la malicia humana? Busca a Dios en el lugar donde te encontraste con él de manera especial la última vez, y lo encontrarás. El Dios de Betel tiene un pacto también contigo. También a ti te ha hecho preciosas y grandísimas promesas. Vete al lugar donde te encuentras con Dios regularmente y lo encontrarás allí. Si no tienes un lugar donde te encuentras con él, un lugar secreto, dile que quieres establecer uno ahora mismo. Ese lugar será tu Betel, el lugar al que Dios hará referencia en el futuro. Cuando estés pasando por una crisis, te dirá: «Yo soy el Dios de Betel». «No te desampararé, ni te dejaré» (Heb. 13: 5).

Dios quiere que, en medio de la adversidad, hagas un recuento del pasado y enumeres las veces que él se ha manifestado en tu vida, igual que hizo en la vida de Jacob. Dios quiere que, por nuestro bien, nunca olvidemos las cosas que él ya ha hecho en nuestra vida.

Sigue creyendo y confiando en el Dios de Betel, el Dios que ve y oye cada uno de tus anhelos y deseos. El Dios de Betel hará que el momento de mayor aflicción sea el de mayor bendición en tu vida.

Aun el más débil puede ser recordado por siempre *enero 11*

> Ve, junta a tu gente en el monte de Tabor, y toma contigo diez mil hombres de la tribu de Neftalí y de la tribu de Zabulón; y yo atraeré hacia ti al arroyo de Cisón a Sísara, capitán del ejército de Jabín, con sus carros y su ejército, y lo entregaré en tu mano.
>
> JUECES 4: 6, 7

Aun el cristiano más débil puede construir una memoria duradera. Tal vez seas de los que dicen: «Bueno, yo soy muy débil. Nunca voy a lograr algo grande. Quizá yo sea el cristiano más débil que existe en este mundo. Nunca voy a poder hacer esto o lo de más allá». Si este es tu caso, entonces es bueno recordar a Barac. Débora era la juez de Israel en aquel entonces, y además era profetisa de Dios. El Señor le dio el mensaje para Barac que se encuentra en nuestro texto de hoy.

Dios le prometió a Barac con total claridad que le daría la victoria. Pero Barac dijo: «No, yo no puedo hacer eso. Es demasiado grande para mí. No estoy listo». Luego le dijo a Débora: «Si tú fueres conmigo, yo iré; pero si no fueres conmigo, no iré» (vers. 8). Ella respondió: «Iré contigo; mas no será tuya la gloria de la jornada que emprendes, porque en mano de mujer venderá Jehová a Sísara» (vers. 9).

¿Por qué se portó Barac así? ¿Temor? Quizá. ¿Timidez? Probablemente. O quizá humildad. Creía que si la profetisa de Dios lo acompañaba, el éxito estaba más que asegurado. Lo que le interesaba era la victoria de Israel, independientemente de los méritos o los honores que se le tributarían al triunfador humano.

Si verdaderamente Barac se sintió insignificante, ello puede haberse debido a que se valorase de acuerdo a sus sentimientos, según su propio punto de vista, y no según la perspectiva que Dios tiene de cada uno de sus hijos. ¿Cuál era el concepto que Dios tenía de Barac? El capítulo 11 de Hebreos, donde se mencionan grandes personajes del Antiguo Testamento, no alude a Débora, sino a Barac. Puede ser que se haya sentido débil e incapaz de hacer algo grande, pero ocupó un lugar en el salón de la fama de los grandes hombres de la Biblia.

Qué prometedor es esto para cada uno de nosotros, los que nos sentimos débiles, incapaces, indignos e insignificantes. Ante los ojos de Dios, por los méritos de Jesucristo, hasta el cristiano más débil en las luchas de este mundo puede llegar a tener su nombre escrito en el libro de memoria de Dios. Califícate hoy de acuerdo a la escala de valores de Dios.

17

Haya, pues, en vosotros este sentir que hubo también en Cristo Jesús,
el cual, siendo en forma de Dios, no estimó el ser igual a Dios
como cosa a qué aferrarse, sino que se despojó a sí mismo,
tomando forma de siervo, hecho semejante a los hombres.
FILIPENSES 2: 5-7

El Dr. Michael Cromartie, del Centro de Ética y Política Pública de Estados Unidos, dijo una vez: «Si los evangélicos pudieran elegir un papa, John R. W. Stott sería la persona que, muy probablemente, elegirían». Estas palabras bastan para indicarnos la grandeza de este hombre. Para poder predicarles a los pobres, vagabundos y perdidos, decidió "desaparecer" durante dos días de su hogar y vagar por las calles para descubrir por sí mismo, al menos un poco, lo que significa ser uno de los desposeídos de Londres. En sus propias palabras:

«Me dejé crecer la barba varios días. Me vestí de ropa vieja. Puse mi tarjeta de identidad en mis zapatos y comencé a vagar cerca del río y el dique, donde andan los vagabundos. Mi primera noche la pasé bajo los arcos del puente de Charing Cross, rodeado de vagabundos, hombres y mujeres, cuyo único abrigo, aparte de su ropa, era papel de periódico. No dormí mucho. El pavimento estaba muy duro; los vagabundos entraban y salían; algunos de ellos estaban borrachos y hacían mucho ruido, y hacía mucho frío. No recuerdo qué mes era, pero era el comienzo del invierno. Así que me sentí muy agradecido cuando salió el sol y amaneció un hermoso día. Recuerdo que vagué por el East End de Londres, y, como había dormido muy poquito, me dejé caer en un rincón del parque y me dormí. Sin embargo, antes de eso, al amanecer, fui a varios lugares donde vendían té. Deliberadamente, no había llevado dinero, y les pedí a los empleados trabajo por una taza de té o por un desayuno. Pero ninguno de ellos me hizo caso. Comencé a sentirme muy rechazado.

»Esa noche fui al local que el Ejército de Salvación tiene en Whitechapel e hice cola para pedir una cama. Era un dormitorio sin cubículos y sin privacidad. Fue una noche terrible. Llegaron muchos hombres, dos de los cuales estaban, evidentemente, mal de la cabeza. De modo que, una vez más, dormí muy poco. Al amanecer, decidí que ya tenía bastante». Pasó solo cuarenta y ocho horas como uno de los pobres y vagabundos de este mundo, y sintió que ya era suficiente.

Sin embargo, nuestro Salvador se identificó con los vagabundos de este mundo —todos nosotros— *durante toda su vida*. Fue uno con nosotros, «varón de dolores y experimentado en quebranto». ¿Tenemos nosotros el mismo sentir?

Porque por gracia sois salvos por medio de la fe;
y esto no de vosotros, pues es don de Dios.

EFESIOS 2: 8

Se cuenta la anécdota de un hombre que llegó a la puerta del cielo. El ángel Gabriel era el encargado de atender a los que llegaban. El hombre dijo: «Toda mi vida he sido bueno y obediente. Demando que me dejes entrar». «Esto es muy sencillo», respondió el ángel. «Solamente necesitas mil puntos para entrar. Dime las cosas buenas que has hecho y acumularás los puntos necesarios, y entonces podrás entrar en el reino de los cielos».

El hombre comenzó a enumerar lo que parecían ser cosas de peso: «Mira, Gabriel, durante cuarenta años de mi vida he sido fiel a mi esposa. Nadie puede acusarme de infidelidad». «Excelente —dijo el ángel—. Tienes tres puntos». «¿Qué? Cuarenta años soportando a una mujer de carácter difícil, ¿y solo me das tres puntos?», señaló el hombre. El ángel replicó: «Sí, y no hables mal de la esposa que Dios te dio, porque te puedo quitar los puntos que te di por serle fiel».

Aunque no podía creerlo, el hombre continuó: «Toda mi vida he sido vegetariano». El ángel replicó: «Te felicito por cuidar el templo de Dios. Tienes dos puntos más». El hombre casi sufrió un colapso y, enojado, le dijo: «Toda mi vida comiendo carne de soja, absteniéndome de la jugosa carne de res y las deliciosas hamburguesas; cuarenta años comiendo cebollas y brócolis, que no tienen un sabor agradable, ¿y solo dos puntos?» El ángel le dijo: «Sí, y, por favor, no hables mal de la dieta de Dios o te quito los dos puntos que ya te di».

El hombre, encendido en cólera, continuó: «Desde que acepté el evangelio, he devuelto mis diezmos y, además, doy la mitad de mi salario en ofrendas para el avance de la obra de Dios. ¿Cuánto me das por eso, Gabriel?» El ángel le dijo: «¡Qué linda causa! Es algo muy noble lo que has hecho. Tienes un punto».

El hombre explotó en cólera: «¿Sabes qué, Gabriel? Al paso que llevas, solo entraría al cielo por la gracia de Dios». El ángel saltó, lo tomó de la mano, y le dijo:

—Acabas de ganar mil puntos. ¡Bienvenido al cielo!

La verdad gloriosa del evangelio es que la salvación no es una transacción entre Dios y nosotros. No es una recompensa por las buenas obras que hayamos hecho. En la salvación no hay sitio para el mérito humano, ni para ninguna glorificación humana. La salvación es el don de Dios. El cielo estará lleno de las proezas de Cristo y las alabanzas a Dios.

El evangelio perdido

No todo el que me dice: «Señor, Señor», entrará en el reino de los cielos, sino el que hace la voluntad de mi Padre que está en los cielos.
MATEO 7: 21

El Sermón del Monte es el más grande sermón jamás predicado. Sin embargo, pareciera que no habla nada de la salvación por gracia, como si el evangelio no se encontrase allí, como si para entrar al reino de los cielos debiéramos realizar buenas obras.

La palabra 'gracia' no aparece ni una sola vez en todo el sermón, y la palabra 'fe' solo se menciona una vez. Es como si Jesús enfatizara la salvación por las obras. Las palabras de Jesús en ese sermón causan la impresión de que la clave para ser salvos está en las obras. Es como si la salvación dependiese de la más rigurosa obediencia. «Cualquiera que mira a una mujer para codiciarla, ya adulteró». «Cualquiera que se enoje con su hermano ya es culpable de juicio».

Si Pablo hubiera leído el Sermón del Monte, quizá habría pensado que era una contradicción del evangelio que él presenta en la Epístola a los Romanos: «Pero ahora, aparte de la ley, se ha manifestado la justicia de Dios» (Rom. 3: 21). «Por gracia sois salvos» (Efe. 2: 8), «no por obras, para que nadie se gloríe» (Efe. 2: 9).

Las Bienaventuranzas son la clave para entender el Sermón del Monte. Jesús nos dice que somos salvos no por guardar los mandamientos, o por las buenas obras que hagamos, sino por reconocer nuestra condición desvalida, por buscar con todo el corazón una justicia mayor que la de los escribas y fariseos: la justicia que solo se encuentra en Jesús.

Dios está en el negocio de transformarnos a la semejanza de Jesús. Misericordiosos con nuestros hermanos, sin importar cuánto, ni cuántas veces, nos hayan ofendido, desearemos perdonarlos de todo corazón, sin rencor ni odio, deseosos de estar en paz con todos. Jesús enseña que la salvación se recibe gratuitamente como un don de Dios, y después viene la obediencia como testimonio de lo que Dios ha hecho en nosotros. No se puede hacer la voluntad de Dios sin haber sido salvos.

¿No has podido olvidar la ofensa recibida? ¿Hay amargura en tu corazón contra tu prójimo? ¿Piensas en cómo vengar el daño que te hicieron? ¿Dejaste a alguien con la mano extendida porque no puedes perdonarlo? Recuerda que Dios está en el negocio de transformarnos a la semejanza de Jesús. Búscalo con humildad, y él cambiará tu corazón.

> Pedid, y se os dará; buscad, y hallaréis; llamad, y se os abrirá.
> Porque todo aquel que pide, recibe; y el que busca, halla;
> y al que llama, se le abrirá.
>
> MATEO 7: 7

Las primeras cuatro bienaventuranzas hablan de los pobres en espíritu, de los que lloran, de los mansos, y de los que tienen hambre y sed de justicia. Es una representación del ser humano, de su bancarrota espiritual, su miseria, su dolor y su segura condenación en el día final. El ser humano, en su condición natural, no tiene nada que presentar delante de Dios; necesita recibir todo de parte de Dios para su salvación. Pero todo aquel que, en su miseria, pobreza y llanto busque y encuentre a Dios, será salvo.

Jesús garantiza que las riquezas celestiales están a nuestra disposición. Y nos invita a pedir y a buscar, asegurándonos que hallaremos y recibiremos. Siempre que pedimos perdón, buscamos justicia o rogamos pidiendo misericordia, la recibimos inmediatamente. Él satisface nuestra necesidad al instante. Solo llamamos y nos responde, buscamos y hallamos, pedimos y se nos da. Dios espera el clamor del alma angustiada para satisfacerla inmediatamente. Por tanto, no permitas que nadie que busque y pida tu perdón se vaya sin ser perdonado. Si Cristo nos ha perdonado, nosotros debemos perdonar mucho más.

En estas primeras bienaventuranzas se presenta el evangelio. Se nos perdona y se nos da la justicia que necesitamos. Luego se nos manda que seamos como Jesús, que llevemos perdón, paz y misericordia a aquellos que los buscan y los piden. Jesús nos ordena que estemos listos para responder, que seamos una fuente abundante donde los que buscan a ciegas la salvación puedan hallarla.

El que busca perdón lo encuentra en aquellos que han sido perdonados. El que busca reconciliación la encuentra en aquellos que tienen amistad con Dios. El que busca la paz la encuentra en los que han recibido la paz de Dios.

¿Hay alguien tocando a la puerta de tu corazón buscando tu perdón? Si Jesús habita en tu corazón, seguramente le abrirás y lo perdonarás. Nunca podrá cerrar la puerta de su corazón aquel que tiene el amor de Cristo como la fuerza motriz de su alma.

¿Hay alguien buscando otra oportunidad? Si Jesús habita en tu corazón, con seguridad se la darás, porque Jesús es el Dios de la segunda oportunidad. ¿Llaman a tu puerta pidiendo misericordia? Si has sido redimido por la misericordia de Cristo, nadie se irá vacío si toca a tu puerta.

¡Pídele a Dios que te haga partícipe de las Bienaventuranzas!

Estando persuadido de esto, que el que comenzó en vosotros la buena obra,
la perfeccionará hasta el día de Jesucristo.
FILIPENSES 1: 6

Esta es una de las promesas más preciosas de la Biblia. Dios terminará a tiempo el trabajo de perfeccionamiento en los suyos. Terminará a tiempo, antes del «día de Jesucristo», es decir, el «día grande de Jehová» del que tanto se habla en el Antiguo Testamento.

¿Te has sentido preocupado y hasta temeroso a veces al ver cuán lento es el desarrollo de tu carácter cristiano? Y al notar tus hábitos, tus defectos, tus vicios, tus faltas, ¿no has temido que llegue el día que tanto anhelas y que, a la vez, tanto temes, sin estar listo?

Pues no te preocupes hasta el punto de la desesperación. San Pablo estaba «persuadido», convencido, de que Dios, que comenzó la buena obra de la salvación, la terminará «a tiempo», para «el día de Jesucristo». «El Señor es un obrero perfecto. Terminará cada obra en la cual pone su mano, si el material humano le permite hacerlo; además, el producto de una obra tal será perfecto. Y Dios no se cansa de hacer el bien. Había aceptado a los filipenses dentro de la comunión del evangelio, pero esta no es una obra que se concluye con un solo acto, sino que se completa gradualmente, pero con toda seguridad» (*Comentario bíblico adventista*, t. 7, p. 148).

Y sin duda anhela compartir esa misma seguridad contigo, con tu familia y con los miembros de su iglesia. Propaga esta buena noticia en tu congregación como Pablo la propagó en la iglesia de Filipos. Señala que la obra del perfeccionamiento del carácter cristiano no se acaba el día de la conversión, el día del bautismo o a la mitad del camino de la peregrinación cristiana. Es una obra que se completa gradualmente, pero con toda seguridad. Explica que el apóstol Pablo estaba «persuadido» de que Dios va a terminar a tiempo la obra de preparación para entrar al reino de Dios cuando Cristo venga. Indica que el propósito de Dios es que también los miembros de la iglesia a la cual asistes se «persuadan», se convenzan, de que el trabajo intenso del Obrero Perfecto terminará a tiempo la labor de perfeccionamiento del carácter cristiano de todos aquellos que le "permitan" hacerlo.

Reflexiona hoy en estas preciosas palabras: «La obra del perfeccionamiento continuará hasta que Cristo venga a recoger a los suyos. Nada inferior a un crecimiento continuo puede prepararnos para dar la bienvenida a Cristo cuando venga por segunda vez» (*ibíd.*, p. 148).

Y todo aquel que invocare el nombre de Jehová será salvo;
porque en el monte de Sion y en Jerusalén habrá salvación,
como ha dicho Jehová, y entre el remanente al cual él habrá llamado.

JOEL 2: 32

Martín Lutero pasó los primeros años de su vida obsesionado porque no estaba seguro de su salvación. Se encerró en la oscuridad de una celda monástica, donde castigaba su cuerpo y su alma con ayunos y azotes con el propósito de ganar el favor de Dios. No hubo sacrificio ni práctica ascética que no estuviera dispuesto a realizar, con tal de obtener la bendita seguridad de su salvación. Él mismo dijo: «No rehuía sacrificio alguno con tal de llegar a poseer un corazón limpio que mereciese la aprobación de Dios» (*El conflicto de los siglos*, p. 131).

Es especialmente significativa su experiencia cuando visitó la ciudad de Roma por primera vez. Grandes esperanzas llenaban su corazón al visitar el centro de la cristiandad. Cuando vislumbró todavía desde muy lejos la ciudad, cayó de rodillas, y exclamó: «¡Salve, Roma santa!» Poco antes, un decreto papal había prometido indulgencia a todo aquel que subiese de rodillas "la escalera de Pilato". La tradición decía que los ángeles la habían transportado desde Jerusalén hasta Roma. «Mientras subía devotamente aquellas gradas, recordó de pronto estas palabras que como trueno repercutieron en su corazón: "El justo vivirá por la fe" (Rom. 1: 17). Púsose de pronto de pie y huyó de aquel lugar sintiendo vergüenza y horror» (*ibíd.*, p. 134).

Pero un día, mientras leía la Epístola a los Romanos, Lutero se dio cuenta de que no podía ganar su salvación. La Biblia dice que la salvación se recibe, que no se puede ganar. Esos versículos de la Escritura libertaron a Lutero. Cambiaron totalmente su opinión de que sus obras lo hacían merecedor de la gracia de Dios. Reconoció que Jesucristo ya había hecho todo lo que había que hacer para su salvación. Lo que tenía qué hacer era recibir por fe lo que Jesús había hecho, puesto que el Señor había pagado la deuda de sus pecados en la cruz.

Todos nosotros, al igual que Lutero, experimentamos momentos de incertidumbre en cuanto a nuestra salvación. A veces sentimos que estamos perdidos, que Dios se ha cansado de nosotros y que no somos aceptados por él. Cuando nos sentimos hundidos por el peso enorme de nuestros fracasos, o cuando estamos simplemente desanimados, debemos recordar que nuestros fracasos no han terminado con nuestra salvación en Cristo.

Recordemos que hoy, como el día en que creímos por primera vez, solamente «aquel que invocare el nombre de Jehová será salvo». Invoquemos el nombre de Jesús hoy.

Y levantándose, vino a su padre, y cuando aún estaba lejos, lo vio su padre, y fue movido a misericordia, y corrió, y se echó sobre su cuello, y lo besó.
Lucas 15: 20

La historia del hijo prodigo es muy conocida por todos los lectores de la Biblia. El joven había cometido muchos errores. El más grave fue pedirle a su padre que le diera su herencia en vida. La herencia se recibe cuando el padre muere. En otras palabras, deseaba que su padre muriera.

Otro error fue irse de su casa y vivir como un rebelde y corrupto pecador. Por supuesto, las consecuencias de sus malas decisiones lo alcanzaron. Pronto se quedó sin dinero, sin comida y sin amigos. No había trabajo, ni tampoco sabía trabajar. Pronto tocó fondo. Llegó al extremo de desear la comida de los cerdos, y ni eso podía obtener. Valía menos que un cerdo. Es lo más bajo que una persona puede llegar.

Pero un día tomó la mejor decisión de su vida. Dijo: «Me levantaré e iré a mi padre» (Luc. 15: 18). En casa, el padre del joven sufría por su hijo. Cada día, desde el amanecer hasta el atardecer, se mantenía en ansiosa espera. Vigilaba constantemente el camino, con la esperanza de verlo venir para salir a recibirlo. Finalmente ocurrió lo que tanto había esperado: vio venir a su hijo. No pensó en el agravio, la ofensa y la vergüenza que su hijo le había hecho pasar.

La Biblia dice que su padre «corrió, y se echó sobre su cuello, y lo besó». El padre del hijo pródigo representa a Dios, el Padre de todos nosotros. Dios "corre" a recibir a los pecadores arrepentidos. Dios corre a recibir a la persona que ha cometido errores. Y cuando la encuentra, la abraza y la besa.

Vuelva a la casa de tu Padre —Dios— hoy. Deja que Dios te abrace y te bese hoy. Cuando cometas errores, cuando peques, cuando fracases espiritualmente, vuelve a la casa de tu Padre. Él te recibirá. Espera ansiosamente que emprendas el camino de regreso. No esperes hasta tocar fondo. Es peligroso. El que no regresa actúa así porque le gusta «el país lejano» del pecado. Dios anhela recibirlo en su casa. Quiere quitarle el peso de la culpa y la vergüenza. Recordemos que Dios no está contra el pecador. No está contra ti. Su misericordia fluye hacia ti. Te ofrece su gracia y su perdón antes de que se lo pidas.

Vive hoy la libertad gloriosa de los hijos de Dios. Vive como un auténtico hijo de Dios. No importa cuántos errores hayas podido cometer a lo largo de tu vida. Él es un Padre restaurador.

> Y tomad el yelmo de la salvación, y la espada del espíritu,
> que es la palabra de Dios.
>
> EFESIOS 6: 17

La seguridad de la salvación presente y futura es la mejor protección para la cabeza, es decir, para que la mente del creyente no se vea jamás sacudida por las tentaciones de la duda y la inseguridad. La Biblia nos exhorta a vestirnos con la armadura de la aprobación de Dios. Por lo tanto, el yelmo de la salvación es la pieza más importante de la armadura del cristiano.

Tú eres hijo de Dios. Él te ama tanto que te considera como a la niña de sus ojos. Levántate cada mañana y di: «Mi padre celestial está complacido conmigo». Me acepta tal como soy. No soy una sorpresa para él.

Dios todavía está trabajando en ti. Quítate toda la presión de encima. Acepta tus errores. Nadie funciona a la perfección todo el tiempo. Por lo tanto, cuando no actúes al cien por cien, no permanezcas sentado sintiéndote culpable. Lo único que tienes que hacer es decirle: «Señor perdóname, discúlpame. Quiero hacerlo mejor la próxima vez».

Hay personas que viven inseguras de su salvación. Cada día piden perdón por pecados cometidos en el pasado y que ya fueron confesados y perdonados. Tales personas debieran levantarse cada mañana y decir: «Señor, tu misericordia permanece para siempre. Sé que he cometido errores en el pasado, pero estoy seguro de que nada de lo que he hecho me coloca fuera del alcance de tu misericordia. Quizás cometí un pecado ayer, pero tus misericordias "son nuevas cada mañana" (Lam. 3: 23), así que decido recibir tus misericordias hoy».

Dios no está obsesionado con lo malo que hay en ti. No está escudriñando todos los detalles de tu vida para descubrir las faltas que has cometido para condenarte. Dios está más interesado en lo que está bien, en los motivos y deseos de tu corazón por agradarle cada día. Él no ve tus faltas y debilidades; ve lo alto que has llegado. Eres el proyecto en construcción de Dios. Eres una obra que progresa día tras día. Tu destino fue definido en la cruz y ahora Dios te ve a través de la vida perfecta y victoriosa de su Hijo amado.

Vive confiado en la misericordia de Dios. Confía plenamente en su salvación. Ten la seguridad de que Dios te ve, sonríe y dice: «Este es mi hijo amado en quien tengo complacencia». Camina hoy con la seguridad de la salvación en Cristo Jesús. Dios te considera su hijo amado, a pesar de tus errores.

Todo valle se rellenará, y se bajará todo monte y collado;
los caminos torcidos serán enderezados, y los caminos ásperos allanados;
y verá toda carne la salvación de Dios.
Lucas 3: 5, 6

E ra un niño de once años. Caminaba yo hacia la casa de mi tío, quien, lamentablemente, era alcohólico. Poco antes de llegar a la casa, vi a mi abuelo trabajando en compañía de varios hombres. Extrañado por lo que hacían, le pregunté:

—Abuelo, ¿qué hace aquí con esos hombres?

—Estoy reparando la calle —me dijo—. Tiene muchas piedras sueltas y está muy peligrosa. No quiero que cuando mi hijo venga borracho, se caiga y se golpee. Quiero que llegue sano y salvo a casa.

El versículo dice que el Padre celestial está arreglando el camino que nos lleva hacia él, para que lleguemos sin obstáculos a su presencia. Los hoyos los rellena, los obstáculos los quita, los caminos torcidos los endereza y lo áspero lo allana. Todo para que sea fácil y ligero el viaje de regreso a él. Toda barrera ha sido derribada para que volvamos al centro de su amor. Ha suavizado el camino que conduce a su reino. El camino de regreso a Dios es claro. No hay dificultades para encontrarlo. Jesús está sentado en el centro de la puerta de la gracia de Dios. Su gran amor ha abierto un «camino nuevo y vivo» (Heb. 10: 20) para que todos regresemos. Él es la luz de mundo para iluminar nuestro viaje a través de la vida. A todos nos espera al comienzo del camino que ha preparado para que nadie nos detenga ni nos desvíe. Quizá te han dicho que la senda para llegar a Dios es difícil; no lo creas. Él ha eliminado los obstáculos, ha preparado un camino llano. Dirige tu mirada hacia él. Ve a Dios a la puerta de tu vida. En realidad él, más que el sol, es la luz que sale al amanecer. Cristo está cercano. Anhela limpiar tu corazón. Quiere que estés limpio cuando llegues a su presencia. Mira y ve la salvación de Dios. Sea esta tu oración:

> Sé que si no veo tu salvación
> es porque he elegido ser ciego.
> Pero tú tienes el colirio para curar mi ceguera.
> No quiero vivir en la oscuridad del pecado.
> Tú has preparado el camino, sin obstáculos,
> para que por ese camino lleno de gracia
> venga a ti y disfrute de tu salvación.
> Ahora el camino es claro para mí,
> y el sol de Cristo brilla en mi corazón.

Jehová de los ejércitos está con nosotros; nuestro refugio es el Dios de Jacob.

SALMO 46: 7

Dios está con nosotros. Él es el Señor de los ejércitos. La expresión evoca imágenes militares. El Señor, con todo su poder y todos sus recursos ilimitados. ¿Quién es el que está con nosotros? Dios, con todas sus fuerzas, dirige las huestes celestiales y nos defiende. Estas imágenes nos recuerdan la ocasión cuando el profeta Eliseo y su siervo se vieron rodeados por las fuerzas enemigas. El terror invadió el corazón del siervo del profeta. Pero Eliseo oró, y los ojos de su criado fueron abiertos. Vio las montañas cubiertas de guerreros celestiales, caballos y carros de fuego. El mismo Dios que estacionó un ejército invisible alrededor de Eliseo está contigo en todas las circunstancias de la vida.

Quizá cuando lees estas palabras de esperanza te sientes tentado a pensar: «Suena maravilloso para algunas personas, pero no para mí». Es posible que pienses que Dios está disponible y dispuesto a ayudar a aquellos que no cometen errores. Que solo atiende a personas como el santo profeta Eliseo, el intachable sacerdote Zacarías y al varón perfecto y recto llamado Job. Que solo cuida a los que son más espirituales que tú: al pastor, al anciano, a la diaconisa, a todos los que son fieles.

Pero ese razonamiento queda completamente descalificado cuando leemos la última parte de nuestro versículo de hoy: «Nuestro refugio es el Dios de Jacob». ¿Por qué no el Dios de Daniel, de José, de Enoc, o de María? Porque Dios sabe cómo pensamos. Nuestra formación desde nuestra infancia nos ha enseñado que somos malos y no merecemos la ayuda de Dios. Es refugio solamente cuando somos fieles, pero cuando no alcanzamos la norma y pecamos; no nos puede ayudar.

El título «Dios de Jacob» indica que, incluso cuando fracasamos, Dios no nos abandona. Le lastiman profundamente nuestros errores; pero no hasta el punto de dejarnos sin su ayuda. Todos sus hijos somos elegibles para recibir su protección. El Señor pudo haber usado el nombre «Dios de Israel», que significa «Príncipe de Dios». Es el nombre que se le dio a Jacob después de su conversión. Pero usó el nombre Jacob. ¿Por qué? Porque Jacob era como nosotros. Se equivocó. Pecó. Mintió. Ambicionó y obtuvo posesiones en formas cuestionables, como algunos de nosotros.

El título «Dios de Jacob» es un mensaje de gracia, incluso para aquellos que se encuentran en su más bajo nivel espiritual. Ven a él, que te espera tu buen Salvador, y feliz para siempre serás.

Os digo que entre los nacidos de mujer, no hay mayor profeta
que Juan el Bautista; pero el más pequeño en el reino de Dios es mayor que él.
Lucas 7: 28

«¿**M**e quieres todavía?» Esta es una pregunta que los niños dirigen a sus padres, especialmente cuando han cometido un acto de desobediencia. Temen que, a causa de sus faltas, sus padres ya no los amen. A nosotros, como humanos, nos afecta el comportamiento de las personas. Nuestra opinión acerca de ellas cambia cuando se equivocan. La conducta de un hijo, la actitud del cónyuge, la respuesta de un compañero o de un jefe de trabajo nos impulsan a cambiar la opinión que tenemos de ellos.

Seguramente, nuestra opinión acerca de Juan el Bautista habría cambiado cuando dudó de la condición mesiánica de Jesús. Después de haberlo considerarlo un gran predicador, un poderoso hombre de Dios, o un profeta, posiblemente lo habríamos considerado como alguien falto de fe, inconstante e, incluso, una vergüenza para la causa de Dios.

¡Qué bueno que nuestro Padre celestial actúa diferente cuando sus hijos fracasan! Aunque su corazón es golpeado y se entristece por nuestros errores, continúa considerándonos sus hijos amados. Su opinión acerca de nosotros no cambia; su manera de pensar sigue siendo la misma. Esto se debe a que nuestra aceptación no se basa en nuestro comportamiento, sino en su amor, que es eterno e inalterable. Antes de que Juan el Bautista dudara, Dios lo consideró el más grande que había nacido de mujer; y después de dudar, siguió considerándolo el mayor entre los hombres. Antes de que Abraham mintiera, Dios lo consideraba como su profeta; y después de mentir, siguió considerándolo igual. Siempre es motivo de reflexión recordar que Dios sanó a Abimelec cuando Abraham oró por él (Gén. 20: 17). En el Salmo 105: 15 se dice algo más: «No toquéis, dijo, a mis ungidos, ni hagáis mal a mis profetas». Dios lo llamó «ungido» (mesías) y «profeta», sin dejarse perturbar por el error que su siervo había cometido. Antes de que David pecara, lo consideró «varón conforme a su corazón» (1 Sam. 13: 14). Y después de su pecado, siguió pensando lo mismo de él.

No creas que Dios es "amplio" de criterio y que disculpa e ignora los pecados de sus servidores escogidos. Muy al contrario. Tenemos instrucciones de que los pecados de los dirigentes son diez veces más graves que los pecados de un miembro de la iglesia. No hay gracia barata aquí. Pero Dios es generoso y compasivo. Nos perdona. Perdona a sus siervos, porque sabe que somos polvo.

Alaba hoy al Señor porque sus misericordias nos guían al arrepentimiento.

Porque lo insensato de Dios es más sabio que los hombres,
y lo débil de Dios es más fuerte que los hombres.

1 Corintios 1: 25

¿Hay *debilidad* e *insensatez* en Dios? No, el apóstol habla figuradamente. «El medio que Dios ha dispuesto para la salvación del hombre parece necedad y debilidad para los que están cegados por la filosofía humana. El lenguaje de Pablo es figurado, pues en realidad no hay insensatez ni debilidad en Dios; pero su trato con la raza humana es una completa insensatez para el razonamiento irregenerado de los impíos» (*Comentario bíblico adventista*, t. 6, p. 662).

Pero también podemos extender la aplicación de este texto a otros aspectos de la fe cristiana. Cristo, el evangelio y la cruz les parecieron "locura" a los judíos y a los sabios de sus días y de todos los tiempos. Sin embargo, como dijo Matthew Henry: «La clara predicación de un Jesucristo crucificado fue más poderosa que toda la oratoria y toda la filosofía del mundo pagano» (*Matthew Henry's Commentary*, t. 6, p. 411).

Pero también se puede aplicar este texto a los cristianos. Puede ser que el mundo nos considere, e incluso que seamos, los más débiles, pobres, ignorantes y defectuosos de todos los seres humanos. Pero lo débil del mundo, lo menospreciado del mundo, y lo que no es, escogió Dios para avergonzar a lo fuerte, lo grande y lo que es. Y esos son sus hijos, destinados a resplandecer «como el resplandor del firmamento [... y] como las estrellas a perpetua eternidad» (Dan. 12: 4).

¿Te sientes apenado al comparar los triunfos, las realizaciones, las posesiones y la presencia física de la iglesia y sus miembros y dirigentes con los del mundo? No los compares, porque te equivocarás. Casi siempre las personas más inteligentes han elegido el servicio del mal. Y los más humildes, los menos dotados intelectualmente, los más pobres, son los que han decidido servir a Dios. En una comparación humana, salimos muy malparados.

No compares a los gigantes del mundo con los enanos de Dios, porque, ciertamente, en el pasado, los gigantes han caído bajo el ataque de los enanos de Dios (1 Sam. 17).

Y, ¿qué diremos de la excelencia moral de los siervos de Dios? Jacob es uno de los hombres más importantes del Antiguo Testamento. Pero la vida de Jacob no fue nunca ejemplar. Tampoco su familia lo fue. Solo la gracia de Dios tomó la debilidad y necedad de aquellos pobres pecadores y los elevó al rango de hijos e hijas de Dios, padres de la fe y cimientos de la iglesia del Antiguo Testamento y del reino de Dios.

Acércate a Dios hoy. En él hay grandeza, fortaleza y sabiduría.

Aun estando nosotros muertos en delitos y pecados nos dio vida
juntamente con Cristo (por gracia sois salvos).
EFESIOS 2: 5

«Me arrepiento de las palabras que pronuncié. Quisiera tener poder para devolverlas a mi boca». Con frecuencia escuchamos expresiones como estas. Casi con seguridad, todos nos sentimos en algún momento apenados por algunas palabras que hemos pronunciado y que quisiéramos revertir y corregir. Pero, por desgracia, no podemos hacerlo.

Cuando vienen a nuestra mente nuestros errores pasados y presentes y nos damos cuenta con cuánta frecuencia repetimos los mismos pecados, nos preguntamos: ¿Cuánto tiempo más estará disponible la gracia de Dios? Pedimos perdón a Dios, y estamos seguros de que nos perdona; pero, a la vez, nos preguntamos: ¿Estaré en peligro de agotar la gracia de Dios, de modo que llegue un momento en que ya no alcanzaré perdón?

Muchas personas han venido a decirme: «He cometido tantas veces el mismo pecado. ¿Cree que Dios todavía puede perdonarme?» Les he dado una sencilla respuesta: «Dios nunca se cansará de perdonarlo. El peligro está en que usted se canse de buscar su perdón».

Esta es la verdad. Nadie puede agotar la gracia de Dios. Ni todos los pecadores juntos pueden agotar la gracia de Dios. Él ama al pecador aunque este no lo ame a él. Cuando pedimos perdón, él nos perdona, siempre. Ningún pecador ha acudido a pedir perdón y se ha ido sin ser recibido. Jamás ha ocurrido. Cuando herimos a otra persona, con palabras y con hechos, todo lo que tenemos que hacer es pedir perdón a Dios y a la persona que hemos ofendido.

La humildad es una de las señales más claras de que la gracia de Dios está fluyendo a través de nuestra vida. Recuerda que la gracia de Dios es algo que recibimos gratuitamente de parte de Dios y que debemos dar gratuitamente a los demás. Cuando otros te hieran, recuerda que debes perdonar a tu agresor, gratuitamente, como Dios te perdonó a ti. No dejes que las heridas se infecten. Restaura tus relaciones con la otra persona inmediatamente. Dios quiere que sepamos que su gracia nunca se agota, porque lo que desea es transformar nuestra vida. Nosotros somos salvados por gracia; por lo tanto, somos llamados a vivir una vida llena de gracia.

¿Cuándo fue la última vez que diste gracias a Dios por la gracia abundante que ha derramado en tu vida? Toma tiempo hoy para agradecer a Dios su gracia y para pedirle que tu vida se derrame como un río de gracia hacia los demás.

> Cuanto está lejos el oriente del occidente,
> hizo alejar de nosotros nuestras rebeliones.
> SALMO 103: 12

En el momento en que pensamos que estamos libres de sentimientos de culpabilidad, el enemigo llega y amontona en nuestra mente el recuerdo de todos esos pecados cometidos en el pasado, que ya fueron confesados y perdonados. Coloca el recuerdo de nuestros pecados alrededor de nuestro cuello como una serpiente, para que nos asfixie. ¿Es posible eliminar esos sentimientos de culpa para siempre y encontrar la paz espiritual? Sí es posible.

La razón por la cual el diablo produce en nosotros toda esa ansiedad y todo ese sentimiento de culpabilidad es confundirnos y apartarnos de la senda estrecha en la cual somos dirigidos por nuestro Padre celestial hacia la paz y la felicidad. Necesitamos acudir al Señor en oración y pedirle que abra nuestro entendimiento para que podamos descubrir las estrategias del enemigo, y así dejar de lado sus insinuaciones y seguir adelante.

Si deseas estar seguro de que tus pecados han sido perdonados, si quieres tener paz espiritual, si deseas edificar una muralla contra la cual se estrelle el plan del enemigo de crear en ti culpa psicológica, piensa en lo siguiente:

Primero: Para Dios es un gran placer concedernos su perdón. Cada día nos renueva sus misericordias.

Segundo: Cuando Dios nos perdona, hace fiesta. «Traed el becerro gordo y matadlo. Comamos y hagamos fiesta. Porque este mi hijo muerto era, y ha resucitado; se había perdido y es hallado. Y comenzaron a regocijarse» (Luc. 15: 23, 24).

Tercero: Las oraciones en las cuales pedimos perdón siempre son respondidas inmediatamente. «Y voló hacia mí uno de los serafines, teniendo en su mano un carbón encendido, tomado del altar con unas tenazas, y tocando con él sobre mi boca dijo: He aquí que esto tocó tus labios y es quitada tu culpa y limpio tu pecado» (Isa. 6: 6, 7).

Cuarto: Dios declara que nuestros pecados ya no existen, que ya fueron deshechos. «Yo deshice como nube tus rebeliones, y como niebla tus pecados. Vuélvete a mí, que yo te redimí» (Isa. 44: 22).

Cuando seas acosado por Satanás con el recuerdo de pecados pasados, no olvides que su propósito es alejarte de Dios. Jesús te dice algo que debes creer y aceptar: «La paz os dejo, mi paz os doy; yo no os la doy como el mundo la da. No se turbe vuestro corazón, ni tenga miedo» (Juan 14: 27). Disfruta la paz del perdón de Dios.

Así, pues, téngannos los hombres por servidores de Cristo, y administradores de los misterios de Dios.
1 Corintios 4: 1

Hace aproximadamente dos mil años Jesús vino a este mundo para entregarse como sacrificio perfecto por nuestros pecados y para restaurar la relación del ser humano con Dios. Jesús conocía perfectamente el plan de salvación mucho antes de la creación del mundo, porque había participado en su estructuración. «Quien nos salvó y llamó con llamamiento santo, no conforme a nuestras obras, sino según el propósito suyo y la gracia que nos fue dada en Cristo Jesús antes de los tiempos de los siglos» (2 Tim. 1: 9).

Somos sumamente afortunados de vivir en una época en la cual Dios no guarda secretos: «Ya destinado desde antes de la fundación del mundo, pero manifestado en los postreros tiempos por amor de vosotros» (1 Ped. 1: 20). A través de la fe que tenemos en Jesús podemos estar seguros de que Dios no guarda secretos. Dios te asegura hoy mismo, en este instante, que tienes garantizada la entrada al cielo mediante los méritos de Jesús, quien, a costa de un gran sacrificio, restauró tu relación con Dios y te proporcionó la certeza de tu salvación.

Tenemos la inmensa suerte de vivir en un tiempo cuando los «secretos de Dios» han sido revelados. Se nos ha dado la oportunidad de escuchar el mensaje del plan de salvación completo y de creer en él. ¡Gracias, Señor! Pero Dios nos ha dado más que la oportunidad de escuchar su evangelio y creer en él. Ha encomendado su mensaje de salvación a cada uno de nosotros. Debemos vivir de tal manera que exaltemos el evangelio ante la vista de los demás. Necesitamos vivir el mensaje de salvación consientes de que la gracia que hemos recibido costó la vida del inocente Hijo de Dios. Esta gracia debe ser honrada a través de una vida comprometida, libre de hipocresía, de odio, de envidia, de placeres mundanales. Si hemos entendido el plan de salvación y hemos aceptado el evangelio, todo lo que hagamos tendrá el propósito principal de dar honra y gloria a Dios.

Atesora tus privilegios hoy. Agradece a Dios por vivir en una época en la cual él se ha revelado en su Palabra plenamente. Da gracias a Dios porque, a través de la misericordia de Jesús, tus pecados han sido sepultados en lo profundo de la mar. No hay nada secreto. Dios ha revelado todo lo que necesitamos saber. Es lo que enseña la Palabra de Dios de principio a fin. Comparte hoy el gozo de la salvación con cualquier persona que se cruce en tu camino.

> Y el varón le dijo: «Ya no se llamará tu nombre Jacob, sino Israel; porque has luchado con Dios y con los hombres y has vencido».
>
> GÉNESIS 32: 28

Jacob es uno de los hombres más importantes del Antiguo Testamento. Era el nieto de Abraham, el hijo de Isaac, y el tercero de los padres del pueblo de Dios: Abraham, Isaac, y Jacob. Si observamos la vida de Jacob, hallaremos pronto que la Biblia en ningún momento encubre la fragilidad y debilidad de sus héroes. Jacob no era un nombre muy honorable, ni una persona particularmente especial por su éxito.

Si alguien conocía la realidad del fracaso, ese hombre era, sin duda alguna, Jacob. El solo nombre, como ya dijimos, no era muy honorable; tenía implicaciones negativas: "engañador", "suplantador", "mentiroso". Jacob era uno de los manipuladores más grandes que podamos imaginar. Le encantaba controlar a las personas con métodos cuestionables. No era un hijo muy bueno, ni tampoco un buen hermano. Prosperó mucho a través del engaño y la manipulación. Pero ya sabemos que lo que se obtiene a través de métodos incorrectos, al final se convierte en fracaso.

Sin embargo, Dios es generoso y misericordioso. Aunque Jacob era mentiroso, manipulador y suplantador, Dios lo amaba: «Como está escrito: A Jacob amé, mas a Esaú aborrecí» (Rom. 9: 13). Dios no es como nosotros. Aunque Jacob no era una persona muy buena, lo amaba. Jacob se arrepintió. En la medida de lo posible, hizo restitución a quienes había dañado. Es maravilloso y consolador saber que cuando la Biblia, especialmente el autor de la epístola de Hebreos, se refiere a los últimos días del patriarca dice: «Por la fe, Jacob, al morir, bendijo a cada uno de los hijos de José, y adoró apoyado sobre el extremo de su bordón» (Heb. 11: 21).

Es cierto que el patriarca Jacob fue un fracasado en muchos sentidos, pero antes de morir su historial dice que fue un hombre de éxito. Su éxito más grande fue que la señal de su fracaso. Su nombre, Jacob, se convirtió en la señal de su éxito. El nuevo nombre de Jacob, Israel, es el nombre del pueblo del pacto de Dios por toda la eternidad.

Con seguridad existen muchos *Jacobs* —¿no seremos tú y yo alguno de ellos?— en nuestros días que no son muy buenos, pero Dios los ama. Dios no aprueba sus fracasos y debilidades, pero los acepta como son para transformarlos. ¿Y sabes por qué Dios los acepta? Porque quiere tomar sus vidas y convertirlas en trofeos de su gracia. Permite que Dios transforme tus fracasos en éxitos y bendiciones.

Contra Aarón también se enojó Jehová en gran manera para destruirlo,
y también oré por Aarón en aquel entonces.
DEUTERONOMIO 9: 20

«**A**quel entonces» fue la gran apostasía de Israel al pie del monte Sinaí. Usted recuerda la historia. Dios había hablado durante cuarenta días desde el monte con el pueblo. Habían oído la voz y los truenos, y visto el fuego y los relámpagos. Pero con una facilidad aterradora, en la misma sombra de la nube que ocultaba al Dios Todopoderoso, cometieron aquel terrible pecado de apostasía y corrupción moral, pues en la adoración egipcia la apostasía y la corrupción moral iban siempre juntas.

Aarón, el ungido de Jehová, el maestro de Israel, consintió vergonzosamente en aquella horrible prevaricación. Aarón fue culpable porque, por debilidad, no se puso de parte de Jehová y de parte de la justicia. El pueblo era culpable porque era corrupto y duro de cerviz. Contra ambos se enojó Dios «en gran manera».

A los israelitas «trató de destruirlos, de no haberse interpuesto Moisés su escogido delante de él, a fin de apartar su indignación para que los destruyese» (Sal. 106: 23). Más claro no se puede hablar. Moisés se puso entre Dios y el pueblo, diciéndole: «Si los matas a ellos, mátame a mí también». Y Dios no se atrevió a pasar sobre su cadáver, y no destruyó al pueblo. Eso es la oración intercesora. Capaz de detener la justa indignación de Dios. A modo de ilustración, podríamos llamar a esta característica divina la "debilidad de Dios". Como dice nuestro texto de hoy, «contra Aarón también se enojó Jehová en gran manera para destruirlo». Si Moisés no hubiera intercedido por él en oración, lo habría destruido.

Intercede por tus hijos; intercede por tu familia; intercede por tu cónyuge; intercede por la iglesia. No importa que sean los más dignos de muerte. Aunque sean los más pervertidos pecadores, intercede por ellos. Tu intercesión, como la de Moisés, puede apartar la indignación de Dios, y se salvarán. Sobre todo, intercede por ti mismo, y Dios apartará su indignación de sobre ti. Dios está dispuesto a dialogar contigo. Te ama tanto que está dispuesto a llegar a un acuerdo contigo aunque vaya en contra de la decisión divina.

La palabra de Dios abunda en ejemplos de intercesión. El de nuestro texto de hoy es uno de los más notables. Otros son: «Siempre en mis oraciones rogando con gozo por todos vosotros» (Fil. 1: 4). «Y esto pido en oración, que vuestro amor abunde aun más y más en ciencia y en todo conocimiento» (Fil. 1: 9). «Porque sé que por vuestra oración [...] esto resultará en mi liberación» (Fil. 1: 19).

Aprovecha la debilidad de Dios. Intercede en oración por todo y por todos.

Dios nos llevará de la mano hasta el final

enero 29

> Con todo, yo siempre estuve contigo; me tomaste de la mano derecha.
> Me has guiado según tu consejo, y después me recibirás en gloria.
> SALMO 73: 23, 24

Una de las pruebas deportivas más duras es el triatlón. Es una carrera de resistencia que consiste en nadar 3 kilómetros, luego correr en bicicleta 160 kilómetros y terminar corriendo un maratón de 42 kilómetros. Con razón llaman al que lo termina *ironman*, es decir, "hombre de hierro". Para poner las cosas aún más difíciles, esta práctica deportiva tiene reglas muy estrictas, y una persona puede ser descalificada con relativa facilidad.

Muy pocas personas intentan correr el triatlón. De cada cien que lo intentan, solo siete lo terminan. Es la prueba que más le exige al cuerpo del deportista.

Rick Hoyt terminó el triatlón. Pero él es el héroe más inverosímil que se pueda imaginar. Ricky nació con parálisis cerebral, y encima es tetrapléjico. Los médicos dijeron a sus padres que nunca haría nada y que sería un vegetal toda su vida, si es que sobrevivía. Les dijeron que debían ponerlo en una institución especializada.

Pero los padres no estaban dispuestos a abandonar a su primogénito. El papá de Rick vio en los ojos de su hijo *algo*. Algo que luchaba por expresarse, la luz de una persona interior. Rick "expresó" sus primeras palabras cuando tenía doce años. No lo hizo con su voz, sino a través de una computadora. Pero siguió luchando. Terminó la escuela de nivel medio y luego la universidad.

Un día Rick escuchó que se correría una carrera de siete kilómetros en un evento cuyos beneficios se destinarían a obras benéficas. Él quería ayudar a recaudar fondos, así que su papá se registró y corrió, empujando a Rick en un coche especial. Rick se sentía encantado. «Cuando estoy corriendo no me siento inválido», dijo.

Fue el principio de una notable carrera deportiva padre-hijo. Rick ha competido en más de doscientos eventos. Ha corrido a través de todos los Estados Unidos. Y sí, terminó el triatlón. Su padre nadó los tres kilómetros tirando una balsa de hule con Rick encima. Con su hijo encima del manubrio, corrió los 160 kilómetros en bicicleta y corrió el maratón empujado por el mismo padre devoto. Es un triunfo del espíritu humano. Es una historia de amor de un padre que se ha sacrificado para hacer feliz a su hijo inválido.

Así nos quiere llevar Dios en la carrera de la vida. Si él no nos lleva sobre sus hombros, nunca llegaremos a la meta. Los justos dirán al final: «Me tomaste de la mano derecha [...] y después me recibirás en gloria».

Y vio Jehová que Lea era menospreciada, y le dio hijos; pero Raquel era estéril.
GÉNESIS 29: 31

L ea podía ser despreciada por su esposo, pero sin duda era amada por Dios. Dios vio lo que le ocurría a Lea, y sintió en su corazón generoso pena y dolor por ella. Por eso vino a darle una manifestación de su inmenso amor. Es maravilloso este pensamiento. Si sientes que no te aman como necesitas ser amada (o amado), debes saber que Dios sí te ama. Eso te dará aliento para vivir. Sin duda, Lea experimentó el poder del amor de Dios. Él la honró y le dio lo mejor que podía darle, que era lo que ella más necesitaba.

Raquel era amada por su esposo, pero era estéril. Y, como vemos en la historia de su vida, al final, Dios también escuchó sus oraciones, porque a ella también la amaba. La historia de los problemas entre Raquel y Lea nos enseña muchas lecciones. Lo primero que nos enseña es que la vida puede ser dura, incluso para las personas a quienes Dios ama y bendice. Lea y Raquel sufrieron toda su vida, y sus vidas fueron afectadas por los errores de ellas mismas y de los demás. Pero Dios intervino para disminuir los resultados de sus errores en todo lo que era posible.

Es exactamente lo mismo que Dios hace por nosotros. Nos ayuda y nos bendice de la mejor manera posible dentro del torbellino de problemas en que este mundo está sumido. Pero su amor tiene una característica: aunque nos ayuda a resolver los problemas del presente de la mejor manera posible, el amor divino siempre tiene el futuro en mente. ¿Te sientes privado de algo porque no tuviste una buena educación? ¿Te sientes mal porque nunca has logrado sobresalir en nada? ¿Sientes que te falta belleza porque no eres una persona elegante? ¿Sientes que no tienes éxito porque no has logrado conseguir un buen trabajo que le produzca medios económicos y satisfacciones? ¿Te sientes despreciado?

Acuérdate de Lea. No te desalientes. Dios te ama y está procurando darte lo que más necesitas. Quizá logre, como todo buen padre, no solo darte lo que necesitas, sino lo que deseas. Acuérdate de Lea. Piensa en esto: Si tienes hijos, un lugar donde pasar la noche, si tienes salud, si te acuestas por la noche con un estomago satisfecho, entonces puedes tener la seguridad de que eres amado por Dios.

A veces no apreciamos estas grandes bendiciones, pero debemos saber que Dios tiene el futuro en mente. Quiere resolver nuestros problemas para siempre. Mejor de lo que jamás imaginamos. Acuérdate de Lea.

Y nosotros hemos conocido y creído el amor que Dios tiene para con nosotros. Dios es amor; y el que permanece en amor, permanece en Dios, y Dios en él.

1 JUAN 4: 16

¿Estás seguro, o segura, de ser un receptáculo del incondicional amor de Dios? Como es muy fácil decir que sí, mejor formulo esta otra pregunta: ¿Estás listo para aceptar y afirmar el amor de Dios en tu vida?

A veces no podemos experimentar el amor de Dios como debiéramos, porque, como Pedro, lo hemos negado muchas veces. Estremece pensar que hemos hecho quedar mal a Dios negándolo una y otra vez. Pero, a pesar de eso, de una cosa una cosa no debemos dudar: que Dios nos ama. Como un padre terrenal, Dios siente un gozo que no podemos ni siquiera imaginar cuando verdaderamente creemos que él nos ama.

Si de veras creyéramos, con todo nuestro corazón, que Dios nos ama incondicionalmente, cambiaria completamente nuestra perspectiva de la vida.

¿Por qué somos a veces tan incrédulos del profundo amor de Dios? Quisiera presentar por lo menos cinco razones para que eso suceda:

• Quizá tengamos una conciencia sumamente escrupulosa y nos preocupemos excesivamente incluso por las cosas más pequeñas que aún no logramos corregir en nuestra vida.

• Quizá todavía estemos viviendo en el antiguo pacto, en la ley con todo su rigor, dejando fuera la poderosa gracia de Jesucristo.

• Tal vez leemos la Biblia bajo la sombra de la ley y no bajo la sombra de la misericordia de Jesús.

• O podría ser por causa de un problema psicológico. Conozco personas que no pueden llamar a Dios "Padre" (y, por lo tanto, no pueden creer en su amor), debido a una relación traumática que tuvieron con sus padres terrenales.

• Quizá seamos muy conscientes de las innumerables veces que hemos dejado mal a Dios, por lo cual nos parece casi imposible que todavía nos ame.

Si puedes identificarte con cualquiera de estos puntos, la buena nueva es que por ninguna de estas cosas Dios dejaría de amarte. No es que lo merecemos, pero cuando todavía estábamos «muertos en pecados», él nos amó.

Dios nos conoce demasiado bien. Por eso, su corazón se conmueve por nuestra condición y tiene misericordia de nosotros. No hay ningún lugar del universo en el cual estemos lejos del amor del Padre celestial. Para el ser humano es difícil creer que Dios nos ame tanto, pero ¡él me ama! ¡Él te ama a ti! ¡Él nos ama a todos!

Y Jesús dijo: «Ninguno que poniendo su mano en el arado mira hacia atrás, es apto para el reino de Dios».
LUCAS 9: 62

«Quisiera morirme y comenzar de nuevo», me dijo una compañera de trabajo. Había sufrido mucho. Se sentía triste, apenada, incómoda, infeliz. Anhelaba en lo profundo de su ser empezar de nuevo, tener un nuevo comienzo. Quizá tú mismo has sentido alguna vez ganas de volar, de levantar las alas y descansar un poco de la dura realidad de la vida. Muchas personas, en algún momento de su vida, cuando enfrentaron un momento difícil, anhelaron borrar la historia y comenzar de nuevo. Hay quienes durante un tiempo de crisis, frente a la amenaza de perder un ser querido, del abandono de su cónyuge, o simplemente, al comienzo de un nuevo año, procuran un nuevo comienzo.

Pero ocurre también que cuando comienzan a mirar hacia atrás, a su pasado lleno de fracasos, y hacia delante, al distante horizonte de sus metas, empiezan a sentir temor. El temor es la red que el diablo tiende para hacer fracasar los mejores propósitos. Los que están temerosos ya fracasaron. Cuando comienzan a pensar que las buenas intenciones no son más que el ansioso subproducto de su propio corazón débil, pierden la fuerza de la fe. Hay quienes temen, con buenas razones, toda clase de pecados y males.

¿Cómo podemos tener un nuevo comienzo? Acudiendo a quien puede ayudarnos a comenzar de nuevo y a terminar con éxito. Uno de sus consejos más sabios es este: «Ninguno que, poniendo su mano en el arado, mira hacia atrás es apto para el reino de Dios». El consejo celestial es *no* mirar hacia atrás, no perder de vista el objetivo. Considera únicamente el próximo paso que debes dar. No te angusties. Cada día es un nuevo comienzo que Dios te otorga. Vive solamente un día a la vez. El presente día debe ser el límite de nuestros esfuerzos y preocupaciones.

Piensa hoy en lo siguiente: Dios creó el día y la noche para ponernos límites. No procures vivir más de un día a la vez. Cada día es un nuevo comienzo. Si no aprovechaste bien el ayer, aprovecha bien el comienzo de hoy. Como el viejo sol, que se levanta cada día, son las misericordias de Dios: nuevas cada mañana, para que tomes su misericordia para ese día. No cargues tu día con la carga del día siguiente ni con el trabajo que Dios tiene que hacer.

Pon tu mirada en las cosas del cielo. Ahí está el secreto para un nuevo comienzo.

> Mucho me han angustiado desde mi juventud, puede decir ahora Israel; mucho me han angustiado desde mi juventud; mas no prevalecieron contra mí.
>
> SALMO 129: 1, 2

¿Has sufrido en la vida? ¿Has encontrado áspero el camino que has seguido hasta ahora? Israel, el pueblo de Dios, fue angustiado, como dice el texto «desde mi juventud». Israel había pasado su juventud en la esclavitud en Egipto, y bien podía decir «Mucho me han angustiado desde mi juventud». Sin embargo, gracias a Dios, ahora canta un cántico de gozo por la liberación de aquel tenebroso país. Como el poeta, quizá podían evocar este sentimiento: «Sobre mis espaldas araron los aradores». Llegó el momento en que de las huellas que dejaron los latigazos en sus espaldas solo quedaba el recuerdo.

Gracias a Dios, Israel pudo decir: «Mas no prevalecieron contra mí». Nuestro versículo de hoy puede recordarles a algunos su pasado lleno de cicatrices y dolor. Quizá este versículo te describa a ti. Si es así, es importante que recuerdes algo: En la familia cristiana hay hermanos creyentes que han sufrido tanto como tú y a los que puedes entender. El que mejor puede entenderte a ti es Jesucristo mismo.

Tristemente, muchas personas tienen un problema con su pasado. No pueden olvidarlo. Miles de personas siguen experimentando dolor por su pasado. Son prisioneras del recuerdo. Y, como recordar es vivir, siguen viviendo los mismos traumas y tragedias que sufrieron en su juventud. No dejes que la vida prevalezca así contra ti. Sobreponte a tu historia. Dios quiere libertarte de la tiranía del recuerdo. Quiere ayudarte a borrar el recuerdo y a iniciar una nueva vida. Conozco algunas personas que siguen pidiendo perdón por un pecado que cometieron hace cinco años. Piden perdón una y otra vez, como si no creyesen que Dios, en su gran misericordia, ya los ha perdonado. Si de verdad creyesen que desde la primera vez que se arrodillaron y pidieron perdón fueron perdonados, no seguirían sufriendo como si todavía Dios les tuviese tales cosas en cuenta. Esa actitud es otro de los males de los cuales Dios quiere librarnos.

Otras personas son esclavas del pasado porque no pueden olvidar resentimientos y amarguras añejas. En este caso Dios quiere librarnos mediante el milagro del perdón y el olvido total de quienes nos hirieron.

Vive tu vida, no como esclavo del pasado, sino como hijo de Dios que tiene su cuenta saldada. Como alguien que nada debe ni le deben. Ese es el secreto de la paz. Así podrías decir, como Israel, «No prevalecieron contra mí».

Porque el ocuparse de la carne es muerte,
pero el ocuparse del Espíritu es vida y paz.
ROMANOS 8: 6

Creo que Dios nos ve con infinita compasión al ver nuestros frenéticos esfuerzos por alcanzar la vida "de éxito" que tan deseable nos parece. Aunque el significado de esa esperanza varía de persona en persona, todos la asociamos con el gozo, la felicidad, la independencia financiera y la libertad de otras de las necesidades que tenemos. ¡Cuánto afán para obtener más riqueza, un estatus más alto, o conseguir mayor seguridad!

Otros buscan, con el mismo afán, y a veces con los mismos métodos, la vida "de éxito espiritual". ¡Qué despliegue de ministerios, actividades y proyectos de servicio! Pero la raíz, es decir, la motivación, para el esfuerzo es el mismo: todos queremos una vida llena de paz.

Por desgracia, el mundo nos incita a luchar por muchas cosas, sin tomar el tiempo necesario para examinar la verdadera necesidad que tiene nuestro corazón. La necesidad innegable del corazón de todo ser humano es la paz. Debemos luchar siempre para superarnos en nuestra vida, pero debemos detenernos para reconocer lo que en realidad buscamos, pues, de lo contrario, nuestros esfuerzos nunca darán como resultado la paz que tanto anhelamos.

La falta de paz es, antes que nada, el resultado de un alejamiento de Dios, es decir, una condición pecaminosa. Cuando Adán y Eva decidieron reemplazar la voluntad de Dios por su propia voluntad, el pecado entró al mundo, y la verdadera paz se alejó de la vida del ser humano.

Nunca obtendremos paz a través de los cambios políticos. Nunca podremos comprar la paz, o crear un ambiente de paz, cambiando las cosas que nos rodean. La verdadera paz tiene su génesis en el perdón de los pecados a través de la fe en Jesucristo; y esta paz inunda cada vez más nuestro ser al someter nuestra vida al Espíritu Santo. Como dijo el salmista, «Mucha paz tienen los que aman tu ley, y no hay para ellos tropiezo» (Sal. 119: 165). Y San Pablo dice lo mismo en Filipenses 4: 4-7: «Y la paz de Dios, que sobrepasa todo entendimiento, guardará vuestros corazones y vuestros pensamientos en Cristo Jesús». En este contexto, los pasos para la paz son: (1) regocijarnos en el Señor, (2) regocijarnos mas, (3) ser corteses o actuar con gentileza, (4) reconocer que el Señor está cerca, (5) desechar toda ansiedad, y (6) orar por todo y por todos con un corazón lleno de perdón y agradecimiento.

Jesús prometió que todos los que practican esto recibirán una paz que trasciende a todo el entendimiento de este mundo.

> Y ellos salieron de la presencia del concilio, gozosos de haber sido tenidos por dignos de padecer afrenta por causa del Nombre.
>
> HECHOS 5: 41

¿Has defraudado a Dios alguna vez? Seguramente todos hemos hecho quedar mal a Dios en algún momento de nuestra vida. Estremece pensar que lo hacemos con frecuencia. La forma más común de defraudar a Dios es vivir una vida carente de gozo. El gozo que los apóstoles Pedro y Juan mostraron después de ser juzgados y azotados en Jerusalén por el delito de predicar las buenas nuevas del evangelio tiene mucho que enseñarnos. También demuestra lo mucho que había cambiado el carácter de Pedro. Él había mostrado cobardía cuando Jesús fue arrestado, pero ahora, frente al concilio, no solo mostró un valor a toda prueba, sino que llegó al extremo de sentirse gozoso por el privilegio de sufrir por causa del nombre de Cristo.

Una de las causas del gozo inigualable de Pedro era que reconocía que Jesús le había dado una segunda oportunidad después de haberlo negado. Se sentía transportado de gozo al pensar en lo que merecía y en lo que recibió. En vez de reproches, rechazo y castigo, recibió amor y nuevas posibilidades de servicio. Jesús no cambió nada su trato con él. Lo trató mejor de lo que antes lo había tratado, si esto era posible.

Por esa misma razón no podemos nunca perder nuestro gozo. La negación de Pedro fue muy grande y muy grave; pero no sé cómo verá Dios las mías y las tuyas. A pesar de nuestra negación, Dios nos ha dado muchas nuevas oportunidades. Solo el hecho de ser perdonados muchas veces por la misma falta es motivo para que el cristiano siempre esté gozoso. Es necesario, sin embargo, hacer una aclaración para que nuestro gozo sea completo. Debemos regocijarnos siempre en la persona de Jesucristo. Nos regocijamos en él porque nuestro gozo reside en lo que Jesús ha hecho por nosotros.

A veces violamos la ley de Dios, perdemos el dominio propio, sucumbimos a alguna tentación; en fin, nos damos tropezones en el camino. Luego buscamos a Dios, pedimos perdón, y él nos perdona. Es posible que, como Pedro y Juan, nosotros también suframos «afrenta por el Nombre» (Hech. 14: 5). En esa coyuntura nos alienta la exhortación de Pablo: «Regocijaos en el Señor siempre. Otra vez digo: ¡Regocijaos!» (Fil. 4: 4).

Si sufres, sonríe y canta. Glorifica a Dios. Gózate, incluso en la tribulación. Es la mejor manera de caminar con Cristo. Mantener el gozo nos recordará el privilegio que tenemos de llevar el nombre de cristianos.

Entonces, nuestra boca se llenara de risa, y nuestra lengua de alabanza; entonces dirán entre las naciones: «Grandes cosas ha hecho Jehová con estos».
SALMO 126: 2

Phyllys McGinley escribió: «He leído que, durante el proceso de canonización, la Iglesia Católica exige pruebas del gozo del candidato, y, a pesar de que no he podido localizar el capítulo y el versículo, me gusta la sugerencia de que lo serio no sea un atributo sagrado». El gozo se presenta en la Palabra de Dios como una característica del verdadero cristiano, y como una marca distintiva de aquellos que van en la peregrinación cristiana rumbo al cielo.

Algunos justifican su adustez diciendo que Jesús nunca sonrió. En la película *El nombre de la rosa* se produce un debate entre varias órdenes monásticas sobre el tema de que Jesús nunca se rio. En el encuentro dramático entre el monje investigador, William de Baskerville, y el monje asesino, el primero pregunta: «¿Por qué es tan inquietante la risa?» Y el segundo responde: «Porque la risa mata el temor, y sin temor no puede haber fe».

Es una teología equivocada. La vida de Jesús era una vida llena de gozo. Tenía una sonrisa constante. Por eso los niños eran felices en su presencia. Una de las bendiciones más grandes de la vida cristiana es que está llena del gozo de Cristo.

No se puede concebir de otra manera al verdadero cristiano que rebosante de gozo. Como dijo Pablo, «Regocijaos en el Señor, siempre. Otra vez dijo, regocijaos» (Fil. 4: 4). Por eso, se puede decir que donde se encuentran los verdaderos discípulos de Jesús, siempre habrá risas y sana alegría. Como dice nuestro texto de hoy, cuando el Señor cumpliera todas sus promesas a Israel, la mejor forma de expresar el gozo que los invadiría sería una risa que saldría de la profunda felicidad del corazón. Las naciones que rodeaban a Israel veían constantemente los milagros de Dios en favor de su pueblo escogido. Y, cuando vieran a los cautivos retornar, dirían: «Grandes cosas ha hecho Jehová con estos».

El cristiano tiene mil razones para estar feliz. Sobre todo, disfruta de la presencia permanente de Jesús, quien le ayuda a ver más allá de las circunstancias difíciles. Su fe y su confianza en el Señor lo ayudan a no ver las espinas, sino las rosas; no ver el lodo, sino los lirios; no ver el problema, sino a Jesús.

La Palabra de Dios no *aconseja*, sino que *ordena*, que el cristiano esté siempre gozoso. En todo caso, el gozo no es un *requisito* de la vida cristiana, sino una *consecuencia*. Que el gozo de Cristo llene hoy tu corazón.

Deléitate asimismo en Jehová, y él te concederá las peticiones de tu corazón.
SALMO 37: 4

¿Concederá Dios la respuesta a todas las peticiones del que se deleita en él? Esa es la promesa bíblica, y esa es la verdad. Pero quizá la experiencia de Naamán, el sirio, nos instruya para saber por qué no recibimos "todo" lo que pedimos a Dios. Todos los cristianos saben que el problema no está en Dios.

¿Quién no conoce la historia de Naamán? ¿Quién no recuerda la historia de la muchacha israelita que había sido llevada cautiva a Siria? Ni nombre, ni edad, ni nada. Pero, ¡qué testimonio el suyo! Cuando vio que Naamán estaba leproso, le dijo a su ama, la esposa de Naamán, de quien ya había ganado la confianza: «Si rogase mi señor al profeta que está en Samaria, él lo sanaría de su lepra» (2 Rey. 5: 3). ¡Confianza infantil, es decir, cristiana!

Ninguna referencia al hecho de que el poderoso Dios a quien el profeta Eliseo servía no la había librado del cautiverio sirio. ¿Quién dijo que necesitaba liberación? Estaba allí en misión. Había sido enviada por Dios para cumplir aquella misión, de consecuencias eternas.

Pero Naamán y su jefe, el rey de Siria, hicieron todo mal desde el principio. El rey sirio envió una carta llena de soberbia al débil rey israelita. El rumor de la carta del rey de Siria corrió como un reguero de pólvora y llegó a oídos de Eliseo. El profeta de Dios dijo: «Venga a mí y sabrá que hay profeta en Israel». Qué santo orgullo despiertan estas palabras: «Hay profeta en Israel». Naamán se presentó a la puerta de la casa de Eliseo, con toda la ridícula pompa y circunstancia de los que se creen dignos de todo. Eliseo le envió un recado con su siervo: «Ve y lávate siete veces en el Jordán y sanarás» (vers. 10).

Naamán se fue enojado. Pero cuando sus siervos razonaron con él, «se zambulló siete veces en el Jordán» (vers. 14). Santo remedio. En lo sucesivo se deleitó tanto en Jehová, que hasta tierra de Israel llevó para rociarla en su cuarto de oración para arrodillarse sobre tierra santa. ¿Cómo podemos deleitarnos en Jehová? Como lo hace «el varón que no anduvo en consejo de malos ni estuvo en camino de pecadores. En la ley de Jehová está su delicia, y en su ley medita de día y de noche». Dios primero, Dios en medio, Dios al final. En eso consiste el estilo de vida de los que se deleitan en Jehová.

Dile hoy al Señor: «Aunque lo que te pida no suceda, siempre estaré feliz, porque te tengo a ti y tú eres mi delicia».

Que no te arrebaten tu gozo

También vosotros ahora tenéis tristeza; pero os volveré a ver y se gozará vuestro corazón y nadie os quitará vuestro gozo.
Juan 16: 22

Hay personas y circunstancias en la vida que tratarán de arrebatarte el gozo que recibiste como preciosa herencia al aceptar a Jesús. Mientras conduces tu auto hacia el trabajo, el tráfico insoportable tratará de quitártelo. La actitud desconsiderada de tu jefe o de un compañero de trabajo te hará sentirte mal. Un comentario desconsiderado o una palabra descortés con respecto a ti tratarán de hacerte perder el gozo.

Las palabras de Jesús son enfáticas: «Nadie os quitará vuestro gozo», no importa lo que ocurra. Nada ni nadie podrán hacerte infeliz. No permitas que te roben tu gozo. Eres el único responsable de tu infelicidad. Si escudriñas los escritos del apóstol Pablo, encontrarás que nunca oró para que la gente no tuviera problemas, sino para que tuvieran una buena actitud. Tienes el poder de Dios a tu disposición para vivir en paz. Dile al Señor que pones tu día y tus planes en sus manos. Cuando él tiene el control de tu vida, nadie podrá alterar tu estado de ánimo. Cuando Dios dirige tu vida, no son los otros los que definen tu actitud, tus sentimientos, tus reacciones o tu comportamiento.

No cometas el error de pensar que si tu esposa cambia su manera de ser, o el jefe para quien trabajas te da un trato mejor, o si el vecino se comporta de manera diferente, entonces serás feliz. Para que seas feliz, no son ellos los que tienen que cambiar, sino tú mismo. Cambia la forma de aproximarse a los demás, y en tu vida habrá gozo y tranquilidad.

Un caballero viajaba en su Mercedes-Benz por la carretera. De pronto, una pedrada hizo añicos el parabrisas del lujoso automóvil. Inmediatamente, se escuchó el típico chirrido que sigue al frenazo intempestivo de un vehículo. Aquel caballero, que viajaba feliz, se transformó en segundos en un furioso y violento energúmeno. Pero en el momento en que se disponía a golpear al causante del daño, escuchó a un pobre niño que, con voz entre cortada y anegado en llanto, le suplicaba: «¡Señor, ayúdeme, por favor! ¡Mi hermanito está muy herido y necesito llevarlo a un hospital!»

Al escuchar aquellas palabras el rostro furioso se trasformó en el acto en un rostro lleno de compasión.

Decide esta mañana que nada ni nadie te arrebatará el gozo de Cristo. Sigue el ejemplo de tu Señor, que se mantuvo imperturbable en medio de la más furiosa tempestad.

Y le dijo: «Sal de tu tierra y de tu parentela, y ven a la tierra que te mostraré».
HECHOS 7: 3

En Génesis 12: 1 se encuentra el registro histórico del llamamiento de Abraham. Tal como indica nuestro texto de hoy, Dios habló con el patriarca en su tierra natal, Ur de los caldeos. Esta orden debe de haber sonado fuerte y desafiante a los oídos de Abraham, pues el llamamiento demandaba que rompiera completamente con el pasado. La ciudad de Ur, de la cual se le ordenó salir, era una ciudad muy próspera, situada en una tierra muy fértil. Además, era una ciudad de educación, cultura y comercio. Y en esa ciudad, que prometía la seguridad para el presente y para el futuro, Dios le ordenó: «Sal de tu tierra y de tu parentela, y ven a la tierra que te mostraré» (Hech. 7: 3).

Dios tenía muchas razones que nosotros no comprendemos para ordenar a Abraham que saliera de Ur para aventurarse a lo desconocido. Pero hay algo que creo que todos comprendemos claramente: Abraham nunca habría llegado a ser el hombre que fue y que será por toda la eternidad si hubiera decidido permanecer en la comodidad de Ur de los caldeos.

Tal vez tú vives hoy una situación similar. Quizá, del mismo modo que Abraham, Dios te está haciendo un llamado para que abandones tu zona de confort, para que salgas de tu Ur de los caldeos moderna. Probablemente Dios está tocando a tu puerta para desarrollar en ti una fe similar a la de Abraham.

Recuerda que las órdenes de Dios no siempre van acompañadas de una explicación, pero van acompañadas de una promesa, y siempre terminan con una bendición. «La palabra de Jehová comienza con una orden, continúa con una promesa y termina con una bendición. Estos tres aspectos caracterizan toda manifestación de Dios para el hombre. Las promesas de Dios se cumplen y sus bendiciones se reciben tan solo cuando sus mandamientos son obedecidos. Generalmente los hombres están deseosos de recibir las bendiciones de Dios y ver la realización de sus promesas, pero sin cumplir con sus requerimientos» (*Comentario bíblico adventista*, t. 1, p. 305).

Obedece el mandato de Dios, como Abraham, para que recibas el cumplimiento de sus promesas y sus bendiciones. No sabemos los planes que Dios tiene personalmente para nosotros, a menos que demos el paso decisivo de obedecer por fe y lanzarnos a una aventura hacia lo desconocido. Procede por fe; Dios irá abriendo delante de tus pies el camino del futuro desconocido.

Ahora, pues, no os entristezcáis, ni os pese de haberme vendido acá; porque para preservación de vida me envió Dios delante de vosotros.
GÉNESIS 45: 5

Quizá hayas escuchado el dicho: «Con amigos así, no hacen falta enemigos». Es posible que un cristiano que atraviese las aflicciones por las que pasó José se sienta tentado a decir: «Con un Dios así, no hace falta un Dios». ¡Qué difícil fue la vida de José! Su mamá murió cuando todavía era un niño. Quizá tú hayas sufrido también ese dolor. En ese caso, te identificas con José. Hallaba consuelo, amor y apoyo en su padre, pero su vida familiar estaba marcada por la infelicidad. Era natural que José esperara encontrar consuelo y apoyo en sus hermanos, pero lo único que encontró fue envidia, crítica, burla y odio.

Seguramente nosotros no podemos ni siguiera comenzar a imaginar lo que significó para José ser vendido como esclavo por sus hermanos. Este párrafo nos lo dice todo: «Llegar a ser esclavo era una suerte más temible que la misma muerte» (*Patriarcas y profetas*, p. 212). ¿Podemos imaginar algo más terrible que la misma muerte? Difícilmente. Pero José lo sabía porque había visto a los esclavos, y sabía bien que morir era una suerte más dulce que la esclavitud. ¿Por qué le ocurre eso a un siervo de Dios? ¿No se supone que el hijo de Dios vive protegido por su Padre celestial? ¿Qué quiso decir Dios en el Salmo 105: 15: «No toquéis, dijo, a mis ungidos, ni hagáis mal a mis profetas»?

En este caso, como en muchos otros, conviene más la humilde aceptación de las promesas generales de Dios y la aceptación de que su plan personal para cada uno no siempre sigue el guion general. José lo supo al final de su increíble odisea. Al final, feliz de su dolorosa prueba, dijo a sus hermanos: «Ahora, pues, no os entristezcáis, ni os pese de haberme vendido acá; porque para preservación de vida me envió Dios delante de vosotros» (Gén. 45: 5). Increíble, ¿verdad? No fueron sus celosos, crueles y criminales hermanos quienes enviaron a José al cautiverio egipcio, sino Dios.

Siempre se preguntarán los cristianos por qué Dios eligió el método más duro y terrible para llevar a cabo la salvación de millones de personas de la hambruna mundial que padeció «toda la tierra» en tiempos de José. Nunca sabremos por qué envió a su siervo, a su "redentor", por la vía de la esclavitud, cuando nuestros "iluminados" ojos dicen que había otros caminos más fáciles. Si Dios es nuestro Padre —y lo es—, si nos ama más que nuestros padres terrenales —y así es, en efecto—, entonces el camino que Dios eligió para enviar a José al trono egipcio es el mejor, el que nosotros elegiríamos si pudiéramos ver el fin desde el principio.

Porque tuve envidia de los arrogantes, viendo la prosperidad de los impíos.
SALMO 73: 3

Asaf, autor del Salmo 73, expresa lo que quizá nosotros también hemos sentido al observar lo que ocurre en el mundo. Para él era muy difícil explicar el bienestar y, sobre todo, el éxito comercial y social de los impíos. Al meditar en esto, el salmista exclamó: «Porque tuve envidia de los arrogantes, viendo la prosperidad de los impíos» (Sal. 73: 3). El autor de este salmo sintió en cierto momento que había perdido su tiempo al vivir conforme a los principios y valores divinos, y por eso dijo: «Verdaderamente en vano he limpiado mi corazón, y lavado mis manos en inocencia» (Sal. 73: 13). Asaf buscaba desesperadamente una solución al gran dilema que aquella situación le planteaba. Y solo halló la respuesta cuando entró al santuario del Señor con un espíritu de agradecimiento y adoración. Dijo: «Cuando pensé para saber esto, fue duro trabajo para mí, hasta que, entrando en el santuario de Dios, comprendí el fin de ellos» (Sal. 73: 16, 17).

Puede ser que también tú enfrentes algún dilema incomprensible en tu vida cristiana. Es probable que te sientas perturbado por el mismo dilema de Asaf. Quizá hayas tratado de encontrarle sentido a lo que ocurre en el mundo. Sin embargo, independientemente de lo confusa que parezca la vida en algún momento, basta saber que tú y yo somos hijos del Dios Altísimo, del Creador de los cielos y de la tierra, del que conoce el fin desde el principio.

Nuestro Padre celestial no opera según un conjunto de reglas humanas. No está confinado por el tiempo y el espacio. Lo que Dios quiere es que tratemos de entender sus caminos, buscando la respuesta a nuestras inquietudes en las Sagradas Escrituras. Quiere que comprendamos que siempre ha estado presente, aunque en algún momento de crisis nos haya parecido que algo no tenía sentido y que él nos había dejado solos. Experimenta hoy una conversión genuina de corazón para tener el conocimiento que necesitas de los caminos del Altísimo. Haz lo que hizo Asaf. Vete al santuario de Dios. Encuéntrate con él. Acude a tu Padre celestial con un corazón lleno de fe. Conocerlo a él es lo que importa. Conocer la explicación de los dilemas que afrontamos no es lo importante: a veces es imposible por nuestra limitada comprensión, y a veces no conviene que lo sepamos.

Procura alcanzar hoy la experiencia del salmista. Di como él: «¿A quién tengo yo en los cielos sino a ti? Y fuera de ti nada deseo en la tierra» (Sal. 73: 25). Que estas palabras sean hoy tu porción anhelada. Entonces comprenderás el secreto del Altísimo.

No te muevas sin una orden divina

Pero después de muerto Herodes, he aquí un ángel del Señor apareció en sueños a José en Egipto, diciendo: «Levántate, toma al niño y a su madre y vete a tierra de Israel, porque han muerto los que procuraban la muerte del niño».
MATEO 2: 19, 20

Aunque los días transcurrían, y los meses y los años pasaban, José no adoptó la decisión de moverse de Egipto para regresar a su tierra hasta que recibió la orden divina. No quería actuar por cuenta propia, ni de acuerdo a sus apreciaciones o impulsos. Esperó pacientemente hasta recibir las instrucciones de Dios. Entonces, una noche, nuevamente en un sueño, Dios le ordenó: «Levántate, toma al niño y a su madre y vete a tierra de Israel, porque han muerto los que procuraban la muerte del niño».

El poderoso Herodes había muerto sin alcanzar su objetivo, pero Jesús estaba vivo y otra vez en la tierra de su pueblo para escribir correctamente la historia de la humanidad. Sí, hubo un momento de adversidad, persecución y peligro de muerte para el niño Dios. Todos los discípulos de Jesucristo, de todos los tiempos, han vivido su hora de peligro de muerte. Pero a todos les han llegado las mismas buenas noticias «Ellos están muertos». Nerón está muerto, Diocleciano está muerto, los enemigos de Lutero y de la Reforma están muertos; pero Jesús está vivo.

Durante la época de mayor auge de la filosofía atea de la muerte de Dios, alguien dijo al famoso evangelista Billy Graham: «Dios ha muerto. ¿De quién nos habla usted?» Ante esto, el famoso evangelista replicó prestamente: «¡Qué raro, si hace cinco minutos estuve conversando con él!» Los enemigos de Dios y su pueblo mueren, pero Dios está vivo. Jesús dijo: «He aquí yo estoy con vosotros todos los días, hasta el fin del mundo».

El tiempo de persecución, tarde o temprano, llega a su final. El niño Dios retornó a la tierra de Israel, llamado por Dios. José intentó llevar a Jesús a Judea —de donde, según la profecía, vendría el Rey de Israel (Mat. 2: 22, 23)—, pero una orden divina se lo impidió. La orden era ir a Nazaret, el lugar más inverosímil para que viviera allí el Hijo de Dios, pues «era una aldea proverbial por su impiedad, aun entre la gente de Galilea» (*Comentario bíblico adventista*, t. 5, p. 286). Allí creció Jesús.

José decidió actuar de acuerdo con la dirección divina. No dio un solo paso, no ejecutó ningún plan, a menos que Dios se lo indicara. Nos ahorraremos muchos dolores y lágrimas si esperamos que Dios nos indique lo que debemos hacer. No te muevas hoy sin una orden divina.

He aquí nuestro Dios, a quien servimos, puede librarnos
del horno de fuego ardiendo; y de tu mano, oh rey, nos librará.
Y si no, sepas, oh rey, que no serviremos a tus dioses,
ni tampoco adoraremos la estatua que has levantado.
DANIEL 3: 17, 18

Todos recordamos la historia de los tres hebreos, de la estatua de oro de Nabucodonosor y del horno de fuego en la provincia de Babilonia. Es uno de los relatos más conocidos de la Biblia, y todos sabemos que rebosa de significado apocalíptico y que tiene resonancias escatológicas. La orden, el decreto, era que cuando sonara la orquesta, todos los ciudadanos debían arrodillarse delante de la estatua que el rey había levantado. El acto era político y sumamente importante. Era una demostración de lealtad al rey, al reino y a sus instituciones. Por eso «estaban allí todos los sátrapas, los gobernadores, los capitanes y los consejeros del rey» (Dan. 3: 27). No arrodillarse era una señal de rebelión contra el rey, contra el reino y contra sus instituciones, ofensa punible con la muerte en el terrorífico «horno ardiente» que estaba a la vista de todos.

Los tres hebreos no se arrodillaron. Desde niños sabían que un ser moralmente libre solo puede arrodillarse delante del Creador, que es degradante arrodillarse delante de cualquier obra hecha con manos humanas. Por lo tanto, los tres hebreos no se arrodillaron. De toda la historia, la parte más notable es la respuesta que le dieron a la segunda y "generosa" oportunidad que el rey les dio: «Ahora [...] ¿estáis prestos a postraros y adorar la estatua que levanté?» (vers. 15).

La respuesta de los tres hebreos es memorable. Durará por toda la eternidad el recuerdo de este acto de libertad, de este acto de lealtad a Dios, de este acto de valor moral y civil. No existen palabras que logren expresar en su totalidad el significado moral, ético, social, religioso y político del acto de los tres hebreos: «Acerca de esto, no necesitamos responderte». Luego viene nuestro texto de hoy. En suma, le dijeron al rey: «Nuestro Dios tiene poder para librarnos de tu mano. De hecho, creemos que lo hará. Pero como es el Señor de nuestras vidas, puede ser que decida no librarnos. Pues aunque no nos libre, debes saber que no adoraremos la estatua que has levantado».

Eso se llama lealtad. Eso es libertad. Eso es conducta cristiana. Así deben ser los cristianos. Sabemos que pronto habrá otra estatua. Sabemos que pronto habrá otro decreto obligando a la gente a adorar «a la bestia y su imagen». Y también habrá una amenaza para el que no se arrodille. Si nos toca vivir ese día, debemos ser como los tres hebreos.

De manera que podemos decir confiadamente: «El Señor es mi ayudador; no temeré lo que me puede hacer el hombre».
HEBREOS 13: 6

En los tiempos de prosperidad se disfruta de paz y seguridad. En esas condiciones no es posible saber cuán arraigada y firme está nuestra confianza en Dios. En cambio, cuando somos golpeados por la tragedia, cuando la enfermedad azota nuestro cuerpo, se revela dónde hemos puesto el ancla de nuestra fe. ¿Está nuestra ancla a suficiente profundidad, de manera que la fe esté totalmente asegurada en Cristo?

Recuerdo a uno de los dirigentes de una de las iglesias donde fui pastor. Su servicio y entrega a la iglesia eran una gran bendición. Materialmente le iba muy bien. Las cosechas de su siembra eran abundantes. Eran muchas las bendiciones que recibía de parte de Dios. Gozaba de mucha comodidad. No era fácil saber por anticipado si al cambiar las circunstancias, cuando la adversidad golpeara su vida, mantendría su confianza y fidelidad al Señor.

Pero un día llegó la hora de la prueba. Su esposa, a quien él amaba mucho, se suicidó, dejándole cinco hijos pequeños, menores de diez años de edad. El funeral se celebró un viernes. ¿Qué sucedería al día siguiente? ¿Iría a la iglesia? ¿Continuará con la misma fe? El negro nubarrón que había descargado toda una tormenta de dolor sobre él, ¿inundaría su alma hasta ahogarla? El sábado por la mañana, mientras me encontraba a la entrada de la puerta del templo, saludando a los miembros de la iglesia que llegaban, quedé sorprendido al ver que el primero en llegar para adorar al Señor era aquel dirigente, junto con todos sus hijos. Cuando lo saludé, me dijo: «Pastor, he bebido la copa del dolor más profundo, pero del Señor no me apartarán jamás».

Cuando uno pone su esperanza y su fe en Cristo, nunca será chasqueado. Las cosas de este mundo pueden satisfacer temporalmente, pero pronto se apoderará del corazón un vacío que nada podrá llenar. No importa cuánto ánimo te den los amigos, la única paz que resiste cuando azota la tormenta proviene de Dios. Se puede tener muchos amigos, dinero, fama, pero nada de eso resolverá todos nuestros problemas. El vacío que experimenta el corazón solo Dios puede llenarlo.

Cuando nuestro corazón está profundamente arraigado en Cristo, podemos decir: «El Señor es mi ayudador; no temeré lo que me puede hacer el hombre». Dios se deleita en darles lo mejor a sus hijos. Porque él dijo: No te desampararé, ni te dejaré, de manera que podamos decir confiadamente: «El Señor es mi ayudador, no temeré lo que me puede hacer el hombre» (Heb. 13: 5, 6).

Como Jerusalén tiene montes alrededor de ella,
así Jehová esta alrededor de su pueblo desde ahora y para siempre.

Salmo 125: 2

El Salmo 125 fue escrito después de que los israelitas regresaran del cautiverio babilónico. La promesa del retorno finalmente se había cumplido. Los expatriados de nuevo se encontraban en Jerusalén. Aproximadamente unos 55,000 israelitas habían hecho el viaje de regreso a través de las arenas del desierto.

Pero en sus corazones había sentimientos encontrados. Por un lado sentían un gozo muy grande al estar en casa. Sus pies ya no estaban en territorio enemigo. Ahora estaban en su propia tierra, en su posesión, en la tierra que Jehová les había entregado. Pese a ello, no obstante, la tristeza llenaba sus corazones. Sus ojos contemplaban las ruinas por todos lados: paredes derribadas, el templo destruido, ni una sola casa de pie, confusión por todas partes. Además, allí se encontraban los enemigos samaritanos. Una multitud de obstáculos hacían difícil la tarea de la reconstrucción y la reorganización. Era una tarea gigantesca y ellos se sentían incapaces e indefensos.

Probablemente, un día, el autor de este salmo se encontraba en medio de la ciudad, y, al contemplar la desolación por todos lados, sintió inseguridad y falta de protección. Pero al levantar sus ojos un poco más arriba de la tragedia que tenía delante, contempló los altos montes que se levantan como centinelas alrededor de Jerusalén. Entonces brilló en su mente el pensamiento de que la única seguridad para el hombre, en cualquier lugar, se encuentra en Dios. De los montes que rodean a Jerusalén tomó la inspiración para su cántico: «Como Jerusalén tiene montes alrededor de ella, así Jehová está alrededor de su pueblo» (Sal. 125: 2).

Dios, a través de sus ángeles, permanece alrededor de su pueblo (Sal. 34: 7), del mismo modo que los montes están alrededor de Jerusalén. Satanás reconoce que los hijos de Dios disfrutan de su protección especial. Cuando Dios le presentó a Job como un varón perfecto y recto, temeroso de Dios y apartado del mal, Satanás dijo que eso se debía a que Dios lo había «cercado de protección» (Job 1: 10).

Dios también te rodea a ti para que el enemigo no te toque ni dañe tu vida. Con la protección del Dios poderoso el número de tus batallas será igual al número de tus victorias. Sería bueno que hoy recordaras las palabras de Martín Lutero: «Castillo fuerte es nuestro Dios, defensa y buen escudo. Con su poder nos librara en este trance agudo».

Por las misericordias de Jehová no hemos sido consumidos,
porque nunca decayeron sus misericordias. Nuevas son cada mañana;
grande es tu fidelidad.
LAMENTACIONES 3: 22, 23

El libro de Lamentaciones fue escrito por el profeta Jeremías inmediatamente después de la caída de Jerusalén. Refleja el llanto desesperado, y el profundo dolor que experimentaron aquellos que contemplaban la horrible desolación causada por el enemigo. Sus casas habían sido destruidas, sus familiares y amigos habían sido muertos o llevados cautivos con gran violencia y dolor a una tierra lejana. El templo, símbolo de la presencia de Dios, había sido destruido y quemado por el enemigo. Este era uno de los dolores más grandes del profeta. Con palabras de la más alta inspiración poética, expresa su dolor: «Las calzadas de Sion tienen luto, porque no hay quien venga a las fiestas solemnes. Todas las puertas están asoladas, sus sacerdotes gimen, sus vírgenes están afligidas, y ella tiene amargura» (Lam. 1: 4). Todo lo que representaba seguridad para Judá se había extinguido. Su ejército había sido derrotado, sus armas fueron tomadas por los babilonios, la nación fue dispersada, las familias fueron separadas, su centro de adoración fue profanado. Solamente aquellos que han experimentado un gran dolor pueden comenzar a comprender la desgarradora angustia que el profeta expresa en Lamentaciones. En otra parte exclamó: «¡Oh, si mi cabeza se hiciese aguas, y mis ojos fuentes de lágrimas, para que llore día y noche los muertos de la hija de mi pueblo!» (Jer. 9: 1).

¿Has sufrido un gran dolor? ¿Has llorado noches enteras por una pérdida irremediable? Entonces, tienes un compañero en el dolor: el profeta Jeremías. Haz lo que hizo él. Da las gracias a Dios por la vida, porque has sobrevivido. La confianza en Dios no se basa en un sueño, una ilusión o en el entusiasmo irracional del fanatismo. Se trata de una perfecta confianza en un Dios que ha demostrado hasta lo sumo su fidelidad. Sería lógico abandonar la fe en Dios ante tanto dolor. Pero, gracias a él, siempre hay columnas que se mantienen firmes después del terremoto. Siempre hay almas convencidas de que la noche no durará para siempre. Corazones con una fe tan firme que es capaz de sobrevivir cualquier tribulación. Jeremías era uno de ellos.

El cristiano solo puede buscar seguridad en Dios. «Alzaré mis ojos a los montes, de donde vendrá mi socorro, mi socorro viene de Jehová que hizo los cielos y la tierra» (Salmo 121: 1, 2). Tenemos una protección que va más allá de las armas o edificios terrenales, porque se encuentra en las manos del Todopoderoso. En esas manos tu futuro está seguro.

Bendito el varón que confía en Jehová, y cuya confianza es Jehová.
JEREMÍAS 17: 7

Hay quienes creen que Abraham Lincoln es la persona más conocida y a la que más honra se da en Estados Unidos de Norteamérica. Parece que tiene todas las virtudes que pueden esperarse en un gran hombre. Sus anécdotas son interminables. Su carácter está marcado por la bondad, la paciencia, la humildad, la sabiduría, el sentido del humor y el sentido común. Parecen demasiadas virtudes para que estén arraigadas en la misma persona. Su rostro solemne está grabado al agua fuerte en las monedas de un centavo y su retrato figura en el billete de cinco dólares.

Se han escrito más libros sobre él que sobre cualquier otro norteamericano, vivo o muerto. Mientras vivía, algunos pensaban que era una mezcla entre un dios y un payaso. Pero no era ni lo uno ni lo otro. Era alto y anguloso, pero no siempre estuvo vestido pobremente y arrugado. La investigación ha hecho aflorar una posible controversia sobre la fe y la experiencia religiosa de Lincoln. Se lo ha considerado desde un agnóstico hasta un santo. Lo cierto es que, desde el principio, tuvo un carácter espiritual en su naturaleza que indica que, como dijo un tiempo después, él y el Altísimo estaban "bien avenidos".

Nuestro personaje tenía diez años cuando murió su madre. La enterraron en un claro del bosque detrás de su cabaña. Llegó un predicador itinerante y el muchacho lo convenció de que dijera una oración sobre su tumba. «En muchos de los discursos de Lincoln se pueden leer reverentes referencias a su fe en las providencias de Dios [...]. Al perdonar a un desertor herido, escribió: "Las Escrituras dicen: 'En el derramamiento de sangre hay remisión de pecados'. Pienso que debemos dejarlo en libertad"». Como presidente dijo: «Sin la ayuda de Dios no podemos tener éxito. Con ella, no podemos fracasar» (véase *Muéstrame tus caminos*, p. 49).

¿Y nosotros, en nuestra condición humilde, alejada de la grandeza mundanal? Debemos tener también las mismas virtudes. Podemos tener la bienaventuranza que se menciona en nuestro texto de hoy. El que confía en Dios es bendito. Hagamos hoy de Dios nuestra confianza en nuestra peregrinación. Con la ayuda de Dios podemos desarrollar el carácter que necesitamos para agradar a Dios y estar en su reino.

Y no olvides que la bendición del vers. 7 es lo opuesto a la maldición del vers. 5: «Maldito el varón que confía en el hombre, y pone carne por su brazo, y su corazón se aparta de Jehová». En cambio, «bendito el varón que confía en Jehová, y cuya confianza es Jehová». Confía hoy en Dios.

Cuando hubieron comido, Jesús dijo a Simón Pedro:
«Simón, hijo de Jonás, ¿me amas más que estos?» Le respondió:
«Sí, Señor, tú sabes que te amo». Él le dijo: «Apacienta mis corderos».
Juan 21: 15

¿Has fracasado alguna vez? ¿Sientes que tu interior está roído por las insidiosas emociones de la vergüenza y el remordimiento? Entonces necesitas repasar el fracaso y la restauración de uno de los grandes discípulos del Señor para cobrar ánimo. Durante el juicio y la crucifixión del Señor Jesucristo era cuando más se necesitaba que los discípulos permanecieran cerca de su Maestro y que se mantuvieran firmes y unidos, como muestra de lealtad a su amado Señor. Sin embargo, ocurrió lo contrario. Todos lo abandonaron, y Pedro llegó al extremo de negar a Jesús tres veces.

¿Imaginas cómo se sintió Pedro después de haber negado a su Señor, con todos los agravantes de las más viles y ofensivas imprecaciones? La Biblia dice que «comenzó a maldecir y a jurar» (Mat. 26: 74). Y ahora su Señor y Maestro se presentó en la playa. Les habló con la misma cortesía y consideración de siempre. El milagro de la pesca milagrosa y la forma de ser peculiar de Jesús hicieron que Juan lo conociera y le dijera a Pedro: «Es el Señor» (Juan 21: 7).

Después de disfrutar de una comida preparada por Jesús, celebraron una sobremesa, al estilo de las anteriores. Y entonces el Señor Jesús restauró a Pedro al ministerio y al apostolado. Jesús comprendió que lo que iba a decir haría que Pedro pasara por un momento incómodo. De modo que no lo dijo hasta después de que todos hubieron comido. ¡Generoso Señor que facilita el arrepentimiento y perdona a los seres humanos tan frágiles y dados a errar!

«Tres veces había negado Pedro abiertamente a su Señor, y tres veces Jesús obtuvo de él la seguridad de su amor y lealtad, haciendo penetrar en su corazón esta aguda pregunta, como una saeta armada de púas que penetrase en su herido corazón. Delante de los discípulos congregados Jesús reveló la profundidad del arrepentimiento de Pedro, y demostró cuán cabalmente humillado se encontraba el discípulo una vez jactancioso» (*El Deseado de todas las gentes*, p. 752).

La misma gracia y consideración que Jesús tuvo para Pedro son para ti hoy. Dios no desea que quedes derrotado, avergonzado, sin más oportunidad de gozar de su compañerismo. Él quiere que renueves tu compromiso y que continúes en la senda del deber a la cual te ha llamado. Levántate nuevamente. Él no le ha cerrado la puerta de la oportunidad.

> Pero el Señor estuvo a mi lado, y me dio fuerzas,
> para que por mí fuese cumplida la predicación, y que todos los gentiles oyesen.
> Así fui librado de la boca del león.
> 2 Timoteo 4: 17

Si preguntas a alguien por qué abandonó la iglesia, te dará muchas razones. Una vez le pedí a un ex adventista que me dijera la razón por la cual había abandonado la congregación. Me dio la respuesta que escucho con más frecuencia: «Me alejé de la iglesia porque durante mi enfermedad ninguno de mis hermanos me visitó. Me sentí solo, sin que nadie se preocupara por mi problema».

Pocas cosas hieren más y desalientan más a una persona que sentirse abandonada por aquellas personas con quienes contaba que estarían a su lado en los momentos más cruciales de la vida. Es doloroso que las personas amadas no estén con uno cuando más los necesita. Quizá sea más fácil recuperarse del problema que tuvo que afrontar que del chasco de sentirse abandonado por aquellos que estaba seguro que nunca le fallarían.

Hace algún tiempo leí las palabras de Howard Goodman, escritas en su poema "No me arrepiento". Son palabras muy alentadoras: «He confiado en muchos amigos que me han fallado y que me han dejado a solas llorando, pero he encontrado suficientes amigos verdaderos, para hacerme seguir confiando.

»He bebido la copa de la decepción y el dolor, he pasado muchos días sin una canción, pero he bebido el suficiente néctar de la rosa de la vida para hacerme querer seguir viviendo».

Aunque estos versos contienen pensamientos muy alentadores, es mejor escuchar las palabras del apóstol Pablo, quien vivió en carne propia la amargura de quedarse solo, sin amigos ni compañeros, en la hora de mayor necesidad. Afrontó solo el juicio a que fue sometido en la corte de Nerón. En esas circunstancias escribió a Timoteo las siguientes palabras: «En mi primera defensa ninguno estuvo a mi lado, sino que todos me desampararon; no les sea tomado en cuenta» (2 Tim. 4: 16).

¿Qué hizo el apóstol Pablo para continuar adelante a pesar de la traición de sus mejores amigos? ¿Dónde puso sus ojos? Él dice: «Pero el Señor estuvo a mi lado» (2 Tim. 4: 17). Puso su fe y su confianza en su amado Señor, a pesar de su desesperante situación. La buena nueva para hoy es que puedes contar con la presencia del Señor en tus peores momentos. Aunque todos los demás te fallen, el Señor permanecerá contigo.

Y en seguida se acercó a Jesús y dijo: «¡Salve, maestro!» Y le besó.
Y Jesús le dijo: «Amigo, ¿a qué vienes?» Entonces se acercaron
y echaron mano a Jesús, y le prendieron.
MATEO 26: 49, 50

Por lo visto, los soldados que fueron encargados por los líderes religiosos para arrestar a Jesús no estaban muy familiarizados con su apariencia. Por eso era necesario que Judas les diera una señal para que pudieran prenderlo. En la historia de Judas encontramos muchas lecciones importantes, pero hoy me gustaría que viéramos solo tres:

Nos enseña que, aunque cometamos el pecado más grande que podamos imaginar, Jesús todavía nos considera amigos suyos. Jesús, sabiendo perfectamente lo que Judas había hecho, y venía a hacer, le dijo: «Amigo, ¿a qué vienes?» No fueron palabras dichas con sorna, sino sinceras y honestas. Judas era su amigo. Y Jesús lo amaba. Era una tragedia, en verdad, que, después de haber vivido, comido, caminado, junto a Jesús durante tres años, Judas terminara entregando a su propio Maestro y amigo. El mismo amor que Jesús sentía por Judas, quien lo traicionó, es el que siente por cada uno de nosotros, quienes, lamentablemente, lo negamos a diario y lo traicionamos con más frecuencia que Judas.

Esta historia también nos enseña que las consecuencias de nuestros pecados tendremos que sufrirlas hasta el final de nuestros días en la tierra. Dios disminuye misericordiosamente los efectos de nuestros errores, porque, si no, nos destruirían. Pero no puede deshacerlos. Conviene vivir la vida con cuidado, con temor de Dios y con fidelidad. ¿Qué amenazas pesan sobre ti? Apresúrate a buscar a Dios, como dice el Señor: «Ponte de acuerdo con tu adversario pronto, entretanto que estás con él en el camino, no sea que el adversario te entregue al juez, y el juez al alguacil, y seas echado en la cárcel. De cierto te digo que no saldrás de allí hasta que pagues el último cuadrante» (Mat. 5: 25, 26). Cuidado, porque aunque el perdón divino llega a nuestras vidas cuando clamamos en el nombre de Jesús, las consecuencias permanecerán.

También nos enseña que todos dejaremos un legado, ya sea bueno o malo. Judas vivió una vida muy corta para dejar un legado eterno de traidor. Cuida tu conducta, porque dejará un legado para la posteridad. Haz una pausa para reflexionar sobre el legado que dejarás en este mundo.

Permítele hoy a Dios gobernar plenamente tu vida para que tu destino sea muy distinto del de Judas y glorifiques a Dios por el perdón divino que hoy está disponible para cada uno de nosotros.

He aquí que en justicia reinará un rey, y príncipes presidirán en juicio. Y será aquel varón como escondedero contra el viento, y como refugio contra el turbión, como arroyos de aguas en tierras de sequedad, como sombra de gran peñasco en tierra calurosa.

ISAÍAS 32: 1, 2

Este es un texto mesiánico. El Rey que reinará en justicia es Cristo. Estas palabras eran de gran consuelo para el pueblo de Israel, al que Isaías había anunciado la invasión aterradora que Asiria estaba preparando contra él. Inmediatamente después de anunciar la calamidad que sobrevendría, Dios se apresura a presentarle el cuadro profético de paz y seguridad después de la tribulación. El profeta une la descripción de las glorias del mundo venidero con la era mesiánica.

El Mesías sería para su pueblo una fuente de consuelo, contentamiento y descanso, un lugar de protección y abrigo. En el desierto ardiente sería como arroyo de aguas vivas o como la sombra refrescante de una gran roca. Pero esa promesa no era para Israel solamente. Ni tampoco es para tiempos especialmente peligrosos. La promesa de Dios es para todos los días de la vida. Por duras que sean las luchas que tengamos que afrontar en la vida diaria, recordemos que podemos hallar en Cristo la ayuda que necesitamos. Aunque afuera ruja la tempestad de problemas de toda índole, dentro de nuestro corazón puede brillar la paz que solo Cristo da. Qué hermosas figuras usa el profeta para describir mejor la obra de Cristo en nuestro favor en la vida diaria:

Escondedero contra el viento: Puede ser que soplen los vientos de la adversidad, la guerra o la persecución. Estamos seguros porque estamos protegidos contra todos esos peligros.

Refugio contra el turbión: Una palabra más comprensible es "temporal", es decir, viento y lluvia, problemas combinados que amenazan la vida y la propiedad. El cristiano está seguro porque Dios ha prometido protegerlo contra el "turbión".

Arroyos de aguas en tierras de sequedad: A veces la vida parece un desierto. Falta aliento para el alma. Se seca el corazón por falta de paz, felicidad y alegría. Aun allí encontrará el cristiano paz, porque Dios ha prometido protegerlo en tierra seca y desierta.

Sombra de gran peñasco en tierra calurosa: Cristo es la Roca de la salvación. El salmista hallaba consuelo cuando se refería a Dios como su Roca. «Oh Jehová, roca mía, castillo mío y mi libertador» (Sal. 18: 2). «A ti clamaré, oh Jehová, roca mía, no te desentiendas de mí» (Sal. 28: 1).

Confía en Dios hoy. Clama a él hoy con todo tu corazón. Él ha hecho provisión para ayudarte en todas tus angustias.

Y él le dijo: «Como suele hablar cualquiera de las mujeres fatuas, has hablado.
¿Qué? ¿Recibiremos de Dios el bien, y el mal no lo recibiremos?»
En todo esto no pecó Job con sus labios.
JOB 2: 10

Confianza plena es una de las características maravillosas de la vida matrimonial. La intimidad con la esposa hace que el esposo confíe plenamente en ella. Es maravillosa la confianza con que actúan los esposos. Pueden abrir sus corazones y decirse tranquilamente lo que piensan y lo que sienten.

Sin embargo, por desgracia, el esposo puede hablarle descomedidamente a su esposa. Con frecuencia, la esposa es víctima de las peores palabras. Más que con cualquier otra persona, el esposo debe cultivar con su esposa la pureza verbal.

Job es un ejemplo del buen trato que se debe dar a la esposa. Job fue muy cuidadoso al dirigirse a su esposa. Aunque se encontraba bajo una gran crisis, fue capaz de dirigirse a ella con respeto y cortesía.

Independientemente de cuántos títulos posea, de la posición social que ocupe, o de cuánto dinero tenga el esposo, debe hablar con respeto a su esposa. No importa cuánto tiempo haya estado casado con su esposa, o cuál sea la crisis que esté enfrentando, debe hablarle con amor y dulzura. Debe recordar que las palabras pueden herir más que los puños o los cuchillos: «Hay hombres cuyas palabras son como golpes de espada» (Prov. 12: 18).

Cuando celebré la ceremonia matrimonial de mi querida hija, desafié al joven con quien se casaba para que compitiera conmigo y me superara dándole a ella un mejor trato del que yo le había dado. Le dije que una esposa florece en un contexto de amor y aceptación. Ella es una creación única. Dios la convirtió en la mujer que es. No exijas a tu esposa que piense como tú. Acéptala totalmente, ámala incondicionalmente. Ella es la esposa que Dios te dio. Tu esposa es la mujer que Dios está formando. Eso exige aceptación total y amor incondicional de tu parte.

La combinación de una aceptación total con el amor incondicional fortalecerá los lazos que unen tu relación matrimonial. Cuando lleguen las dificultades que a veces son inevitables en la vida (problemas en el trabajo, problemas con enfermedades crónicas o defectos congénitos), podrán hacerle frente con ánimo y fortaleza.

Toma la decisión hoy de no herir a tu esposa ni con las palabras. Dile cuánto vale ella para ti. Y si no sabes cuánto vale ella para ti, pídele a Dios que te dé sabiduría, pues desconoces el valor de la relación más importante de la vida. Dile que si tuvieras que elegir nuevamente a la mujer con quien pasarías la vida entera, la elegirías de nuevo a ella.

> Cuando yo era niño, hablaba como niño, pensaba como niño, jugaba como niño; mas cuando ya fui hombre dejé lo que era de niño.
>
> 1 Corintios 13: 11

Escuché a una pareja de esposos enfrascados en una fuerte discusión, hasta el punto de irritarse, enojarse seriamente y herirse con las palabras. Todo comenzó con una observación hecha por la esposa mientras viajaban en su vehículo a la casa de una amiga. Ella le dijo que la ruta que había tomado no era la correcta y que debía virar hacia la derecha. Él afirmó que iba por el camino correcto y que de ninguna manera iba a cambiar de dirección. La esposa se molestó porque él no aceptó la sugerencia. Y él se sentía muy incómodo, porque entendía que aquella era un orden y ya estaba cansado de que lo mandaran. ¿Sabes quién tenía la razón? La esposa. El esposo, un hombre de cincuenta y dos años de edad, estaba equivocado, pero se aferró a su punto de vista.

Pero bien podría ser la esposa la que estaba equivocada. Para el caso es lo mismo. Una persona madura acepta los problemas y no permite que se conviertan en una crisis. La actitud infantil, o de inmadurez, es otra de las señales que se debe tomar muy en cuenta para evitar problemas graves en la relación matrimonial. Los cónyuges inmaduros se provocan y se irritan mutuamente. ¿Cómo saber cuándo se actúa con madurez o inmadurez?

Hay varios rasgos y actitudes que muestran que una persona es madura:

• Acepta la responsabilidad por sus acciones.

• No procura justificar sus errores señalando los defectos de los demás.

• Acepta y entiende a las otras personas.

• Tiene la capacidad de aceptar a los demás, incluso con todos sus defectos.

• Admite los cambios que se producen en los otros en el proceso de crecimiento.

Las personas cambian con la edad. ¿Significa que se vuelven mejores? ¿Qué se vuelven más agradables? Normalmente se vuelven más radicales y firmes en sus puntos de vista y, naturalmente, se les hace más difícil aceptar el punto de vista de los otros. Por eso necesitan comprensión. Las personas maduras pueden comprenderlas.

La inmadurez es uno de los defectos que pueden causar problemas en el matrimonio. Puede agravarse con el tiempo, hasta el punto de que el cónyuge pueda decir: «¡Imposible! No puedo continuar así toda mi vida».

La vida matrimonial es fascinante. Fue creada para nuestra felicidad. Pide hoy al Señor que te cambie, que haga de ti un cónyuge maduro que acepte a los demás a pesar de sus faltas.

¿No hizo él uno, habiendo en él abundancia de espíritu? ¿Y por qué uno?
Porque buscaba una descendencia para Dios. Guardaos, pues,
en vuestro espíritu, y no seáis desleales para con la mujer de vuestra juventud.
MALAQUÍAS 2: 15

El matrimonio es una institución sagrada que Adán llevó consigo cuando salió del Edén. Es algo mucho más que personal, privado y social. Es divino. Fue instituido por Dios, y el Señor mismo es testigo principal y garante del pacto matrimonial.

Por eso Satanás está luchando contra esa institución divina. Debemos tener cuidado porque vivimos en la sociedad de desperdicio. Se compran muchas cosas para usarlas una sola vez. En la etiqueta que las identifica se puede leer la palabra "Desechable". Hay cámaras, pañales, platos desechables. Por penoso que sea, debemos decir que esa misma idea tienen muchos del santo matrimonio.

Hollywood, de donde, tristemente, recibimos tanto daño, tiene una tienda donde alquilan anillos de compromiso y de matrimonio. Allí mismo los actores y las actrices tienen un promedio de cuatro matrimonios en su vida. En el mundo uno de cada dos matrimonios termina en divorcio.

El profeta Malaquías advierte a los casados que no permitan que entre en el matrimonio el espíritu del "usar y tirar". Él dice: «Guardaos, pues, en vuestro espíritu» (Mal. 2: 15). Debemos tomar en serio este mandamiento. Por desgracia, muchos, incluso cristianos, transitan por el sendero del divorcio. No nos corresponde juzgar a nadie, pero la Biblia hace un llamamiento a mantener los votos que fueron hechos ante el Señor.

Aunque sea doloroso escucharlo, el profeta Malaquías desafía a todos los que están casados a mantener los votos y a no permitir que la embarcación matrimonial naufrague. Dios desea que todos los que están casados se esfuercen, con su ayuda, para mantener navegando el barco del amor. No es extraño que el matrimonio enfrente problemas. Lo extraño es que los cristianos, al parecer, no se esfuercen mucho para mantener la embarcación matrimonial a flote, aunque los mares estén agitados y navegar sea muy difícil. Así puede llegar la tentación a aceptar la tendencia de social del "usar y tirar". No caigas en el error fatal de echar por la borda la gran inversión hecha a lo largo de tantos años en tu matrimonio.

Hoy es más que oportuno recordar lo siguiente: El mensaje de Dios en su Palabra es que debe mantenerse a flote la embarcación matrimonial. La voluntad de Dios es que el hombre sea leal a su esposa, y la mujer leal a su esposo.

Si Jehová no edificare la casa, en vano trabajan los que la edifican;
si Jehová no guardare la ciudad, en vano vela la guardia.
SALMO 127: 1

Hace algunos años escuché una historia verídica de una familia compuesta por los dos padres y dos hijos. Aunque eran cuatro, la mesa del comedor estaba rodeada de cinco sillas. Cuando tomaban los alimentos, como era de esperar, solo utilizaban cuatro sillas y una de ellas quedaba desocupada. Si se les preguntaba por qué dejaban una silla vacía, respondían: «Esa es la silla del Señor Jesús».

¿Tienes siempre al Señor delante de ti? ¿Dedicas tiempo a desarrollar una relación más íntima con él? ¿Está Dios presente en tu hogar? ¿Procuras aprovechar toda oportunidad para mantener una buena relación con el Señor? Si deseas tener un matrimonio feliz, estable y duradero, que se mantenga a través del tiempo a pesar de la multitud de obstáculos que tenga que enfrentar a lo largo de la existencia y las vicisitudes de la vida, debes vigilar cuidadosamente que Dios ocupe un sitio de honor en su matrimonio. ¿Cómo comienza el deterioro en la vida espiritual de los esposos? Con el descuido de la oración, el abandono de la asistencia a la iglesia y el descuido del estudio de la Palabra de Dios.

Muchas parejas disfrutan el compañerismo de los otros miembros del cuerpo de Cristo y se gozan asistiendo a la iglesia. Pero poco a poco sus actividades y ocupaciones no les dejan espacio para Dios en sus vidas. Ya no oran, ya no leen la Biblia, ya no asisten a la iglesia. El calor espiritual se enfría y Dios queda fuera del círculo matrimonial. Dios ya no es más la fuente abundante de donde se bebe para saciar la sed espiritual. Dios ya no es el dador, el renovador, y el que construye la vida familiar. Ya no es el centro de la fe y el amor. La pareja empieza a frustrarse, porque ya no tiene una fuente central de fortaleza y poder. ¿Resultado? No se necesita ser profeta para predecirlo: Tormentas espirituales y matrimoniales en el futuro.

La Biblia y la experiencia contrastada de miles de casos enseñan fehacientemente que Dios no puede ser abandonado, y mucho menos olvidado. Si no está presente en el hogar, los problemas vendrán y no habrá fuerza para hacerles frente. Las técnicas y terapias que se han escrito y se ofrecen para mejorar la vida de las parejas jamás funcionarán, porque «si Jehová no edifica la casa, en vano trabajan los que la edifican».

Y el Señor haga crecer y abundar en amor unos para con otros y para con todos, como también lo hacemos nosotros para con vosotros.
1 Tesalonicenses 3: 12

Un año después de realizada la ceremonia matrimonial, me encontré con el joven a quien había casado. Deseoso de saber cómo marchaban las cosas, le pregunté:

—¿Cómo se siente después de doce meses de estar viviendo juntos? ¿Cómo está la relación con su esposa?

Él me contestó:

—Pastor, me siento muy feliz de tener a esa joven a mi lado. Todo funciona de maravilla. Por ahora, no tengo nada de qué quejarme. Ella se levanta muy temprano a prepararme mi ropa para que vaya presentable al trabajo. El desayuno me lo sirve a tiempo para que yo salga a tiempo a mi trabajo. Se sienta conmigo a la mesa y se levanta a servirme cualquier cosa que le pida. Al salir de la casa me despide con un beso, y cuando regreso del trabajo, me da la bienvenida a casa con una gran sonrisa. No me discute por nada, y es muy obediente a mis órdenes. Mientras mi morenita se comporte de esa manera, siempre la amaré.

Después de leer esta experiencia es muy oportuna la siguiente pregunta: ¿Cuán desinteresadamente amas a otras personas, especialmente a tu esposa o esposo? ¿Das amor sin esperar nada? ¿Amas libremente sin esperar nada a cambio?

En una nota una amiga, Amy Carmichael escribió: «Este pobre mundo es un lugar frío para muchos. Oro para que nadie que venga a nosotros sienta frío aquí, para que el frío se desvanezca por el calor del amor de Dios que mora en nuestro corazón. Jamás temamos repartir amor en abundancia. Manténgase libre para amar. Nunca permita una ligera suspicacia que traiga sombra al corazón. Ayude a todos a pensar lo mejor de los otros. No permita que nada apague el amor. No deje que nada lo enfríe. Mantenga hasta el final sin romperse cada hebra del cordón de oro del amor. Sea paciente, ame aun a aquellas personas ingratas que no reconocen que usted las ama. Ame a quienes no reconocen lo que usted ha hecho por amor a ellos. Recuerde que ningún acto de amor, incluyendo el perdón, es un desperdicio. Y, sobre todo, recuerde que cada vez que ama a otros refleja el amor que tiene por Jesús».

Ora hoy al Señor y dile:

«Señor, ayúdame a amar siempre. Aumenta tu amor en mí, para que ame desinteresadamente. Ayúdame a crecer y a abundar en amor, porque el amor es la vida de Dios en mi corazón».

> Cazadnos las zorras, las zorras pequeñas, que echan a perder las viñas;
> porque nuestras viñas están en cierne.
>
> CANTARES 2: 15

Una vez tuve que hacer un viaje en avión a la ciudad de Miami. El personal de tierra cumplió, con la eficiencia acostumbrada, todo el trámite y abordamos a tiempo la aeronave. La nave estaba a punto de despegar cuando, de repente, notamos que volvió a la terminal. ¿Qué ocurría? Algo sin importancia: el capitán había detectado un insignificante goteo de líquido en uno de los motores del avión. Todo se detuvo. Siete horas se demoró el vuelo para arreglar aquel insignificante goteo. La compañía perdió muchos miles de dólares, pero aquel insignificante goteo era una advertencia. Sí, se demoró la salida. Sí, la compañía perdió muchos miles de dólares. Sí, los pasajeros perdimos tiempo y faltamos a citas, reuniones y compromisos. Pero al prestar atención y arreglar aquella pequeña señal de advertencia, aquel pequeño detalle, posiblemente se evitó una tragedia.

¿No deberíamos ser más cuidadosos con esas pequeñas señales de advertencia en la relación matrimonial? Si les pusiéramos atención evitaríamos muchas tragedias. Podemos detectar los pequeños fallos en nuestra relación matrimonial. Ello ayudará a evitar que la embarcación se hunda. Aunque los detalles sean pequeños, no podemos permitirnos el lujo de ignorarlos.

Usando la metáfora del sabio Salomón, ¿cuáles son esas zorras pequeñas que, si no las descubre, pueden echar a perder la viña matrimonial? Las señales grandes cualquiera puede verlas. Las peligrosas son las pequeñas. Peligrosas porque no se ven, pero más porque dan lugar a las grandes.

Una se llama monotonía. Después de diez años de matrimonio se acaba la novedad y comienza la *rutina*, que luego da a luz a su hija enferma, la *monotonía*. Esta, a su vez, engendra a su vástago abúlico, *el aburrimiento*. Uno comienza a pensar: «Esto tiene que ser más emocionante. Necesito algo mejor que esto. Algo con más brillo y más interesante». Si la rutina, la monotonía y el aburrimiento ya se mudaron a vivir en tu casa, ¡ojo con ellos! Ya no son zorras, son lobos. Tu vida matrimonial está en peligro.

Otra señal se llama *sentido de independencia*. Cuando uno de los cónyuges dice: «Necesito mi espacio», quiere decir: «Ya no somos uno, como cuando nos casamos; ya somos dos otra vez». Peligro. Cuida a tu esposo; cuida a tu esposa. Cércala de amor, de alegría y de felicidad mediante un trato inteligente.

Ven hoy al Señor en oración y exprésale tu gratitud por el don de la familia. Pídele que abra tus ojos para advertir cualquier señal de peligro que amenace ese regalo divino que se llama matrimonio.

A fin de conocer a Cristo, conocer la virtud de su resurrección,
y participar de sus padecimientos, hasta llegar a ser semejante a él en su muerte.
FILIPENSES 3: 10

Saulo de Tarso tenía una gran pasión por servir a Dios. Sabemos que su viaje a Damasco estaba motivado por un celo equivocado por Dios. Guardaba estrictamente la letra de la ley de Dios, y tenía el sincero deseo de agradar y servir al Creador. Pero cuando se encontró con Jesús en el camino a Damasco, y se convirtió, su perspectiva cambio, pero su pasión permaneció. Ahora absolutamente toda la vida del apóstol Pablo se centraba en su ardiente deseo de conocer a Jesús y predicar las buenas nuevas del evangelio.

Pablo siempre se esforzaba porque su relación con Jesús fuera lo más íntima posible. Su deseo constante era conocer mejor la muerte y la resurrección de Cristo. Conocer a Jesús es mucho más que tener información suficiente acerca de él. Aunque conocer la Biblia es importante, y memorizarla es muy deseable, se pueden memorizar relatos, información e historias bíblicas y todavía no conocer a Jesús. Pero Jesús dijo que conocer a Dios es sumamente importante. De hecho, en eso consiste poseer la vida eterna: «Y esta es la vida eterna: que te conozcan a ti, el único Dios verdadero, y a Jesucristo a quien enviaste» (Juan 17: 3). «Un conocimiento experimental y viviente conduce a la vida eterna. No hay salvación en solo conocer, pero tampoco puede haber salvación sin conocimiento (Rom. 10: 13-15). Aquí se define el conocimiento salvador como el que se centra en "el Dios verdadero", en contraste con los dioses falsos, y en Jesucristo. Fue muy notable la ausencia del conocimiento de Jesucristo en la religión de los judíos. En el día final los hombres serán rechazados porque despreciaron el conocimiento esencial» (*Comentario bíblico adventista*, t. 5, p. 1027).

Conocer a Cristo es amarlo con todo nuestro corazón, con toda nuestra alma, con toda nuestra mente y con toda nuestra fuerza. Es confiar en él en medio de cualquier circunstancia en que nos encontremos. Es acercarnos confiadamente a él, para «hallar gracia para el oportuno socorro». Nada en la vida tiene verdadero significado sin el conocimiento de Cristo. Solo el conocimiento de Cristo tendrá valor al final. ¡Qué terrible será, para quienes la escuchen, aquella terrible declaración de Jesús: «Nunca os conocí; apartaos de mí, hacedores de maldad» (Mat. 7: 23)!

Como dice nuestro texto de hoy: Los cristianos están dispuestos a participar de los padecimientos de Cristo, «a fin de conocerlo». Asegurémonos hoy de que nada sea más importante en nuestra vida que conocer a nuestro Salvador.

Dijeron todos: «¿Luego eres tú el Hijo de Dios?»
Y él les dijo: «Vosotros decís que lo soy».
LUCAS 22: 70

¿Quién es Jesús? La pregunta era central y de suma importancia para la turba y para Pilato, que lo interrogaba oficialmente. «¿Quién dices que eres? ¿Quiénes dicen ellos que eres?», preguntaba Pilato mientras el calor de la pasión ardía en el corazón de la multitud que acusaba a Jesús. Conocer la identidad de Jesús es importante, porque una vez que reconocemos quién es en realidad Jesús, sabremos lo que tenemos que hacer con él. Jesús les planteó la misma pregunta a sus seguidores para que le dijeran quién creía la multitud que era él. La Escritura nos dice que ellos respondieron: «Algunos dicen que tú eres Juan el Bautista. Otros dicen que tú eres Elías. Y otros más creen que tú eres Jeremías, o uno de los profetas antiguos que ha resucitado». Y Jesús les preguntó: «¿Y quién decís vosotros que soy yo?» Simón Pedro contestó: «Tú eres el Cristo, el Hijo del Dios viviente». Jesús le respondió: «Bienaventurado eres, Simón, hijo de Jonás, porque no te lo reveló carne ni sangre, sino mi Padre que está en los cielos» (Mat. 16: 14-17).

Esa sigue siendo una pregunta importantísima para cada uno de nosotros en la actualidad. Cada uno de nosotros debe decidir quién es Jesús. Si es un simple hombre, entonces ignóralo a él y a sus enseñanzas. Pero si tu respuesta es que Jesús es el Hijo de Dios, entonces todo debe cambiar. Al afirmar que Jesús es el Hijo de Dios, reconocemos su poder, su muerte y su resurrección por nosotros. Y por ello lo hacemos Señor de nuestras vidas. La manera en que tú y yo nos conducimos en nuestro diario vivir se debe a la respuesta a la pregunta: ¿Quién es Jesús? Si creemos que Jesús es el Hijo de Dios, entonces nuestro orgullo, nuestro mal temperamento, nuestros malos pensamientos, tienen que ser aplastados por el poder de un Cristo vivo trabajando en nuestro ser.

Gracias a Dios, Pedro entendió quién era, verdaderamente, Jesús. No era simplemente un profeta más. Jesús era Aquel de quien los profetas habían hablado tanto y a quien los patriarcas desearon tanto ver. Como consecuencia de ello, la vida de Pedro empezó a cambiar para siempre. Tristemente, Pilato no lo entendió. Herodes no lo entendió. La multitud no lo entendió. Por eso sellaron su destino para siempre.

¿Quién dices tú que es Jesús? ¿Es el Hijo del Dios viviente y el Redentor de la humanidad? ¿Qué cambio supone eso para tu vida?

Jehová cumplirá su propósito en mí; tu misericordia, oh Jehová, es para siempre; no desampares la obra de tus manos.
SALMO 138: 8

Cada día se presentan situaciones en nuestra vida que exigen tomar decisiones. Y, como ya sabemos, nuestras elecciones determinarán la calidad de nuestra vida. Debido a esto, es importante buscar la dirección divina, a fin de conocer lo que Dios tiene para nosotros. Lo que Dios se propone hacer en favor de cada uno de sus hijos siempre es lo mejor. ¿Cómo descubrir lo mejor de Dios para nosotros? La respuesta es doble. Primero, debemos estar convencidos de que los caminos de Dios son mejores que los nuestros. En segundo lugar, debemos aprender a escuchar su voz y seguir sus indicaciones.

No siempre es fácil aceptar que los caminos de Dios son lo mejor. Es un proceso difícil, porque siempre deseamos tener el control de nuestra vida y hallar soluciones humanas para nuestros problemas. Siempre estamos imaginando fórmulas para resolverlos. A veces, aunque no lo decimos de viva voz, nuestros hechos dicen que no necesitamos ayuda de nadie para afrontar nuestras cargas. Pero, gracias a Dios, él siempre está dispuesto a ayudarnos y bendecirnos. No hay nadie que conozca mejor nuestras necesidades que él. Solamente cuando entendemos esto estamos dispuestos a escuchar al Señor y a seguir sus instrucciones. Permitamos que el Espíritu Santo tome control de nuestra vida y nos enseñe a discernir entre lo bueno y lo mejor.

Una señal de que escuchamos la voz de Dios y seguimos su voluntad es una sensación de paz que sobrepasa todo entendimiento. Dios dice: «Porque yo sé los pensamientos que tengo acerca de vosotros [...], pensamientos de paz, y no de mal, para daros el fin que esperáis» (Jer. 29: 11). Permite que Dios realice sus planes para ti. Es increíble que nosotros mismos impidamos que Dios realice lo que anhela hacer por nosotros.

El salmista dijo: «Jehová cumplirá su propósito en mí». Esa confianza le daba paz y seguridad. Lo mismo nos ocurrirá a nosotros. Si ponemos nuestra vida en las manos de Dios y dejamos que él cumpla los propósitos de misericordia que tiene para nosotros, el resultado será la paz y la seguridad. Andaremos por la vida con paz, porque él está obrando a nuestro favor.

Hoy tendrás que adoptar decisiones. Quizá tendrás que decidir la compra de una propiedad o iniciar una carrera en la universidad. O quizá tendrás que tomar la gran decisión de quién será tu futuro cónyuge. Deja que el Espíritu de Dios te guíe para encontrar lo mejor que Dios tiene reservado para ti.

> Y tras el terremoto un fuego; pero Jehová, no estaba en el fuego.
> Y tras el fuego un silbo apacible y delicado.
>
> 1 REYES 19: 12

Eran aproximadamente las diez de la noche cuando un joven, miembro de la iglesia, se puso de rodillas para presentarle al Señor una de sus necesidades más urgentes. Para realizar su trabajo con mayor eficiencia necesitaba un carro. Como no tenía un solo centavo en el bolsillo, su única posibilidad de obtener el dinero era pedir al Señor que hiciera un milagro. Pensó en comprar un billete de la lotería que se realizaría al día siguiente. En el país donde vivía se acostumbra que la víspera del sorteo los vendedores de billetes de lotería recorrieran las calles, anunciando en voz alta los últimos billetes. En su oración, el joven al que nos referimos, dijo: «Señor, tú sabes que necesito con urgencia un carro. Si en este instante pasa un vendedor de lotería, anunciando sus billetes, reconoceré que tú estás hablando y lo compraré, y tú harás el milagro de que yo gane el sorteo para conseguir el dinero que necesito para comprar el carro». En el instante en que terminó de orar escuchó la voz de un vendedor. Se levantó de sus rodillas y compró el billete de lotería.

¿Fue Dios quien habló a aquel joven? Es importante discernir la voz de Dios, especialmente cuando se deben tomar decisiones difíciles.

Hay varios principios que todos podemos aplicar para saber con certeza si lo que escuchamos es la voz de Dios o una bien distinta. Lo más básico y seguro es que respondamos con sinceridad la siguiente pregunta: ¿Está la decisión que pienso adoptar en armonía o en conflicto con la Palabra de Dios? El Señor nunca nos pedirá que hagamos nada que sea contrario a lo que ya ha revelado claramente en su Palabra. La mejor manera que tenemos siempre a nuestro alcance para reconocer la voz de Dios sin temor a equivocarnos es dedicar tiempo suficiente a leer y meditar en las Sagradas Escrituras.

Conocer la Palabra de Dios como resultado de un estudio diligente nos ayudará a distinguir la voz de Dios de los engaños sutiles de Satanás o de los mensajes que envía la carne mediante sus deseos.

No desperdicies tu tiempo analizando las muchas voces que escuchas. Conoce la voz de Dios registrada en su Palabra y te será más fácil reconocerla a la primera en lo sucesivo, para descubrir su voluntad y tomar la mejor decisión en todos los asuntos de la vida.

Dios, Dios mío eres tú; de madrugada te buscaré; mi alma tiene sed de ti, mi carne te anhela, en tierra seca y árida donde no hay aguas.
SALMO 63: 1

Conocer a Dios es fundamental para ser salvo. Nuestro Señor lo dijo de la manera más clara posible: «Y esta es la vida eterna; que te conozcan a ti, el único Dios verdadero, y a Jesucristo, a quien has enviado» (Juan 17: 3). ¿Qué es conocer a Dios? Es conocer de él cuanto podamos, igual que sabemos muchas cosas de las personas que conocemos y por eso las amamos. No te pierdas en razonamientos. Conocer a Dios es tener una relación con él como la relación que tienes con la persona que más amas en la vida.

¿Cómo podemos conocer a Dios? Ten la completa seguridad de que ninguna persona conocerá a Dios si se sienta a esperar hasta experimentar un sentimiento o una emoción que le confirme que el Señor le ha hablado.

Conocer a Dios requiere un esfuerzo constante. Es necesaria una búsqueda deliberada y sincera. Uno debe proponerse conocer a Dios y a su Hijo Jesucristo. Luego, confiar en que él responderá al deseo del corazón, al grito de su alma.

La manera principal que tenemos a nuestra disposición para aprender más de Dios es a través del estudio de su Palabra y de la comunicación con él a través de la oración. Tal vez ya hayas escuchado demasiado la amonestación de orar y estudiar la Palabra. Quizá estés cansado de escuchar el consejo: «Ora y estudia cada día la Palabra de Dios». Sin embargo, hay una razón fundamental detrás de ese consejo: únicamente a través del estudio constante de las Escrituras (sea leyéndola o escuchando cómo la lee otra persona) y de la perseverancia en la oración se puede profundizar en el conocimiento de Cristo.

Recuerda que la Biblia es el producto de la mente y el corazón de Dios. Es la herramienta principal que él utiliza para que podamos conocerlo mejor. Es la manera en que se revela a sí mismo, para evitar que nos inventemos un dios a nuestra imagen y semejanza, un dios a quien haya que convencer mediante muchos ruegos y sacrificios para que sea movido a compasión; o un dios que no demande un estilo de vida conforme a su propia voluntad.

Adopta una decisión que será una bendición para ti durante el resto de tu vida. Decide hoy que, a través de la oración, la asistencia a la iglesia, el estudio de la Biblia, y otras lecturas y otras actividades piadosas, serás tenaz en tu esfuerzo por conocer a Dios y su voluntad, sus caminos y sus propósitos.

> Y cuando lo oyó Elías, cubrió su rostro con su manto, y salió,
> y se puso a la puerta de la cueva.
> Y he aquí vino a él una voz, diciendo: «¿Qué haces aquí, Elías?»
>
> 1 Reyes 19: 13

Si alguien te dijera a hoy: «El Señor se te aparecerá en cualquier momento, entre ahora y la puesta del sol», probablemente responderías: «Bueno, si se me va a aparecer hoy, como usted dice, seguramente lo reconoceré». Elías nunca imaginó que estaba a punto de ver una manifestación de la gloria de Dios como nunca había tenido la oportunidad de verla (1 Rey. 19: 9-18). Pero él no había venido a buscar una manifestación de la gloria de Dios. Estaba muy deprimido. Venía huyendo de sus enemigos. Había abandonado el puesto del deber y había dejado inconclusa la obra de reforma que Dios le había encomendado.

Sin embargo, Dios, que comprende las debilidades de sus siervos, de ti y de mí, vino a buscarlo a una cueva remota del monte Horeb. Primero le hizo la punzante pregunta: «¿Qué haces aquí, Elías? ¿Quién te envió aquí?» Luego le reveló aquello que él anhelaba ver y experimentar: «Él le dijo: Sal fuera, y ponte en el monte delante de Jehová. Y he aquí Jehová que pasaba, y un grande y poderoso viento que rompía los montes, y quebraba las peñas delante de Jehová; pero Jehová no estaba en el viento. Y tras el viento un terremoto; pero Jehová no estaba en el terremoto. Y tras el terremoto un fuego; pero Jehová no estaba en el fuego. Y tras el fuego un silbo apacible y delicado» (1 Rey. 19: 11-12). Obsérvese que Dios no estaba en el poderoso viento que rompía los montes y quebraba las peñas. Tampoco estaba Dios en el gran terremoto ni en el gran fuego. Seguramente Elías había creído que Dios estaba en aquellas poderosas manifestaciones del poder de la naturaleza. Como nosotros, tenía la noción clara del poder de Dios. Esperaba ver y sentir ese poder para creer que Dios estaba con él. Pero la Biblia dice algo maravilloso: «Y tras el fuego un silbo apacible y delicado» (1 Rey. 19: 12).

Por supuesto, Dios había estado en el viento, en el terremoto y en el fuego. Pero quiso manifestarse a su siervo en la forma en que siempre lo hace por amor y compasión de nosotros: en forma humilde, como le apareció a Moisés en la zarza ardiente o como apareció él mismo cuando vino al mundo: «Como raíz de tierra seca. No tenía belleza ni majestad para atraernos» (Isa. 53: 1).

¿Has escuchado el silbo apacible y delicado? Decide hoy reconocer a Dios en cualquier circunstancia de tu vida.

En él estaba la vida, y la vida era la luz de los hombres.
JUAN 1: 4

Muchas personas están inquietas y perturbadas por la aparente lejanía de Dios. Les parece distante y se imaginan que no tiene ninguna preocupación por lo que acontece aquí en la tierra. Creen que Dios los creó, pero que inmediatamente los abandonó. Les parece muy lejano, reservado e irreal. Se unen a Job en el grito: «¡Quién me diera el saber dónde hallar a Dios! ¡Yo iría hasta su silla!» (Job 23: 3). Este concepto equivocado acerca de Dios es el que el apóstol Juan hace añicos en su Evangelio. En el prólogo enfatiza de tres maneras el hecho de que Dios vino al mundo.

Primero: Dice que Dios vino al mundo. Pero no caigamos en el gran error de pensar que la primera vez que Dios vino al mundo fue en ocasión del nacimiento de Jesús. No. Él vino al mundo y nunca lo abandonó. Él es la luz verdadera que alumbra a todos los hombres: «Aquella luz verdadera, que alumbra a todo hombre, venía a este mundo» (Juan 1: 9). Dios siempre ha estado en este mundo para dar a todos los seres humanos vida y luz. Si Dios no estuviera aquí, ya no viviríamos o estaríamos en completa oscuridad. Es más, estaríamos muertos porque solo él tiene luz y vida. Desde la fundación del mundo siempre estuvo aquí dando luz y vida a su creación. Cada cosa hermosa, buena y verdadera que hay en el mundo nos pertenece a través de Jesucristo. Ningún ser humano, por hundido que se encuentre, es dejado en completa oscuridad.

Segundo: Él vino al mundo porque es suyo; es su creación, su propiedad. Vino a encarnarse para rescatarla. «A lo suyo vino, y los suyos no le recibieron». El que había venido en forma velada, vino en persona, en carne, abierta y públicamente. El Verbo eterno se hizo carne y «habitó entre nosotros». Vino como ser humano. La tragedia es que el mundo no lo reconoció.

Tercero: Todavía sigue viniendo. Nos visita a través del Espíritu Santo: «Mas a todos los que le recibieron, a los que creen en su nombre, les dio potestad de ser hechos hijos de Dios» (Juan 1: 12).

Y podríamos añadir un **cuarto** punto. Tenemos la gloriosa promesa: «Vendré otra vez, y os tomaré a mí mismo, para que donde yo estoy, vosotros también estéis» (Juan 14: 3).

Gózate. Tienes un Dios que está aquí, dentro de ti. Un Dios que te acompaña de día y de noche. Ama y sirve a tu Dios.

Jesús le dijo: «¿Tanto tiempo hace que estoy con vosotros, y no me has conocido, Felipe? El que me ha visto a mí, ha visto al Padre; ¿cómo, pues, dices tú: "Muéstranos el Padre"?»

JUAN 14: 9

La pregunta que Jesús le hizo a Felipe bien podría hacérnosla a nosotros también: «¿Tanto tiempo hace que estoy con vosotros, y no me has conocido, Felipe?» Felipe no tenía excusa para no conocer a su Maestro. Había vivido con él tres años y medio. Jesús reprendió a Felipe por dos cosas:

Primero, por no haber mejorado su relación con él durante los tres años y medio que habían pasado juntos. Debería haber alcanzado un profundo conocimiento de Jesús. Sin embargo, por su propia confesión, no lo conocía. Dios desea que lo conozcamos en una relación íntima y personal. Él se ha revelado y ha proporcionado una manera de conocerlo a través del sacrificio de su Hijo, Jesucristo. Cuando Felipe y sus compañeros vivieron con Jesús durante tres años y medio, vivieron con el Padre, porque Jesús y el Padre, son uno. Desde el primer día que Felipe conoció a Jesús dijo que lo reconocía como el Mesías (Juan 1: 45). Sin embargo, al final, dijo que no conocía al Padre.

Muchos que tienen un buen conocimiento de las Escrituras y de las cosas divinas, pero que no obtienen el conocimiento esencial que se espera de ellos, no conocen a Dios por experiencia. No conocen lo que se espera que conozcan de él. Recordemos que cuanto más tiempo hace desde que conocemos a Jesús, más se espera que los conozcamos en una escala más profunda. Cristo espera que nuestra experiencia con él esté en proporción con los privilegios que nos ha dado.

En segundo lugar, Jesús reprende a Felipe porque todos los que han visto a Jesús por la fe han visto al Padre en él, aunque de repente no sean conscientes de haberlo visto. A la luz de la doctrina de Cristo, vieron a Dios como el Padre de las luces; en los milagros vieron al Padre como el Dios de poder. La santidad de Dios brilló en la inmaculada pureza de la vida de Cristo, y su gracia en todos los actos de gracia realizados por el Salvador.

El verdadero problema es que estamos acostumbrados a vivir con un Dios "de lejos", como se dice habitualmente. El Dios que sana al enfermo y restaura la vida de sus criaturas nos hace una invitación importante hoy. Nos invita a experimentarlo personalmente. Nos invita a hacer una realidad de su presencia en nuestra vida, a conocerlo de verdad. Creamos esta promesa hoy, pues, de lo contrario, hacemos a Dios mentiroso.

Y, en efecto, pregunta ahora a las bestias, y ellas te enseñarán;
a las aves de los cielos, y ellas te lo mostrarán; o habla a la tierra,
y ella te enseñará; los peces del mar te lo declararán también.
¿Qué cosa de todas estas no entiende que la mano de Jehová lo hizo?
Job 12: 7-9

Preguntar algo a las bestias de la tierra y a las de los cielos es entablar un diálogo con la naturaleza. Hablar a la tierra y a los peces del mar es entablar una conversación con la naturaleza. Se nos aconseja entablar ese diálogo. Se nos aconseja conversar con la naturaleza. Lo malo es que la vida cotidiana que vivimos muchos de los cristianos no nos permite dialogar con la naturaleza tanto como deberíamos.

Como dice Ben Clausen, «además de la luz y otras formas de energía, el universo está formado de materia. La cubierta de aire y agua de la tierra, por ejemplo, hace la vida posible. El veinte por ciento de oxígeno y el ochenta por ciento de nitrógeno de la atmósfera representan una mezcla ideal de gases. Más oxígeno haría que fuese casi imposible controlar los fuegos, y menos oxígeno sería insuficiente para la vida. El agua cubre el setenta por ciento del planeta y constituye más de la mitad de nuestro cuerpo. Su capacidad para absorber altas temperaturas hace descender las fluctuaciones de temperatura de la tierra a un nivel aceptable para la vida. A diferencia de la mayoría de las sustancias, el agua se expande cuando se congela, lo que hace que el hielo flote; de otra manera, los mares se congelarían de abajo hacia arriba.

»La tierra tiene las propiedades exactas para sostener la vida. La velocidad de su rotación es suficientemente rápida para asegurar un clima uniforme en casi toda la tierra, pero no tan rápida que cause un efecto "tío vivo" o carrusel. La fuerza de gravedad de un planeta mucho mayor sería demasiado pesada para los seres humanos. Una tierra más pequeña, con menor atracción de la gravedad, no podría retener la atmósfera».

Y ya no tenemos espacio ni tiempo para preguntarles a las aves, que van desde el colibrí, que pesa treinta gramos y puede batir sus alas doscientas veces por segundo, hasta el avestruz de 130 kilos, que puede correr a cincuenta kilómetros por hora y tiene una zancada de siete metros de largo. Si conversáramos más con la naturaleza, ¡cuántas cosas nos diría!

Cuando vemos las maravillas y singularidades de la naturaleza, nos emocionamos para decir: «Oh Jehová, Señor nuestro, cuán grande es tu nombre en toda la tierra» (Sal. 8: 9).

> Entonces dijo Manoa al ángel de Jehová: «¿Cuál es tu nombre para que cuando se cumpla tu palabra te honremos?» Y el ángel le respondió: «¿Por qué preguntas por mi nombre, que es admirable?»
>
> JUECES 13: 17, 18

Manoa preguntó por el nombre del ángel porque pensaba que era un profeta. Deseaba saber de qué tribu era. Quizá para llamar al niño como él. O para recomendarlo a otros que también necesitaban instrucción y consejo divino. También deseaba honrarlo, quizá enviándole un presente, un regalo, lo cual se hacía con toda persona importante. Es posible que también deseara devolverle la visita.

Pero el ángel se negó a satisfacer su curiosidad. Recordemos que cuando Jacob le hizo la pregunta al mismo ángel, este le respondió: «¿Por qué me preguntas por mi nombre?» (Gén. 32: 29). Recordemos que cuando Jacob comprendió que con quien había estado luchando era un visitante celestial, le preguntó su nombre, pero el ángel no se lo dijo. Pero a Manoa le dijo por qué no se lo decía: «Porque es maravilloso». Otra versión dice: «Porque es secreto». La pregunta de Manoa era honesta y sincera. No obstante, el ángel no le contestó. Cuando pidió instrucciones para cumplir su deber, no se le negó la información. Pero cuando preguntó para satisfacer su curiosidad, se le negó la respuesta.

La razón por la cual Dios no revela su nombre es porque es incomprensible para el hombre. «La palabra hebrea *peli* es un adjetivo que significa "maravilloso". La forma sustantivada de la misma palabra se traduce "admirable" en Isaías 9: 6. La palabra indica algo extraordinario, inefable, que está más allá de la comprensión humana. La mejor ilustración del significado de esta palabra se encuentra en la forma como se usa en Salmo 139: 6: "Tal conocimiento es demasiado maravilloso para mí; alto es, no lo puedo comprender". Otra forma de la misma palabra es la que aparece en Job 42: 3: "Cosas demasiado maravillosas para mí". Manoa no era capaz de comprender el nombre del ángel» (*Comentario bíblico adventista*, t. 2, p. 384). Y es que el "ángel" era Dios, era Cristo.

La palabra hebrea *peli* también significa milagro. Eso explica más todavía a Dios. Su nombre es milagro. Jesús siempre fue admirable y milagroso. Todavía sigue siendo milagroso. Cada día obra en nuestro favor para salvarnos, sustentarnos y prepararnos para vivir con él por la eternidad. No podemos comprender el nombre de Dios. Nadie lo conocerá perfectamente ni siquiera en la eternidad, porque conocer el nombre es conocer perfectamente a quien lo lleva.

Preparémonos para conocerlo en todo lo que sea posible, ahora y en la eternidad.

Aconteció que estaba Jesús orando en un lugar, y, cuando terminó,
uno de sus discípulos le dijo: «Señor, enséñanos a orar,
como también Juan enseñó a sus discípulos».
LUCAS 11: 1

¿Qué esperaba hacer con la oración el discípulo que le pidió a Jesús que le enseñara a orar? Puede ser que la razón sea la de Jaimito, que habló así con su pastor:

—¿Oras de noche, hijito? —le preguntó el pastor.

—Sí, señor —repuso Jaimito.

—¿Y también lo haces por la mañana? —volvió a preguntar el pastor.

—No, señor —dijo Jaimito—. De día no tengo miedo.

La actitud de algunos cristianos puede ser muy parecida. La oración es un recurso muy útil cuando tenemos miedo, cuando estamos afligidos, cuando estamos pasando por una crisis. En broma se dice que quien pasa por un grave peligro en un vuelo transcontinental, llega al aeropuerto "santificado", porque se supone que oró mucho, se consagró de nuevo a Dios y renovó todos sus votos de lealtad. Pero nadie dice nada cuando el vuelo no tiene contratiempos. Se supone que el viajero no oró mucho, no se consagró, no renovó sus votos, porque no tuvo temor.

Cuán cierto es que oramos más cuando estamos en peligro de perder la vida, o de cualquier otro trance que cause preocupación. Oramos más cuando tenemos problemas de cualquier tipo. Oramos más cuando entramos a una crisis de salud, familiar, matrimonial o financiera. Oramos porque sentimos la necesidad de ayuda. Oramos porque necesitamos la intervención del poder y la providencia de Dios. Cuán parecida es nuestra actitud a la de Jaimito.

Otras veces oramos para hablar a Dios de nuestros problemas, carencias, necesidades y deseos, y para pedirle que nos ayude. Por ello, nuestras oraciones no son mucho más que una lista necesidades y peticiones. Pero Dios no necesita que le informemos de nuestros problemas. Él los conoce todos mejor que nosotros mismos. Se preocupa más por lo que nos preocupa que nosotros mismos. Está más interesado en nuestro bienestar que nosotros mismos. Dios mismo dijo: «Y antes que clamen, responderé yo; mientras aún hablan, yo habré oído» (Isa. 65: 24). Verdaderamente esta declaración divina es una joya para los cristianos. Nos asegura que Dios no necesita que lo convenzamos con grandes clamores y largas y convincentes oraciones. ¿La razón? Porque él sabe todo lo que nos pasa, y, por su inmenso amor, se adelanta a nuestras necesidades.

Entonces, ¿por qué oramos? La respuesta es sencilla: Oramos porque deseamos estar en comunión con él.

> Velad y orad, para que no entréis en tentación;
> el espíritu a la verdad está dispuesto, pero la carne es débil.
> MATEO 26: 41

Es muy elevado el precio que tienen que pagar los cristianos que descuidan la oración. Un famoso evangelista cometió un grave pecado. Los medios lo publicaron y el escándalo fue muy grande. Cuando le preguntaron cuál había sido la razón, contestó: «Todo comenzó cuando descuidé mi vida de oración». Es natural. Nadie puede vivir la vida cristiana sin oración constante. La razón la sabemos con mucha claridad. La oración es el aliento del alma, la vida del espíritu. El cristiano que no ora está muerto espiritualmente. Y una persona que está muerta espiritualmente tiene una enorme capacidad para deshonrar a Dios y para deshonrarse a sí misma.

Lo sabemos, pero conviene repetirlo otra vez: «Dios y los ángeles se asombran por la falta de interés que muestran muchos cristianos en la oración». Si Jesús, cuando estuvo en la tierra, pasaba noches enteras en oración, ¿no debiéramos hacerlo nosotros con más razón? Qué significativas suenan estas palabras: «En aquellos días él fue al monte a orar, y pasó la noche orando a Dios» (Luc. 6: 12). ¿Por qué pasó la noche orando? Porque sentía su profunda necesidad. Si no hubiera orado como lo hizo, no habría podido vivir como vivió. Lo mismo necesitamos hacer nosotros. No pasarnos de rodillas las noches enteras, sino «viviendo en oración». Como si cada respiración fuera una oración elevada Dios.

Cuando la oración no es esencial en nuestra vida, perdemos la preciosa oportunidad de pasar tiempo a solas con el Señor. Y los que fallan, experimentan un vacío en el corazón, acompañado por un extraño sentimiento de intranquilidad e inseguridad. En cambio, cuando vivimos una vida de oración, el peso de las cargas se quita de nuestros hombros por la mano poderosa del Dios altísimo. Si la oración es tan vital como el aire que respiramos, si la oración es considerada el aliento del alma, ¿por qué oramos tan poco?

¿Cuál es la solución para este grave problema? Está en darle una alta prioridad al compañerismo y a la comunión con Dios. Si has permitido que algo se interponga entre tu Padre celestial y tú, si has permitido que algún pecado destruya tu vida de oración, confiésalo hoy. Cuando revitalices tu vida de oración, que es la clave de toda victoria y la antesala de toda vida cristiana poderosa, experimentarás de nuevo las bendiciones espirituales y tu vida cristiana será saludable. Decide hoy renovar tu vida de oración.

Alumbrando los ojos de vuestro entendimiento
para que sepáis cuál es la esperanza a que os ha llamado
y cuáles las riquezas de la gloria de su herencia en los santos.
EFESIOS 1: 18

Uno de los servicios religiosos de la iglesia con menos asistencia es el culto de oración de los miércoles por la noche. Tan grave es el asunto que algunas iglesias han decidido suspender las reuniones de oración. ¿Por qué? ¿Por qué no tienen interés los miembros en asistir a una de las reuniones más importantes que celebra la iglesia? ¿Por qué a una actividad social, un paseo, un concierto, y muchas otras actividades recreativas asisten más personas que a la reunión de oración? Creo que para todo cristiano esto es motivo de seria preocupación.

Es posible que la causa sea que la reunión es, muchas veces, aburrida. Otros sienten que es agotador estar escuchando testimonios y oraciones que no son más que una simple repetición de asuntos triviales y comunes. Otros dicen que no asisten porque no pueden soportar escuchar oraciones desgarradoras en las que se pide por niños enfermos, por personas con enfermedades terminales, por matrimonios al borde del divorcio y problemas financieros.

¿No habrá otra causa más profunda que estas excusas? ¿Por qué para David era «mejor un día en tus atrios que mil fuera de ellos» (Sal. 84: 10)? ¿No hablará eso de una feligresía que no ama a Dios ni a su iglesia tanto como debiera? ¿No será algo peor que eso? Como dijimos, esto debe ser causa de las más serias reflexiones para los cristianos. Para cambiar esta actitud, cada miembro debiera detenerse para reflexionar en el propósito de la reunión de oración, así como en los principios de la oración.

En el primer capítulo de la carta a la iglesia en Éfeso, el apóstol San Pablo proporciona un maravilloso punto de inicio. Él nos recuerda que la motivación de la oración es la comunicación con Aquel que está en el centro de control de todas las cosas. En Efesios 1: 18 afirma: «Alumbrando los ojos de vuestro entendimiento para que sepáis cuál es la esperanza a que os ha llamado y cuáles las riquezas de la gloria de su herencia en los santos». Aunque en la oración presentamos nuestras pruebas y necesidades a Dios, nunca debemos olvidar expresar gozo, alabanza y júbilo en nuestras oraciones. La próxima vez que participes en un grupo de oración, hazlo con un corazón que tiene el propósito de rendir honor al Dios Todopoderoso. Entonces tu oración será, más que una serie de peticiones, un verdadero recuento de las abundantes bendiciones que has recibido de tu Padre celestial.

Echa sobre Jehová tu carga y el te sustentará;
no dejará para siempre caído al justo.
SALMO 55: 22

La Palabra de Dios nos insta a orar sin cesar. La razón es que orar es tan indispensable para los cristianos como la respiración. Por desgracia, la oración se está convirtiendo en una disciplina espiritual abandonada. Según algunas encuestas, los cristianos dedican menos de cinco minutos diarios a la oración.

La oración es esencial en la vida de todo hijo de Dios. Fue una prioridad en la vida de Jesús. Según las Escrituras, la oración fue una de las actividades a las que más tiempo dedicó. Continuamente estaba en comunicación con su Padre. Por eso, es incomprensible la poca disposición de muchos cristianos a orar: «¡Cuán extraño es que oremos tan poco! Dios está listo y dispuesto a escuchar la oración de sus hijos, y no obstante hay por nuestra parte mucha vacilación para presentar nuestras necesidades delante del Señor» (*El camino a Cristo*, p. 139).

La oración ha sido importante en la vida de toda persona usada poderosamente por Dios. Cuando descuidamos la oración, la comunión con Dios, nos volvemos vulnerables al desánimo, la duda y la desilusión, y el desastre será el resultado. Cuando le quitamos al alma su aliento, la debilitamos y comenzamos a sentir el peso de las circunstancias terrenales.

La oración pone todas nuestras cargas en los brazos del Todopoderoso. Al orar compartimos con él nuestra carga. El Señor nos invita a «echar toda solicitud sobre él, porque él tendrá cuidado de nosotros». No importa que el peso de las cargas que llevamos sea resultado de nuestras decisiones equivocadas, él nos invita a traerlas a él.

Satanás sabe que el cristiano acongojado y abatido por las cargas de la vida es el blanco favorito de sus ataques. Por eso se esfuerza por desanimarlos, haciéndoles perder su esperanza, de modo que puedan ser golpeados por su siguiente arma: la duda. Un cristiano que duda está inclinado a escuchar aseveraciones satánicas como: ¿Dónde está tu Dios? ¿Por qué te sucede eso a ti? Como resultado, la fe se pierde.

La oración no solo es para confortar en la angustia y para pedir lo que se necesita. Es esencial para sobrevivir.

Deja que Jesús guíe tu vida hoy a través de la oración. Ora y di: «Señor, tengo muchas cargas. Perdóname por haberlas llevado yo mismo y por haber ignorado tu invitación a ponerlas sobre ti. Toma mi vida y guíame a través de toda situación. Deposito toda mi ansiedad sobre ti. Arregla todas mis cosas conforme a tu voluntad. Amén».

Y oró Isaac a Jehová por su mujer, que era estéril; y lo aceptó Jehová,
y concibió Rebeca su mujer.
GÉNESIS 25: 21

Rebeca, la esposa de Isaac, era estéril, mal que en aquel tiempo era una afrenta y se consideraba una maldición. En la cultura en que vivían, no tener hijos se consideraba una desgracia muy grande. Para las mujeres no había prueba más grande que esa. Ante los ojos de los demás, era como si Dios hubiera abandonado a la pareja y pronunciado una maldición sobre la mujer.

Pero Dios transforma todos los dolores y fracasos en victorias. Dios escuchó la oración de Isaac y Rebeca. Esa fue la señal de las bendiciones sin fin que Dios les tenía preparadas. Tal vez también tú tienes un dolor en su corazón. Quizá estás pasando por el valle de lágrimas. Y hasta es posible que estés pasando el valle de sombra de muerte. ¿Cuál es el motivo de tu oración? ¿Has orado mucho tiempo sin una sola respuesta? Acuérdate de Isaac. No sabemos cuánto tiempo oró sin recibir ninguna respuesta. Lo más probable es que haya ocurrido en tu vida lo que siempre produce la oración en la vida del cristiano: una serena confianza y una entrega total de todo su ser al que tenía la soberanía en su vida. Aunque la respuesta a la oración de Isaac no llegaba, Dios disfrutaba del compañerismo de su siervo. Cada oración de Isaac era un encuentro con Dios. Hasta que su vida misma se convirtió en una oración.

Aunque el Todopoderoso no está obligado a contestar nuestras oraciones, las contesta. Él no le rinde cuentas a nadie, pero nos atiende por el amor que nos tiene. Curiosamente, tal vez la oración no contestada sea la única forma en que Dios puede satisfacer su anhelo de compañerismo con sus hijos. Si les diera todo lo que quieren o piden, ya no vendrían a encontrarse con él. ¿Cuándo fue la última vez que oraste fervientemente? ¿Con cuánta frecuencia oras? ¿Qué está haciendo Dios en tu vida para invitarte a orar?

Cuando no conseguimos todo lo que queremos nos convertimos en personas más humildes. Cuando recibimos todo lo que queremos, desarrollamos una actitud que convierte a Dios en parte adicional y no esencial de nuestra vida. Seguramente Isaac llegó a confiar en que Dios haría lo mejor para él y para su esposa. Dios quiere que sus hijos tengan hoy esa misma actitud.

Que tu oración hoy sea: «Señor, ayúdame a reconocer que tú estás guiando mi vida».

Vino luego a sus discípulos, y los halló durmiendo,
y dijo a Pedro: «¿Así que no habéis podido velar conmigo una hora?»
MATEO 26: 40

El ataque enemigo era inminente. La amenaza habría sido evidente para cualquiera. Era tiempo de velar en oración. Jesús lo sabía. Conocía el peligro que se avecinaba. Decretó alerta roja. Advirtió a sus discípulos, especialmente a Pedro, de la urgente necesidad de orar. Les dijo: «Velad y orad para que no entréis en tentación; el espíritu a la verdad está dispuesto, pero la carne es débil» (Mat. 26: 41). Esta advertencia del Maestro no preocupó a Pedro. Se sentía autosuficiente, y la autosuficiencia no necesita de la oración. Vivir sin oración significa un paso más hacia el fracaso. Mientras Pedro contaba ovejas en su sueño, Judas, los guardias del templo y los soldados prendieron al Señor. Cuando Pedro despertó y vio el ultraje que le hacían a su Señor; reaccionó con furia. «No te preocupes, Señor. Yo te defenderé. Aquí estoy para protegerte». Sacó la espada y le cortó la oreja a uno de los que efectuaban el arresto. Los soldados se llevaron a Jesús y el mundo de Pedro se derrumbó. Por falta de oración, no estaba preparado para la hora de la prueba.

Ese era Pedro, pero, ¿qué podemos decir de nosotros mismos? ¿Es opcional la oración, o es una necesidad? ¿Oramos solo en momentos de emergencia? ¿Creemos que cuando las cosas son estables y seguras, se puede vivir sin oración? Pablo aconseja orar en todo tiempo, en los buenos y en los malos; en la adversidad y en la prosperidad. La oración constante y sin cesar es necesaria. Estamos bajo amenaza. Quizá pensemos que nuestras oraciones son pequeñas, como el ruido que un martillo hace cuando se estrella en una plancha de metal; pero Jesús aseguró que el poder del mal no prevalecerá.

Una vida sin oración es una vida sin poder. El fracaso es el resultado seguro de la falta de oración. Satanás huye del cristiano que ora, pero hace fiesta con el que descuida la comunión con Dios. El valor real de la oración persistente no es tanto que consigamos lo que queremos, sino que llegamos a ser la persona que deberíamos ser. La oración no cambia a Dios, pero nos cambia a nosotros. El débil se vuelve fuerte. El vencido se torna vencedor. El caído se levanta. El temeroso se vuelve valiente. El que duerme se despierta.

Únicamente los que luchan en oración son gigantes espirituales y vencedores a la hora de la tentación. ¿Cómo está tu vida de oración?

Y de igual manera el Espíritu nos ayuda en nuestra debilidad;
pues qué hemos de pedir como conviene, no lo sabemos,
pero el Espíritu mismo intercede por nosotros con gemidos indecibles.
ROMANOS 8: 26

Ten cuidado al orar si no estás dispuesto a aceptar la manera en que Dios responderá a tu petición. Puede ser que la respuesta de Dios a nuestras oraciones nos meta en tremendos conflictos y cause dificultades a nuestra vida cristiana.

Oramos para que Dios nos ayude a amar a otros y el Señor nos envía personas que nos hacen sufrir, difíciles de amar, que irritan los nervios y hieren y rompen nuestro corazón. Puede ser que él haga eso para ayudarnos a comprender que «el amor es paciente, es bondadoso. El amor no es envidioso, ni jactancioso, ni orgulloso [...]. Todo lo disculpa, todo lo cree, todo lo espera, todo lo soporta» (1 Cor. 13: 4, 5, 7, NVI).

Pedimos amabilidad, e inmediatamente viene una tormenta de problemas que a veces nos hace perder el control emocional. Oramos, pidiendo tranquilidad, y de pronto alguien nos grita y nos insulta; quizá para que aprendamos que la paz de Dios nadie la puede perturbar.

Oramos pidiendo ayuda para vivir como vivió Jesús, y se nos pide desempeñar una tarea humillante, o se nos acusa injustamente, sin darnos la oportunidad de defendernos.

Puede ser que esa sea la respuesta de Dios, porque Jesús «como cordero fue llevado al matadero [...]. Enmudeció, y no abrió su boca» (Isa. 53: 7).

Pedimos a Dios que nos dé mucha fe. Entonces nuestro dinero pareciera tener alas y vuela, nuestros hijos se enferman, los empleados son lentos y malgastan el tiempo; y luego vienen más pruebas, que requieren más fe que las pruebas anteriores.

Pedimos paciencia, y Dios envía personas a nuestro encuentro que nos prueban hasta el límite. Oramos para que Dios nos limpie de la fea mancha del egoísmo, que es la esencia de todo pecado, y el Señor nos presenta la oportunidad de sacrificarnos poniendo personas necesitadas en nuestro camino.

Puede ser que esa sea la manera extraña en que Dios responde, para sanar nuestro egoísmo, quitar nuestro orgullo y limpiarnos de sentimientos de odio y venganza. Es la manera en que su brazo nos hace fuertes. Es su disciplina para que lleguemos a ser como Jesús. ¿Aceptas la respuesta de Dios a tus oraciones? Entonces continúa orando al Señor, pidiendo que aumente tu amor, tu fe y tu paciencia. «Porque de la manera que abundan en nosotros las aflicciones de Cristo, así abunda también por el mismo Cristo nuestra consolación» (2 Cor. 1: 5).

> Y cuando hubo tomado el libro, los cuatro seres vivientes y los veinticuatro ancianos se postraron delante del Cordero; todos tenían arpas, y copas de oro llenas de incienso, que son las oraciones de los santos.
>
> APOCALIPSIS 5: 8

Es un tema constante en todas las Escrituras: Dios nos anima a vivir una vida de oración. ¿Por qué insiste Dios tanto en la oración, como algo que necesitamos desesperadamente, como el aire que respiramos? ¿Porque necesita saber lo que nos falta para suplirlo? ¿O desea saber qué problemas tenemos para resolverlos?

La respuesta a estas preguntas sería negativa. Dios conoce todas las cosas incluso antes de que ocurran, o antes de que le pidamos algo. Nuestro texto de hoy dice que las oraciones de los hijos de Dios son perfume agradable delante del Señor, que alegran su corazón. Escuchar nuestras oraciones produce alegría en el cielo. Nos pide insistentemente que oremos, porque le agrada escuchar nuestra voz, le agrada conversar con nosotros, porque no quiere que nos olvidemos de él.

Cuando dejamos de orar, el corazón de Dios está de luto. Sufre porque lo hemos olvidado, por la distancia que hemos puesto entre él y nosotros, por nuestra ausencia. Cuando Dios nos invita a orar, nos invita a volver a casa. Porque si no oramos es como si viviéramos en un país lejano y Dios no tuviera noticias de nosotros. Pero cada vez que oramos es como si volviéramos a nuestro hogar, el hogar del cual nos separó el pecado.

Orar es una invitación a visitar la sala del trono, donde llegan nuestras oraciones como perfume agradable. Orar es como entrar al corazón de Dios, donde, con toda confianza y comodidad, podemos conversar tranquilamente. Es una invitación a la cocina de su amistad, al comedor de su confianza, para departir como buenos amigos. Orar es una invitación a la biblioteca de su sabiduría, para que llenemos nuestra mente de la inteligencia del cielo. Orar es una invitación a la intimidad, donde le abrimos nuestro corazón y no le ocultamos nada, donde podemos ser vulnerables y libres.

Por causa del pecado, nos ha tocado la desgracia de vivir lejos de nuestra patria. Vivimos en un país lejano, donde nos atropellamos unos a otros, un lugar de carreras, de empujones, de tira y aflojas; un país de terrores, de frustraciones, amenazas y angustias. ¡Qué bueno es saber que el propósito principal de la oración no es presentar una lista de peticiones y necesidades urgentes! La oración es, más bien, un vehículo que me lleva a casa, al hogar de serenidad, paz y gozo, donde hay mil respuestas a uno solo de nuestros problemas.

Cae hoy de rodillas y viaja a tu hogar, tu eterno hogar.

Y orando, no uséis vanas repeticiones, como los gentiles,
que piensan que por su palabrería serán oídos.
MATEO 6: 7

Jesús nos enseñó en la oración modelo, el Padrenuestro, cómo deben ser nuestras oraciones. Nos recuerda que para que la oración tenga poder debe incluir algunos elementos:

En primer lugar, debemos saber qué es la oración. «Orar es abrir nuestro corazón a Dios como quien habla con un amigo». Orar es conversar con Dios como miembros de la familia celestial y como ciudadanos del reino. Orar es hablar con Dios como cuando hablamos con un amigo. Pero no debemos permitir que esa confianza y seguridad con la que nos acercamos a Dios se convierta en irreverencia. Es posible llegar a pensar que, cuando oramos, hablamos con un igual o con un siervo, a quien le damos una lista de tareas que debe cumplir y con detalles de cómo y cuándo debe cumplir nuestros deseos. Jesús nos ha acercado a un Dios santo. No debemos temer acercarnos a él. Siempre debemos mantener un espíritu de reverencia en su presencia.

Jesús enseñó, además, que siempre debemos recordar el reino de Dios en nuestras oraciones. Cristo murió para establecer ese reino, y nos pide que oremos para que la familia del Rey crezca, para que cada día se unan nuevos súbditos al reino. El número de miembros del reino no se completará sino hasta que regrese el Rey de reyes y Señor de señores. Oremos por ese reino cada día, para que miles sean parte de él y para que el rey venga pronto.

Jesús enseñó también que cada oración debe ser un suspiro de gratitud por la provisión diaria que viene de Dios. Todo lo que necesitamos para nuestra subsistencia proviene de nuestro Padre celestial. Cada oración debe rebosar gratitud. La gratitud debe marcar siempre tu vida de oración.

Nuestro Señor enseñó también, en la oración modelo, que toda plegaria debe ser una declaración de alabanza a Dios por el perdón que hemos recibido. El perdón es el mejor regalo que jamás hemos recibido. Alabemos a Dios por su gracia abundante, por la gracia incomprensible que nos ha declarado sin culpa delante de él.

Jesús enseñó cómo elevar oraciones poderosas. Oraciones que ayudarán a establecer un mundo nuevo. Muy pronto vendrá el reino de Dios, y en él habitarán las personas que santifican el nombre de Dios, y elevarán cánticos de alabanza por la gracia salvadora recibida.

Jesús les contó una parábola acerca de la necesidad de orar siempre,
y no desmayar.

LUCAS 18: 1

«¡Señor, ayúdalo! Tú sabes la necesidad de mi hermano pequeño. Me parte el corazón ver los estragos que el vicio está haciendo en su vida. Pero él está luchando. ¡Ayúdalo! Toca su vida hoy y cámbialo, por favor. ¡Que sea un hombre de bien! Él quiere serlo, ¡pero no puede! ¡Ayúdalo, por favor!»

Esta era la oración que elevé durante más de quince años por mi hermano Cristóbal. Oraba, clamaba, pedía, todos los días, con lágrimas; pero la respuesta tardó quince años en llegar. ¿Has experimentado un dolor similar? ¿Has orado durante mucho tiempo por alguien a quien amas? ¿Y te ha parecido que Dios se había escondido y solamente miraba, desde detrás de una nube, tu desesperación?

Hay momentos en la vida en que tenemos que admitir que no conocemos a Dios tan bien como creíamos conocerlo. A veces nos parece que las tardanzas y demoras de Dios no tienen sentido. Quizá alguien te haya dicho: «Mejor déjalo así. Has orado durante muchos años por eso. Quizá no es la voluntad de Dios».

Pero debes estar seguro de una cosa: Si estás orando con un propósito egoísta y buscando solo tu beneficio personal, es casi seguro que Dios no te responderá como esperas, para que no tengas dificultades mayores de las que ya tienes. Pero, si estás orando por un hijo descarriado, o pidiendo ayuda para tu matrimonio y tu familia, espera con paciencia. Aquí se inserta la palabra clave para ver la respuesta a todas nuestras oraciones: *Perseverancia*.

Dios no tarda su respuesta por causa de él, sino por causa de nosotros. Ni siquiera podemos imaginar el largo proceso educativo por el que necesitamos pasar para que Dios pueda hacer por nosotros todo lo que quiere hacer. Por lo menos, al perseverar en la oración nos conocemos mejor a nosotros mismos y conocemos mejor a Dios. Pablo dijo que los cristianos deben ser «gozosos en la esperanza; sufridos en la tribulación; constantes en la oración» (Rom. 12: 12).

La parábola destaca dos puntos: En primer lugar, la injusticia del juez. En segundo, la perseverancia de la viuda. Si el juez, a pesar de ser injusto, contestó afirmativamente la petición de la viuda, entonces, dijo nuestro Señor, «Oíd lo que dijo el juez injusto. ¿Y acaso Dios no hará justicia a sus escogidos, que claman a él día y noche? ¿Se tardará en responderles? Os digo que pronto les hará justicia» (Luc. 18: 6, 7).

Dios está más ansioso de contestarnos que nosotros de recibir su contestación. No desmayes en la oración.

> Y cuando ores, no seas como los hipócritas, porque ellos aman el orar en pie en las sinagogas y en las esquinas de las calles, para ser visto por los hombres. De cierto os digo que ya tienen su recompensa.
> MATEO 6: 5

El ser humano es tan defectuoso que hasta en las cosas sagradas incluye sus defectos. Nuestro Señor se refirió a los fariseos, a quienes les encantaba orar de pie, con las manos levantadas, con palabras muy bien dichas y con una duración muy respetable. También elegían "muy bien" el lugar para causar una buena impresión: la sinagoga, o las esquinas de las calles. Lo que querían era «ser vistos por los hombres», para que todos supieran cuán buenos, cuán fieles, cuán fervientes hijos de Dios eran. Nuestro Señor dijo: «De cierto os digo que ya tienen su recompensa» (Mat. 6: 5). Su recompensa la recibían de «los hombres», quienes tenían muy buena opinión de ellos.

En cambio, los cristianos, que oran mucho, lo hacen en secreto. Lo hacen en su cámara secreta, en el campo, en la soledad, porque su única preocupación es que su Padre oiga. Por eso, su recompensa la recibirán de él. El cristiano que no ora es la persona más extraña que se pueda uno imaginar. Porque no se puede ser cristiano sin mucha oración. Es «el aliento del alma», el oxígeno, el hálito de vida que mantiene vivo al cristiano. Si queremos disfrutar de la oración, como Jesús, o como Daniel, a quien ni la amenaza de muerte le impidió orar tres veces al día, aquí hay cinco secretos que haríamos bien de tener en cuenta.

Primero: Recuerda mantener una continua y creciente relación de amor con Dios.

Segundo: Si no oras tanto como quisieras, recuerda que aun en nuestra falta de oración podemos estar hambrientos de Dios, y esa hambre misma es una oración. Mary Clare Vincent llamó a eso «la oración del deseo».

Tercero: No te afanes por la oración, aunque esto parezca contradictorio. Hay quienes se esfuerzan tanto por orar que les da indigestión espiritual.

Cuarto: Puedes orar en cualquier lugar y en cualquier posición. Si tomas el consejo de algunos de que toda oración debe ser de rodillas, tu tiempo de oración disminuirá drásticamente. El salmista aconseja meditar «en vuestros corazones aun estando en vuestras camas» (Sal. 4: 4).

Quinto: Habla con Dios con toda sinceridad, sin temor de lo que ocurre en tu interior. Quizá libras una batalla interior contra la ira, la lujuria, el orgullo, la gula o la ambición; eleva tu desobediencia y ponla también en los brazos del Padre.

Ora hoy, porque orar «es el acto de abrir nuestro corazón a Dios como quien habla con un amigo».

Pero pida con fe, no dudando nada; porque el que duda es semejante a la onda del mar, que es arrastrada por el viento y echada de una parte a otra.

SANTIAGO 1: 6

Imagínate los miles de millones de oraciones que llegan al trono de la gracia diariamente: oraciones para recobrar la salud, para resolver problemas financieros, para obtener liberación de la esclavitud de las drogas, y muchas otras más.

En medio de tantas peticiones que se elevan al trono de la gracia, ¿qué ocurre con las súplicas que tú presentas delante de Dios? ¿Crees que Dios las escucha? ¿Tienes la fe suficiente para creer que Dios te responderá? La fe combinada con la oración es una combinación de éxito. La Biblia dice que si nosotros queremos recibir respuesta a nuestras oraciones, hay dos cosas que debemos hacer:

Primero, creer que recibiremos lo que pedimos, tener fe, plena convicción de que habrá respuesta, que las cosas se darán, que la enfermedad desaparecerá, que los problemas económicos se resolverán, que el esposo esperado llegará, que el hijo anhelado nacerá.

En segundo lugar, no dudar; creer firmemente sin vacilar, aunque la respuesta se demore; perseverar en la oración, aunque el tiempo transcurra; no te desesperes, mantente a la expectativa todo el tiempo.

El concepto de la fe en la oración confunde a veces a los nuevos creyentes; pero a veces también a los cristianos más maduros. El versículo para la meditación de hoy aclara el asunto. Santiago aconseja orar al Señor con un corazón indiviso: «Pero pida con fe, no dudando nada; porque el que duda es semejante a la onda del mar, que es arrastrada por el viento y echada de una parte a otra» (Sant. 1: 6).

La clave está en orar con una confianza plena que no vacila, una confianza que no se mueve entre el *sí* el *no* de la incertidumbre, entre el creer y el dudar. Nos dice que cuando oramos sin dudar, recibiremos lo que pedimos; siempre de acuerdo con el amor, la justicia y la sabiduría de Dios. No siempre recibimos exactamente lo que pedimos, pero siempre recibimos la ayuda para salir adelante en todas las luchas de la vida. Nuestra responsabilidad consiste en eliminar toda duda de nuestra mente. La duda surge cuando consideramos que nuestros problemas son más grandes que el poder de Dios. La duda surge cuando nuestra relación con la Palabra de Dios es débil. Y también por alguna debilidad particular. Quizá tengamos que orar: «Creo, ayuda mi incredulidad» (Mar. 9: 24).

Cree hoy que Dios contestará tus oraciones, aunque sea de una manera diferente a como lo has pedido.

La mujer samaritana le dijo: «¿Cómo tú, siendo judío, me pides a mí de beber, que soy mujer samaritana?» Porque judíos y samaritanos no se tratan entre sí.
JUAN 4: 9

"Samaria" es, simbólicamente, el lugar donde están aquellos que no podemos soportar. Es la capital de todos nuestros prejuicios. "Samaritanos" son todos aquellos que son diferentes, los que no son nuestros preferidos, los que no nos gustan, los que no son como nosotros. Son los insoportables, los contrarios a nuestra cultura.

Galilea está al norte de Judea. La distancia entre esos dos lugares no es grande, pero entre ellos está Samaria. El viaje de Galilea a Jerusalén es corto si se pasa por Samaria. Pero muchos judíos de los días de Jesús hacían el viaje por la ruta del Jordán. Recorrían un camino largo y difícil porque no querían pasar por Samaria.

Juan dice que a Jesús «le era necesario pasar por Samaria». ¿Por qué, si los judíos no se trataban con los samaritanos, si no se relacionaban con ellos, si no los aceptaban ni los soportaban? Porque una fuerza mayor que el prejuicio, el amor de Dios, impulsaba el corazón de Jesús. El Maestro encontró a una mujer en el pozo de Jacob en Sicar, y le pidió que le diera un poco de agua para beber. La mujer se sorprendió por la petición de Jesús, pero entabló una conversación con él.

Aquella mujer de Samaria había estado casada ya con varios hombres, y el que convivía con ella cuando se encontró con Jesús no era su esposo. Sin embargo, cuando comprendió el significado del agua de la vida que Jesús le ofrecía, la aceptó, la bebió y recibió la vida eterna. Los samaritanos invitaron a Jesús y a sus discípulos a quedarse. Estos permanecieron allí dos días, enseñándoles y conviviendo con ellos como amigos.

¿Estás atrapado en las cadenas del prejuicio? Recuerda que Jesús ama a todas las personas. Él ama a todos los seres humanos. No tiene color, raza o grupo socioeconómico favorito. Sal de tu zona de confort. Vete a encontrarte con esa persona que no te gusta, pero que necesita a Jesús. Vete donde está. La samaritana acudió al pozo por agua, como todos los días, pero Jesús viajó desde Jerusalén para encontrarse con ella.

El mandato de amar a toda la humanidad se obedece cuando amamos a un solo ser humano. Si deseas dar vida a un mundo agonizante, vete a la orilla del pozo y espera. Hay muchas cisternas rotas donde los perdidos procuran beber ansiosamente. Vete allí y encuéntrate con ellos. Verás cómo fluye el agua de la vida.

Habló Saúl a Jonatán su hijo, y a todos sus siervos, para que matasen a David;
pero Jonatán, hijo de Saúl, amaba a David en gran manera.
1 SAMUEL 19: 1

¿Por qué Jonatán amaba a David y Saúl lo odiaba hasta el extremo de querer matarlo? ¿Cómo es posible que una misma persona unos la acepten y otros la rechacen? ¿Por qué para Jonatán David estaba en el grupo de los amigos, mientras que para el rey la misma persona estaba en el grupo de los enemigos?

Las relaciones entre los seres humanos producen dos grupos: amigos o enemigos. La distancia que hay entre las personas las clasifica como agradables o desagradables. Tomar tiempo para estar con alguien, escucharlo y conocerlo mejor es hacerlo aceptable.

Las personas se enamoran no tanto por los atractivos externos, sino por el conocimiento íntimo mutuo que obtienen cuando pasan mucho tiempo juntas. Incluso las guerras podrían evitarse si los habitantes del mundo se conocieran mejor. Es mucho más fácil amar a conocidos que a extraños. Es casi imposible destruir a quienes se conoce muy bien.

La geografía tiene mucho que ver con el amor y el odio. Acércate a tus enemigos. Hazlos amigos. Conócelos más de cerca, entiende sus motivos y descubrirás que son mejores de lo que piensas. Tu círculo de amigos se incrementará y el grupo de tus enemigos se terminará. No son las personas las que nos hacen sentir bien, sino lo que pensamos de ellas.

Hay más disposición a perdonar a las personas que conocemos mejor, y a ignorar, e, incluso, odiar, a aquellas con quienes la relación es mínima, casual o prácticamente nula. Hoy es un día excelente para aplicar tres principios que destruirán a tus enemigos.

En primer lugar, acorta la distancia y acércate a esa persona difícil de amar. Aproxímala más y más hacia ti. Es más fácil amar a quienes conoces de cerca. No permitas extraños en tu mundo.

En segundo lugar, menciona diariamente en tus oraciones, y de manera específica, a quienes encuentras desagradables. Pide bendiciones para ellos y para su familia. Puede ser que esas oraciones no cambien la manera de ser de ellos, pero, con toda seguridad, cambiarán la tuya.

En tercer lugar, nadie puede ser tu enemigo hasta que tú lo decidas. Nadie puede llevar ese título hasta que tú así lo determines.

Vete hoy a la cruz. Ella te recordará que Dios no tiene enemigos. Dios mató en la cruz «todas las enemistades» (Efe. 2: 16) e hizo «la paz mediante la sangre de su cruz» (Col. 1: 20).

Si yo hablase lenguas humanas y angélicas, y no tengo amor,
vengo a ser como metal que resuena, o címbalo que retiñe.
Y si retuviese profecía, y entendiese todos los misterios y toda ciencia,
y si tuviese toda la fe, de tal manera que trasladase los montes,
y no tengo amor, nada soy.
1 Corintios 13: 1, 2

Este texto contiene una seria amonestación para todos los cristianos. Menciona los dones espirituales: hablar en lenguas, ser profeta y tener toda la fe. Estos son tres de los dones espirituales más importantes. Son los dones que el apóstol Pablo tiene en mente cuando aconseja: «Procurad los mejores dones» (1 Cor. 12: 31).

Una de las evidencias más claras de la vida consagrada de los cristianos es que el Espíritu Santo les imparta sus dones. Un cristiano que habla en «lenguas humanas y angélicas» tiene una evidencia poderosa de que el Espíritu Santo mora en él. La prueba quedó establecida de modo irrefutable el día de Pentecostés. Pero el apóstol dice que si uno es capaz de hablar en lenguas humanas y angélicas, pero no tiene amor, es tan inútil como el sonido hueco del címbalo solo y en despoblado.

Podría darse el caso de que una persona tuviera el don de profecía y que fuera reconocido como profeta en el seno del pueblo de Dios. Pero si esa persona carece de amor, no vale nada. Su don queda anulado.

Podría ocurrir, también, que una persona tuviese «toda la fe» que sea posible tener; pero si no tiene amor, de nada le sirve. La fe es la virtud más destacada del cristiano, pero después del amor. Si tiene fe, pero no tiene amor, la fe queda anulada.

Lo que el apóstol quiere decir es que los dones espirituales son muy importantes para los fines que Dios se propone alcanzar con ellos: la predicación del evangelio y la preparación de la iglesia para el reino de los cielos. Pero para alcanzar ese objetivo sublime, es más importante el amor. Tanto, que se pueden tener los dones espirituales, pero ser inútiles para el objetivo final si no se tiene amor.

Por otro lado, el amor es poderoso para todas las cosas que pertenecen a la vida y a la piedad. Todos los grandes hombres y mujeres de Dios tuvieron amor supremo hacia Dios y amor abnegado hacia su prójimo. Ese fue el secreto de su poder. Sin ese amor, habrían sido tan inútiles como un címbalo resonando en despoblado.

No pidamos dones espirituales. Pidamos que el amor de Cristo sea implantado en nuestros corazones. Es todo lo que necesitamos: el poder del amor.

Pero yo os digo: «Amad a vuestros enemigos, bendecid a los que os maldicen, haced bien a los que os aborrecen, y orad por los que os ultrajan y os persiguen».

MATEO 5: 44

Que Carlos salude con una sonrisa amable a su buen vecino José, o que Pedro bese con amor a su buena esposa Carmen, no tiene, en realidad, nada de extraordinario. Lo lógico es que los amigos se ayuden entre sí, se respeten y se amen. Lo normal es que los esposos expresen físicamente el amor profundo que los une.

Es interesante notar que en medio de las guerras más destructivas se han producido los más dramáticos ejemplos de amor y solidaridad entre compañeros de milicia. Sabemos de soldados que se han arrastrado hasta una trinchera, en medio del fuego mortal y de la destrucción más salvaje, para rescatar, a costa de su propia vida, a un compañero malherido.

Sé que has escuchado muchas veces esta pregunta, pero te la hago otra vez, porque quiero que reflexiones en este contexto. ¿Te has puesto a pensar en lo que ocurriría si, de pronto, todos los seres humanos decidieran no solo amar a sus amigos, sino también a sus enemigos? En un instante se resolverían todos los conflictos familiares, conyugales, nacionales, económicos, militares y sociales. Ya no habría más guerras en el mundo, ni violencia en nuestras calles. Los soldados tirarían sus fusiles para abrazar a sus adversarios. Las armas, desde un simple puñal hasta una destructiva bomba nuclear, desaparecerían de la faz de la tierra. Y la utopía de la paz mundial sería por fin una realidad.

Jesús, el Príncipe de paz, nos instó a amar a nuestros enemigos. Es sumamente difícil, pero, si todos lo intentáramos, el círculo de amor de la humanidad se extendería por todo el mundo; convirtiéndolo en una casa de armonía y paz.

Recuerda:

• Lo generoso que Dios ha sido contigo.

• Que él se relaciona con nosotros aun cuando lo ofendemos.

• Que «él es bondadoso con los ingratos y malvados» (Luc. 6: 35).

• Todos somos hijos de Dios.

El amor es un principio. Amamos a las personas no porque nos gusten, no porque lo que hacen nos atraiga, no porque posean alguna distinción, sino porque Dios lo ha mandado. Amamos a cada persona porque Dios la ama.

¿Por qué seguir ampliando el círculo del odio y no el círculo del amor? El odio y la amargura no pueden curar el temor; solamente el amor puede hacerlo. El odio paraliza la vida; el amor la libera. El odio oscurece la vida; el amor la ilumina. Extiende hoy tu círculo de amor.

Porque si perdonáis a los hombres sus ofensas, os perdonará también a vosotros vuestro Padre celestial; mas si no perdonáis a los hombres sus ofensas, tampoco vuestro Padre os perdonará vuestras ofensas.
MATEO 6: 14, 15

¿Tienes problemas para perdonar a las personas que te han perjudicado en la vida? Este es un problema muy común. No es fácil perdonar a una esposa o a un esposo infiel. Quizá todavía no puedes perdonar a tu padre o a tu madre porque no fueron buenos padres para ti. Muchos hijos sufren durante toda su vida los traumas que les causó el maltrato de padres y madres, ignorantes o abusadores. Muchos hijos no pueden orar porque, al hacerlo, deben llamar "Padre" a Dios, y esa palabra es odiosa para ellos.

Quizá algún familiar te jugó una mala pasada que todavía no puedes olvidar. Y es posible que un jefe injusto te maltratara y que nunca te diera el ascenso que merecías. Algunos sufrieron abusos y maltratos en su infancia bajo la autoridad de personas crueles a las cuales les parece imposible llegar a perdonar algún día. Tal vez tu deseo más grande el día de hoy es ver que esa persona que te hizo tanto daño reciba un castigo divino, que sea humillada y reciba su merecido.

Pero debes recordar que el perdón divino se concede a cambio del perdón humano. Nuestro Señor nos enseñó el Padrenuestro, que dice: «Perdona nuestras deudas, como nosotros también perdonamos a nuestros deudores» (Mat. 6: 12). Y Jesús añade: «Si no perdonáis a los hombres, tampoco vuestro Padre os perdonará vuestras ofensas» (Mat. 6: 15). Es decir, el que no perdona no es perdonado.

Es cierto que hay heridas y dolores que duran toda la vida. Pero si estás experimentando alguno de esos sentimientos, permíteme que te diga que una vida así no es vida. Nunca podremos estar en paz con Dios y con nosotros mismos si somos incapaces de perdonar. Sin duda alguna perdonar a los demás es muy difícil, pero cuando decides no perdonar, ¿sabes cuál es tu posición? Sales perdiendo. Tú eres el que sufre. La otra persona está, probablemente, tranquila, disfrutando de la vida; y tú estás muriéndote por dentro, carcomido por el odio. Tú eres el único que le hará un daño irreparable a tu propia salud mental y espiritual. ¿Hay alguien que no te permite disfrutar la vida plenamente? Líbrate de esa persona: perdónela. Decide, por el poder de Dios, ser verdaderamente libre. Perdona hoy y experimenta la vida en toda su plenitud.

Amad, pues a vuestros enemigos, y haced bien,
y prestad no esperando de ellos nada; y será vuestro galardón grande,
y seréis hijos del Altísimo; porque él es benigno para con los ingratos y malos.
Lucas 6: 35

E s algo muy humano dar algo a otras personas con la esperanza de recibir en algún momento futuro algo a cambio de lo que damos. Debido a la expectativa de ser retribuidos, damos a aquellos con quienes simpatizamos y que son nuestros amigos. Pero la enseñanza de Jesús contradice ese principio humano. Él enseñó a sus discípulos a amar a sus enemigos sin esperar recibir nada. Es decir, Jesús dice: «Da amor al que más te odia, sonríe a esa persona que ni siquiera desea verte, sé cortés con los rudos y descorteses, elogia al que te critica, bendice al que te maldice».

Jesús fue el modelo de cómo tratar con amabilidad a los que nos persiguen para hacernos mal. Él abre la puerta de su corazón de par en par para recibir a todos los seres humanos. A quienes lo aman, y también a quienes lo desprecian; a quienes lo reconocen como el Señor, y a quienes lo niegan; a quienes lloraban por él, mientras le crucificaban, y a quienes se mofaban y le escupían en el rostro; a quienes lo acompañaban en su dolor, y a quienes lo clavaban en la cruz. Él instruyó a sus discípulos a mostrar gracia a sus adversarios con la esperanza de que sus enemigos llegaran a ser, algún día, sus amigos.

Aunque a menudo los conflictos con las personas parecen insuperables, el poder y la gracia de Dios pueden hacer cosas más allá de lo que podemos imaginar. Los discípulos comprobaron esta verdad cuando Saulo, el perseguidor de los cristianos, se convirtió en Pablo, el amigo de Jesús y de su iglesia.

Habiendo recibido esta gracia, Pablo escribió: «Porque el siervo del Señor no debe de ser contencioso, sino amable para con todos, apto para enseñar, sufrido, que con mansedumbre corrija a los que se oponen» (2 Tim. 2: 24, 25). Dios espera que hoy tratemos a otros con amor y con espíritu perdonador para que puedan ser salvos, que seamos amables y gentiles con todos. Y por favor, no creas que esto sea una opción. Es el requisito para ser «hijos del Altísimo». Cuando Jesús venga, solo reconocerá como hijos suyos a quienes hicieron lo que él mandó: «Amad a vuestros enemigos, bendecid a los que os maldicen, haced bien a los que os aborrecen, y orad por los que os ultrajan y os persiguen; para que seáis hijos de vuestro Padre que está en los cielos» (Mat. 5: 44, 45).

El amor es sufrido, es benigno; el amor no tiene envidia,
el amor no es jactancioso, no se envanece; no hace nada indebido,
no busca lo suyo, no se irrita, no guarda rencor.
1 CORINTIOS 13: 4, 5

El capítulo 13 de la primera Epístola a los Corintios, el gran capítulo del amor en la Biblia, es una demostración perfecta de la causa y el efecto del perdón total. La culminación de nuestros versículos para hoy se encuentra al final del versículo 5, que dice: «No guarda rencor». En palabras más sencillas: «No guarda registro». La palabra griega traducida como "guarda" es *logizomai*, que da la idea de no imponer o imputar nada a los demás.

Esta palabra es sumamente importante para el apóstol Pablo en su doctrina de la justificación por la fe: «Mas al que no obra, sino cree en aquel que justifica al impío, su fe le es contada por justicia» (Rom. 4: 5). La misma palabra aparece en este versículo. Es interesante cómo trabaja Dios con los seres humanos. Primero, les perdona sus pecados, pero ahí no termina todo. Es tan grande y profunda su misericordia que vuelve a dejar la hoja de registro de cada pecador completamente en blanco. No impone, no hay "*logizomai*", no lo recuerda más.

Sabemos que Dios es Todopoderoso, y a veces nos parece increíble que pueda olvidar las cosas. Pero es una realidad. Dios, en su amor, decide no recordar más nuestros pecados cuando clamamos por perdón en el nombre de Jesús. Y recordemos que nadie es más olvidadizo que el que no quiere recordar. Puede ser que seamos tan débiles que volvamos a cometer muchas veces el mismo pecado. Pero Dios es tan misericordioso y justo que, cada vez que cometemos el mismo pecado, él lo considera la primera vez, y nos vuelve a perdonar: hasta setenta veces siete, es decir, siempre. No hay límite.

Dios anhela que cada día nos parezcamos más a él. Que seamos semejantes a él en el perdón y en el olvido. Tanto el perdón como el olvido del pecado son dones de Dios. Él anhela que caminemos por este mundo con un espíritu perdonador total. Es decir, que olvidemos el pecado que hemos perdonado. Desea que hagamos lo mismo que él hace con nosotros: ¡Perdonar y olvidar! Por eso, después del perdón nos ve tan puros como si nunca hubiésemos hecho nada malo. Dios anhela que, además de perdonar, procuremos olvidar las ofensas que nos han hecho. Quiere que veamos a nuestros ofensores como verdaderos amigos que nunca nos han hecho nada. Por eso, perdonar es necesario; y olvidar es un arte.

Padre, perdónalos, porque no saben lo que hacen.
Lucas 23: 34

Necesitamos el don del perdón tanto como necesitamos alimentos y agua todos los días. Necesitamos la ayuda del Espíritu Santo para poder perdonar a cada uno de nuestros enemigos. Nunca ha sido fácil perdonar a quien nos ofende; pero es mucho más difícil si se trata de nuestro enemigo declarado. Eso solo puede hacerlo aquel que ha aprendido en la escuela de Cristo. Creo que es la tarea más difícil que tenemos que realizar en nuestra vida. Quizá ese fue uno de los propósitos que tuvo nuestro Señor al darnos el Padrenuestro. Para que nos examináramos cada vez que lo leyéramos o lo repitiéramos de memoria, como lo hacemos a menudo.

Si uno lee con cuidado el Padrenuestro, verá que Jesús hace hincapié en el versículo que habla del perdón. Es como si el Señor quisiera enseñar a sus discípulos la importancia de perdonar a «nuestros deudores». Hasta es posible que quisiera decirles que si olvidaban el resto del Padrenuestro, no debían olvidar perdonar a sus ofensores. Seguramente la lección es más profunda de lo que vemos a simple vista.

La tendencia natural de todo ser humano es "ajustar cuentas" con cualquiera que lo haya ofendido. Pero no hablo de aclarar las cosas y reconciliarse, sino de vengarse. La venganza es dulce para el corazón natural. Como dice el diccionario, es «*satisfacción que se toma del daño o agravio recibido*». Vengarnos con nuestras propias manos es tan natural como todo lo demás que hacemos por naturaleza. Solo el corazón transformado por Dios perdona en lugar de vengarse.

Jesús nos invita en el Padrenuestro a hacer algo que no es natural, sino sobrenatural. De ahí el título de la meditación de hoy: "Sé sobrenatural". Cuando has perdonado completamente a tu enemigo, has cruzado las fronteras del mundo natural. Ahora actúas sobrenaturalmente. Perdonar a alguien verdadera y completamente es algo tan grande que se compara con un milagro, porque las personas que pueden perdonar verdaderamente son aquellas que han recibido el milagro de la unción del Espíritu Santo. Cuando Jesús dijo: «Porque si perdonáis a los hombres sus ofensas, os perdonará también a vosotros vuestro Padre celestial» (Mat. 6: 14) no estaba hablando de la manera de obtener la salvación. Se refería a vivir una vida bajo el dominio del Espíritu Santo para hacer cosas sobrenaturales y participar de la plenitud del compañerismo con Dios.

Mientras no estés dispuesto a perdonar completamente, no podrás experimentar el gozo del Espíritu Santo obrando en tu vida. Recuerda que el perdón es algo sobrenatural.

Antes sed benignos unos con otros, misericordiosos, perdonándoos unos a otros, como Dios también os perdonó a vosotros en Cristo.
EFESIOS 4: 32

Mientras vivas en este mundo siempre habrá personas que necesitarán de tu perdón. Ese hijo de conducta desordenada, ese conductor que interrumpió tu marcha en el tráfico, esa persona que te criticó con malas intenciones, ese familiar, ese compañero de trabajo o ese vecino que te irrita constantemente: todos son hijos de Dios a quienes debe perdonar.

Algunas veces es fácil conceder el perdón. A veces el enojo por la ofensa recibida desaparece sin mucha dificultad. Sin embargo, por lo general, perdonar es difícil. Con frecuencia parece que las raíces de amargura son muy profundas y asfixian el espíritu del perdón. En esas condiciones la reconciliación se hace más difícil, y, a veces, humanamente imposible.

El acto de perdonar no es natural. El perdón viene antes de la confesión. No lo producen las palabras contritas del ofensor. El discurso que el hijo pródigo había preparado para obtener el perdón de su padre no pudo pronunciarlo en el emocionante encuentro entre ambos. La Biblia dice: «Y levantándose, vino a su padre. Y cuando aún estaba lejos, lo vio su padre, y fue movido a misericordia, y corrió, y se echó sobre su cuello, y le besó. Y él hijo le dijo: Padre he pecado contra el cielo y contra ti» (Luc. 15: 20-21). La misericordia, la disposición a perdonar, ya estaba en el corazón de su padre cuando el hijo ingrato llegó con su discurso.

El que perdona, lo que hace realmente es regalar amor. Toma sobre sí mismo las consecuencias de lo que hizo el ofensor. Por eso, perdonar siempre demanda un sacrificio. Y por eso solo perdona el que ha sido perdonado por Cristo.

En el texto bíblico para la meditación, la palabra "como" significa algo más que "porque". Debemos perdonar «como» Cristo nos perdonó, es decir, con el mismo amor y humildad, no solo "porque" él nos perdonó. Debe haber una semejanza real entre el perdón de Dios y el perdón cristiano. Solo podrás perdonar definitivamente a quienes te hayan ofendido cuando tu corazón esté lleno del amor de Jesús.

Busca al Señor hoy. Pídele que llene tu corazón del amor puro y verdadero, del amor celestial. Vete a buscar a todos aquellos que te han hecho daño, y sorpréndelos con el regalo del perdón. Hazlo porque has sido perdonado por Jesús de la misma manera. Pero también porque has nacido de nuevo, porque eres un hijo de Dios y los hijos se parecen a sus padres.

> Porque si perdonáis a los hombres sus ofensas,
> os perdonará también a vosotros vuestro Padre celestial.
> MATEO 6: 14

¿Cómo puede una esposa perdonar a quien asesinó a su esposo? ¿Cómo puede alguien perdonar al calumniador que le hizo perder su trabajo? ¿Cómo puede una mujer perdonar a quien la dejó esperando en el altar y no cumplió su palabra de casarse con ella? ¿Cómo perdonar a quien le robó su pureza y echó por tierra sus sueños?

A veces parece imposible vencer el resentimiento, el odio y el deseo de venganza. Tratar de hacerlo solamente con el poder humano es imposible. A veces Dios nos deja perplejos. Parece que nos pide que hagamos algo imposible. Jesús enseñó a sus discípulos: «Porque si perdonáis a los hombres sus ofensas, os perdonará también a vosotros vuestro Padre celestial; mas si no perdonáis a los hombres sus ofensas, tampoco vuestro Padre os perdonará vuestras ofensas» (Mat. 6: 14-15). Dios nos perdona libremente, pero nos pide que seamos como él, y perdonemos de la misma manera.

La filosofía y el espíritu del mundo dicen que hay ofensas que no se pueden perdonar. Pero esa filosofía termina cuando Cristo entra en el corazón y cambia los sentimientos y la manera de pensar. Todas las cosas de la vida se mueven en otra dirección, conforme al sentir de una nueva vida en Cristo. Perdonar a quienes no podías perdonar es señal de que eres ciudadano del reino de Cristo y de que has comenzado a vivir una vida nueva. Es una señal de que has sido limpiado por la sangre de Jesús y de que eres guiado por el poder del Espíritu Santo.

¿Estás atado por las cadenas de un espíritu no perdonador? ¿Conservas el resentimiento por la ofensa que te hicieron? ¿Pensaste que el tiempo se encargaría de sanar tus heridas, de borrar las ofensas, pero no ha ocurrido así? Esaú guardó el odio hacia su hermano durante veinte años.

El *tiempo* no es la solución. *Cristo* es la solución. Acude a Jesús ahora mismo. Pídele que toque tu corazón y rompa las cadenas que te atan y no te permiten perdonar a tu prójimo, a tu hermano en la fe, a tu compañero de trabajo. El Señor promete ayudarte. Está ansioso por realizar un milagro en tu vida. Permítele que te dé un nuevo corazón.

He aquí su promesa: «Os daré corazón nuevo, y pondré espíritu nuevo dentro de vosotros; y quitaré de vuestra carne el corazón de piedra, y os daré un corazón de carne» (Eze. 36: 26).

Y si siete veces al día pecare
y si siete veces volviere a ti diciendo: «Me arrepiento», perdónale.
Lucas 17: 4

Si lees varias veces consecutivas este versículo, notarás que se vuelve complicado y difícil de entender. Pensarás que no sería muy fácil cumplir esta petición de Jesús. Imagínate lo que significa perdonar a una persona que te haya ofendido de la misma manera no dos o tres veces, sino siete veces, sobre todo si las ofensas se han recibido no en un lapso de un año, sino en un mismo día. En tal situación, parecería razonable justificar un espíritu no perdonador, pues hasta podría creerse que si se perdona esa cantidad de pecados, cometidos en un período de solo veinticuatro horas, ello equivaldría a una especie de connivencia con el mal. Sin embargo, Jesús ordena que, independientemente de la cantidad de pecados que la persona haya cometido o del tiempo empleado para cometerlos, si se arrepiente sinceramente, debe ser perdonada.

Algunos psicólogos afirman que el no recibir o dar el perdón está relacionado con desórdenes espirituales o emocionales que la persona experimenta. Es posible que tal afirmación sea verdadera. De una cosa sí podemos estar plenamente seguros: un espíritu no perdonador es un terreno fértil para una cosecha extraordinaria de hierbas malignas, como la amargura, el resentimiento y el espíritu de venganza. Además, daña nuestra relación con los demás.

Muchas veces, aunque creamos que hemos perdonado, somos traicionados por esa semilla de amargura. Aunque no lo percibamos, el espíritu no perdonador podría estar oculto en el corazón.

Hazte las siguientes preguntas para ver si necesitas perdonar a una persona.

- Allá en lo secreto de tu corazón, ¿esperas que alguien reciba "lo que merece"?
- ¿Encuentras imposible dar las gracias a Dios por tu ofensor?
- ¿Hablas negativamente de esa persona a otros?
- ¿Disfrutas pensando en vengarte, aunque no lo lleves a cabo?
- ¿Frecuentemente te enojas, te amargas o te deprimes?
- ¿Encuentras difícil ser abierto y confiar en las personas?
- ¿Culpas a las personas por la clase de conducta que manifiestan?
- ¿Qué sientes cuando al que te ofendió le suceden cosas buenas?
- ¿Dedicas tiempo a pensar en lo que esa persona te hizo?

Piensa hoy en esto: Si Dios examina tu corazón, ¿qué encontrará?

El rey le dijo: «¿No ha quedado nadie de la casa de Saúl,
a quien haga yo misericordia de Dios?»
Y Siba respondió al rey: «Aún ha quedado un hijo de Jonatán, lisiado de los pies».

2 Samuel 9: 3

La historia de David y Mefi-boset contiene uno de los mensajes más bellos de la Biblia. David decidió premiar a un enemigo potencial. Pudo haberlo eliminado, pero en vez de eso decidió perdonarlo.

Una de las razones por las cuales el Señor consideró a David como un varón conforme al corazón de Dios es porque él perdonó. Si queremos ser hombres o mujeres que corran bien la carrera espiritual y terminar bien, debemos aprender a perdonar a los demás. Necesitamos aprender a perdonar, porque nos ofendemos unos a otros. El esposo hiere a la esposa. La esposa hiere al esposo. Los padres hieren a los hijos; los hijos hieren a los padres. Familiares ofenden a sus familiares; los amigos hieren a amigos. Esta es la razón por la cual necesitamos perdonar.

La historia registrada en 2 Samuel 9 no solamente presenta a David perdonando a un joven llamado Mefi-boset; también ilustra el amor de Dios extendiéndonos su gracia. Cuando David pidió que le trajeran a Mefi-boset, este se encontraba en Lodebar, cuyo significado es "seco y muerto", un lugar donde no hay pastos. Era un lugar donde pocos desearían vivir. No era el lugar para que viviera el nieto del rey anterior. ¿Por qué estaba Mefi-boset allí?

Por entonces ya era un adulto y, además, tenía un hijo. Vivía con temor de la represalia del rey. Estaba privado de la comunión con el pueblo de Dios, y era incapaz de caminar. Un cuadro perfecto de todos nosotros viviendo en Lodebar, sintiéndonos odiados, indeseados, no necesitados, no merecedores de nada. Pero así como David buscó y encontró a Mefi-boset, Dios nos buscó y nos encontró a nosotros. «Siendo aun pecadores, Cristo murió por nosotros».

Nuestra relación con Dios se basa totalmente en lo que Jesús hizo por nosotros. Eso no significa que nosotros no debamos tratar de vivir una vida buena, pero una buena vida no trae las bendiciones de Dios. Son las bendiciones de Dios las que producen la buena vida. Dios te ama a ti. Te ama. Te acepta, independientemente de lo malo que seas, por causa de Jesús. Busca a Dios hoy, aunque te encuentres deformado, como Mefi-boset, por causa del pecado. El Señor te recibirá en su casa, y te sentará a su mesa, como hizo David con Mefi-boset.

Contra ti, contra ti solo he pecado, y he hecho lo malo delante de tus ojos;
para que seas reconocido justo en tu palabra, y tenido por puro en tu juicio.
SALMO 51: 4

Cuando considero el hecho de que Jesús conoce todo lo relativo a nuestros
pecados, y que, sin embargo, promete guardar todo lo que nos ha perdonado
en el baúl del olvido, mi gratitud hacia él se agiganta. Aunque lo sabe absolutamente todo acerca de todo acto malo que hayamos cometido, Dios no saca nuestros
trapos sucios al sol para avergonzarnos a la vista de nuestros semejantes. Cuando
humillamos a alguien recordándole una ofensa que ya le habíamos perdonado, sin
duda Dios lo toma muy en cuenta. Dios lo ve como un acto detestable y contrario al
carácter de sus hijos.

Mantener a una persona en perpetuo temor usando amenazas como «Te voy a
acusar», o «Recuerda que sé algo de ti que los demás no saben», es una infamia y
merece el castigo de Dios. El Señor nos perdona de buen grado, y nunca nos manipula de esa manera. Al saber que Dios nos ha perdonado miles de veces y ha decidido
sepultar la información en lo más profundo del mar debería producir un espíritu de
eterno agradecimiento y una actitud de completo perdón hacia los demás por el resto
de nuestra vida.

Adoptar un compromiso de perdón total implica procurar que hasta nuestros enemigos estén completamente libres de culpa y de toda amenaza de delación ante Dios y
ante los hombres. Pedir perdón, aceptando el ofrecimiento divino de nuestro texto de
hoy, es comprometernos a perdonar, de acuerdo con la condición divina del perdón:
«Mas si no perdonáis a los hombres sus ofensas, tampoco vuestro Padre os perdonará
vuestras ofensas» (Mat. 6: 15).

No es suficiente perdonar hoy. Hay que perdonar siempre. Recuerdo a una esposa
que, con lágrimas, le dijo a su esposo: «Pensé que me habías perdonado por eso», y
el esposo respondió: «Te perdoné ayer». La postura divina no es así, y tampoco lo
es el mandato que nos da el Señor. Dios quiere que perdonemos y que el perdón se
mantenga ayer, hoy, mañana, y mientras dure nuestra vida aquí en la tierra.

Si piensas hacer un pacto de perdón total, tendrás que renovarlo todos los días de
tu vida. Cuando sientas la tentación de sacar los trapos sucios de tu ofensor al sol,
recuerda lo que Dios hace contigo a diario. Nunca olvides que el perdón que Dios
quiere que ofrezcamos a los demás no es puntual ni momentáneo. Debe durar toda
la vida.

> Pero a vosotros los que oís, os digo: «Amad a vuestros enemigos, haced bien a los que os aborrecen».
> LUCAS 6: 27

Esta es una de las pruebas de amor más grandes y difíciles que Dios pidió a sus hijos que presentaran. Amar a nuestros enemigos, bendecir a los que nos maldicen, hacer bien a los que nos aborrecen, orar por los que nos ultrajan y nos persiguen. ¡Qué difícil es hacer esto para el ser humano! De hecho, si alguien es capaz de dar esa prueba de amor, es porque está actuando más que humanamente.

Norval F. Pease escribió estas palabras: «Durante las atrocidades cometidas contra Armenia, cierta vez una joven y su hermano fueron perseguidos por las calles por un soldado turco. Este los acorraló en un rincón y el hermano fue muerto en presencia de su hermana. Esta consiguió escapar corriendo velozmente y saltando un muro. Posteriormente, llegó a ser enfermera, y las autoridades turcas la obligaron a servir en un hospital militar. Cierto día llevaron a la sala donde ella trabajaba al mismo soldado turco que había asesinado a su hermano. Estaba muy enfermo. Un pequeño descuido provocaría su muerte. Esta joven posteriormente confesó la terrible lucha que se desarrolló en su mente. El viejo Adán clamaba: "Venganza"; la nueva criatura en Cristo decía: "Amor". Y, tanto para bien de aquel hombre como para el de la enfermera, triunfó en ella el bien, de modo que atendió al soldado con el mismo cuidado que atendía a todos los demás. Ambos se habían reconocido y, cierto día, incapaz de dominar por más tiempo su curiosidad, el turco le preguntó a la enfermera por qué no lo había dejado morir. Ella replicó: "Soy seguidora del que dijo: 'Amad a vuestros enemigos, haced bien a los que os aborrecen'". Él quedó silencioso durante un largo tiempo. Finalmente habló: "Nunca oí decir que hubiera tal religión. Si esa es su religión, hábleme más de ella porque quiero tenerla"».

Quiera Dios librarnos de una experiencia tan dolorosa. Sin embargo, en nuestras más humildes y sencillas realidades de la vida, amemos a todos aquellos que nos han hecho sufrir. Seguramente todos tenemos alguien a quien nos resulta difícil amar. El más justo de los hombres, Jesús, tuvo muchos que lo hicieron sufrir. ¡Cuánto más nosotros, que somos pecadores!

Pidamos hoy a Dios que nos dé la victoria sobre el odio, el resentimiento y el deseo de venganza. Pidámosle que nos dé el don del perdón total y el amor de Cristo, los únicos que nos harán capaces de superar esa difícil prueba de amor.

Pero el día del Señor vendrá como ladrón en la noche; en el cual los cielos pasarán con grande estruendo, y los elementos ardiendo serán deshechos, y la tierra y las obras que en ella hay serán quemadas.
2 PEDRO 3: 10

Una antigua anécdota cuenta que San Francisco de Asís recibió la visita de uno de sus parroquianos, mientras limpiaba y cultivaba su huerta: «Hermano Francisco —preguntó el hombre—, ¿qué haría usted si supiera que el Señor regresa mañana?» El anciano sabio se irguió por un momento, apoyándose en su azadón, y luego habló con voz firme: «Pues creo que terminaría de limpiar mi huerta».

Dick Winn pregunta: «¿En qué forma sería su vida diferente si supiera que Jesús viene dentro de dos meses? ¿Es el estilo de vida de Jesús valioso solo porque él viene pronto? ¿O usted continuaría viviendo como lo hace, aunque supiera que Jesús no vendrá en los próximos doscientos años?»

Estas palabras son dignas de la más profunda meditación. ¿Es valioso el estilo de vida de Jesús solo porque es urgente? Los cristianos corren el peligro de vivir "bien" si existe la posibilidad de que Jesús vuelva hoy o de que mueran mañana. Si no hay amenaza de ninguna de estas dos eventualidades, entonces, no nos afligimos; aflojamos el paso y soltamos las amarras. Como si el cristiano estuviera sujeto a las emergencias.

Sabemos bien, sin embargo, que la vida del cristiano no depende ni de la amenaza de muerte ni de la proximidad de la venida de Jesús. El cristiano vive fielmente porque es la voluntad de Dios que viva así. Una preciosa poesía atribuida, entre otros, a Santa Teresa de Jesús expresa de forma sublime que ni promesas ni amenazas afectan la vida del cristiano:

No me mueve, mi Dios, para quererte,
el cielo que me tienes prometido;
ni me mueve el infierno tan temido
para dejar, por eso, de ofenderte.

Tú me mueves, Señor; muéveme el verte,
clavado en una cruz, y escarnecido;
muéveme ver tu cuerpo tan herido;
muévenme tus afrentas y tu muerte.

Muéveme, en fin, tu amor, y en tal manera,
que aunque no hubiera cielo, yo te amara,
y aunque no hubiera infierno, te temiera.

No me tienes que dar porque te quiera,
pues aunque lo que espero no esperara,
lo mismo que te quiero, te quisiera.

Aunque es cierto que una comprensión de las profecías de los acontecimientos finales podrá lograr mi atención, solo una amistad íntima y continua con Jesús puede enseñarnos a ser justos y a vivir justamente.

¿Quién es, pues, el siervo fiel y prudente, al cual puso su señor sobre su casa
para que les dé el alimento a tiempo?
MATEO 24: 45

Supongamos que estuviéramos seguros de que Jesús vendría dentro de una semana. ¿Qué harías? ¿Cómo utilizarías esa semana? ¿Qué cosas evitarías? La forma como respondas a esas preguntas indicará cómo entiendes lo que Jesús quiso decir con la palabra "velad".

En Mateo 24: 3 leemos que los discípulos preguntaron a Jesús: «¿Cuándo sucederá eso, y cuál será la señal de tu venida y del fin del mundo?» (NVI). Es comprensible y natural que los discípulos preguntaran acerca del tiempo, del cuándo. Pero Jesús estaba más interesado en responder a las preguntas: ¿Quién? y ¿Cómo?

¿Cómo mostramos que estamos preparados para su regreso? ¿Qué significa mantenerse velando? Para algunos, velar significa *estar pendiente y estudiar* cuidadosamente los acontecimientos del tiempo del fin. Para otros, velar significa *confesión*. Velar adecuadamente significa hacer confesión de nuestros pecados. Significa tener al día nuestras cuentas con el Señor. Otros piensan que la palabra velar significa *perfección*. Hay que llegar a ser perfectos, sin pecado. Según este grupo de personas, solo cuando una mayoría de adventistas reproduzca el carácter de Cristo en sus vidas vendrá él por segunda vez.

En la parábola del siervo fiel y prudente, registrada en Mat. 24: 45-51, el Señor salió de viaje. Al salir, dejó a su siervo en una posición de confianza. El punto relevante en la historia es que el Señor regresará. No dice cuándo ni cómo. Sencillamente dice que regresará. La otra implicación es que la conducta del siervo durante el tiempo de ausencia de su Señor determinará si está listo para encontrarse con él en el momento de su regreso.

¿Qué hacemos mientras esperamos el regreso de Jesús? ¿Hacemos con fidelidad lo que nos pide que hagamos? ¿Cuán fieles somos en el cumplimiento de la tarea que nos ha ordenado que hagamos? ¿Preparamos y servimos el alimento espiritual a su debido tiempo?

Como maestros, como padres, como empleados, ¿estamos cumpliendo la tarea que nuestro Señor nos encomendó? Velar significa hacer lo que el Señor ordenó, con fidelidad. Velar significa preocuparnos por la tarea que se nos asignó. Jesús está interesado en una persona fiel en el cumplimiento de sus deberes por amor a él.

Que esta sea tu oración: «Señor, seré constante en mi obediencia, aunque no sepa cuando vendrás».

Bienaventurado aquel siervo al cual, cuando su señor venga, le halle haciendo así.
MATEO 24: 46

Las experiencias que vivieron algunas iglesias adventistas a medida que se acercaba al año 2000 no fueron agradables. Algunos miembros creyeron que Jesús vendría al final de ese año. Según ellos, "estar listos" significaba conocer muy bien las señales del tiempo del fin, estudiar las profecías y fijar la fecha de su regreso. Conocí algunos que vendieron sus propiedades y se fueron a vivir a las montañas. Otros abandonaron sus estudios universitarios. Un joven canceló su boda. Otros se dedicaron con fanática determinación a atacar a quienes no pensaban como ellos.

Ser adventista significa mucho más que conocer las señales de los tiempos. Significa velar. En otras palabras, significa vivir de cierta manera porque se cree que Jesús vendrá muy pronto. El propósito del sermón de Mateo 24 no es satisfacer nuestra curiosidad acerca del fin, sino recordarnos que necesitamos velar. Jesús no nos dejó en tinieblas en cuanto al significado de sus palabras. Explicó con claridad lo que significa velar y estar listo. Habló del siervo fiel y prudente que sirve la comida a tiempo. Habló también del siervo malo que cree que su Señor no regresará pronto y que, por lo tanto, comienza a golpear a sus consiervos, y a comer y a beber con los borrachos.

¿Cuál es el problema del siervo malo? Se dijo a sí mismo: *¿Quién sabe cuándo regresará mi Señor?* Y, como creía que faltaba mucho, comenzó a tratar a sus compañeros con dureza y a golpearlos. Esto ilustra lo que significa perder la conciencia del tiempo del fin. Es fácil comenzar a decir: «Falta mucho para que venga mi Señor. Por lo tanto, puedo vivir como me plazca».

Velar es hacer lo contrario de lo que hizo el siervo malo. Tiene que ver con la manera como tratamos a nuestros hermanos. Velar significa que si creemos que Jesús regresará pronto, se reflejará en la manera en que tratamos a las personas, en la manera como nos comportamos.

Estar listo para encontrarse con Jesús significa tratar a la esposa como Cristo trata a la iglesia; exhortarnos unos a otros en amor, por cuanto el día está cerca; no hablar ásperamente a los hijos; tratar a nuestros empleados con cortesía y bondad; hablar como hijos de Dios en nuestras juntas y congresos; orar con gozo por los que nos ofenden e incomodan; amar a nuestros hermanos como Cristo nos ama a nosotros. ¿Estás velando? ¿Estás listo?

Velad, pues, porque no sabéis a qué hora ha de venir vuestro Señor.
Mateo 24: 42

Cuanto tenía siete años, viajaba con mi madre y otros hermanos para celebrar el culto de sábado en una iglesia rural. A veces yo lanzaba piedras a los árboles cargados de fruto que se encontraban al lado del camino. Un día mi madre dijo: «Ese niño será un pastor cuando crezca». Inmediatamente, un anciano replicó: «Eso no sucederá, Jesús vendrá muy pronto».

He servido más de cuarenta años como pastor y Jesús no ha regresado. Nació mi primera hija, terminó sus estudios universitarios y se casó. Ella y su esposo sirven como misioneros, y Jesús no ha regresado. Nació mi segundo hijo, quien sirve como pastor, y Jesús todavía no ha llegado. La aparente demora ha chasqueado a muchos cristianos. Ya no se escuchan muchos sermones en estos días acerca de la bienaventurada esperanza. Ya no entusiasma el mensaje «Jesús viene pronto, ¡prepárate!»

Muchos ya no quieren escuchar sermones o leer libros acerca del fin. Están cansados de la interminable espera del fin del tiempo. Otros se dedican a buscar culpables por la demora. Señalan con el dedo a los jóvenes y su conducta, o a los teólogos liberales, o a la falta de fidelidad en la observancia del sábado.

Jesús volverá. Él lo prometió. Sus promesas son fieles y verdaderas. Nos ama tanto que jamás nos fallará. Está ansioso de tenernos con él en su hogar. No hay duda, volverá. Jamás debemos renunciar a nuestra creencia más preciosa. La Biblia está repleta de evidencias de la certeza de la segunda venida de Cristo. Si seguimos las indicaciones que dejó nuestro Señor con respecto a su segunda venida, siempre nos mantendremos animados y llenos de gozo, porque, ciertamente, él volverá.

Cuando los discípulos le preguntaron: «¿Cuándo serán estas cosas, y qué señal habrá de tu venida y del fin del mundo?», Jesús respondió: «Estén listos, porque ustedes no saben el día y la hora cuando habrá de venir el Señor». Jesús enseñó que «¿Cuándo?» es una pregunta equivocada. La pregunta correcta basada en el consejo de Jesús, es «¿Cómo?» ¿Cómo debemos vivir para estar preparados para su segunda venida? ¿Cómo debemos prepararnos para encontrarnos con él?

Las señales no hablan realmente del tiempo o de cuánto falta para que venga. Lo que nos enseñan es cómo debemos vivir, cómo estar preparados para su regreso. Jesús subrayó la necesidad de estar preparados. «Vigilen, estén listos» fue su mensaje. ¿Estás listo para encontrarse con Jesús en su segunda venida?

Y tardándose el esposo, cabecearon todas y se durmieron.
MATEO 25: 5

Cuando hablamos de velar, de esperar la venida del Esposo, acude a nuestra mente en forma inmediata la parábola de las diez vírgenes. Diez jovencitas esperan la venida del esposo a la boda. Pero, como ocurre con frecuencia en la celebración de las bodas, el inicio de la ceremonia se demoró y las diez jovencitas se durmieron.

Esas diez vírgenes representan a los adventistas, quienes esperan el pronto retorno de Jesús. En el relato, Jesús ilustró lo difícil que es seguir velando con la misma fe en la venida del Señor. No es fácil mantener el interés y el sentido de urgencia hasta el tiempo del fin. La parábola dice que, espiritualmente, todos los adventistas están dormidos. Pero, como en el caso de las vírgenes, también hay una diferencia entre los adventistas que duermen. Las prudentes tenían aceite; las insensatas no. Las prudentes hicieron lo que Jesús había ordenado que hicieran. Las insensatas no hicieron provisión para una posible demora.

Velar significa desarrollar y mantener una relación con Jesús que sea capaz de soportar cualquier demora. Las palabras que el esposo les dirigió a las vírgenes insensatas constituyen una advertencia: «De cierto os digo que no os conozco» (Mat. 25: 12). Había faltado una profunda relación de calidad entre el Novio celestial y la novia terrenal. Esa relación solo puede permanecer para siempre cuando el aceite del Espíritu mora en el corazón.

Lo que hace sabias a las vírgenes, lo que les permite perseverar, es que ellas conocen al Novio. ¿Cómo podemos conocerlo nosotros también? Se conoce al Esposo manteniendo una provisión regular de aceite en la vida, es decir, manteniendo constantemente la presencia del Espíritu Santo en el corazón. Entonces no importará si el Esposo llega o no cuando esperamos que regrese.

Lo que hace insensatas a las otras vírgenes es que no hacen provisión. No prevén la posibilidad de la demora. Solo tienen aceite para la emoción que se experimenta cuando se anuncia una fecha para su regreso. Es importante estar listo para el regreso de nuestro Señor. Sea esta nuestra oración:

«Señor, ayúdame a mantener una continua relación contigo. A mantener siempre esa experiencia, alimentada por el Espíritu y centrada en mi caminar personal junto a ti. Ayúdame a conocerte cada día más y más, y así te esperaré cada día sin abandonar la bendita esperanza de tu regreso».

Porque la perseverancia os es necesaria,
para que habiendo hecho la voluntad de Dios, obtengáis la promesa.
Porque un poquito más y el que ha de venir vendrá y no tardará.
HEBREOS 10: 36, 37

Después de una larga vida esperando la segunda venida de Cristo, los cristianos deben ser perseverantes y continuar a la espera. No es fácil, especialmente para aquellos que han comprometido su vida en la batalla de la fe. No es fácil para aquellos que lo han dado todo por causa del reino de Dios. No es fácil para aquellos que han dedicado su vida a proclamar la inminencia de la venida del Señor.

Dicen que un día, en la iglesia, Robertito era todo oídos. El pastor estaba hablando de la proximidad de la segunda venida de Jesús, y de la necesidad de hacer sacrificios para "terminar la obra" y apresurar el advenimiento del Señor.

Robertito estaba sumamente impresionado. Después del culto, Robertito se fue corriendo a su casa, tomó su alcancía, sacó todo el dinero, y se lo dio a su mamá.

—Mamá —dijo Robertito con fervor—, quiero que Jesús venga y quiero ayudar a terminar la obra. Toma este dinero y úsalo para Jesús.

Cada noche Robertito oraba seriamente pidiendo que Jesús viniera pronto. Cada mañana corría a la ventana para observar el cielo.

—Creo que va a venir hoy. Sí, hoy, mamá. Decía con muchas esperanzas.

Pasó una semana, más o menos. Jesús no vino. La fe de Robertito fue severamente probada. Una mañana, después de mirar desilusionado por la ventana, corrió hacia su mamá con determinación, y le dijo:

—¡Mamá, mamá! —exclamó—. Jesús no viene. ¡Quiero que me devuelvan mi dinero!

No así, pero en otra forma, podemos ponerle condiciones a Dios. Si no vienes este año, comenzaré a «comer y a beber con los borrachos y a herir a mis hermanos». La capacidad de esperar contra toda esperanza es una característica del cristiano. Abraham se esforzó en fe y creyó «contra toda esperanza» que Dios le devolvería a Isaac cuando lo sacrificó en el monte Moriah (Heb. 11: 17-19).

Se enfría el amor. Se cansa el ánimo. Perder la esperanza de la venida de Cristo es perder una gran motivación para caminar por fe. Por eso es tan importante el consejo de nuestro texto de hoy. La paciencia es necesaria. Y la perseverancia también.

Renueva tu esperanza hoy. Toma la decisión de revisar tus creencias cristianas. ¿De verdad crees que el Señor vendrá como lo prometió? Si es así, espéralo con paciencia, porque «el que ha de venir vendrá y no tardará».

He aquí, yo vengo como ladrón. Bienaventurado el que vela, y guarda sus ropas, para que no ande desnudo, y vean su vergüenza.
APOCALIPSIS 16: 15

Siempre ha existido un profundo grado de fascinación con el tiempo del fin. Desde el mismo principio del cristianismo ha habido individuos que estudian las Escrituras con el inútil afán de poner fecha y hora al regreso de nuestro Señor Jesucristo. También hay quienes, al ver la propagación intensa del mal en nuestro mundo, creen o deducen que el fin está cerca. Es casi seguro que los debates relacionados con la fecha del glorioso retorno del Señor por su pueblo continuarán hasta que baje el telón y se cierre el drama del pecado. Por desgracia, existe el peligro de que los debates generen más calor que verdad y ayuda. Lo peor es que las preocupaciones por la fecha del retorno del Señor nos distraigan y apartemos los ojos de Aquel que dijo: «He aquí yo vengo en breve».

Hace aproximadamente dos mil años, los discípulos, preocupados, le formularon la misma pregunta a Jesús: «Dinos, ¿cuándo serán estas cosas, y qué señal habrá de tu venida, y del fin del siglo?» (Mat. 24: 3). No nos preocupemos tanto por la fecha como de nuestra preparación. Escuchemos el consejo de Jesús: «Por tanto, también vosotros estad preparados; porque el Hijo del hombre vendrá a la hora que no pensáis» (Mat. 24: 44).

Aunque los teólogos no estén de acuerdo en los detalles de la venida de Jesús, hay una cosa que todos ellos proclaman de manera unánime que se basa en la segura Palabra de Dios: «¡Él viene!» La única pregunta que debemos formularnos con plena conciencia es esta: «¿Estoy listo para la venida del Señor Jesús hoy?» Ningún cristiano puede jugar con este asunto. Por eso, debemos estar preparados como si fuera a venir hoy. ¿Y por qué hoy precisamente? Porque, aunque debemos desear que Dios no permita que nada malo le ocurra a nadie, la vida es frágil y breve. ¿Y si la muerte nos sorprendiera hoy? ¿Estaríamos listos? Cada día debemos responder esta pregunta, porque, en efecto, no fue ayer; mañana, no sé; pero, ¿qué tal si fuera hoy?

Las manos poderosas de Dios están sobre nosotros para protegernos hoy de todo mal y peligro. Pero nuestro deber hoy es responder a esta pregunta: «Si Jesús viniera hoy, ¿estaría yo listo para disfrutar de la gloria eterna preparada para mí?» Quiera Dios que tú prepares tus maletas hoy, como si estuvieras a punto de presenciar aquel magno acontecimiento. «¡Sí, ven, Señor Jesús!»

Alzaré mis ojos a los montes ¿De dónde vendrá mi socorro?
Mi socorro viene de Jehová, que hizo los cielos y la tierra.
SALMO 121: 1, 2

Además de la belleza, la majestuosidad, y la sensación de solidez, firmeza y seguridad que ofrecen las montañas y las colinas, ¿qué más ofrecían los montes cuando David escribió el Salmo 121? En esa época, la tierra de Israel estaba invadida por prácticas de los gentiles que la rodeaban. Gran parte de su religión se practicaba en las cumbres de las colinas. Establecían santuarios, plantaban árboles y el pueblo era atraído a los montes para adorar a los ídolos.

Creían que el culto a los ídolos mejoraría la fertilidad de la tierra, que los haría sentirse bien y los protegería del mal. Había panaceas, protecciones, hechizos y encantamientos contra todos los peligros del camino. Si las personas temían al calor del sol, allí, en las montañas, estaban los sacerdotes que los protegerían del calor del sol. Si tenían temor a las influencias, consideradas temibles, de la luz de la luna, allí estaban las sacerdotisas de la luna, quienes vendían amuletos. Si alguien estaba acosado por los demonios, era invitado a subir al santuario en las colinas para aprender las fórmulas mágicas que los protegerían de todo daño.

El salmista pregunta ante tanta oferta tentadora de las montañas: ¿De dónde vendrá mi socorro, mi ayuda? ¿De Baal? ¿De Asera? ¿De los sacerdotes del sol? ¿De la sacerdotisa de la luna? El salmista responde con un rotundo «No». De allí no puede venir ninguna ayuda. A pesar de toda la majestad y la belleza de la callada fortaleza de las montañas, de allí no puede venir ninguna ayuda. Una mirada a las montañas para buscar ayuda termina en chasco y desilusión: «Ciertamente son un engaño las colinas y una mentira el estruendo sobre las montañas» (Jer. 3: 23).

Incluso en nuestros días, cuando nos encontramos angustiados por los problemas y situaciones difíciles de la vida, cuando atravesamos el valle de sombra de muerte y buscamos socorro, algunos discípulos del Señor Jesucristo levantan su mirada hacia las montañas y aparecen los ofrecimientos de ayuda, instantáneos y numerosos.

¿Hay solución para nuestros problemas en las montañas? ¡No! La ayuda proviene solamente del Señor, del Creador del cielo, de la tierra y de las montañas. Fuera de él todo es falsa seguridad, ilusión y engaño. Rechacemos la adoración de la naturaleza. No aceptemos una religión de estrellas y de las flores, que quiere enlazar nuestra alma con las montañas. Dirijamos hoy nuestra mirada hacia Aquel que creó el cielo y la tierra. La ayuda proviene del Creador, no de la creación.

Fuese león, fuese oso, tu siervo lo mataba;
y este filisteo incircunciso será como uno de ellos,
porque ha provocado al ejército del Dios viviente.
1 Samuel 17: 36

¿Quién no ha escuchado la historia de David y Goliat? ¿Podemos decir algo nuevo del valeroso pastorcito David? Creemos que la Biblia, como toda obra de arte, es inagotable. Todavía no se ha dicho la última palabra del gigante; todavía no se ha sacado la última lección de esta gran aventura de Dios. Porque no era una aventura humana.

David no era soldado. Era, apenas, un adolescente. Su padre lo había enviado al campamento israelita para llevar provisiones a sus hermanos mayores y ver cómo estaban. ¿Qué padre no haría lo mismo si sus hijos estuvieran en una peligrosa batalla?

Cuando David llegó al campamento esperaba encontrar al pueblo de Dios jubiloso, sereno, confiado en la protección del Todopoderoso. Pero no era así. Apenas llegó al campamento, escuchó la trompeta que llamaba a la batalla. Pero nadie salió. Luego escuchó la voz de trueno de un gigante —alguien le dijo que se llamaba Goliat— que blasfemaba el nombre de Dios y desafiaba a un israelita, nada más que a uno, para que librase un combate singular con él. Si el israelita lo vencía, los filisteos se comprometían a aceptar la derrota. Y si él vencía al israelita, debían prometer aceptar la derrota.

David supo que aquel desafío se había hecho durante cuarenta días consecutivos y que nadie lo había aceptado. ¿Era aquello posible? ¿Nadie se atrevía a defender el honor de Dios? David se llenó de ira y dijo que él iría a pelear con el gigante. Ya conoces la historia. Todos trataron de desanimarlo, incluso el rey Saúl, quien le dijo: «No podrás tú ir contra aquel filisteo, para pelear con él, porque tú eres muchacho; y él un hombre de guerra desde su juventud» (1 Sam. 17: 33). Precisamente entonces pronunció David las memorables palabras de nuestro texto de hoy.

Todos conocemos el fin de la historia: David mató al gigante. Aunque se ha preguntado en miles de sermones, debo formular una vez más la pregunta: ¿Cuáles son los gigantes que *no* puedes vencer? Hoy necesitamos la actitud, el valor y la fe de David. Hay muchos *Goliats* en este mundo. Se nos presentan a diario en forma de problemas financieros, de enfermedades, de problemas familiares y pensamientos impuros. Pero el Dios poderoso que derrotó al gigante filisteo, puede derrotar a los gigantes que nos amenazan ahora.

Piensa en lo que Dios ha hecho en tu propia vida. El Dios del pasado es el Dios de hoy y el de mañana. Tú, como David, puedes vencer al gigante que te amenaza hoy.

> Jehová, roca mía y castillo mío, y mi libertador; Dios mío, fortaleza mía, en él confiaré; mi escudo, y la fuerza de mi salvación, mi alto refugio.
>
> SALMO 18: 2

«En los días de prosperidad tenemos muchos refugios donde acudir; pero en el día de la adversidad tenemos uno solo», dijo Andrés Bonar.

Cuán ciertas son estas palabras. Como dijo el sabio Salomón, «las riquezas del rico son su ciudad fortificada, y como un muro alto en su imaginación» (Prov. 18: 11). ¡Cuántos riesgos corren los ricos! Uno de ellos, y no el menos peligroso, es el sentido de seguridad que les procuran sus riquezas. El que tiene dinero siente que está protegido contra muchos de los males del mundo. Hasta el cristiano confía demasiado en sus riquezas. El rico incrédulo blasfema contra Dios. El creyente rico se olvida de Dios con mucha facilidad. Como decía Andrés Bonar, «en los días de prosperidad tenemos muchos refugios».

Cuando la vida nos sonríe, sentimos confianza en nuestra situación, en nuestras habilidades, en nosotros mismos. Pero cuando nuestro mundo se nos desmorona, si no podemos volvernos a Dios, no tenemos a quién acudir. Un pastor recién llegado a una comunidad agrícola visitó a un joven campesino que nunca asistía a la iglesia. Después de saludarlo a él y a sus familiares, le dijo:

—He venido a invitarlos a los cultos de nuestra iglesia.

—¿La iglesia? ¿Y qué necesito yo de su iglesia? —le dijo el agricultor—. ¡Míreme! Soy fuerte. Tengo salud. No necesito de su iglesia. No necesito de su Dios. Puedo cuidar de mí mismo. Gracias.

Casi un año después, el pastor estaba sentado junto a una cama en ese mismo hogar. Yacía en su lecho, enfermo y desanimado, el joven agricultor que no necesitaba a Dios. Ahora, humilde y contrito, reconocía lo grande que era su necesidad de Dios.

«Nunca, ahora o en la eternidad», dice T. A. Davis, «llegará el momento cuando podamos prescindir de Dios. Ni necesitaríamos hacer esta declaración, pero es una realidad que a menudo conocemos solo teóricamente, pero que no siempre comprendemos a fondo ni actuamos teniéndola en cuenta».

La vida es dura e incierta. Son tantos los riesgos del vivir que, aunque no hemos de vivir en ascuas y temiendo siempre lo peor, es saludable comprender lo que dijo el apóstol: «Porque, ¿qué es vuestra vida? Ciertamente es neblina que se aparece por un poco de tiempo, y luego se desvanece» (Sant. 4: 14). Vivamos siempre seguros bajo la protección de su Dios, porque el mundo es incierto y peligroso.

Él le dijo: «No tengas miedo, porque más son los que están con nosotros que los que están con ellos».
2 Reyes 6: 16

Los generales sirios estaban enfurecidos. Todos los planes que tramaban contra el débil ejército de Israel eran descubiertos por los generales israelitas. Sus maniobras militares, cuidadosamente planificadas, terminaban en un desastre, con numerosos muertos y heridos en sus filas. Parecía que Israel sabía de antemano los planes de su enemigo. Tal situación tenía muy perturbado al rey de Siria. Por esta causa convocó una reunión urgente con su Estado Mayor.

Un oficial de la inteligencia militar le informó que sus fuentes de espionaje le habían confirmado que el profeta Eliseo era quien informaba al rey de Israel hasta «las palabras que tú hablas en tu cámara más secreta» (2 Rey. 6: 12). El rey y su Estado Mayor prepararon entonces una operación militar cuyo objetivo era capturar al profeta Eliseo, vivo o muerto. De esa manera pensaban acabar con la filtración de información, para poder así actuar con mayor eficiencia.

Pocos días después comenzó el operativo. Durante la noche, y en completo silencio, la infantería siria, apoyada por la caballería, la división de carros blindados y los comandos especiales sitiaron la ciudad de Dotán, donde se encontraba el profeta Eliseo. La idea era atacar por sorpresa al amanecer y capturar al profeta. A primera hora de la mañana el siervo de Eliseo vio al ejército enemigo y, alarmado, corrió a informar a su señor. Eliseo, pese a la desesperación de su ayudante, se tomó las cosas con mucha calma. Su confianza en Dios era tan grande que nada, ni siquiera aquella peligrosa situación, le provocaba la menor angustia. «¿Qué hacemos?», preguntaba afligido su siervo. Eliseo se arrodilló y oró al Señor. Luego dijo: «No temas, mira a tu alrededor».

Entonces el siervo se asombró al ver a su alrededor, como salido de la nada, un poderoso ejército, con caballos y carros de fuego, preparados para defender la ciudad y a Eliseo. «No temas», dijo Eliseo a su siervo, «porque son más los que están con nosotros que los que están con ellos». Cuando el enemigo amenaza y la tentación se levanta con toda su fuerza, cuando la angustia y la desesperación se apoderan de nosotros, entonces de nuevo se escucha la voz del Señor, que dice: «No temas». Más de cincuenta veces resuenan en las páginas de la Biblia las palabras: «No temas».

No se trata de frases vanas orientadas a calmar falsamente la aflicción en momentos de adversidad. Es la promesa que viene del cielo, que nos dice que, ante cualquier enemigo, «Jesús y yo somos mayoría».

Él les dijo: «Lo que es imposible para los hombres, es posible para Dios».

LUCAS 18: 27

Todo lo que se debe hacer, debe hacerse. Nada es imposible si Dios lo ha ordenado, aunque parezca humanamente imposible. Esta es una buena manera de pensar. Se reconoce, sin embargo, que es más fácil decirlo que vivir a la altura de lo que decimos. Por ejemplo, en el año 2006 ocurrió un hecho asombroso. Una de las grandes historias que ocurrieron ese año fue la gran hazaña de Mark Inglis, que ascendió la cumbre del monte Everest a pesar de que sus dos piernas eran artificiales.

Inglis, que había sido guía de montaña, había quedado atrapado en una ventisca que duró dos semanas en el monte Cook de Nueva Zelanda, en 1982. Obligado a refugiarse en una cueva de hielo durante dos semanas, se le congelaron las piernas, que le fueron amputadas un poco por debajo de la rodilla.

Pero Inglis no se sentó a llorar su triste suerte. En vez de sentir lástima de sí mismo, volvió a la escuela y se convirtió en investigador bioquímico. Y continuó ascendiendo montañas. En el año 2002 ascendió el monte Cook con sus piernas artificiales. Y, finalmente, en mayo del año 2006, realizó la hazaña de subir el monte Everest, la montaña que solo héroes pueden escalar, aunque tengan todas sus facultades físicas y mentales intactas. Que Inglis la haya escalado a pesar de su increíble limitación física es casi un milagro de la fe de una persona en que lo imposible se puede realizar.

Qué emocionantes suenan estas palabras del pastor William G. Johnsson: «La Biblia es un libro de héroes. Los hombres y las mujeres cuyas vidas brillan en sus páginas, Moisés y David, Ester y Débora, Pedro y Pablo, hicieron cosas asombrosas. Fueron valientes en visión, en visiones y en acciones. Ellos se reían de la palabra "imposible". Como Dios estaba con ellos, motivándolos, inspirándolos, dotándolos de poder, siguieron hacia adelante y hacia arriba, hasta que alcanzaron las metas que Dios había establecido».

Por supuesto, por encima de todos ellos, está Jesús, el líder supremo. Jesús es el héroe más grande de la Biblia.

Solo Dios sabe las tareas que nos tiene reservadas a cada uno. Nuestra vida puede y debe ser heroica. Sea pequeña o grande la obra que nos ha encomendado, podremos realizarla si nos consagramos a Dios y nos disponemos a hacer su voluntad. ¡Quién sabe si no Dios tiene pensado que realices grandes cosas en su servicio! Prepárate hoy para realizar cosas imposibles para Dios.

Porque no osaría hablar sino de lo que Cristo ha hecho por medio de mí
para la obediencia de los gentiles, con la palabra y con las obras,
con potencia de señales y prodigios, en el poder del Espíritu de Dios;
de manera que desde Jerusalén, y por los alrededores hasta Ilírico,
todo lo he llenado del evangelio de Cristo.

Romanos 15: 18, 19

¡Cuánto pudo hacer Dios por un "abortivo" (como él mismo se calificó) como
Pablo! Una vez dijo: «Porque yo soy el más pequeño de los apóstoles, que no
soy digno de ser llamado apóstol, porque perseguí a la iglesia de Dios».

Lo mismo podría haber dicho John Newton, el capitán negrero que llegó a ser
evangelista. La historia de John Newton es muy conocida. Es autor del famoso himno
"Sublime gracia". Era un desalmado sin entrañas que llevaba esclavos de África a Norteamérica. Pero se convirtió el día que clamó a Dios por misericordia porque su barco
se hundía. En su ciudad natal, Liverpool, se puso en contacto con el famoso evangelista
George Whitefield, y también con John Wesley, fundador del metodismo.

John Newton decidió llegar a ser ministro. Se le hizo muy difícil al principio, pero finalmente fue ordenado como ministro de la Iglesia Anglicana, y asignado a la iglesia de
Olney, en Buckinghamshire. Multitudes se acercaban a escucharlo predicar. La iglesia
tuvo que ampliarse. Pronto Newton estaba predicando en otras partes del país.

Después de varios años, el poeta William Cowper se estableció en Olney. Su llegada,
y la amistad que entabló con Newton los llevó a ensanchar su ministerio. Cowper ayudaba a Newton en sus reuniones en Olney y en otros lugares. Comenzaron una serie de
reuniones semanales de oración con el objetivo de escribir un nuevo himno para cada
reunión. Como resultado se hicieron varias ediciones del *Himnario de Olney*. La primera edición, publicada en 1779, contenía 66 himnos de Cowper y 280 de Newton.

Si bien "Sublime gracia" es el himno más conocido de Newton, escribió muchos
otros que los cristianos siguen cantando hoy. Newton se trasladó a Londres, donde
atrajo multitudes a sus reuniones. Newton continuó hasta un año antes de su muerte,
que ocurrió cuando contaba 82 años de edad.

Dios podría hacer lo mismo por nosotros si nos dedicáramos a él con la misma
intensidad. Quizá Newton fuera un genio y un superhombre de su generación. Pero
todos nosotros, que somos normales, podríamos hacer mucho más de lo que hacemos.
Y deberíamos hacerlo, porque, como el mismo apóstol dijo, «¡Ay de mí, si no anuncio
el evangelio!»

> Así que, hermanos, por la tierna misericordia de Dios,
> os ruego que presentéis vuestro cuerpo en sacrificio vivo,
> santo, agradable a Dios, que es vuestro culto espiritual.
>
> ROMANOS 12: 1

En el capítulo 12 de Romanos, Pablo comienza a considerar la aplicación de la doctrina de la justificación por la fe, que venía explicando desde el primer capítulo. La expresión "así que" es una locución conjuntiva que indica el fin de una sección. La justificación por la fe no solo significa el perdón del pecado, sino también una vida nueva (véase *Comentario bíblico adventista*, t. 6, p. 611).

Después de analizar las doctrinas fundamentales del cristianismo, el apóstol destaca los principales deberes. Yerran los que miran la fe cristiana como una serie de nociones abstractas. Lejos de ello, la cristiana es una religión práctica que tiende al ordenamiento de una forma piadosa de vivir. No está diseñada solo para informar nuestro juicio, sino para reformar nuestros corazones y nuestras vidas. Por eso, el apóstol dice: «Os ruego, hermanos, por la tierna misericordia de Dios, que presentéis vuestro cuerpo en sacrificio vivo, santo, agradable a Dios», aludiendo a los sacrificios que se ofrecían en el santuario terrenal de Israel. Nuestra vida debe ser como una ofrenda de olor grato ante Dios. Es decir, la vida piadosa consiste en rendir nuestra vida a Dios.

Debemos notar que el apóstol habla del cuerpo como la manifestación de la vida: el cuerpo es la persona. «Pablo primero exhorta a los cristianos a que consagren su cuerpo a Dios, y después los insta a presentarle sus facultades intelectuales y espirituales (vers. 2). La verdadera santificación es la consagración de todo el ser: "espíritu, alma y cuerpo" (1 Tes. 5: 23), el armonioso desarrollo de las facultades físicas, mentales y espirituales, hasta que la imagen de Dios —en la cual fue creado el hombre— sea perfectamente restaurada. La condición de la mente y del alma depende en gran medida de la condición del cuerpo. Por lo tanto, es esencial que las facultades físicas sean conservadas en óptima salud y en el mejor vigor posible. Cualquier práctica dañina o complacencia egoísta que disminuya la fortaleza física dificulta el desarrollo mental y espiritual» (*ibíd.*).

Cuando aceptamos a Jesucristo como nuestro Salvador personal nuestra vida tiene un nuevo origen. Somos liberados de la esclavitud del pecado (Rom. 6: 22) y recibimos un llamado a seguirlo incondicionalmente para ser moldeados a su imagen.

Quizá Pablo rogó con mucha insistencia y fervor porque observaba que muchos seguidores de Cristo, igual que ocurre hoy, no honraban el buen nombre que había sido invocado sobre ellos. ¿Cómo estás tú?

Y mediante el cual creéis en Dios, quien le resucitó de los muertos
y le ha dado gloria, para que vuestra fe y esperanza sean en Dios.
1 PEDRO 1: 21

Es muy fácil que el cristiano, en su afán de servir a Dios, caiga en la trampa de convertir su andar con Dios en una lista de tareas y deberes. Es decir, que trate de salvarse por las obras, en lugar de obedecer a Dios porque *ya* nos ha salvado del pecado y de la condenación por el pecado.

Es muy fácil cambiar el compañerismo gozoso, feliz y emocionante de la verdadera vida cristiana por una relación aburrida, sin encanto, en la que se cumplen las órdenes divinas más por temor que por placer. La conducta cristiana es importante. Debemos ser fieles y obedientes, pero siempre existe el peligro de olvidar que Dios no es un amo exigente, sino un Padre amante y comprensivo. Nuestra relación con Dios no debe ser de obediencia rígida, sino de amante entrega. El amor nos impulsa a servirle con gozo; pero el temor nos induce a obedecerle con miedo.

Me gustaría pensar que el cristiano no recibe órdenes de Dios, sino que obedece los impulsos de su corazón amante, porque Dios ya escribió su ley de amor en las tablas de carne de su corazón. Eso, creo yo, es la verdadera obediencia. Cualquier otro motivo queda descalificado. No es posible enfatizar demasiado este principio: El cristiano sirve a Dios, lo obedece, sigue una conducta intachable y sueña con la perfección, porque el amor de Cristo lo constriñe a hacer eso.

Existe una falsa concepción del temor de Dios. El verdadero temor de Dios surge cuando se lo conoce como el Dios que ama incondicionalmente, que está dispuesto a dar, con Jesús, todas las demás cosas. Cuando conocemos a Dios así, se despierta un espíritu de adoración, respeto y amor, un deseo libre de temor por hacer lo que es correcto, por servirlo y complacerlo en todo y de dar gloria a su nombre.

Pedro descubrió que el amor de Dios y el perdón sirven como motivación para cumplir la ley de Dios. Él dice: «Como hijos obedientes, no os conforméis a los deseos que antes teníais. Sabiendo que fuisteis rescatados de vuestra vana manera de vivir [...] con la sangre preciosa de Cristo» (1 Ped. 1: 14, 18, 19). La clave para saber cómo conducirse uno mismo está en descubrir lo que Pedro descubrió, y recordar «que la esperanza y la fe están fundadas en Dios».

Que tu vida esté respaldada por esas palabras. Que tu conducta refleje hoy el amor de Cristo escrito en las tablas de tu corazón.

> Por cuanto empujasteis con el costado y con el hombro,
> y acorneasteis con vuestros cuernos a todas las débiles,
> hasta que las echasteis y las dispersasteis.
> EZEQUIEL 34: 21

En Ezequiel 34 el Señor protesta contra aquellos que maltratan lo más precioso que posee: sus ovejas. En el versículo de hoy, Dios expresa un fuerte reproche contra quienes maltratan y dañan a su rebaño. Se queja porque sus ovejas débiles son acorneadas, empujadas, echadas y dispersadas.

¿Quiénes cometen este atropello? ¿A quiénes denuncia el Señor y amenaza con llevarlos a juicio? Son otras ovejas del mismo rebaño las que manifiestan ese tipo de conducta. Comen los pastos, y lo que sobra lo pisotean para que las otras no puedan comer. Beben agua, y luego la enturbian para que las otras se queden con sed.

¿Dónde se encuentra ese tipo de oveja? Cada iglesia tiene unas cuantas de ellas. Están llenas de orgullo. Hacen una religión a su medida. Siempre están en desacuerdo, incluso en la doctrina y las normas. Cuando ellas están presentes, las otras ovejas se inquietan y se agitan. Buscan el primer lugar y se sienten superiores a las demás. Dios conoce a esas ovejas y pronto las someterá a juicio.

Dios prometió levantar a su siervo David, el verdadero pastor, para dirigir a sus ovejas (vers. 23). Bajo su liderazgo serán ricamente bendecidas y vivirán seguras. Nadie las atemorizará, porque el Señor estará con ellas.

¡Qué promesa tan maravillosa! Amigo, puede que tus hermanos te ignoraren. Puede que tus líderes espirituales te rechacen y te olviden en tiempo de necesidad. Pero el Señor Jesús promete que jamás te abandonará. Siempre estará ahí, obrando en tu favor. Puedes confiar en él plenamente. Cuando alguien te traicione, él estará ahí para levantarte el ánimo. Te ama tanto que le resulta imposible abandonarte. ¿Estás dispuesto a permitirle que sea el compañero inseparable de tu vida? ¿Lo escucharás y seguirás sus indicaciones siempre? Él cuidará de ti. En él somos fuertes. Con él nadie podrá destruirnos. Estamos seguros en su gracia. Su cuidado es perfecto. No hay herida que no pueda curar. No hay dolor que no pueda calmar.

¿Has experimentado lo que Ezequiel dice en el versículo de hoy? Quizá estés viviendo esa experiencia ahora mismo. Quizá has sido atacado por tus mismos hermanos en la fe. Anímate con la promesa que el Señor te hace hoy: «Y estableceré con ellas pacto de paz, y quitaré de las tierras las fieras; y habitarán en el desierto con seguridad, y dormirán en los bosques» (Eze. 34: 25).

115

Mas vosotros sois linaje escogido, real sacerdocio, nación santa,
pueblo adquirido por Dios, para anunciéis las virtudes de aquel que os llamó
de las tinieblas a su luz admirable.
1 PEDRO 2: 9

Dicen que una vez el reverendo Billy Graham, famoso predicador, dijo: «Si Dios no destruye pronto al mundo, tendrá que ofrecer disculpas a Sodoma y Gomorra». El señor Joe Engelkeimer dijo: «Supongamos que Sodoma, Gomorra, Roma y Babilonia pudieran ser trasladas a la era espacial, de tal forma que hoy existieran como ciudades modernas. ¿Sería peor la literatura de Sodoma que la literatura pornográfica que se produce en Los Ángeles? ¿Serían las modas de Gomorra algo más extravagantes o impúdicas que las que han salido de París y Londres? ¿Sería la música de Roma algo más sensual que el *rock* actual? ¿Serían las diversiones de Babilonia algo peor que la vida nocturna de Nueva York?»

Seguramente el lector no conoce la literatura de Los Ángeles, las modas de París y Londres, la música de Roma ni la vida nocturna de Nueva York. Las preguntas son retóricas. Pero nos inducen a pensar. ¿Qué quiere decir exactamente Dios cuando dice: «Salid de ella, pueblo mío, y apartaos» (2 Cor. 6: 17)? ¿Qué es *ser diferente*? Si somos diferentes en un cincuenta por ciento, ¿ya está bien? ¿Cómo seríamos si fuéramos cien por cien diferentes? ¿Deben los cristianos salir de las ciudades y vivir en lugares apartados y rurales o, de forma más concreta, en las montañas?

No damos ninguna respuesta, por supuesto, porque no las sabemos. No hay ninguna duda de que debemos evitar la literatura mala, las modas mundanas, la música mala y las diversiones nocturnas. Pero, ¿qué es *ser diferentes* en el vestir? Es cuestión de discernimiento espiritual y crecimiento en la gracia. Cuando los cristianos tienen la ley de Dios inscrita en sus corazones, ocurre un milagro: «Y ninguno enseñará a su prójimo, ni ninguno a su hermano, diciendo: Conoce al Señor; porque todos me conocerán, desde el menor hasta el mayor de ellos» (Heb. 8: 11).

Los cristianos no especulan, ni buscan compararse con el mundo. Saben, porque el Espíritu les da testimonio, cómo vivir, irreprensibles y sencillos, como «hijos de Dios sin mancha en medio de una generación maligna y perversa, en medio de la cual resplandecéis como luminares en el mundo» (Fil. 2: 15).

Busquemos la enseñanza de Dios en su Palabra, en su ley, en sus mandamientos. Leamos los principios. Estudiemos diariamente. Dios nos enseñará lo que debemos hacer, aplicando los principios esbozados en la Palabra de Dios.

¿Daré por inocente al que tiene balanza falsa y bolsa de pesas engañosas?
MIQUEAS 6: 11

Este pasaje parece referirse a una práctica inherentemente comercial: comprar y vender con ventaja. "Pesa grande y pesa chica", la grande para comprar y la pequeña para vender. Amós 8: 5 dice que ese tipo de trampas no era raro entre los judíos. Pero la Biblia dice que las pesas falsas son «abominación a Jehová, mientras que las pesas justas», le agradan (Prov. 20: 23). «Dios desea que prevalezcan en su pueblo los principios de justicia y equidad. Los que sirven a Dios no engañarán a sus semejantes» (*Comentario bíblico adventista*, t. 1, p. 1,055).

En general, se piensa que la regla de oro solo se practica en la iglesia y en la religión, no en los negocios. Es un bello ideal, pero comerciante que la aplica, comerciante que fracasa. Bueno, esa es la opinión general, pero no la opinión de Dios.

En el año 1902, un joven abrió una tiendecita en una ciudad minera del Estado norteamericano de Wyoming. Allí colgó un letrero que daba nombre a su negocio y al mismo tiempo anunciaba los principios que allí regirían.

Cuando los comerciantes locales vieron el letrero, comenzaron a burlarse de los ideales teóricos del joven. Le predijeron una rápida quiebra. El letrero decía: «La regla de oro».

Hoy, la gran empresa que aquel joven fundó tiene una cadena de 1,800 tiendas en los Estados Unidos. Su nombre es J. C. Penny.

Los principios divinos dan resultado en un mundo ilegal e injusto. Dios estableció que los justos deben tener pesas justas, para que ejercieran su negocio en un mundo injusto. En esta era de prevaleciente falta de honradez, ¡cómo se destaca el cristiano fiel, justo, exacto, intachable, en todo lo que hace! El carpintero, el fontanero, el electricista que sigue la regla de oro tiene más clientes. Doquiera se presente un cristiano y demuestre su carácter justo, será bienvenido. Quizá no prospere materialmente a causa de su fidelidad a la regla de oro, pero será premiado por Dios no solo en este mundo, sino en el venidero. La regla de oro y el segundo gran mandamiento de la ley van juntos. Ordenan: «Amarás a tu prójimo como a ti mismo».

¿Cómo te calificas a ti mismo al compararte con la regla de oro en todos los asuntos de la vida? Si tienes un negocio, procura administrarlo bajo los principios divinos y demuestra tu fidelidad a Dios. Una vez más, como en todos los tiempos, Dios manifestará que «no dará por inocente al que tiene balanza falsa y bolsa de pesas engañosas», pero que bendecirá al justo, y toda su postrimería será bendita.

Mas el fruto del Espíritu es amor, gozo, paz, paciencia, benignidad, bondad, fe, mansedumbre, templanza. Contra tales cosas no hay ley.
GÁLATAS 5: 22, 23

Una de las prácticas distintivas de toda persona organizada es confeccionar una lista de lo que debe hacer durante el día. Las personas organizadas comienzan el día con su lista de lo que deben hacer, y hacen mucho más que los que no tienen esa capacidad. Sin embargo, las Sagradas Escrituras dan más importancia al ser que al hacer. No nos apremia a tener una lista de cosas que debemos hacer, pero sí presenta de manera insistente una descripción de lo que debemos ser. Fue lo que Jesús quiso enseñar cuando dijo en la casa de sus amigos de Betania: «Marta, Marta, afanada estás con muchas cosas».

En otras palabras, es como si Jesús le hubiera dicho: «Estás preocupada con la lista de cosas que quieres hacer, pero te has olvidado que es más importante ser que hacer.» Por supuesto que es importante hacer lo que tenemos que realizar. Cumplir nuestros deberes, llevar la vida adelante, es una obligación ineludible que todos tenemos que cumplir. Es necesario finalizar ciertas tareas, concluir ciertos proyectos, o asistir a ciertas reuniones, y es conveniente hacer todo ello de la forma más eficaz posible. Pero lo más importante para la eternidad es quiénes somos. Si tus más grandes intereses se centran en la lista de las cosas que tienes que hacer durante el día, lo más probable es que te postres ante el Señor para decirle: «Señor, tengo que hacer muchas cosas hoy. Pongo todos mis compromisos en tus manos para que me ayudes. Por favor, quédate junto a mí. Ayúdame y bendíceme».

En cambio, si tu mayor preocupación es ser lo que debes ser, le dirás al Señor: «Hoy quiero ser como Jesús. Ayúdame a imitarlo, Dios mío. Deseo manifestar su amor, su paz, su tranquilidad, su mansedumbre, su bondad, y su paciencia. Ayúdame a ser humilde, y a compartir con los demás lo que tú me das. Ayúdame a ser un testigo de tu poder transformador. Transforma mi carácter para reflejar la paz y la pureza del cielo. Hazme lo que tú quieres que sea. Amén».

Para que tu lista de todo lo que quieres ser sea una realidad en tu vida, invita al Espíritu Santo para que te inspire y te impulse a hacer buenas obras para tu propio provecho y el de todos los que te rodean. Considérate un receptáculo, deseoso de ser lleno de los frutos del Espíritu Santo. Sé hoy lo que Dios quiere que seas. No te dejes enredar como Marta. No pierdas de vista la «una cosa» que María escogió: ser como Jesús y vivir como él.

Integridad y rectitud me guarden porque en ti he esperado.
SALMO 25: 21

¿Qué significa la palabra 'integridad'? El diccionario nos puede ayudar. Dice: «Calidad de íntegro, aquello a lo que no le falta ninguna de sus partes». ¿Qué tenía en mente el salmista David cuando dijo: «Integridad y rectitud me guarden»? Por su contexto, podemos saber lo que David tenía en mente. En el versículo 11 había dicho: «Por amor de tu nombre, oh Jehová, perdonarás también mi pecado, que es grande». De ello se deduce que su súplica era «alcanzar la perfección por la gracia de Dios» (*Comentario bíblico adventista*, t. 3, p. 700).

Ser íntegro es ser sincero, honesto y puro de corazón en todo, aun en nuestros motivos. ¿Qué haces cuando nadie te está viendo? ¿Puedes decir que haces lo que es recto en todo tiempo, sin importar cuál sea el costo? Eso es integridad.

En muchos aspectos de la vida actual, la integridad se ha convertido en una rara reliquia de épocas pasadas. Existía cuando la vida era menos complicada y la gente tomaba la palabra de una persona como una garantía. En nuestros días se ha perdido la preciosa virtud de la integridad hasta tal punto que muchos se han vuelto escépticos y cínicos, y sospechan de todas las instituciones humanas.

Hace muchos años, en los Estados Unidos, los ministros religiosos gozaban del respeto de la sociedad y de muchos privilegios especiales. Por ejemplo, cuando un ministro se hospedaba en un hotel, solo pagaba el cincuenta por ciento del costo, y a veces nada. Se cuenta de un pastor que se hospedó en un hotel, pero su conducta fue igual que la de un incrédulo. Solicitó servicios inmorales para su habitación, y pidió bebidas alcohólicas. El día que salió del hotel, pidió que se le aplicara el descuento acostumbrado. La respuesta del dueño del establecimiento fue: «Señor, usted no ha vivido aquí como un ministro, sino como un pecador. Los cigarros que usted fuma son los más grandes que se han visto por estos parajes. No podemos hacerle el descuento. Usted ha vivido como pecador en este hotel; por lo tanto, debe pagar como un pecador».

Un compromiso con la integridad refleja el carácter de Dios a los demás. Es así porque nuestro Dios es un Dios de completa perfección e integridad. Toma la decisión de que en este mundo se te recordará como una persona íntegra, como un hombre o una mujer que verdaderamente camina en integridad con Dios. Sé un santo a plena luz del día, pero también en lo más oscuro de la noche. Vive siempre como en la presencia del Señor.

Todo aquel que lucha, de todo se abstiene; ellos, a la verdad,
para recibir una corona corruptible, pero nosotros, una incorruptible.
1 Corintios 9: 25

En los tiempos de Pablo, como en los nuestros, las olimpiadas eran muy estrictas. Un atleta podía ser descalificado si no contaba con diez meses estrictos de completa preparación. En esos diez meses de entrenamiento, el atleta tenía que olvidarse de todos los placeres. La palabra griega que Pablo utiliza en nuestro versículo de hoy es *agonizōmai*, que significa "agonizar". El atleta agonizaba para poder obtener la victoria. La preparación implicaba abstenerse de todo lo que no ayudara a cumplir el objetivo deseado. Los atletas debían tener el respaldo de diez meses de dominio propio, y si cumplían con esto, era muy probable que obtuvieran un buen lugar en la carrera.

Recordamos a Janet Evans, la niña prodigio de la natación estadounidense. En el mes de marzo de 1988 se convirtió en la primera nadadora en romper la barrera de los dieciséis minutos en la prueba de los 1,500 metros libres. Y en los Juegos Olímpicos de Seúl, de 1988, se convirtió en la reina de la piscina. Ganó tres medallas de oro. ¿Cómo lo hizo? Agonizando. **Completó más de 250,000 vueltas de la carrera de su especialidad.— Citado por** Jack Canfield, *The Success Principle*, p. 132.

Con esto el apóstol quiere decir que lo mismo se requiere para obtener la victoria en la carrera cristiana. La lucha de la fe es agonizante. Lo mismo debe ocurrir en la vida del cristiano. Es decir, es preciso luchar por todos los medios para perseverar en la disciplina y cumplir el objetivo principal: ser como Jesús. Esta disciplina debe incluir todo nuestro ser: cuerpo, mente, y espíritu.

Ya sabemos que el premio que los atletas ganaban en las olimpiadas de aquel entonces era una corona de hojas de laurel. Incluso en algunos lugares era una corona de hojas de apio. Divertido, ¿verdad? A veces las hojitas ya estaban marchitas cuando le ponían la corona al campeón. No es extraño que Pablo haya dicho que era una corona corruptible.

Pero la corona no era lo importante. Como en los tiempos modernos, la victoria implicaba la fama, el prestigio, y, en la mayoría de los casos, la fortuna. La corona no era más que un símbolo de victoria. Como hijos de Dios, no debemos luchar y esforzarnos por la corona, sino por la victoria.

Ningún premio será más grande que el abrazo y las palabras de Jesús: «Bien hecho mi hijo querido». Esto nos dará un gozo inefable y glorificado por toda la eternidad.

> Porque mejor les hubiera sido no haber conocido el camino de la justicia
> que, después de haberlo conocido, volverse atrás
> del santo mandamiento que les fue dado.
>
> 1 Pedro 2: 21

Para darle a Dios nuestro amor y adoración completa debemos vivir una vida de pureza. El apóstol Pedro nos recuerda: «Como hijos obedientes, no os conforméis a los deseos que antes teníais estando en vuestra ignorancia; sino, como aquel que os llamó es santo, sed también vosotros santos en toda vuestra manera de vivir; porque escrito está; sed santos, porque yo soy santo» (1 Ped. 1: 14-16).

Nuestros deseos deben estar íntimamente relacionados con los asuntos santos de Dios antes que con las cosas corruptibles de este mundo. Cada vez que permitimos que nuestra vida se mezcle con las cosas de este mundo, diluimos las partículas de lo divino en nuestro ser y, con el tiempo, el mal se mezclará tan bien que diluirá por completo las cosas de Dios en nuestra vida. «¿Acaso alguna fuente echa por una misma abertura agua dulce y amarga? Hermanos míos, ¿puede acaso la higuera producir aceitunas, o la vid higos? Así también, ninguna fuente puede dar agua salada y dulce» (Sant. 3: 11-12).

¿Estaremos hoy tratando de producir dos cosas de una misma fuente? ¿Será que mantenemos y alimentamos nuestras actividades de adoración juntamente con las actividades de este mundo? ¿Hay una porción en la semana en la cual apartamos tiempo para estar en comunión con Dios, y luego permanecemos el resto de la semana guiados por nuestros instintos carnales? Si ese es el caso, tengamos mucho cuidado. Esto puede diluir las cosas de Dios en nuestra vida, y el pecado afirmarse tanto, que pongamos en peligro nuestra vida eterna. Si jugamos la vida entre dos aguas (el bien y el mal), llegaremos a un punto en que nos desviaremos tanto que correremos el riesgo de alejarnos de la vereda de Dios para siempre.

La buena nueva es que Dios nos ha dado su Espíritu Santo como el gran purificador. Si dedicamos tiempo a las cosas del cielo y permanecemos en una relación íntima con Jesús, él promete que el Espíritu Santo nos guiará a todo lo que es verdadero y bueno. Si nos sometemos al Espíritu Santo, él nos destilará, nos lavará, y nos refinará, hasta purificarnos para que podamos experimentar una vida santa y pura.

La pureza no se alcanza por apartarnos del mundo, sino cuando nuestro corazón ha sido apartado completamente para Dios. Dejemos de mezclar lo dulce con lo amargo, lo puro con lo impuro. Comprometámonos a caminar con Jesús, experimentando la frescura del Espíritu Santo en nuestras vidas.

26 abril — Puedes ser el primero en la lista de los santos

Tuvieron envidia de Moisés en el campamento, y contra Aarón, el santo de Jehová.
SALMO 106: 16

¿Quién es un santo? Según el criterio humano, un santo es una persona perfecta, lista para entrar al cielo, alguien que no comete errores, que no peca. Si elaboraras una lista de los personajes bíblicos que consideras santos, probablemente la iniciarías con Enoc, o Elías, o tal vez con Job. Si encabezaras tu lista de santos con cualquiera de esos nombres, estarías en lo correcto. Fueron personas sobresalientes espiritualmente. De Enoc se dice que «Dios se lo llevó», y de Job se dice que era «varón perfecto y recto, temeroso de Dios, y apartado del mal».

Sin embargo, nuestro texto de hoy revela que el concepto de Dios es completamente diferente. A pesar de que la Biblia menciona más de cien veces la palabra 'santo' o 'santos', solamente una vez, por orden divina, es aplicada directamente a una persona. ¿A quién te imaginas que se le aplica?

En la lista de santos de Dios, el primero que aparece es Aarón. Aunque era sumo sacerdote, también tuvo su lado oscuro. Se vio envuelto en el episodio del becerro de oro. Cuando se necesitaba firmeza, accedió a la petición de la multitud, y permitió que el pueblo se volviera a la idolatría y a la inmoralidad. Además, junto con su hermana María, sintió celos de su hermano Moisés.

En todo caso, al hablar de un santo, el primero que Dios menciona es Aarón. ¿Cómo es posible que Dios considere a Aarón como un santo cuando cometió tantos errores y pecó tan gravemente en la apostasía del becerro de oro?

¿Qué vio Dios en Aarón para llamarlo «santo del Señor» a pesar de sus pecados? ¿Por qué lo llamó "santo"? Porque cuando lo llamó a su servicio, él respondió con todo su corazón y lo siguió. El propósito predominante del corazón de Aarón fue amar a Dios y servirlo. Dios lo llamó santo porque, cuando pecó, lo reconoció y se arrepintió, confesó su pecado y lo abandonó. Fue santo porque reconoció la eficacia del Cordero de Dios y puso su fe en su sangre. Creía que había poder en la sangre del Cordero. Era santo porque Dios lo apartó para su servicio.

Confiesa tus pecados, arrepiéntete, apártate del mal, confía plenamente en la sangre de Jesús. Cree que Jesús tiene poder para limpiar tu pecado y quitar toda mancha de tu corazón. Deja que te cubra con su manto de justicia. Acepta su llamado y permite que te aparte para su servicio. Entonces tú serás el primero en la lista de los santos de Dios.

Porque mi yugo es fácil y ligera mi carga.
MATEO 11: 30

S i los bueyes razonaran y pudieran hablar, estarían en total desacuerdo con la declaración de nuestro Señor para la meditación de hoy. De ninguna manera aceptarían las palabras de Jesús, quien dijo: «Mi yugo es fácil y ligera mi carga». Un yugo es una carga, un peso en sí mismo. El yugo es una carga y sirve para llevar cargas. Todo lo que está relacionado con el yugo es cansancio y trabajo.

Pero el Señor declaró enfáticamente ante todos lo que le escuchaban que, si tomaban la decisión de seguirlo, deberían aceptar el yugo que les ofrecía. Aunque el yugo es carga adicional, Jesús dice que la naturaleza peculiar de su yugo es que aligera todo peso o carga que se lleva. Es como si dijera: Te pongo el peso de mi yugo para que te ayude a llevar el peso de todas tus cargas, ansiedades, frustraciones, sentimientos de culpa, venganza, decepciones, derrotas, pecados, enfermedades, adicciones, vicios, miedos, temores, derrotas, fracasos, y todo aquello que te desploma y no te deja ser feliz.

En efecto, el yugo es una ayuda para los bueyes. Les ayuda a repartirse la carga de forma equitativa. Sin el yugo no podrían llevar la carga que tienen que llevar. Por lo tanto, el yugo los ayuda en vez de estorbarles. Es lo mismo que quiere hacer Jesús por nosotros. Quiere que nos pongamos voluntariamente su yugo, porque él quiere ayudarnos a llevar nuestras cargas. Sin su ayuda es imposible; con su ayuda es posible llevar las cargas de la vida. Se refiere especialmente al peso de la religión legalista, que está llena de requerimientos y obligaciones pesadas y sin sentido. Jesús nos ofrece el yugo del evangelio y sus santos y sencillos requerimientos. Jesús a un lado, llevando la mitad de nuestras cargas y nosotros al otro, para llevar la otra mitad; es la fórmula para poder vivir de acuerdo con los requerimientos santos del evangelio.

«Los que toman el yugo de sumisión a Cristo, se deleitan en hacer su voluntad. Los que toman el yugo de sumisión al Maestro, los que van a aprender en su escuela, hallarán descanso para el alma como él lo ha prometido. La pesada carga de la justicia legalista, de esforzarse por ganar la salvación mediante méritos supuestamente ganados por las obras personales y no por los méritos de Cristo, y la carga aún más pesada del pecado, todo esto desaparecerá» (*Comentario bíblico adventista*, t. 5, p. 370).

Acepta el yugo de Cristo hoy para hallar el descanso que tu alma necesita.

Levántate y ve a Nínive, aquella gran ciudad, y pregona contra ella;
porque ha subido su maldad delante de mí.
JONÁS 1: 2

Hacer la voluntad de Dios es de suma importancia para nuestro crecimiento espiritual. El apóstol Pablo dice que debemos presentar nuestro cuerpo como «sacrificio vivo delante de Dios» (Rom. 12: 1). Pero, ¿cuál es la verdadera voluntad de Dios? ¿Qué quiere Dios que hagamos? ¿Adónde pide que vayamos?

Gracias a Dios, podemos encontrar su voluntad expresada en su Palabra. Dios quiere que vivamos una vida pura y santa (1 Tes. 4: 3-7), y que obedezcamos sus mandamientos (Juan 15: 10). La voluntad de Dios es que lo amemos con todo nuestro corazón, con toda nuestra alma, con toda nuestra mente, y con todo nuestro cuerpo (Mar. 12: 30). Dios quiere que permanezcamos en él y que llevemos mucho fruto (Juan 15: 1-8). Quiere que perdonemos a los demás (Mat. 6: 14-15), que los amemos (1 Juan 4: 7), y que compartamos el mensaje de Jesús con otras personas (Mat. 28: 19-20). Juan lo dice con total claridad: «Y esta es la voluntad de Dios, que guardemos sus mandamientos» (1 Juan 5: 3).

La lista continúa, pero lo que mencionamos es un buen ejemplo de lo que es la voluntad de Dios. Esa es la voluntad de Dios para todos. Pero, ¿sabes cuál es la voluntad específica de Dios para ti? Este principio lo podemos encontrar en la vida del profeta Jonás cuando Dios le dijo: «Levántate y ve a Nínive, aquella gran ciudad, y pregona contra ella; porque ha subido su maldad delante de mí» (Jon. 1: 2).

La voluntad específica de Dios para Jonás era clara y tenía un propósito definido. Jonás tenía la oportunidad de obedecer y seguir la voluntad de Dios. Es lo que debería haber hecho. Pero el profeta tomó la decisión de huir lo más lejos posible, tan lejos, que terminó, como todos sabemos, en el interior de un monstruo marino. Sin embargo, tan firme y obligatoria era la voluntad de Dios para él que en las oscuras entrañas del animal marino todavía seguía vigente. Tres días después, Dios ordenó al animal que vomitara a Jonás en la costa para que el profeta emprendiera su marcha... a Nínive.

La voluntad de Dios para Jonás siguió siendo firme después de que fue vomitado en la playa: «Levántate y ve a Nínive, aquella gran ciudad; y proclama en ella el mensaje que yo te diré» (Jon. 3: 2). La voluntad clara de Dios es que todos los que han sido salvos de sus pecados deben ir a predicar. ¿Ya sabes dónde es la voluntad de Dios que prediques?

Y dijo Caín a Jehová: «Grande es mi castigo para ser soportado.
He aquí me echas hoy de la tierra, y de tu presencia me esconderé,
y seré errante y extranjero en la tierra;
y sucederá que cualquiera que me hallare, me matará».

GÉNESIS 4: 13, 14

Caín cometió un gravísimo pecado que merecía la pena de muerte. Dios, en su infinita misericordia, le dio otra oportunidad. Pero Caín, en vez de arrepentirse, se quejó contra su castigo, como si fuese más severo de lo que merecía. Dijo que su castigo era excesivo, y no aceptó su responsabilidad. Es terrible la dureza del corazón humano. Ni una palabra de dolor o remordimiento salió de sus labios, ni un solo reconocimiento de culpa o de vergüenza. Nada, sino la triste resignación de un criminal que espera la justa paga de sus crímenes.

En un país hispanoamericano se produjo un hecho que mantuvo a los medios de comunicación muy ocupados durante el año 2006. Una mujer, conocida como *La Mataviejitas*, fue detenida por haber dado muerte a dieciséis ancianas. Sus crímenes fueron considerados tan graves por la justicia que el juez le dictó una sentencia de 759 años. La mujer escuchó su sentencia tranquilamente. Luego se negó a firmar la notificación de su sentencia, diciendo: «No estoy de acuerdo».

El juez dijo que esta mujer necesitaría vivir nueve vidas para poder pagar la enorme deuda que había contraído con la justicia por sus crímenes. Quizá ella dirá en su corazón, como Caín: «Grande es mi castigo para ser soportado». Ante esto surgen en la mente dos cuestiones. Primero, está en la naturaleza de los seres humanos no aceptar la culpabilidad por sus pecados. Es terrible que se diga que en los últimos días, cuando caigan las plagas y el castigo final contra los pecadores impenitentes, «blasfemaron el nombre de Dios, que tiene poder sobre estas plagas, y no se arrepintieron para darle gloria» (Apoc. 16: 9). Extraña y terrible es la ceguera que produce el pecado.

En segundo lugar hay otro hecho fundamental. No solo las grandes faltas como las de Caín y la mujer que debe purgar 759 años de cárcel causan dureza de corazón. También las faltas sencillas de la vida cotidiana, los pecados que no alarman demasiado el corazón de los seres humanos, serán castigados severamente. También esos castigos serán recusados por los pecadores impenitentes. Habrá muchos más pecadores que se pierdan por los pecados sin nombre «de todas aquellas cosas en que suele pecar el hombre» (Lev. 6: 3) que los que se pierdan por horribles pecados como el de Caín.

Busquemos a Dios hoy para que limpie y suavice nuestro corazón.

Mas ahora tu reino no será duradero. Jehová se ha buscado un varón conforme a su corazón al cual Jehová ha designado para que sea príncipe sobre su pueblo, por cuanto tú no has guardado lo que Jehová te mandó.
1 SAMUEL 13: 14

La Biblia dice que David era un varón conforme al corazón de Dios. Esta declaración sorprende a todo aquel que conozca la historia de la vida del belicoso rey israelita, tal como se relata en la Sagrada Escritura. En el Antiguo Testamento se señala que David cometió muchos errores, y de grueso calibre: un adulterio, un asesinato, y un censo del pueblo en contra de la voluntad divina. A pesar de sus fracasos, Dios dice que era un varón conforme a su corazón. ¿Qué fue lo que Dios encontró en David para mirarlo de esa manera? ¿Cómo es una persona conforme al corazón de Dios?

Las personas conforme al corazón de Dios son gente como tú y como yo, de carne, hueso y sangre. En otras palabras, son personas imperfectas, sujetas a cometer errores, gente común y corriente. Este es el mismo concepto que tiene el apóstol Pablo cuando habla a los creyentes de la iglesia de Corinto sobre la clase de personas que Dios elige para que lo sirvan. Decía el apóstol que el Señor no se había fijado en "la flor y nata" de la sociedad de entonces, «sino que lo necio del mundo escogió Dios para avergonzar a los sabios; y lo débil del mundo para avergonzar a lo fuerte» (1 Cor. 1: 27).

Una persona conforme al corazón de Dios es alguien que anhela en lo más profundo de su corazón agradarle. Vive la vida de acuerdo a su voluntad. Lo que entristece y desagrada a Dios, también le desagrada a esa persona. Lo que la aflige a ella, también aflige a Dios. Cuando descubre que Dios desea que corte una relación equivocada o ponga fin a un mal hábito, se esfuerza por hacerlo. Tiene un corazón sensible a su voz. Cuando Dios le dice «Haz esto, o cambia aquello», lo acepta con gozo. Sigue el camino que su Señor le señala, sin importar cuán escabroso sea.

¿Cómo está tu corazón? Dios te busca hoy con el deseo de encontrar en ti un ser humano conforme a su corazón. ¿Puede contar Dios con tu corazón? Él busca un corazón íntegro, en el que no haya lugares secretos en los cuales se oculten cosas indebidas, un corazón en el cual no haya basura alguna, por pequeña que sea, debajo de la alfombra.

Cuando haces algo malo, ¿lo reconoces y aceptas la responsabilidad de inmediato? ¿Te sientes mal por la falta cometida? ¿Tienes un corazón conforme al de Dios?

Ninguno que milita se enreda en los negocios de la vida,
a fin de agradar a aquel que lo tomó por soldado.
2 TIMOTEO 2: 4

«Cuando yo les diga a ustedes lo que deben hacer», dijo el sargento instructor, «deben cumplir mis órdenes sin rechistar. No importa que ustedes piensen que lo que yo ordeno está equivocado. Ustedes deben cumplirlo. Conozco cómo son los soldados, y los conozco a ustedes aunque jamás los haya visto antes. Muchos de ustedes se han incorporado al ejército para escapar de la disciplina de su hogar. Recuerden que la disciplina que tenemos en el ejército es muchísimo más estricta que la que puede existir en un hogar. Si desean que les vaya bien en este cuerpo, aprendan los reglamentos, obsérvenlos, y entonces les irá bien».

Pues sí, la vida cristiana es "militar". Todos somos soldados de Jesucristo, a sus órdenes en la gran batalla contra «principados, contra potestades, contra los gobernadores de las tinieblas de este siglo, contra huestes espirituales de maldad en las regiones celestes» (Efe. 6: 12). Aquel sargento tenía razón. Su trabajo era preparar buenos soldados. Su consejo era prudente y sabio. El sargento hizo todo lo que pudo para inculcar en los reclutas el mismo espíritu que imperaba en su corazón: el país y sus símbolos patrios eran lo primero de lo primero, y estaba listo a luchar y hasta a rendir su vida por ellos.

Somos soldados. Somos miembros del ejército de Dios. El ejército de Dios también tiene leyes y reglamentos. ¿Conoces los reglamentos? ¿Cuándo fue la última vez que revisaste las catorce normas de la iglesia que se encuentran en el capítulo 13 del *Manual de la iglesia*? (pp. 221-235). Y, ¿qué puedes decir en cuanto a la ley de Dios, que es la norma general? ¿Meditas en ella «de día y de noche»? Eso dice la Biblia que hacen los varones y las mujeres «que no andan en consejos de malos» (Sal. 1: 1-3). ¿Eres disciplinado, o menosprecias las normas de la iglesia, diciendo que no eres legalista y que ahora vives la «libertad gloriosa de los hijos de Dios» (Rom. 8: 21)?

Reflexionemos hoy. ¿Hay normas y reglamentos en la iglesia del Señor? Y si los hay, ¿vivimos de acuerdo a esas normas? El ejército de Dios también tiene sus leyes y reglamentos, pero ninguno de ellos es obedecido por la fuerza. Ciertamente, Dios espera que nosotros obedezcamos sus mandamientos, pero que lo hagamos siempre por propia decisión.

¿No es esto maravilloso? Dios jamás nos fuerza a servirlo. Sabe que cuando su amor llena nuestros corazones, nuestra voluntad muere para que se cumpla la suya en nosotros.

Guíame por la senda de tus mandamientos, porque en ella tengo mi voluntad.
SALMO 119: 35

Gracielita estaba haciendo su primer viaje en tren. Con su naricita apoyada contra el vidrio de la ventana, veía pasar cada detalle del paisaje siempre cambiante. De repente, se volvió hacia su madre y la abrazó llena de temor: «¡Oh, mamá —exclamó— allá adelante hay un gran río! ¿Cómo lo cruzaremos?» A esas alturas de su pregunta, el tren cruzaba estruendosamente el puente, y su madre pudo contestar con toda facilidad.

Durante el viaje cruzaron varios ríos y arroyos, y cada vez los ojos de Gracielita brillaban de entusiasmo. «¿No es maravilloso —exclamó— cómo alguien ha puesto puentes a lo largo de todo el camino?»

El pastor Robert H. Pierson escribió estas oportunas palabras: «Sí, y es maravilloso cómo *Dios* ha colocado puentes a lo largo de todo el camino de la vida. Sus promesas, sus advertencias y reproches, presentados en su Palabra inspirada, son los puentes del cristiano. No necesitamos temer los torrentes de las tentaciones, las corrientes de la tristeza, ni los bajíos del pecado mientras tengamos ante nosotros los fuertes puentes de Dios para pasar a salvo».

Los mandamientos de Dios podrían también considerarse como vallas en el camino de la vida. Lo que hacen es ayudarnos para andar sin desviarnos de la senda. Cualquier desviación es pecado. Por eso dice el salmista: «Guíame por la senda de tus mandamientos, porque en ella tengo mi voluntad». ¿Cómo nos guía Dios por la senda de sus mandamientos? Diciéndonos, como dice el profeta Miqueas: «Oh, hombre, él te ha declarado lo que es bueno, y qué pide Jehová de ti: solamente hacer justicia, y amar misericordia, y humillarte ante tu Dios» (Miq. 6: 8).

Si escuchamos su voz y las instrucciones que nos da en sus mandamientos, no nos desviaremos del camino recto para hacer lo malo, porque él nos ha dicho lo que pide de nosotros: hacer justicia, amar misericordia, y humillarnos ante nuestro Dios.

Con razón se dice la Escritura que aquel que obedece la santa ley de Dios es dichoso y bienaventurado. La razón es que no se desvía del camino del bien. No se enreda en problemas que destruyen la familia, el hogar, la iglesia, la sociedad y la nación.

Aunque no se salvaran, los pueblos podrían disfrutar de un poco de paz y felicidad si todos se esforzaran por cumplir "la letra" de la ley de Dios y de sus leyes. Eso es posible hasta en un ámbito puramente "secular". Pero el cristiano obedece "el espíritu" de la ley de Dios, porque lo hace con la ayuda de su Espíritu Santo.

> Porque de tal manera amó Dios al mundo, que ha dado a su Hijo unigénito, para que todo aquel que en él cree, no se pierda, mas tenga vida eterna.
>
> JUAN 3: 16

Se nos pide que seamos como Jesús. ¿Podemos llegar a ser exactamente como él? El Nuevo Testamento señala con claridad que Jesús es único; no hay otro exactamente como él. Cristo es la esencia del amor de Dios encarnado en una persona. El amor es un principio imposible de explicar o razonar. Es tan profundo, tan amplio, tan misterioso como la naturaleza de Dios. Sabemos que Dios es amor. No *tiene* amor; *es* amor.

La única manera en que podemos empezar a comprender mínimamente el misterio del amor de Dios es entrando en comunión íntima con él. A medida que vamos conociendo a Dios, vamos conociendo, experimentando y compartiendo su amor. En esa relación creciente, llega el día en que podemos experimentar su amor, que «excede a todo conocimiento» (Efe. 3: 17-19). Entonces seremos semejantes a él, tal como señaló Juan con total acierto: «Mirad cuál amor nos ha dado el Padre, para que seamos llamados hijos de Dios. Por eso el mundo no nos conoce, porque no le conoció a él» (1 Juan 3: 1).

Y la única fórmula para la perfección es llegar a conocer y experimentar ese amor. El apóstol Pablo lo expresó con estas palabras inspiradas: «Porque el amor de Cristo nos constriñe» (2 Cor. 5: 14). La única fuerza capaz de ayudarnos a odiar el pecado es el amor de Cristo. El amor supremo por Cristo —y la recepción de ese amor supremo de Cristo es nuestra vida— es la única potencia capaz de arrancar de nuestro corazón el amor al pecado. Quizá deberíamos dejar de pedir a Dios que nos libre de los vicios y hábitos pecaminosos que nos dominan. Lo que deberíamos hacer es pedirle que el amor de Cristo sea implantado en nuestros corazones para que entonces lo amemos con todo nuestro corazón, con toda nuestra alma, y con toda nuestra fuerza. Entonces estaremos unidos con él por el vínculo del amor, que es «el vínculo de la perfección» (Col. 3: 14).

Jesús es el gran puente que atraviesa el inmenso abismo de separación causado por el pecado del hombre, que nos ha separado de la fuente de la vida y de la felicidad. Él es el que llega hasta el fondo del gran abismo en que nos encontramos. ¡Qué amor incomparable!

Decide hoy hacer de Jesús tu modelo a imitar, tu personaje favorito, tu centro de atracción. No hay otro. Él es único.

¿Cuál es el problema de Laodicea?

Yo conozco tus obras, que no eres frío ni caliente. ¡Ojalá fueses frío o caliente!
Apocalipsis 3: 15

Laodicea tiene un problema. Algunos piensan que es la mundanalidad y el pecado que se han introducido en la iglesia. Sin embargo, el mensaje del Testigo fiel no reprende a Laodicea por falta de frutos. Laodicea produce muchos frutos. ¿Cuál es entonces el problema? El problema no es falta de obras buenas, sino que hay algo malo en ellas.

A Jesús se lo presenta *a la puerta* de la Iglesia, no *dentro* de ella. Allí está, pero no puede hacer nada. Quiere trabajar en el corazón de sus hijos, pero ellos no se lo permiten. Él llama a la puerta, quiere entrar, quiere producir frutos en la vida de sus hijos, pero no puede hacerlo. ¿Por qué? Porque ellos piensan que ya los han producido todos.

Hace tiempo visité a un buen amigo. No era miembro de la Iglesia Adventista del Séptimo Día. No había aceptado a Jesús como su Salvador personal, pero descubrí que observaba el sábado. Era dueño de una fábrica de ropa, y tenía varios empleados. Era adicto al trabajo. Exigía a sus empleados trabajar de seis de la mañana a seis de la tarde; sin embargo, el sábado cerraba el taller y dejaba libre al personal. Además, devolvía el diezmo de todas sus ganancias.

Le pregunté:

—¿Cómo es posible que tú y tu personal descansen el sábado, aunque no asistes a la iglesia? ¿Cómo es posible que entregues tus diezmos a la iglesia sin pensar en la urgente necesidad de aceptar a Jesús como tu Salvador personal?

Él me contestó:

—A través de la Radio Adventista entendí que Dios pide que descansemos el sábado y que le devolvamos la décima parte de las ganancias. Tengo temor de que, si no cierro el taller y no devuelvo el diezmo, este se incendie y pierda yo todo mi capital.

En otras palabras, mi amigo me dijo: «No obedezco por amor, sino por temor».

Esto ilustra de una manera clara la situación de Laodicea. Hay frutos, hay obediencia, hay esfuerzo; pero todo es producto de la voluntad humana. Jesús llama a la puerta del corazón. Si entrara porque todos los miembros lo invitáramos a morar en nuestro corazón, el problema de Laodicea terminaría. Sus obras serían las que Dios espera. Serían el resultado de la acción divina en el corazón humano.

Puede ser que tus obras sean buenas. Pero la pregunta fundamental es: ¿Son obras calientes por el amor de Dios? ¿O son obras frías, producidas por el temor, o el interés personal?

Pero por cuanto eres tibio, y no frío ni caliente, te vomitaré de mi boca.
APOCALIPSIS 3: 16

El mensaje del Testigo fiel a la iglesia de Laodicea habla de obras frías, tibias y calientes. ¿Por qué frías, tibias y calientes? En las Escrituras hay otros pasajes que hablan de las mismas obras con nombres diferentes. El apóstol Pablo les dijo a los hermanos de Galacia: «Y manifiestas son las obras de la carne, que son: adulterio, fornicación, inmundicia, lascivia» (Gál. 5: 19). Aquí el apóstol menciona un tipo de obras a las que llama «obras de la carne». Estas son las obras naturales del corazón carnal. Una vida irregenerada, un corazón pecaminoso que no ha sido transformado por el poder del evangelio, solo puede producir este tipo de obras. No se puede esperar nada diferente; esperar otra cosa que no sea pecado sería ir en contra de la naturaleza. El adulterio, el robo, la mentira, son productos naturales del corazón carnal. Son obras frías porque provienen de un corazón muerto en delitos y pecados. ¡Cuántas veces nos hemos equivocado exigiendo que el que aún no se ha convertido se comporte como si lo fuera!

Visitaba a una familia que asistía a la campaña de evangelización que dictaba en cierto lugar. Era una joven pareja de recién casados. Cuando conversé con ellos, la esposa expresó su malestar de la siguiente manera:

—Una de las cosas que me disgustan de mi esposo es que cuando vamos por la calle, los ojos casi se le salen de las órbitas mirando a otras mujeres. No puede apartar su mirada. A veces quisiera ponerle anteojeras como les ponen a los caballos para que no mire hacia los lados, sino solo hacia delante.

Yo le respondí:

—Con todos mis respetos, la manera en que usted quiere arreglar el problema no funciona. Puede, incluso, sacarle los ojos, pero el corazón y el cerebro seguirán empeñados en mirar a las mujeres, y las manos seguirán empeñadas en tocarlas.

Era lo único que podía esperarse de aquel caballero. Obras frías, como dice Pablo, obras muertas de la carne.

Las obras frías son las mismas que en la carta a los Gálatas el apóstol denomina «obras de la carne». Pero este no es el problema de Laodicea. Su problema es la tibieza, pecados de omisión que no causan escándalo. Su verdadero problema era tratar de hacer la voluntad de Dios, no con la ayuda del Espíritu Santo, sino con la determinación humana.

Acordándonos sin cesar delante del Dios y Padre nuestro de la obra
de vuestra fe, del trabajo de vuestro amor y de vuestra constancia
en la esperanza en nuestro Señor Jesucristo.
1 Tesalonicenses 1: 3

¿Qué te impulsa a hacer lo bueno? ¿Cuáles son los motivos que te mueven a obedecer a Dios? ¿Por qué haces obras de bien? Existe la obediencia por interés. Hay quienes obedecen porque desean obtener algo. Obedecen para ir al cielo o para evitar el castigo. Hay buenas acciones que se realizan por motivos egoístas, para ser vistos por otros o para recibir alabanza de los demás. Dios no acepta ese tipo de obediencia.

A Laodicea, que es tibia, Dios le pide obras calientes. Pablo usa la expresión "obras de fe" como sinónimo de "obras calientes". El Espíritu Santo es el originador de las obras de fe. Cuando el *yo* desaparece, Cristo toma el control y mora en el corazón del alma contrita y humillada. En las obras de la fe, Cristo produce las obras. Dios quiere que produzcas frutos, pero el fruto es la obra de Cristo morando en tu vida.

Las obras superficiales de la ley y las obras de la fe son muy similares. La diferencia no está en las obras mismas, porque son parecidas. Es posible que si vemos a dos personas guardando el sábado, una lo haga como exponente de las obras de la ley y que la otra lo haga atendiendo a las obras de la fe. Dos personas pueden participar en una colecta y estar una comprometida con las obras de la fe y la otra con las obras de la ley. Se ven superficialmente similares y es fácil confundir la una con la otra.

Sin embargo, en las obras de fe el creyente se ve a sí mismo como un pecador. Nunca se sentirá justo; siempre se considerará «pobre, miserable, ciego y desnudo»; siempre sentirá que no está bien. Dirá: «Soy el primero de los pecadores». Dios mira el corazón, y eso es lo que verdaderamente cuenta. La seguridad del cristiano consiste en estar en Cristo: en él somos perfectos y estamos completos. Él hará muchas buenas obras en nosotros. Cuando Cristo actúa en tu corazón, no te enorgulleces; ni siquiera serás del todo consciente de las cosas buenas que Dios ha realizado en ti, pero tus vecinos lo advertirán y Dios será glorificado.

Pídele a Dios hoy que te ayude a entender tu verdadera condición. Pídele también que te lleve al Señor Jesucristo para andar en el Espíritu y dar frutos que alegren el corazón de Dios.

¿A cuál de los dos te pareces?

mayo 7

Os digo que este descendió a su casa justificado antes que el otro;
porque cualquiera que se enaltece, será humillado;
y el que se humilla será enaltecido.
LUCAS 18: 14

¿Cómo describirías a un buen adventista del séptimo día? O quizá sería mejor preguntar «¿Qué características debe tener una persona para entrar en el reino de los cielos?» En la parábola del publicano y el fariseo, relatada por Jesús, dos caballeros subieron al templo a orar. Uno de ellos, el fariseo, se consideraba un buen miembro de la iglesia. Se describió a sí mismo de la siguiente manera: «Dios, te doy gracias porque no soy como los otros hombres, ladrones, injustos, adúlteros [...]. Ayuno dos veces a la semana, doy diezmo de todo lo que gano» (Luc. 18: 11, 12).

¿No te parece una persona perfecta? ¿No es la clase de conducta que Dios acepta? Pero, por increíble que parezca, Jesús dijo que el hombre intachable no era justo. ¿Por qué Dios no acepta esa clase de obediencia? Pablo lo explica en la Epístola a los Romanos: «Mas Israel, que iba tras una ley de justicia, no la alcanzó. ¿Por qué? Porque iban tras ellas no por fe, sino como por obras de la ley, pues tropezaron en la piedra de tropiezo» (Rom. 9: 31, 32).

Las obras de la ley representan la justicia propia del hombre, producida a través de sus propios esfuerzos. En la Biblia la expresión «obras de la ley» se refiere a la conducta de aquellos que utilizan la ley como un método de salvación. Quieren agradar a Dios con sus propios esfuerzos. Pero eso es imposible. Las obras de la ley no agradan a Dios, porque atribuyen la gloria a la persona y no a Dios. Como dice el mismo apóstol Pablo en Efesios 2: 8, 9: «Porque por gracia sois salvos por medio de la fe [...]. No por obras, para que nadie se gloríe».

En cambio, el publicano, considerándose completamente indigno, decía: «Dios, sé propicio a mí, pecador» (vers. 13). El publicano nos representa a todos. Únicamente por la misericordia de Dios podemos salvarnos. Ninguno de nosotros tiene méritos para ir al reino de los cielos. Pero cuando confesamos nuestros pecados, a pesar de toda nuestra indignidad, la sangre de Jesucristo, su Hijo, nos limpia de todo pecado y somos admitidos como hijos e hijas de Dios.

Las obras que no son el resultado de una íntima conexión con Jesús, por buenas que parezcan, son malas, porque el corazón que las produce es malo. ¿A cuál de los dos te pareces, al fariseo o al publicano? Piénsalo bien, porque la diferencia es la vida o la muerte.

Él les dijo: «Echad la red a la derecha de la barca, y hallaréis».
Entonces la echaron, y ya no la podían sacar por la gran cantidad de peces.
JUAN 21: 6

Para la mente humana es difícil aceptar ciertas cosas que no tienen lógica. Por ejemplo, cuando Dios nos pide hacer algo que, desde el punto de vista humano, es contrario a la sabiduría y el buen juicio, obedecerlo sería correr un gran riesgo. Sin embargo, en las Sagradas Escrituras leemos que Dios pide que hagamos cosas que no tienen sentido y cuya realización conlleva un peligro potencial. Por ejemplo, Dios le pidió a Moisés que tomara con su mano una serpiente, con el grave riesgo de ser mordido. A la viuda de Sarepta le pidió que diera al profeta Elías el último bocado de pan que tenía, y que necesitaba desesperadamente para ella y para su hijo. Cuando las exigencias del trabajo requieren siete días de labor, Dios dice que únicamente hay que trabajar seis días. Cuando el costo de la vida es elevado y el dinero no es suficiente, pide que se le devuelva una décima parte.

La Palabra de Dios dice que, después de la resurrección, cuando ya amanecía, Jesús llegó a la playa para encontrarse con sus discípulos, quienes habían tenido una noche de pesca improductiva. Les dijo: «Echad la red a la derecha de la barca y hallaréis». Los expertos pescadores sabían muy bien que si durante la noche no habían pescado nada, de día sería absurdo intentarlo. Los discípulos podían elegir entre dos alternativas: obedecer o desobedecer. Ellos decidieron obedecer y el resultado fue que sacaron una gran cantidad de peces.

A través de un sencillo acto de obediencia, los discípulos fueron testigos de un gran milagro. Advirtieron que en el corazón de Jesús siempre están los mejores deseos para sus hijos, aunque a veces ellos no entiendan lo que Jesús les pide que hagan. Ellos habían echado la red toda la noche sin pescar absolutamente nada, pero estaban dispuestos a obedecer.

¿Qué cosa te ha pedido Dios que hagas y que tienes miedo de hacer? ¿Qué razones tienes para sentirte temeroso de obedecer a Dios? ¿Temor a fracasar, deseo de controlar tus propias decisiones, o lo que se te pide no está de acuerdo con tus mejores intereses? Dios desea que lo obedezcas incluso en las cosas pequeñas. No permitas que tu falta de disposición para obedecer a Dios te haga perder las grandes bendiciones que el Señor tiene para ti.

Cada vez que Dios te pide que hagas algo es porque tiene cosas buenas que desea darte. Obedece a Dios hoy, aunque parezca que no es lo mejor para ti.

> Andemos como de día, honestamente; no en glotonerías y borracheras, no en lujurias y lascivias, no en contiendas y envidias.
> ROMANOS 13: 13

Entre todos los seres humanos, los discípulos de Cristo deben ser las personas más honestas. El Dr. Ben Carson, famoso neurocirujano adventista, cuenta lo que ocurrió un día que tuvo que hacer un examen final de psicología por segunda vez, junto con sus compañeros, en la Universidad de Yale. La profesora dijo a los estudiantes que las respuestas del examen anterior se habían quemado accidentalmente y que, por lo tanto, tendrían que hacerlo de nuevo. Después de repartir los nuevos exámenes a los 150 alumnos, salió de la sala.

Antes de que Ben leyera la primera pregunta, escuchó que alguien susurraba con voz audible:

—¿Están bromeando?

No muy lejos de donde estaba, escuchó a una señorita que decía:

—¡Olvídenlo! Salgamos y busquemos las respuestas.

Así que ella y su amiga salieron silenciosamente del aula. Inmediatamente las siguieron otros tres. Más y más alumnos siguieron desapareciendo hasta que la mitad de la clase se había ido. Curiosamente, ninguno entregó su examen antes de salir.

Ben no podía creer las preguntas. No solo eran increíblemente difíciles, sino imposibles de responder. Si bien todas contenían algo de lo que los alumnos debían saber de la materia, eran sumamente confusas. Oró pidiendo ayuda para descubrir las respuestas a estas intrincadas preguntas. Durante la siguiente media hora, todos los demás estudiantes se fueron, dejándolo solo. «Al igual que los otros», dijo, «estuve tentado a irme, pero no podía mentir».

Repentinamente, alguien abrió la puerta, y la mirada de Ben se encontró con la de su profesora. Ella y un fotógrafo del diario *Daily News* de Yale se acercaron a él y le tomaron una fotografía. Cuando Ben preguntó qué pasaba, su profesora respondió: «Todo fue un experimento. Queríamos saber quién era el alumno más honesto de la clase». Y agregó sonriendo: «Ahora sabemos que eres tú».

Todos pertenecemos a la clase de nuestro Maestro. Todos deberíamos ser el alumno más honesto de la clase. Todos deberíamos poder decir, como Jacob: «Así responderá por mí mi honradez mañana, cuando vengas a reconocer mi salario» (Gén. 30: 33). ¿Qué dicen tus hechos, tus palabras, tus compromisos, tus relaciones? ¿Dicen que eres una alumna o un alumno honesto? Aquí se aplica de manera especial lo que dijo nuestro Señor: «Bástale al discípulo ser como su maestro» (Mat. 10: 25). Pide a Dios que te ayude a ser como tu Maestro. Honestidad con Dios, con uno mismo y con los demás. Seamos hoy el discípulo más honesto.

Dijo luego Jehová a Noé: «Entra tú y toda tu casa en el arca;
porque a ti he visto justo delante de mí, en esta generación».
GÉNESIS 7: 1

Se sabe, y es un principio, que las personas que pasan mucho tiempo juntas llegan a conocerse mejor. Dedicar tiempo para estar con una persona fortalece los vínculos de amistad e incrementa la confianza mutua. Y, naturalmente, las personas que pasan mucho tiempo juntas no solo se conocen mejor, sino que llegan a amarse más.

Fue lo que ocurrió con Noé. Decidió caminar con Dios. Como dice la Biblia: «Con Dios camino Noé» (Gén. 6: 9). ¡Qué maravillosa declaración! Consideraba el compañerismo con el Señor como lo más importante en su vida. ¿Qué ocurrió en ese caminar de Noé con Dios? La Biblia, como es habitual, no da detalles. Pero en la historia de Noé y del diluvio podemos descubrir mucho de lo que ocurrió.

El caminar de Noé con Dios se caracterizó, de manera sobresaliente, por una fe firme y una disposición a confiar en Dios, a pesar de todo lo que le ocurrió. Sabemos que fue ridiculizado, pero no le importó. Ni la burla ni el ridículo debilitaron su confianza en Dios. Nadie pudo moverlo de sus convicciones ni de su confianza en la Palabra de Dios. Al caminar con Dios, Noé se apartó de los hombres y mujeres malos de su generación, que podrían haber desviado su camino.

¿Cómo caminó Noé con Dios? ¿Qué es *caminar con Dios*? Es andar en comunión con Dios cada día mediante el estudio de su Palabra, la oración, la adoración, la obediencia y la testificación. También nosotros podemos caminar con Dios así. Noé cometió errores, pero hizo lo mismo que hacen los cristianos cuando cometen errores: buscar al «Cordero de Dios que quita el pecado del mundo» (Juan 1: 29).

Caminar con Dios constituía el gozo de la vida para Noé. Es consolador que a nosotros también nos dice, o quiere decirnos, en estos momentos decisivos —como los días de Noé—: «A ti he visto justo delante de mí, en esta generación» (Gén. 7: 1).

Dios anhela que lo conozcas mejor y quiere caminar contigo. Eres importante a los ojos de Dios. Él te ama con amor eterno, y por eso anhela tener una relación estrecha contigo, como la que tuvo con Noé. Dios desea mostrarte las maravillas de su amor de nuevas maneras. ¿Caminarás con el Señor? Ora y dile a Dios que siempre quieres estar con él, que no deseas separarse de su lado, porque cerca de él encuentras el gozo que durará para siempre.

Pero los que esperan en Jehová tendrán nuevas fuerzas; levantarán alas como las águilas; correrán, y no se cansarán; caminarán, y no se fatigarán.
ISAÍAS 40: 31

¡Buena noticia! En el viaje de la vida cristiana puedes correr o caminar. Las dos maneras son aceptables; siempre llegarás a la meta. La Biblia habla de los que corrieron y de los que caminaron. Los presenta como triunfadores. El apóstol Pablo terminó la carrera con gozo. Finalizó el viaje, llegó a la meta. De Enoc se dice que caminó con Dios durante trescientos años.

¿Qué significa *caminar con Dios*? Es progresar. Es avanzar. Es dirigirse a un destino y avanzar hacia él. No se habla de detenerse o rendirse. Es viajar al mismo ritmo, hablar a una voz, estar en armonía con Dios, tomar la dirección hacia donde Dios desea que vayamos, vivir en comunión con él.

El profeta Amós explica lo que significa andar con Dios de la siguiente manera: «¿Andarán dos juntos, si no estuvieren de acuerdo?» (Amós 3: 3). Otra versión da la siguiente traducción: «¿Caminarán juntos dos hombres a menos que hayan concertado una cita?»

Tú has concertado una cita con Dios. Muchas personas llegan tarde a todos sus compromisos. Nunca están a tiempo en ninguna reunión. Tienen el mal hábito de la impuntualidad. Pero una cosa es llegar tarde a un compromiso con los amigos, y otra, muy diferente, llegar tarde a una cita con Dios. Creo que a veces Dios nos dice a algunos de nosotros: «Aquí estoy para nuestra cita. ¿Dónde estás tú? Deseo hablar contigo esta mañana. ¿No tienes tiempo para mí? Tienes tiempo para el periódico, para el teléfono, para la televisión, para el correo electrónico; pero no tienes tiempo para orar, para el estudio de la Biblia. Deseaba hablar contigo durante el almuerzo, pero tu oración fue muy rápida. ¿Dónde estás? Tenemos una cita».

¿Estás caminando con Dios? ¿Agradas al Señor? Dios desea que vivas en armonía con él. Desea revelarte sus planes y sus propósitos. Desea que camines con él, aunque no sea durante trescientos años.

Camina con Dios. Dedícale tiempo cada día, todos los días. Que este sea tu cántico diario:

Ando con Cristo, somos amigos,
y mantenemos fiel comunión;
ya de su lado nunca me aparto;
¡cuánto me alienta su comprensión!

Ando con Cristo, somos amigos,
todas mis cuitas las llevo a él.
Ando con Cristo, marcho a su lado,
oigo la suave voz de Emanuel.

Himnario adventista, n° 400.

Y dijo: «De cierto os digo, que si no os volvéis y os hacéis como niños, no entrareis en el reino de los cielos».
MATEO 18: 3

Cuando los discípulos preguntaron a Jesús acerca de quién es el mayor en el reino de los cielos (Mat. 18: 1), Jesús los reprendió, como vemos en el versículo de hoy, con cierta severidad. Los discípulos trataban de averiguar cómo sería su propia grandeza eterna, y Jesús les dijo de forma clara y directa que, a menos que cambiasen, ¡ni si quiera iban a entrar en el reino de los cielos! Obviamente, seguir a Jesús, escuchar sus enseñanzas, y tener una creencia general, no es suficiente. La salvación, o, como dijo Jesús, «entrar al reino de los cielos», implica una completa sumisión y entendimiento de nuestra incapacidad de salvarnos a nosotros mismos. El reino de los cielos no es algo que logremos; es un regalo que debemos recibir de nuestro Padre celestial.

Aquella mañana los discípulos habían perdido de vista la verdadera grandeza que tenían. Pensando en el futuro de gloria personal, habían pasado por alto el hecho de reconocer que estaban en el lugar de mayor prestigio que un ser humano puede tener. Olvidaron que en ese preciso instante en que discutían nimiedades, *ya* estaban en el lugar que muchos patriarcas y profetas habrían deseado para sí. Los discípulos estaban junto a Jesús, que es el lugar más encumbrado que se puede tener. Tristemente, los discípulos habían apartado su vista de la bendición de estar con Jesús y manifestaban un espíritu similar al del hijo prodigo cuando reclamó a su padre la herencia. Los discípulos querían saber quién de ellos recibiría una herencia más grande y sería el mayor en los cielos.

Dios quiere que aprendamos, como los discípulos, que la verdadera grandeza de un ser humano es estar cerca de Jesús. El mayor anhelo de nuestro Salvador es que nosotros lo busquemos de manera desinteresada.

Una de las cualidades de la mayoría de los niños es que les gusta estar donde están sus padres. Como pastor, algunas veces me ha tocado hacer algunas tareas de madrugada. Aunque trataba de salir de la casa sin que mi hijo lo notara, él se despertaba, venía corriendo y me decía: «Papi, yo voy contigo». Lo lindo de esto es que mi hijo lo hacía sin ningún interés; él no lo hacía por ganarse la casa que le voy a dejar como herencia; no lo hacía por interés de que le comprara un automóvil; no lo hacía por ganarse un amor más grande que el que tengo por mi hija; lo hacía porque, para él, estar con su padre era siempre lo más emocionante. Decide hoy estar con Dios no por el cielo y las grandezas que te ha prometido. Dile: «Señor, te amo. Mi anhelo más grande es caminar contigo no por interés, sino por el eterno agradecimiento de lo que hiciste por mí en la cruz del Calvario».

Este es el día que hizo Jehová; nos gozaremos y alegraremos en él.
SALMO 118: 24

Puede ser que este sea un texto desconcertante, porque no se refiere al día de reposo del Señor. Entonces, ¿qué pasa los días cuando nos golpean el pesar, la tristeza y el fracaso, cuando la tragedia consume entre llamas la esperanza, cuando no puedes salir de tu lecho de enfermo o no te puedes levantar de la silla de ruedas? ¿También son días del Señor? ¿También los hizo Jehová?

¿Qué de aquellos días cuando acaba de cerrarse la tumba en el cementerio y te marchas con el corazón destrozado a tu casa vacía? ¿Y cuando tienes la carta de despido en su mano? ¿Y cuando la persona amada se ausentó para no volver y te sientes engañado?

¿Qué tiene de bueno ese día de amargura? ¿Es ese, acaso, el día del Señor? Como humanos tendemos a pensar que los "días del Señor" son aquellos en que obtenemos el aumento de salario que necesitamos y que merecemos, cuando uno de nuestros hijos acaba sus estudios, o cuando salimos con la familia a unas merecidas vacaciones.

Sin embargo, la fórmula del salmista, «este es el día», incluye *todos* los días, estemos enfermos o sanos, nos elogien o nos insulten, estemos animados o deprimidos. Porque los días de adversidad son también días de oportunidad. Precisamente cuando cruzamos el valle de sombra de muerte, más claramente sentimos la protección y la bendición del Señor. Quizá la siguiente historia de la vida real nos enseñe a gozarnos en el día que hizo el Señor.

Al salir del culto, un miércoles por la noche, un hermano fue asaltado. Los malhechores le robaron su dinero y le asestaron una puñalada en el estómago. Varios días después del incidente, tuve la oportunidad de encontrarme con él. Y aquel hermano, que debería haber estado deprimido, dijo: «Si no hubiese yo asistido a la iglesia ese miércoles de oración y testimonio, me habrían matado». Aquel episodio fue usado por Dios para probar la fe de su siervo fiel. Dios permitió aquel día, aquellas horas, de sombra, de dolor y casi de muerte. Él conocía los detalles de aquel momento doloroso. El Señor vigila a los suyos, siempre, para darles su protección.

Cada pequeño instante de nuestra vida es fabricado en los talleres eternos de Dios. La suma de esos momentos conforma cada día de la existencia. Soportemos la prueba del día triste con la confianza puesta en Dios, y celebremos agradecidos el día de la felicidad. Como dice el salmista, «nos gozaremos y alegraremos en él».

Los que sembraron con lágrimas, con regocijo segarán.
Irá andando y llorando el que lleva la preciosa semilla;
mas volverá a venir con regocijo, trayendo sus gavillas.
SALMO 126: 5, 6

¿Has sido quebrantando alguna vez? ¿Has sentido que el quebrantamiento de tu corazón fue tan grande que lo único que podías hacer era llorar y lamentarte? Sabemos que aunque hay mucha risa y mucho bullicio en las calles y los hogares, lo normal para la humanidad es llorar. El hombre más valiente de la historia, Jesucristo, fue «varón de dolores, experimentado en quebrantamientos». Aunque era un hombre sereno y feliz, nunca se menciona en la Biblia que haya reído, pero sí dice que «lloró Jesús» (Juan 11: 35).

El Salmo 126 se refiere al fin del quebrantamiento y del dolor del pueblo de Israel cuando Dios hizo volver «la cautividad de Sion». ¡Qué hermosas son las palabras del versículo 1! «Cuando Jehová hiciere volver la cautividad de Sion, seremos como los que sueñan». ¿Cómo serían los años del cautiverio? Tristes, sin ninguna duda. El recuerdo de la tierra natal es muy triste y doloroso para los que están desterrados. Pero el pueblo de Israel sabía que al final llegaría la liberación. Pero, de momento, el cautiverio era un castigo terrible y la liberación parecía demasiado preciosa como para ser verdad.

Mientras permanecían en el cautiverio, el tiempo se les hacía eterno. Pensaban que sus pruebas nunca llegarían a su fin. La pesadilla descrita en este salmo es la del pueblo de Dios viviendo la crueldad de la cautividad en Babilonia, un quebrantamiento que duró setenta años para algunos. Muchos sentían que nunca más verían la libertad. Otros ya no encontraban razones para desear y amar la vida. Todos los días, mientras estuvieron en Babilonia, no podían hacer otra cosa que desear el regreso a su tierra.

Tal vez estás pasando ahora mismo por una terrible crisis, una pesadilla. Quizá eres víctima de la depresión, y la ansiedad te resulta insoportable. Quizá estás pasando por una crisis financiera y sientes que estás a punto de hundirte en deudas hasta el fondo. En fin, ¡son tantas las posibilidades de que el dolor nos alcance en este mundo! Pero el Señor quiere liberarte de tu cautividad. Él puede hacerlo de dos maneras: resolviendo ese problema literalmente, o fortaleciendo tu fe para seguir adelante. El Señor promete que el gozo vendrá. Confía en él. El texto de hoy es una maravillosa promesa. El día está cercano. Entonces el gozo perdurará en la vida de los hijos de Dios por la eternidad. Recuerda el versículo de hoy. Si derramas lágrimas, la recompensa final y segura será gozo inefable y glorificado.

Al pasar Jesús, vio a un hombre ciego de nacimiento.
Y le preguntaron sus discípulos, diciendo: «Rabí, ¿quién pecó, este o sus padres,
para que haya nacido ciego?» Respondió Jesús: «No es que pecó este,
ni sus padres, sino para que las obras de Dios se manifiesten en él».

JUAN 9: 1-3

Todavía recordamos la tragedia. Centroamérica fue atacada por el terrible huracán Mitch. El dolor y las lágrimas no se pueden contabilizar. El índice de muertos fue muy elevado. Pero, a riesgo de parecer insensible ante la tragedia, quiero decir, a manera de ilustración, que aquel fenómeno no discriminó en absoluto. Desde niños recién nacidos hasta ancianos quedaron sepultados bajo los derrumbes, o fueron arrastrados por las corrientes de los enfurecidos ríos. Suponiendo que en Centroamérica, como en todas partes, haya personas sumamente buenas y personas sumamente malas, todas sufrieron la misma suerte ante aquel terrible huracán.

¿Fue el pecado de los malos el que desencadenó el fenómeno? Si fue así, ¿por qué los buenos también sufrieron? No, Dios no castiga el pecado ahora. Eso lo hará después. El huracán Mitch fue producto del desquicio de la naturaleza producido por el pecado. Pero también fue una prueba, una línea divisoria para las víctimas de la adversidad. Separó a los que maldijeron a Dios por sus sufrimientos de los que bendijeron a Dios por su supervivencia.

Cuando los discípulos de Jesús vieron al ciego, su reacción fue típica de aquellos días. Creían que estaba pagando una deuda por sus pecados o los de sus padres. Esta era la cosmovisión de aquel entonces: Las cosas buenas les suceden a los que practican el bien, y las malas a los que andan en caminos perversos.

Las mismas preguntas nos inquietan hoy. ¿Por qué sufren los buenos? ¿Por qué a los malos les va bien? La pregunta es tan antigua como Job. Y nuestras reacciones también. ¿Había nacido ciego aquel infeliz para que Jesús mostrara su poder? La respuesta es un «No» rotundo. El Maestro usó el caso para enseñar que él puede tomar cualquier situación adversa y transformarla en una bendición. El ciego fue sanado porque creía que Dios era justo y perdonador. También quería enseñar que Dios puede tomar cualquier cosa: el barro, la saliva, la adversidad, y convertirlas en bendición.

¿Tienes problemas financieros, matrimoniales, de drogadicción? ¿Ves el mismo problema en otros? Nunca pienses que es a causa de tus pecados o del de los demás. Dios quiere mostrar que puede tomar cualquier problema, cualquier sufrimiento, y convertirlos en bendiciones. No te fijes en los problemas, sino en las soluciones de Dios.

Mejor es el pesar que la risa;
porque con la tristeza del rostro se enmendará el corazón.
ECLESIASTÉS 7: 3

Conviene que meditemos en el versículo de hoy, pues una lectura rápida y superficial de este texto puede dejar perplejo y confundido al lector. Llana y sencillamente dice que hay ocasiones en que lo malo es mejor. Asegura que «el luto es mejor que el banquete» y que «el pesar es mejor que la risa». ¿Cómo puede ser eso verdad? El ser humano rechaza el dolor y busca el placer. Desea la alegría por encima de la tristeza. La risa le es más placentera que el llanto. ¿Cuándo lo malo es mejor?

Allie Miller fue un hombre de negocios, y también el fundador de la Church's Tape Library. Tenía sesenta años de edad cuando murió de un cáncer de próstata. Poco antes dijo que lo más grande que le había sucedido después de conocer a Jesús fue el cáncer. Cuando se le preguntó cómo podía ser tal cosa verdad, contestó: «El cáncer fue el asunto que finalmente puso todas las cosas en perspectiva. Conocí a Jesús y lo acepté como mi Salvador. Sin embargo, nunca comprometí de verdad mi vida con las cosas eternas hasta que Dios me mostró que me acercaba a la muerte de forma inexorable». Y continuó: «Cuando usted tiene una muerte anunciada, no tiene que tomarlo por fe. Usted *sabe* que va a morir».

Allie comenzó a servir a Cristo porque sabía que cada día era un paso más hacia la muerte. Por eso, según su apreciación, podía decir que lo más grande que le había sucedido después de aceptar a Cristo era la cita con la muerte que Dios le hizo por medio del cáncer. Las pruebas siempre tienen un propósito benéfico. Las pruebas lo purifican a uno. Las pruebas te muestran lo que eres. Lo que sale de tu mente y de tu corazón cuando eres golpeado muestra lo que eres realmente. La prueba te perfecciona. La prueba te hace orar. La prueba te hace acudir a la Palabra de Dios. La prueba te hace confiar. La prueba hace que todo lo que escuchas en la iglesia llegue a ser real. La prueba te hace ir a Cristo. Deja que la prueba haga su obra perfecta. Déjate perfeccionar por las pruebas y las aflicciones, como Jesús de Nazaret: «Y Cristo, en los días de su carne, ofreciendo ruegos y súplicas con gran clamor y lágrimas al que le podía librar de la muerte, fue oído a causa de su temor reverente. Y aunque era Hijo, por lo que padeció, aprendió la obediencia; y habiendo sido perfeccionado, vino a ser autor de eterna salvación para todos los que le obedecen» (Heb. 5: 7-9).

He peleado la buena batalla, he acabado la carrera, he guardado la fe.

2 TIMOTEO 4: 7

El apóstol Pablo escribió estas palabras en la cárcel, quizá en vísperas de su ejecución. Se sentía muy feliz de finalizar su carrera. ¿Cuál era esa carrera? La carrera de la vida cristiana, por supuesto. El tiempo que Dios le había dado para vivir, para servir, para cumplir el ministerio al cual había sido llamado. No era perfecto, como él mismo lo reconoció. Pero la gracia de Dios fue suficiente para darle la seguridad de que era acepto «en el Amado». Experimentó el gozo porque, a pesar de todas las dificultades y pruebas que tuvo que soportar, no se rindió; luchó hasta el final, hizo lo mejor que pudo para cumplir la tarea que le había sido asignada.

¿Podrás tú, podré yo, podremos todos decir, como el apóstol Pablo, «He acabado la carrera»? «¿Cuál es mi carrera?», te preguntarás. Tu carrera es la consecución de todo aquello para lo cual Dios te dotó de dones y talentos. Tu carrera podría ser la de ser padre o madre para cuidar y formar a tus hijos. Dios te llama a ponerlo todo de tu parte para la consecución de esa vocación. Cuando llegue el momento en que tus hijos se alejen de ti para vivir de manera independiente, ¿dirás que terminó tu carrera con gozo porque los diste todo de ti, haciendo lo mejor para ellos? ¿Podrás decir: «Terminé mi carrera y me siento satisfecho»? Quizá tu carrera, además de la carrera regular de la vida, sea hablar con otras personas sobre el camino de la vida y ayudarlas en sus necesidades, dándoles una mano de auxilio para aliviar sus cargas. Cualquiera que sea tu carrera, procura terminarla con el gozo del éxito en Cristo.

Todo lo que Dios te ha ordenado hacer, debes hacerlo como para el Señor. Eres siervo o sierva de Dios, su propiedad adquirida. Por esa razón debes dar lo mejor de ti para terminar la carrera con gozo. No pienses que tus errores te impedirán la victoria en la carrera de la vida y la vocación. Si eres acusado injustamente o has cometido errores que concitan críticas malintencionadas, recuerda que ninguno de los héroes de la Biblia fue intachable. Cometieron errores, pero se aferraron a la gracia de Dios y todos ellos murieron, como el apóstol Pablo, gozosos de terminar su carrera.

Decide hoy no dejarte llevar por tus sentimientos. No renuncies a tu fe. También tú podrás terminar tu carrera con gozo. Termina bien tu carrera. No te rindas, porque el fin es mejor que el principio.

Entonces Moisés juró diciendo: «Ciertamente la tierra que holló tu pie será para ti, y para tus hijos en herencia perpetua, por cuanto cumpliste siguiendo a Jehová mi Dios».
JOSUÉ 14: 9, 10

¡Cuántos proyectos se inician y no se terminan! Se inicia la vida matrimonial, y tiempo después se rompe la relación. Se inicia un programa de estudios, pero no se concluye. Las dietas para adelgazar se quedan a medio camino. Más triste aún, se comienza la vida cristiana, y se abandona; no se llega hasta el final.

El texto de hoy nos habla de Caleb. Su vida contiene el secreto para una larga vida espiritual. Caleb fue fiel hasta el fin. Nunca envejeció espiritualmente. Es un ejemplo brillante de cómo envejecer en edad, pero mantenerse fuerte y sano física y espiritualmente. Muestra qué se debe hacer para cruzar la línea final. Revela el secreto de la longevidad espiritual. Enseña cómo terminar la carrera para escuchar las palabras del Señor: «Bien, buen siervo y fiel».

Descubrimos en la vida de Caleb algunos principios que necesitamos para correr y finalizar la carrera de la vida cristiana. Primero, se entregó totalmente al Señor. Todos los demás principios derivan de este. Josué bendijo a Caleb y le dio la tierra que le pidió porque siguió fielmente al Dios de Israel. Este fue el secreto de su éxito espiritual. ¿Qué significa *seguir al Señor* completamente? Significa seguirlo de todo corazón, no con un corazón dividido, no a medias, sino totalmente. Significa darle todo al Señor. Hay quienes hacen promesas al Señor cuando están afligidos, cuando están enfermos, cuando tienen dificultades. Pero cuando llega la paz y sonríe la felicidad, lo abandonan.

¿Estás siguiendo totalmente al Señor? Si no es así, ten cuidado, porque puedes llegar a engrosar las filas de aquellos que abandonaron la carrera. Las promesas de Dios son fieles y verdaderas; pongamos toda nuestra confianza en ellas. Caleb creyó de todo corazón las promesas de Dios, mientras todos los demás solo pensaban en los problemas. La fe de Caleb estaba puesta en un Dios grande. Los que siguieron al Señor con un corazón a medias no ganaron la carrera; fueron descalificados.

Adoptemos hoy la resolución de seguir al Señor de todo corazón. No se puede servir a dos señores. Sirvámosle con toda nuestra mente y nuestra alma. Que las palabras del himno sean nuestra oración:

«Mi espíritu, alma y cuerpo —mi ser, mi vida entera— cual viva, santa ofrenda te entrego a ti, mi Dios. Mi todo a Dios consagro en Cristo, el vivo altar. ¡Descienda el fuego santo, su sello celestial!» (*Himnario adventista*, n° 267).

Y mis hermanos, los que habían subido conmigo, hicieron desfallecer el corazón del pueblo; pero yo cumplí siguiendo a Jehová mi Dios.

JOSUÉ 14: 8

La historia de Caleb inspira. Anima a terminar lo emprendido. Desafía a finalizar la carrera propuesta. Amonesta a no rendirse, a no quedarse a la mitad del camino. Impulsa a llegar a la meta, a alcanzar el objetivo, a ser fiel al Señor hasta el fin.

La vida de Caleb no fue fácil. Fue invitado a unirse a la mayoría. Se le amenazó con la marginación y la soledad, con convertirse en objeto de ridículo para la multitud. Fue tentado a complacer al grupo, a abandonar la dirección de Dios y seguir los planes humanos. Fue tentado a mirar a los gigantes y salir huyendo, en vez de mirar a Dios y seguir adelante.

Caleb vivió casi cuarenta años con una nación incrédula, rodeado de gente que no amaba a Dios de corazón. Su testimonio, expresado en el versículo de hoy, fue presentado cuando tenía 85 años de edad. ¿Cómo mantuvo su vida espiritual tanto tiempo? ¿Cómo escapó de la muerte en el desierto? ¿Cuál fue el secreto para llegar hasta Canaán, cuando la gran mayoría se quedó en la frontera? ¿Cómo pudo estar rodeado de incrédulos y no perder su fe? ¿Cómo pudo estar en el desierto más de cuarenta años y seguir suspirando por Canaán? «La fe de Caleb era la misma que tenía cuando contradijo el informe desfavorable de los espías» (*Patriarcas y profetas*, p. 547).

Caleb no estuvo dispuesto a hacer componendas con la mayoría. Se mantuvo firme de parte de Dios. Buscó la aprobación de Dios y no el aplauso de los hombres. Lo más fácil habría sido seguir a la multitud, aceptar su actitud derrotista y su pensamiento negativo. Sin embargo, sabía lo que era recto y se mantuvo en ese terreno. La amenaza de quedarse solo no perturbó su fe en la promesa de que Dios llevaría a su pueblo a la tierra prometida. Se mantuvo firme a favor de la verdad. Se preocupaba más de estar bien con Dios que de complacer al pueblo.

Quizá estés experimentando lo mismo que Caleb. Puede que tu fidelidad a Dios te haya traído resultados dolorosos. Quizá tus padres te ignoren, o posiblemente tu cónyuge te abandonó. Te has quedado solo. O has perdido el empleo. Puede que tus familiares, tus amigos y tus compañeros de trabajo te ridiculicen y te hieran. Es posible que su fidelidad a Dios te produzca dolor y sufrimiento. Sin embargo, recuerda el secreto de la vida victoriosa de Caleb. Mantente firme. Procura complacer a Dios y no a la mayoría.

Entonces Moisés juró diciendo: «Ciertamente la tierra que holló tu pie será para ti, y para tus hijos en herencia perpetua, por cuanto cumpliste siguiendo a Jehová mi Dios».
JOSUÉ 14: 9, 10

El "síndrome del microondas" ha perturbado la mente del hombre actual. Todo se desea al instante. Los negocios tienen éxito cuando satisfacen ese deseo. Se ofrece dinero al instante, comida al instante, préstamos al instante, servicio al instante, envíos al instante.

A veces algunas personas piensan de la misma manera en el mundo espiritual. Ya no se quiere esperar. La demora causa impaciencia. Cuando la respuesta de Dios se demora se pierde la confianza en las promesas divinas.

Caleb disfrutó de longevidad espiritual porque le tomó la palabra a Dios. El tiempo de espera, la demora en el cumplimiento de la promesa, no ahogó su fe. Confió plenamente en lo dicho por el Señor. Creyó firmemente que cumpliría lo que había prometido.

El fiel guerrero no recibió su herencia en Canaán un año más tarde, ni cinco, diez, ni veinte, ni treinta años después; esperó más de cuarenta años. No entró inmediatamente a la tierra prometida. Primero tuvo que andar errante por el desierto con aquel pueblo infiel, escuchando sus quejas y amargas murmuraciones durante más de cuatro décadas. Decían cosas de esta guisa: «Nos acordamos del pescado que comíamos en Egipto de balde, de los pepinos, los melones, los puerros, las cebollas y los ajos» (Núm. 11: 5).

El diablo no ha cambiado sus métodos. Hoy, del mismo modo, susurra a nuestros oídos: «Recuerda los viejos tiempos. Fueron días buenos y placenteros. Estabas mejor que hoy. ¡Regresa a tu pasada manera de vivir!» El diablo es inteligente. No dice: «Recuerda tu pasado miserable, cuando, desesperado, pensaste incluso en el suicidio. Recuerda cuando rodabas por las calles, ahogado en alcohol, y te despertabas con los bolsillos vacíos. Recuerda cuando tu matrimonio casi se derrumba». Al contrario, solo dice: «Recuerda aquellos buenos días». A diferencia de los rebeldes israelitas, Caleb se aferró a las promesas de Dios. No le importó esperar más de cuarenta años. Sabía que Dios era fiel en el cumplimiento de sus promesas.

Todo cristiano fiel tendrá que soportar pruebas. Sin embargo, igual que Caleb, tomémosle la palabra a Dios; él no nos fallará. Con el profeta, oremos así: «Aunque la higuera no florezca, ni en las vides haya frutos, aunque falte el producto del olivo, y los labrados no den mantenimiento, y las ovejas sean quitadas de la majada, y no haya vacas en los corrales; con todo, yo me alegraré en Jehová, y me gozaré en el Dios de mi salvación» (Hab. 3: 17, 18).

> Dame, pues, ahora este monte, del cual habló Jehová aquel día;
> porque tú mismo oíste en aquel día que los anaceos están allí,
> y que hay ciudades grandes y fortificadas. Quizá Jehová estará conmigo,
> y los echaré, como Jehová ha dicho.
>
> Josué 14: 12

El versículo de hoy nos dice mucho más acerca del carácter de Caleb. Mientras el sacerdote Eleazar y Josué distribuían a los hijos de Israel la porción de tierra que les tocaría como herencia, Caleb se dirigió a Josué, y le dijo: «Dame, pues, ahora este monte». Y el relato bíblico agrega: «Por tanto, Hebrón vino a ser heredad de Caleb». Su petición demuestra que tenía un espíritu joven aunque su edad cronológica fuese de 85 años. Era un hombre que no temía los desafíos. Los gigantes anaceos estaban allí. Pero Caleb se sobreponía a los obstáculos, por enormes que fueran. Las grandes ciudades amuralladas no lo atemorizaban. Tenía una mente positiva. Aunque sus enemigos eran gigantes, y eran muchos, él afirmó con convicción: «Los echaré».

Por encima de estos notables rasgos de carácter estaba el tesoro más precioso que Caleb guardaba en su corazón: Anhelaba, y buscaba, profundamente, el compañerismo con Dios. Este fue el secreto de su fidelidad a Dios, fidelidad que mantuvo hasta el día de su muerte. Caleb pidió a Josué que le diera Hebrón como su herencia. Hebrón significa "lugar de alianza", y evoca los conceptos de compañerismo, amor y comunión. Hebrón era el lugar donde Abraham se había encontrado con Dios cara a cara, y donde había recibido la promesa de una tierra nueva por primera vez.

Caleb suspiraba por el compañerismo con Dios, mientras que los otros israelitas suspiraban por Egipto. Caleb se proponía conquistar Hebrón cuando los demás miraban hacia atrás. Caleb miraba hacia el futuro mientras los demás miraban hacia el pasado. Caleb deseaba complacer a Dios mientras los demás solo procuraban complacerse a sí mismos.

Si deseas ser espiritualmente sano, si piensas tener larga vida espiritual, muévete hacia delante, procura crecer espiritualmente, nunca mires hacia atrás. Así avanzarás constantemente. Sigue al Señor, aunque tus amigos ya no te acompañen en el camino. No vivas tu vida cristiana esperando el aplauso de los demás. Recibirás muchas presiones para que abandones la carrera. Las circunstancias te desafiarán. Pero puedes correr fortalecido en el Señor. Él te observa constantemente. Continúa procurando el compañerismo y la comunión con el Señor.

Pues he aquí que concebirás y darás a luz un hijo; y navaja no pasará
sobre su cabeza, porque el niño será nazareo a Dios desde su nacimiento,
y él comenzará a salvar a Israel de mano de los filisteos.
Jueces 13: 5

La Biblia presenta a Sansón como un hombre de una fuerza increíble, pero, lamentablemente, desperdiciada. Dios lo bendijo y lo ungió. Le dio una gran fortaleza física. Lo tenía todo para ser uno de los líderes más destacados en la historia de Israel. Tenía todo el potencial para ser grande en la obra de Dios. Sin embargo, en vez de ser un modelo de excelencia, llegó a ser ejemplo de cómo *no* se debe vivir.

Sansón es el ejemplo más trágico de una vida desperdiciada y de un gran potencial y una gran habilidad desaprovechados. Su vida ilustra perfectamente la verdad de que un buen comienzo no siempre garantiza un buen final. Salomón expresó lo mismo cuando dijo: «Mejor es el fin del negocio que su principio» (Ecl. 7: 8). El ángel del Señor definió la misión de Sansón: «Comenzará a salvar a Israel». Comenzaría a salvar a Israel, pero no terminaría la tarea.

Si alguien tuvo la posibilidad de ganar la carrera, fue Sansón. Pero fue descalificado. Fue un perdedor en la carrera espiritual. ¿Por qué? Dalila lo presionó repetidas veces para que le revelara el secreto de su fuerza para poder dominarlo. Para Sansón aquello era un juego. Al parecer, pensó: «Nadie podrá dominarme. Soy Sansón. He matado filisteos para entretenerme. Yo arranqué las puertas de Gaza, desde sus mismos fundamentos y las llevé a cuestas hasta la cima de la montaña, por deporte. Nadie puede detenerme. Nadie podrá vencerme, y menos esta mujerzuela». Creyó que era divertido jugar con aquella mujer.

Hay quienes piensan que pueden jugar con las tentaciones. Están convencidos de que no fallarán. Se sienten seguros y fuertes. Dicen: «Solo un poquito, solamente esta vez y no lo haré más; lo prometo. En serio, solamente esta vez. Nunca más lo haré». Sin embargo, siempre terminan encadenados, como Sansón, a la rueda del molino.

Quizá estás siendo tentado ahora mismo, y has pensado de esa manera. Aprende la lección de Sansón. No ignores lo que puede suceder. Medita en la advertencia que Dios te da a través de la vida de Sansón. Si has fallado, Dios te perdonará si te arrepientes. Reconoce tus faltas. Si has cometido un error, Dios te dará una segunda oportunidad. Si has pecado, te perdonará. Continuar con la gracia divina es mejor que darse por vencido. Todo eso nos enseña la vida de Sansón.

> Y habiendo ellos encendido fuego en medio del patio, se sentaron alrededor; y Pedro se sentó también entre ellos.
>
> Lucas 22: 55

Increíble! ¿Pedro sentado entre los enemigos? ¿Pedro en medio de los que deseaban la muerte de Jesús? ¿Pedro jugando con los pecadores? ¿Interesado en hacerse pasar por uno de ellos? Parece increíble, pero así es. El que prometió estar dispuesto a morir por su Maestro si fuese necesario, se unió con sus enemigos. El que hizo la declaración: «Tú eres el Cristo, el Hijo del Dios viviente», base sobre la cual se edificó la iglesia, negó conocer al Hijo del Dios viviente. El que sacó su espada para atacar a los que prendían a Jesús, ahora actuaba de forma totalmente diferente. Estaba sentado en el lugar equivocado, con las personas equivocadas y haciendo cosas equivocadas. Estaba donde no debería estar. Calentarse con el fuego enemigo fue un paso más hacia el fracaso. Jamás se imaginó Pedro que llegaría hasta semejante coyuntura.

El pecado es un misterio muy difícil, o más bien imposible, de comprender. El enemigo trabaja estratégicamente para llevarnos al fracaso; y no es fácil detectar sus métodos. Todo parece sencillo, simple, incluso inocente; no despierta preocupación. La autosuficiencia se confunde con la valentía y el celo por la verdad. La falta de oración no parece motivo de alarma y de peligro. La ausencia de verdadero compromiso y entrega total a Jesús y su iglesia se justifica en nombre del equilibrio entre la religión, la familia y el trabajo. Hasta suele considerarse como precaución contra el fanatismo. Algo que se ve bien, y que parece normal, puede ser un paso funesto que conduzca a la negación del Señor. Llevarnos a pecar sin darnos cuenta es una especialidad del gran engañador.

«Y Pedro se sentó también entre ellos». ¡Qué advertencia más oportuna para hoy! Ninguno de nosotros tiene nada que buscar en el patio de Caifás. No tenemos nada que hacer entre aquellos que no son de nuestra fe. Ese vacío que sientes, esa tremenda frustración que te abruma, ese resentimiento que te hiere y te lastima, esa debilidad que te agobia, no tienen por qué llevarte a buscar el fuego del mundo para calentarte. Esa necesidad de tener una esposa no debe llevarte a buscar el calor de la inmoralidad sexual. Esa falta de dinero no se resuelve con el calor del fuego de un negocio ilícito.

Levanta tu mirada. Busca a Jesús. Él te abrigará con sus alas, y el frío del pecado desaparecerá.

Jesús le dijo: «De cierto te digo que esta noche, antes que el gallo cante, me negarás tres veces».
MATEO 26: 34

Pedro negó a Jesús exactamente como el Señor lo había predicho. A pesar de la advertencia, Pedro no percibió que sus pasos lo llevarían al fracaso. Debemos estudiar cuidadosamente su experiencia, porque resulta muy fácil dar esos mismos pasos si no nos cuidamos.

¿Qué pasos condujeron a Pedro hacia la caída? ¿Qué pasos debemos evitar en nuestra propia carrera espiritual? Pedro tuvo exceso de confianza propia. Afirmó: «Aunque todos se escandalicen de ti, yo nunca me escandalizaré» (Mat. 26: 33). En otras palabras, decía: «Cualquiera de mis compañeros te pueden negar, pero yo jamás lo haré; nunca te traicionaré». ¿Por qué habló de esa manera el apóstol? Porque quería demostrar su amor por Jesús, quien hacía unos instantes había dicho que uno de los doce lo traicionaría. Su exceso de confianza fue el primer paso que lo condujo a negar al Señor Jesús tres veces.

Puede que te sientas orgulloso de tu amor por Jesús, pero es mejor que te sientas orgulloso de lo mucho que *él* te ama a ti. He oído a muchas personas decir que aman mucho al Señor, y eso es bueno; pero es preferible estar orgulloso de *su* gran amor hacia nosotros. Nuestro amor por él es frágil, inconstante y, muchas veces, circunstancial. En cambio, el amor del Salvador hacia nosotros es permanente, constante, inexplicable, invariable. Nos amó cuando estábamos muertos en delitos y pecados. En nosotros no hay nada bueno, pero nos ama; pecamos, y sigue llamándonos sus hijos. Su amor no disminuye por mi desobediencia, ni aumenta por mi obediencia. Este es el amor que debemos alabar; este es el amor que debemos publicar.

Es interesante la manera en que el apóstol Juan se describe a sí mismo en su Evangelio: «El discípulo a quien Jesús amaba» (Juan 13: 23). Puede que haya alguien que critique a Juan por decir tal cosa. Eso no significa que Jesús lo amase a él *más* que a los demás, sino que Juan experimentó su amor de modo especial. En lugar de decir que él amó a Jesús, dice: «Estoy orgulloso de cuánto me ama él a mí».

Eres un discípulo amado de Jesús. No pongas tu confianza en ti mismo. Reconoce tu vulnerabilidad. No pongas su vista en tu persona, ni en lo que haces por tu Maestro. Fija tus ojos en el indescriptible amor de Jesús hacia ti. Él te ama con amor eterno. Eres como la niña de sus ojos. Cuida tus pasos.

> Y prendiéndole, le llevaron, y le condujeron a casa del sumo sacerdote.
> Y Pedro le seguía de lejos.
>
> LUCAS 22: 54

Pedro empezó mal por seguir a Jesús de lejos. A Jesús siempre debemos seguirlo de cerca. Lejos de Jesús las cosas no marcharán bien. Más bien, irán de mal en peor. Pedro se distanció de Jesús y se acercó a los enemigos de su Maestro. «Y habiendo ellos encendido fuego en medio del patio, se sentaron alrededor; y Pedro se sentó también entre ellos» (Luc. 22: 55). Con esta actitud Pedro dio un paso hacia la negación de su Maestro. Más cerca de Jesús, más lejos de los enemigos; más lejos de Jesús, más cerca de los enemigos. Esta es la gran lección que aprendemos de la triste decisión de Pedro.

Alejarse de la comunión y el compañerismo con el Señor es el fundamento de todo retroceso espiritual. Lo seguía, pero de lejos. Su corazón estaba repartido: la mitad con el Maestro, y la otra mitad con el mundo. ¿A qué distancia sigues tú a Jesús? Muchas personas, como Pedro; van a la iglesia. Sí, están allí; pero siguen al Señor a la distancia. Estos son los que casi siempre ocupan el último banco, y suelen ser los primeros en salir. Durante las reuniones los domingos, los miércoles y los sábados, no cantan. Cuando pasa el platillo de las ofrendas, mantienen sus manos dentro de los bolsillos. No desean comprometerse con ninguno de los programas de la iglesia. No comparten su fe; no dan estudios bíblicos. Su corazón está dividido. Solo dan lo mínimo al Señor.

Es triste cuando el cristiano llega a ese punto. Pierde todo lo que la iglesia podría ser para él y lo que él podría ser para la iglesia. Sigue a Jesús; pero lo hace de lejos.

Al igual que mi esposa, quizá tú también disfrutes del fascinante programa televisivo *Mundo animal*. Si es así, seguramente también habrás observado que, del grupo de cebras, la que perece en las garras de la leona es la que se aleja del grupo. Cuando se aleja es vulnerable. Se vuelve una presa fácil.

Solamente junto a Jesús somos fuertes, vencedores y triunfadores. Que hoy vuelva a ser nuestra la experiencia expresada en el himno:

Ando con Cristo, somos amigos,
y mantenemos fiel comunión;
ya de su lado nunca me aparto;
¡cuánto me alienta su comprensión!

Ando con Cristo, somos amigos,
todas mis cuitas las llevo a él.
Ando con Cristo, marcho a su lado,
oigo la suave voz de Emanuel.

Himnario adventista, n° 400.

No améis al mundo, ni lo que hay en el mundo. Si alguno ama al mundo, el amor del Padre no está en él.
1 JUAN 2: 15

En otra parte dice: «¿No sabéis que la amistad del mundo es enemistad contra Dios? El que quiere ser amigo del mundo, se constituye en enemigo de Dios» (Sant. 4: 4). No puede existir coexistencia pacífica entre el cristiano y las cosas del mundo. Amar el mundo, ir tras sus placeres, deleites, pasatiempos, es ir en contra de Dios. Por otra parte, seguir fielmente a Dios es, de modo inevitable, ir contra el mundo y hacerse enemigo de él.

Esa es una de las grandes pruebas, especialmente para los jóvenes cristianos.

—¿Por qué siempre tiene que ser así? —explotó Juanita—. «¡No hagas esto! ¡No hagas aquello! ¡No puedes estar aquí! ¡No puedes ir allá!» La religión es solamente «No, no» y «No puedes, no puedes». ¡Estoy harta de todo esto!

—Pero Juanita —dijo una amiga de un poco más de edad, tratando de apaciguarla—, ¿te parece realmente que las cosas son así? Yo leo en la Biblia que cada uno tiene que hacer lo que quiera. En efecto, Dios ha hecho provisión para que cada cual haga como le dé la gana.

Juanita se aplacó un poco ante esta réplica tan inesperada.

—Tal vez tú hayas oído algo que yo no he escuchado —continuó, mientras le saltaban chispas de los ojos—. Todo lo que siempre estoy oyendo acerca de la religión es «No, no y no». Y estoy comenzando a odiarla.

Juanita no era la primera adolescente que se quejaba de las estrictas normas de conducta cristianas. Pero conviene aclarar dos cosas. En primer lugar, Dios da discernimiento para comprender cómo vivir de acuerdo a su voluntad en un mundo donde no siempre se perciben todos los matices de forma diáfana. Donde hay imprecisión, Dios da colirio espiritual para los ojos para ver lo que conviene y lo que no conviene. En segundo lugar, queda claro que no puede el cristiano vivir en paz y sin conflictos. El mundo siempre será una tentación, y el joven cristiano tendrá que luchar para vivir de acuerdo a la voluntad de Dios. Siempre será necesario negarse a sí mismo, tomar la cruz y seguir a Jesús, dominando los impulsos y los deseos juveniles. La senda cristiana siempre será ascendente, escabrosa y difícil. El camino que entra por las puertas de la ciudad de Dios es angosto y difícil. Por eso pocos hallan la puerta.

Por esa razón, únicamente aquellos que saben por qué luchan y qué es lo que buscan dan la espalda al mundo y se hacen amigos de Dios.

¡Hasta la victoria, siempre!

mayo 27

> El que venciere será vestido de vestiduras blancas;
> y no borraré su nombre del libro de la vida, y confesaré su nombre
> delante de mi Padre, y delante de sus ángeles.
>
> APOCALIPSIS 3: 5

Estas cuatro palabras, «¡Hasta la victoria, siempre!», me impresionaron y me hicieron pensar mucho. Las vi cuando el autobús en que viajaba se detuvo frente a un semáforo en el centro de gobierno de la República de Cuba. Esas palabras hicieron vibrar de emoción a millares, quizá millones, de personas cuando el ejército revolucionario entro victorioso en las calles de La Habana. Y quizá deberían vibrar en la vida de los cristianos cuando consideramos nuestra vida espiritual.

La Palabra de Dios contiene muchos pasajes donde encontramos ánimo para nuestros momentos de lucha. Algunos de ellos son: «Prosigo a la meta» (Fil. 3: 14). «He peleado la buena batalla, he acabado la carrera, he guardado la fe» (2 Tim. 4: 7). «Porque por gracias sois salvos por medio de la fe» (Efe. 2: 8). Todos estos versículos se refieren a las luchas que experimentamos a diario, y nos exhortan a seguir adelante, ¡hasta la victoria, siempre!, con nuestros ojos puestos en Cristo Jesús.

Con frecuencia sentimos que el letargo espiritual amenaza nuestra vida cristiana. Seguramente tú también has sentido en algún momento la tentación de abandonar la batalla de la fe. A veces la batalla es demasiado grande. Muchas veces sentimos que no tenemos la fuerza para mantenernos de pie en la lucha de la vida cristiana. Pero la Palabra de Dios nos ordena luchar. Debemos luchar, no para vencer, sino para que nadie nos pueda separar de Jesús. Recuerda que la victoria ya está asegurada. Nuestra lucha hoy bebe ser con nosotros mismos y nuestros pensamientos.

Quizá el enemigo trate de convencerte con palabras como estas: «Ni te molestes en luchar. Si caíste ayer en esa tentación, probablemente caigas hoy también». «Con ese pecado que cometiste hoy, quizá tu Comandante, Jesús, te condene al fusilamiento». Estas acusaciones tienen el propósito de incitarte a que abandones el campo de batalla. Pero recuerda que nuestro General, Jesús, ha prometido pelear nuestras batallas. El ya venció a Satanás y al mundo. Tú ya eres victorioso en Cristo Jesús. La batalla de la fe consiste en la lucha para que nada ni nadie nos separe de Jesús. Cree hoy que, por la gracia de Jesús, tu vida comienza hoy de nuevo. Hoy tienes el potencial de escribir tu vida espiritual de nuevo y exclamar, junto con todo el pueblo de Dios, basándote en los méritos de Jesús, «¡Vencimos!»

Hermanos, si alguno fuere sorprendido en alguna falta,
vosotros que sois espirituales, restauradle con espíritu de mansedumbre,
considerándote a ti mismo, no sea que tú también seas tentado.
GÁLATAS 6: 1

l apóstol Pablo dice que los cristianos pueden tener la triste experiencia de encontrar a algún hermano cometiendo una falta. Es una experiencia desalentadora, especialmente si la falta es de aquellos pecados que más nos escandalizan. Una vez, en la época cuando el cine todavía era el único lugar donde podían verse películas malas, unos hermanos descubrieron que el anciano de la iglesia salió del lugar donde habían exhibido una película "solo para adultos".

¿Qué debe hacer un cristiano cuando se encuentra en una situación así? ¿Correr a avisar al pastor? ¿Pensar en la disciplina de la iglesia? ¿Reunir la junta? ¿Señalarlo con el dedo? El apóstol aconseja: «Vosotros que sois espirituales, restauradle con espíritu de mansedumbre, considerándote a ti mismo, no sea que tú también seas tentado». El amor, que debe presidir todos los actos de los cristianos, impulsa siempre a restaurar, sanar y salvar. La propia disciplina de la iglesia no es vindicación de principios, no es restauración de agravios, no es impulso de mantener pura a la iglesia, sino deseo profundo de restauración del pecador.

Nuestro Señor aconsejó: «Si tu hermano peca contra ti, ve y repréndele, estando tú y él solos; si te oyere, has salvado a tu hermano». Es el texto de la disciplina eclesiástica. Pero es restauración por amor. No porque peque contra ti, en el sentido de que te ofendió, sino porque peque contra Dios y lo ofenda. Lo que hay que hacer es restaurarlo. Ve y háblale de corazón a corazón. Convéncelo de que está en peligro. Convéncelo de que está «exponiendo a vituperio a tu Señor». Si te oye, si pide perdón, si deja lo malo que estaba haciendo, «has salvado a tu hermano». Has hecho disciplina. Todo queda entre los dos. No conviene divulgar los errores de los siervos de Dios, porque exponemos a la vergüenza a nuestro Señor. Decirlo a dos o tres testigos, para que ayuden, tiene el mismo propósito: Acumular amor, acumular súplica, para que se arrepienta, acumular peso para que se dé cuenta de su error. Si se arrepiente, amén. No hay delito que perseguir. Lo que se proponía, que era restaurar, se ha logrado. La disciplina de borrar de los libros es extrema. Tiene sentido cuando la falta haya causado escándalo entre los incrédulos, porque los miembros de la iglesia nunca deben escandalizarse «si alguno fuere sorprendido en alguna falta». A los cristianos los errores de sus hermanos no los escandalizan; los hieren, lo mismo que a Cristo.

Si sorprendes a alguien en alguna falta, piensa en ti mismo, «no sea que tú también seas tentado».

Manzana de oro con figuras de plata es la palabra dicha como conviene.
PROVERBIOS 25: 11

Todos los días se nos presenta la oportunidad de ser una aportación positiva para la vida de alguien. Cada vez que abrimos nuestra boca para hablar, emitimos palabras que causan efectos en la vida de aquellos que las escuchan. Nuestras palabras, sin duda alguna, son tan poderosas que pueden causar una herida incurable, una reacción negativa (o positiva) en la vida de alguien.

El reconocimiento de que nuestras palabras pueden causar este tipo de efectos debería conducirnos a reconocer que debemos ser sumamente cuidadosos con ellas y usarlas con la mayor prudencia posible. En cada palabra que enunciamos tenemos el potencial de fortalecer y servir, pero también el de destruir y matar. En fracción de segundos, y con poco esfuerzo, tenemos la oportunidad de alegrarle el día a alguien, aliviar su carga, y probablemente acercarlo a Dios. Pero nuestras palabras también podrían destruir a uno de aquellos por quienes Cristo murió. Esta es una advertencia que los hijos de Dios no deberían ignorar. Por eso la Palabra de Dios afirma: «Mas yo os digo que de toda palabra ociosa que hablen los hombres, de ella darán cuenta en el día del juicio» (Mat. 12: 36).

Aunque las palabras mal usadas que provienen de nuestra boca son perdonadas por nuestro Salvador, son un reflejo de lo que hay dentro de nuestro corazón. Si hemos recibido a Jesús como nuestro Señor y Salvador, nuestro corazón estará siempre rebosando de amor, y cada una de nuestras palabras será filtrada con el deseo de honrar y glorificar a Dios a través de cada sílaba proferida.

Sería terrible que algún día nos proyectaran una película mostrando los daños que nuestras palabras han causado a los demás. Muchas veces no meditamos en el hecho que el hombre, la mujer, la persona, que habla palabras ofensivas, falsas, groseras, desconsideradas, es como el que enloquece, y echa llamas, saetas y muerte. Las palabras sarcásticas y burlonas son como saetas de muerte que siegan la vida o, por lo menos, marchitan la existencia de nuestro prójimo.

Las palabras que elijamos usar hoy construirán o destruirán nuestras relaciones con nuestros seres amados y con nuestro prójimo. El don del habla es un enorme poder para el bien. Glorifiquemos a nuestro Padre celestial usando hoy palabras de ánimo, palabras que verdaderamente sean una aportación positiva para la vida de otras personas. Que tu oración sea hoy: «Padre, ayúdame a traer luz a la vida de alguien que lo necesita».

Antes exhortaos los unos a los otros cada día, entre tanto que se dice: «Hoy», para que ninguno de vosotros se endurezca por el engaño del pecado.
HEBREOS 3: 13

La palabra 'exhortar' significa «incitar a alguien con palabras, razones y ruegos a que haga o deje de hacer algo». En el caso del texto de hoy, animarnos unos a otros a ser fieles. Si nos animamos mutuamente, Satanás no entra fácilmente en nuestras vidas. El arma que más usa el enemigo para derrotar a los cristianos es el desánimo. Necesitamos animarnos unos a otros para mantener viva la fe y la esperanza. Pablo llama a la iglesia a hacer eso cada día.

La mejor defensa es el ataque, y una forma muy efectiva de preservar la propia alma es vigilar el bienestar espiritual de los demás. Un fuerte sentido de responsabilidad de grupo es la marca de una iglesia saludable. Los cristianos son como brasas: juntos, alimentan mutuamente su fuego y generan gran calor; separados, pronto se enfrían y se apagan. Toda reunión de creyentes, aun las reuniones recreativas y sociales, deben estar impregnadas de un profundo tono de devoción e interés mutuo.

La iglesia debe ser un centro de recuperación de fuerzas para seguir adelante. Es el sitio donde los cristianos renuevan constantemente su fuerza espiritual. En ella se refuerza el celo y el propósito santo. A la iglesia vamos para estar con la familia. Allí las personas se ayudan y se animan unas a otras.

La infantería tiene una retaguardia. Esta va detrás de la tropa, recogiendo a los caídos en batalla, para estar seguros de que nadie queda abandonado en el campo. Nadie es dejado atrás; todos son recogidos y devueltos al compañerismo y la seguridad del campamento.

La iglesia necesita una retaguardia. Debemos buscar al que se tambalea, dar esperanza al que ha caído, recoger al herido en la batalla y devolverlo a la seguridad del campamento. Nunca como ahora ha habido tanto dolor entre el pueblo de Dios. Son tiempos difíciles. Pronto vendrá el tiempo de angustia. Cuida de tus hermanos en la fe. Nunca hieras ni permitas que alguien hiera a los hijos de Dios. Nuestro Señor secaba las lágrimas de sus oyentes; los afligidos que lo escuchaban recuperaban el gozo; los que habían perdido la dignidad la recuperaban. Es la tarea que Dios ha dado a sus hijos.

«Fortaleced las manos cansadas, afirmad las rodillas endebles. Decid a los de corazón apocado: Esforzaos, no temáis; he aquí vuestro Dios viene con retribución, con pago; Dios mismo vendrá y os salvará» (Isa. 35: 3, 4).

Entonces José, a quien los apóstoles pusieron por sobrenombre Bernabé
(que traducido es, Hijo de consolación), levita, natural de Chipre,
como tenía una heredad, la vendió y trajo el precio
y lo puso a los pies de los apóstoles.

HECHOS 4: 36, 37

¿Qué sucedería si nuestras iglesias estuvieran llenas de personas como Bernabé? Revolucionaríamos nuestro entorno, transformaríamos nuestros hogares, cambiaríamos nuestras comunidades. Bernabé era una persona que, doquiera se encontrara, animaba a los demás a dar lo mejor de sí; avivaba el espíritu de los desanimados; tranquilizaba el corazón de los afligidos; traía gozo y confort a los entristecidos; buscaba al desanimado, al caído, al que había tropezado, y los ayudaba a reafirmarse y entender que el fracaso no es el final. Demostró que el evangelio es la oportunidad de un nuevo comienzo. Este tipo de persona era Bernabé.

Cuando la iglesia de Jerusalén sospechaba de la sinceridad de Saulo y no lo quería recibir, Bernabé lo buscó, lo trajo y lo presentó a los apóstoles y a toda la iglesia. Fue el primero en proponer la inclusión de los gentiles. El servicio de Juan Marcos se salvó porque Bernabé creyó en él cuando el apóstol Pablo no quiso llevarlo en el segundo viaje misionero.

La iglesia necesita desesperadamente individuos como Bernabé, que animen a los desanimados, que levanten sus corazones. Necesita redentores que restauren. Pide hoy al Señor que te dé el espíritu de Bernabé. Hay muchos corazones sin esperanza; anímalos a perseverar. Diles que Jesús es la esperanza de gloria. Hay muchas personas que piensan que ya no hay oportunidad para ellos, porque han fracasado muchas veces; diles que lo bueno del evangelio es que siempre se puede deshacer lo malo que hemos hecho y comenzar otra vez. A los marginados diles que Jesús no hace acepción de personas. A los que tienen baja estima propia diles que el cielo pagó un alto precio por ellos. A los que están hundidos en el pecado diles que Cristo es su gran Salvador. A los que son prisioneros de vicios diles que hay un gran Libertador que rompe las cadenas.

Vive hoy para ser bendición y sentirás gozo en tu corazón. Medita en estas palabras a lo largo del día:

Hay corazones a tu alrededor,
tristes, cansados, sin paz.
Dales consuelo que alivie el dolor.
Torna su llanto en solaz.

Hazme una fuente de bendiciones
y que fulgure Cristo en mí.
Hazme un testigo, te ruego, Señor,
y un fiel obrero de mi Salvador.

157

«Señor», le respondió el enfermo, «no tengo quien me meta en el estanque cuando se agita; y entretanto que yo voy, otro desciende antes que yo».
JUAN 5: 7

No permitas que las circunstancias difíciles de la vida te llenen de amargura. Mucho menos tengas envidia de aquellos a quienes, al parecer, les va mejor que a ti. No te compares con quienes hayan recibido un ascenso en su trabajo, o gocen de mejor salud, o se hayan visto favorecidos con una buena suma de dinero que alguien les entregó.

El hombre a quien Jesús encontró en el estanque de Betesda no solo padecía parálisis desde hacía 38 años, sino que, al parecer, su corazón estaba lleno de amargura desde hacía la misma cantidad de tiempo. No sería extraño que así ocurriera, porque cuando las aguas se movían a la llegada del ángel, siempre había alguien que se le adelantaba y entraba primero al agua, de donde, según el relato, salía completamente sano. Nuestro hombre, al parecer, no se sentía feliz de que otros dejaran de estar enfermos, de que su mal desapareciera y se sintieran alegres por haber recuperado la salud.

Las bendiciones que los demás reciben pueden llevarnos, incluso, a llenarnos de amargura contra Dios. Por esta causa hay muchos que están llenos de resentimiento contra el Todopoderoso. No permitas que esto te ocurra. La amargura es permanentemente destructiva.

El Salmo 73 registra la sacudida que sufrió la fe del salmista Asaf porque llegó a creer que otros eran más dichosos que él. Se expresó así: «En cuanto a mí, se debilitaron mis pies; por poco resbalaron mis pasos. Porque tuve envidia de los arrogantes, viendo la prosperidad de los impíos» (Sal. 73: 2, 3).

No permitas que en tu corazón crezca la amargura por la prosperidad de los demás. El consejo divino es el siguiente: «Seguid la paz con todos, y la santidad, sin la cual nadie verá al Señor. Mirad bien, no sea que alguno deje de alcanzar la gracia de Dios; que brotando alguna raíz de amargura, os estorbe, y por ella muchos sean contaminados» (Heb. 12: 14-15). La amargura puede destruir muchas relaciones: la relación con Dios, con nuestros seres queridos y con nuestro prójimo.

Esta mañana es muy oportuno que des las gracias al Señor por aquellas personas que han encontrado la salud y han resuelto sus problemas antes que tú. Regocíjate cuando la gracia divina pasa cerca de ti, aunque, según tu parecer, no te toque.

Un libro que solo Jonatán compraría

junio 2

Y Jonatán dijo a David: «Lo que deseare tu alma haré por ti».
1 Samuel 20: 4

Estamos inmersos en una cultura que promueve el éxito personal. La industria del éxito es muy próspera. Los libros de mayor venta en el mundo entero son los que generalmente llevan títulos del estilo de *Métodos para alcanzar el éxito*, *Éxito a su alcance*, *Éxito para tontos* o *El éxito en cinco lecciones*.

En las librerías hay secciones enteras dedicadas a libros de superación personal. Pero en todos los años que llevo visitando librerías, nunca he visto un libro que lleve por título *Cómo ayudar a otro a alcanzar el éxito*. Por desgracia, nuestra cultura se ha sumido en las tinieblas del más negro egoísmo. En esta cultura nadie compraría un libro con una temática y un título semejantes. Quizá por eso nadie se ha atrevido a escribir un libro para ayudar *a los demás* a obtener el éxito.

Uno de los personajes que, en mi opinión, merece mucho respeto y admiración es Jonatán, el hijo del rey Saúl. La Biblia nos dice con toda claridad que Jonatán era un buen hijo, respetuoso de su padre. De acuerdo a la cultura y a la práctica ancestral, Jonatán, hijo primogénito de Saúl, era el heredero natural del trono de su padre. Habría sido normal que Jonatán hiciera todo lo posible para consolidarse como el siguiente rey de Israel. Una vez, el rey le dijo: «Todo el tiempo que el hijo de Isaí viva sobre la tierra, ni tú serás firme, ni tu reino» (1 Sam. 20: 31).

Lo interesante y asombroso es que Jonatán quería compartir el verdadero éxito con Dios y con David. Él sabía que Dios desaprobaba la conducta de su padre, y que había elegido a David para ocupar el trono. Jonatán entendía que la clave del éxito verdadero se encuentra en aceptar los designios y la voluntad de Dios. Era tal el sometimiento de Jonatán a los designios divinos que estaba dispuesto a hacer todo lo que era humanamente posible para que su amigo David alcanzara el éxito. Por eso, le aseguro: «Lo que deseare tu alma haré por ti» (1 Sam. 20: 4).

El mundo está lleno de personas que buscan su propio éxito. Dios, en cambio, busca personas que sean la excepción de esa regla. Busca cristianos genuinos que quieran poner en primer lugar a Dios y a los demás. Como dijo el apóstol Pablo, «en cuanto a honra, dad preferencia a los otros» (Rom. 12: 10).

El mundo tiene la necesidad apremiante de hombres y mujeres que piensen como Jonatán. ¿Podrás tú ser un Jonatán para alguien hoy?

Yendo por el camino, al acercarse a Damasco, de repente lo cercó un resplandor de luz del cielo. [...]
El Señor le dijo: «Ve, porque este hombre es un instrumento elegido por mí, para llevar mi nombre a los gentiles, a los reyes y al pueblo de Israel».
Hechos 9: 3, 15

En el mundo los títulos que una persona obtiene son de suma importancia para conseguir que la promuevan a una posición más elevada. Quizá has oído que a los médicos Alvin Toffler los llama «Dios en bata blanca». La frase, aunque un tanto blasfema, dice mucho de lo que los médicos piensan de sí mismos y de cómo los considera la mayoría de las personas.

Los seres humanos tenemos una profunda necesidad de ser estimados y reconocidos. Por eso hay personas que prefieren ganar menos dinero con tal de estar en un puesto que ante los ojos de los demás parece más importante. San Pablo fue llamado por Dios de una manera verdaderamente llamativa. Mientras iba rumbo a Damasco, fue rodeado por un resplandor que lo dejó ciego. Una voz del cielo exclamó: «Saulo, Saulo, ¿por qué me persigues?» Tiempo después, el mismo Jesús afirmó que Pablo había sido escogido para predicar el evangelio a los gentiles.

Pero cuando Pablo conoció a Jesús, y supo verdaderamente que es «Dios en esencia» (Fil. 2: 6) y que «se despojó a sí mismo, tomó la condición de siervo, y se hizo semejante a los hombres» (Fil. 2: 7), descubrió el título más alto y sublime que un ciudadano de los cielos puede obtener: Siervo de Dios. La necesidad más grande de la humanidad es el servicio abnegado. Y es el más grande privilegio del cristiano, porque «el servicio por amor es la ley de la vida para el universo». El mundo se ha hundido en el beneficio personal y el egoísmo. Por eso, «el servicio propio es la ley de la muerte». Es naturalmente imposible para el ser humano mantenerse en el camino del servicio y del hacer el bien a los demás. La influencia del mundo demanda que escalemos cada vez más y más alto la escalera del éxito. Pero Dios nos ha ordenado servir, como lo hizo su Hijo, aun a sus enemigos. Habrá muchos puestos para alcanzar en el reino de los cielos, pero mientras estemos en la tierra solo hay un título y un puesto que hará vibrar de alegría el corazón de Dios. Bienaventurado aquel a quien Dios promueva para ese puesto, el puesto de siervo.

Esfuérzate por alcanzar el título y el puesto más elevado en este mundo: Siervo de Dios y de la humanidad.

El que no lleva su cruz y viene en pos de mí, no puede ser mi discípulo.
LUCAS 14: 27

Los discípulos comprendían el significado de las palabras de Jesús. Seguramente habían visto, o sabían, que los criminales eran ejecutados en una cruz. Sabían que llevar la cruz significaba una sola cosa: Era un viaje en una sola dirección; los hombres condenados a tan horrible suplicio jamás regresaron a sus hogares, y nadie volvió a verlos. En otras palabras, llevar la cruz era sinónimo de *muerte*.

El discípulo de Jesús que lleva la cruz muere a la vida antigua. El principio de la vida antigua era el *yo*. El principio de la nueva vida no es el *yo*, sino Cristo. Es una vida con el *yo* crucificado, una vida en la que la voluntad de Dios es suprema en cada cosa que se emprende. Es seguir a Cristo en su senda de negación propia. Es aceptar el sufrimiento como parte de la vida.

Una vez aprendida y aceptada la aplicación de la cruz a la vida personal, queda resuelto el problema de la adopción de decisiones en la vida diaria. Ya no nos preguntamos: «¿Debo hacer esto?» o «¿Debo hacer aquello?» Mi deseo ya no está centrado en lo que quiero hacer, sino en lo que es bueno y perfectamente aceptable según la voluntad de Dios para mi vida. Llevar la cruz significa morir a las pasiones de la carne. El viejo hombre ha muerto y ya no respondemos a su llamado; respondemos, más bien, a los impulsos del hombre nuevo. Nuestros afectos están puestos en las cosas de arriba. Llevar la cruz significa morir al programa del hombre viejo, que consistía en marchar al ritmo del mundo. Pero el programa del nuevo hombre ve al mundo de otra manera: ya no para buscar los deleites del pecado, sino a los pecadores perdidos.

La vida del discipulado no es fácil. «Cristo dice: "Dámelo todo. No deseo tanto tu tiempo, tu dinero o tu trabajo; te deseo a ti. No vengo a atormentar tu *yo*, vengo a matarlo. Ninguna cosa a medias o parte de algo es buena. No deseo cortar una rama aquí y otra allá. Deseo tener el árbol completo derribado en el suelo. No deseo taladrar el diente, sino extraerlo de raíz. Deseo la entrega completa del *yo* natural, de los deseos que tú consideras inocentes como de aquellos que consideras malos"» (C. S. Lewis).

El discipulado lo requiere todo. No hay excepción. Nadie llega jamás a ser discípulo de Cristo y vive una vida fácil a la vez. Jamás se encontrará un verdadero discípulo de Cristo viviendo cómodamente la vida, sino preocupado por el cumplimiento de la misión.

161

Ni tampoco ofrezcáis más vuestros miembros como armas
al servicio del pecado, sino ofreceos a Dios
como quienes han vuelto de la muerte a la vida; y ofreced vuestros miembros
a Dios por instrumentos de justicia.
ROMANOS 6: 13

Se cuenta que una vez, un cristiano chino viajaba en un tren junto a tres incrédulos. Estos, para entretenerse, decidieron jugar a las cartas, pero, dado que necesitaban un cuarto jugador, pidieron al cristiano que se les uniera. Este contestó:

—Siento no poder hacerlo, pero no puedo unirme a ustedes en su juego porque no traje mis manos conmigo.

—¿Qué quiere decir? —le preguntaron atónitos.

—Este par de manos no me pertenece —les explicó, refiriéndose al traspaso de propiedad que había ocurrido en su vida cuando aceptó a Jesús como Salvador.

Esto explica muchas cosas. Primero, que la santidad abarca el ser entero. Pablo dijo: «Y el mismo Dios de paz os santifique por completo; y todo vuestro ser, espíritu, alma y cuerpo, sea guardado sin culpa para la venida de nuestro Señor Jesucristo» (1 Tes. 5: 23).

¿Qué es un cuerpo santo? ¿Cómo puede dejar de ser santo un cuerpo? He ahí la razón de la temperancia, la templanza, la moderación, la frugalidad, la limpieza, la castidad, la pureza. He ahí la razón para ser temperantes en el comer, el beber, el trabajo, el descanso, el juego, el pensamiento y todas las actividades en las que entra la parte física de nuestro ser.

Algunos se quedan perplejos con la afirmación del apóstol Pablo cuando señaló que «el ejercicio corporal para poco es provechoso» (1 Tim. 4: 8). En realidad, «Pablo no está menospreciando los beneficios del ejercicio físico. El cuerpo humano es "el templo del Espíritu Santo" (1 Cor. 6: 19, 20) y todo cristiano debe mantenerse en el mejor estado posible de salud. Esto requiere una razonable cantidad de ejercicio físico. Lo que preocupa a Pablo es que la austeridad o el ejercicio físico de cualquier naturaleza se convierta en un fin en sí mismo, para detrimento de la piedad del carácter» (*Comentario bíblico adventista*, t. 7, p. 314).

Los miembros de nuestro cuerpo son sagrados. Fueron comprados por precio. Nuestro cuerpo pertenece a Dios. El cristiano fiel nunca descuida su condición física, porque es descuidar una parte muy importante de su ser. Dios pide cuenta de todo lo que hacemos con nuestro cuerpo.

Analicemos de nuevo nuestra dedicación y consagración. ¿Cómo tratamos nuestro cuerpo? ¿Es santo y puro lo que hacemos con cada uno de los miembros de nuestro cuerpo?

Peca el que menosprecia a su prójimo;
mas el que tiene misericordia de los pobres es bienaventurado.
PROVERBIOS 14: 21

L os cristianos han ido dejando a través de la historia las hazañas del amor de Dios que brilla en sus corazones. Un viejo pastor chino salió una mañana de su casa para predicar. Llevaba dos centavos para su almuerzo.

Mientras caminaba, se le acercó un mendigo. Como lo único que tenía era el dinero de su almuerzo, el pastor le dijo que no podía ayudarlo. Entonces Dios le dijo que le diera al pobre lo que tenía para el almuerzo; a cambio, el Señor prometió darle un dólar al pastor.

Cuando terminó de predicar su sermón, sentía mucha hambre, pero sabía que no tenía ninguna esperanza de comer algo. Tenía algo que hacer por la tarde, pero tenía tanta hambre que tuvo que volver a casa.

Cuando le contó a su esposa el hambre que tenía y por qué había vuelto tan temprano, ella comenzó a regañarlo, porque consideraba que había sido una tontería regalarle su dinero al mendigo, y lo dejó sin comer hasta la cena.

Finalmente, llegó la hora de cenar. Cuando terminaron, la esposa preguntó:

—¿Dónde está el dólar?

—Ya vendrá —le contestó el pastor con sencillez.

—¿Dónde está el dólar? —preguntó sarcásticamente la esposa a la hora de acostarse.

En ese preciso momento llamaron a la puerta. Eran dos representantes del gobierno que necesitaban información acerca de la historia de la región, y el pastor les había sido recomendado como el único que tenía aquella información.

Durante dos horas el pastor contestó sus preguntas. Al terminar, le dieron las gracias y pusieron dos dólares sobre la mesa.

El pastor levantó uno de los dólares y se lo devolvió, diciéndoles:

«Por favor, llévense este de vuelta. Dios me prometió solo un dólar».

De muchas maneras, providenciales y misteriosas, obra Dios para recompensar a los que son generosos y misericordiosos con los pobres.

Procuremos que no se apliquen a nosotros estas palabras: «Los observadores del sábado se están volviendo más egoístas a medida que aumentan sus riquezas. Disminuye su amor por Cristo y su pueblo. No ven las necesidades de los desvalidos ni sienten sus sufrimientos ni dolores. No se dan cuenta que al descuidar al pobre y al doliente, descuidan a Cristo, y que al aliviar las necesidades y los sufrimientos de los pobres [...] ministran a Jesús» (*El ministerio de la bondad*, pp. 43, 44).

163

También el reino de los cielos es semejante a un mercader
que busca buenas perlas, que, habiendo hallado una perla preciosa,
fue y vendió todo lo que tenía, y la compró.
MATEO 13: 45, 46

Si preguntásemos a una docena de personas cuál es su mayor deseo, casi con seguridad las respuestas serían de esta guisa: «Ser millonario», «Tener salud, felicidad y paz», «Tener un carácter admirable», «Ser alguien famoso», «No enfadarme nunca» o «Tener sabiduría».

¿Qué es lo que más deseas en la vida? Si tuvieras que hacer una lista de las diez cosas que más deseas obtener, ¿qué aparecería al comienzo de la lista de las cosas que más anhelas? Una de las señales de madurez espiritual en la vida de un cristiano es su anhelo por Cristo por encima de cualquier cosa que pueda desearse en este mundo. Así lo manifestó el apóstol Pablo. Dijo que estaba dispuesto a perderlo todo —prestigio, fama, familia— por ganar a Cristo.

Rhea F. Miller dijo: «Prefiero a mi Cristo antes que riquezas sin fin; prefiero a mi Cristo antes que tierras y cosas; prefiero ser guiado por esas manos traspasadas por los clavos». Solo el Espíritu Santo puede producir ese cambio radical que se requiere para desear a Jesús por encima de todas las cosas, para que él ocupe el primer lugar en nuestra vida. ¡Cuán difícil es elegir entre un deporte favorito —o la novela preferida— y Jesús! Pero es muy animador saber que el Espíritu Santo está dando pasos en tu vida y que te conducirá hacia una relación madura con Cristo, hasta que él se posesione de ti y sea el centro —lo más importante— de tu vida.

Jesús dijo a sus discípulos que encontrar el reino de los cielos es como hallar una perla de valor incalculable, tanto, que uno estaría dispuesto a deshacerse de todo lo que tiene, con tal de poseerla. Y es que Jesús es la Perla de gran precio. Experimentar verdaderamente al Señor es como reconocer que nada es de más valor que conocerlo a él.

¿Qué cosas se oponen a que tú busques a Cristo como la primera y más urgente necesidad de tu vida? ¿Hay algo más importante que Cristo en tu vida? Si es así, sea lo que sea, es un ídolo. Piénsalo bien. ¿Estás dispuesto a crecer y madurar hasta el punto en el cual dependas totalmente de él? Descubrirás que seguir a Cristo es la mejor inversión que jamás podrás realizar. En su presencia encontrarás la paz de la que tu alma anhela gozar. "Compra" hoy a Jesús, la Perla de gran precio.

Y no teniendo ellos con qué pagar, perdonó a ambos.
Di, pues, ¿cuál de ellos le amará más?

LUCAS 7: 42

Simón el fariseo se había esmerado hasta en el último detalle en la preparación de la cena para el invitado especial de aquella noche. Sobre la mesa, cubierta con blancos manteles, había deliciosas rebanadas de pan ázimo, ensalada de tomillo, romero y coriandro, cántaros con vino, agua con sal y fuentes que contenían almendras, avellanas y otras frutas de temporada.

Habían sido invitadas personalidades destacadas de la comunidad de Betania. La casa lucía iluminada, limpia y perfumada con flores. Al anochecer llegó Jesús, quien tiempo atrás había curado a Simón de la terrible enfermedad de la lepra. Aquella cena era una muestra de gratitud. Todos se sentaron a la mesa para comer y escuchar las palabras del Maestro.

De repente, una mujer joven y hermosa, vestida con ropa modesta, entró casi a hurtadillas en la casa, tomó un frasco de perfume, se arrodilló a los pies de Jesús, y comenzó a llorar. Sus lágrimas caían sobre los pies del Maestro y ella los secaba con su cabello, los besaba, y los ungía con un finísimo perfume hecho de nardo puro.

Aquella mujer había conocido a Jesús tiempo atrás, y él la había sanado física y espiritualmente. Aunque, a ojos de algunos, la conducta anterior de esa mujer dejaba mucho que desear, lo más importante para ella era que el Señor había perdonado sus pecados, y sentía que le debía la vida a él. Enterada de que Jesús estaría en casa de Simón aquella noche, María —que así se llamaba— se había propuesto acudir a ese lugar para dar las gracias al Salvador de esa manera por lo que había hecho por ella.

Simón, alarmado, quiso echar de su casa a aquella mujer de mala reputación. Jesús lo detuvo. Le hizo ver a Simón, a través de parábolas, que él había ofrecido la cena en agradecimiento por haber sido curado de la lepra y, en cambio, aquella mujer lavaba sus pies con sus lágrimas en agradecimiento por haberle perdonado todos sus pecados.

Sin duda alguna, la salud es una gran bendición de Dios. Sin embargo, el don más importante es el perdón de nuestros pecados. La salud física nos da la posibilidad de una larga vida en esta tierra. Pero el perdón de nuestros pecados nos abre el camino hacia la vida eterna y la posibilidad de ver cara a cara a Jesús. El mayor don no es, pues, la salud física o la restauración de la respetabilidad social. El don mayor es el perdón de los pecados, y por él Jesús derramó su sangre en la cruz del Calvario.

Os aseguro, hermanos, por la gloria que de vosotros tengo
en nuestro Señor Jesucristo, que cada día muero.
1 Corintios 15: 31

En los tiempos del apóstol Pablo era peligroso ser cristiano. En nuestro texto de
hoy dice que vivía en continuo peligro de muerte. En aquella época de gobierno
de un emperador corrupto y caprichoso, una multitud podía levantarse en cualquier momento y acabar con el apóstol. De hecho, aunque el desenlace no fue fatal, eso
le ocurrió muchas veces. Cada día exponía su vida por causa del evangelio, cosa que
despertaba la ira de los judíos, de los paganos y del mismísimo Satanás. Era peligroso
en todos sentidos.

Según el argumento que el apóstol viene exponiendo con respecto a la esperanza
cristiana basada en la resurrección de Cristo, afirma ahora que sería necio correr tantos
riesgos si no tuviera la firme esperanza de la resurrección. Como tenía esa firme esperanza, vivía cada día como muriendo; pero no de temor o por vivir en ascuas, sino con
gozo santo y glorificado. Jesús dijo: «Si alguno quiere venir en pos de mí, niéguese a sí
mismo». ¿Cómo? A menudo interpretamos mal este versículo. Creemos que se aplica
a dejar algún mal hábito, práctica o costumbre. A veces uno piensa que tomar la cruz
es dejar de hacer algo que realmente nos gusta. He escuchado otros que pensaban de
la misma manera: «Mi cruz ha sido dejar el baile. Ya no puedo seguir bailando. Me
gustaría hacerlo, pero esta es mi cruz». Pero Jesús no se refería a eso. No. La cruz es
la negación del *yo*.

El pastor Morris Venden dice: «Es la entrega de nosotros mismos: darle a Dios todo
lo que somos. Por eso, cuando no entendemos bien lo que es la entrega, a menudo la
soslayamos o la sustituimos por otra falsa. Si soy lo suficientemente grande y fuerte, y
tengo suficiente personalidad y fuerza de voluntad para hacer esto o aquello, puedo engañarme a mí mismo al pensar que me estoy entregando a Dios. Si creo que puedo vencer
mi tendencia a fumar, por ejemplo, y dejo de fumar por mi propia cuenta, prescindiendo
del poder de Dios, habré creado una atmósfera en la cual voy a encontrar mi propia
condenación. ¿Es esto posible? La realidad es que separado de Jesús puedo dejar de fumar, de beber, o de bailar solamente en forma externa. Íntimamente seguiré en la misma
condición. La cruz no consiste en dejar de hacer algo que nos gustaría hacer. Consiste en
negarnos a nosotros mismos».

Toma hoy tu cruz, es decir, deja de luchar por ser bueno. Logra morir hoy dejando
que Cristo viva en ti su propia vida.

Pero esto decía para probarle; porque él sabía lo que había de hacer.

JUAN 6: 6

E ra poco más de mediodía. Los rayos del sol caían a plomo sobre aquella región, cerca del mar de Galilea. Una enorme multitud se había congregado en la falda de la montaña. En la cima se encontraban Jesús y sus discípulos.

Habían escuchado al Maestro y visto sus milagros y, sin embargo, querían escuchar más. Pero habían llegado desde muy temprano. No habían desayunado ni almorzado. Tenían calor, sed y hambre. Seguramente había entre la multitud madres que trataban en vano de calmar a sus pequeños, que reclamaban un bocado de pan.

Jesús, preocupado por aquella situación, llamó a Felipe y le preguntó: «¿De dónde compraremos pan para que coman estos?» Felipe respondió que ni con el salario de un año, si lo tuvieran disponible, podrían comprar suficiente pan para que cada uno probara un bocado. Entonces Andrés, ante la sorpresa de Felipe, dijo que había visto a un muchacho que tenía cinco panes y dos peces. «Es suficiente», dijo Jesús. Los discípulos organizaron a la multitud y Jesús multiplicó, milagrosamente, la pequeña merienda del muchacho. El milagro fue tan grande que aquellos cinco panecillos y los dos pececillos alcanzaron para que todos comieran hasta saciarse, y sobró tanto que llenaron doce cestas con los restos.

Hay momentos en nuestra vida cuando, como los discípulos en aquella ocasión, nos sentimos abrumados por la magnitud de los retos que debemos enfrentar. Muchas veces nos sentimos tentados a rendirnos ante los problemas que surgen en nuestro trabajo o en nuestra familia. En tales circunstancias debemos recordar que contamos siempre con Jesús, quien es capaz de reprender a los vientos y a los mares; y de multiplicar los panes y los peces.

Él es el Señor de lo sobrenatural. Con su palabra echa fuera espíritus malignos. Él es el Señor de la providencia. Él ordena las cosas en nuestra vida para que se cumpla su voluntad. De él surge la vida y él domina la muerte. Si tenemos fe en Jesús, ningún problema nos abrumará, y ningún obstáculo será insuperable.

Como escribió Elena G. de White, «no hemos de renunciar a la lucha, desalentados, sino que en toda emergencia hemos de procurar la ayuda de aquel que tiene recursos infinitos a su disposición». Jesús sabe siempre lo que debe hacerse. En momentos de necesidad, confiemos en Dios, porque donde hay fe, hay abundancia.

Y yo con el mayor placer gastaré lo mío, y aun yo mismo me gastaré del todo por amor de vuestras almas, aunque amándoos más, sea amado menos.
2 Corintios 12: 15

Estas son palabras del hombre más apasionado por la predicación del evangelio. Son del más grande evangelista y tierno pastor, el gran apóstol Pablo. Tal pensamiento tiene una cierta semejanza con las siguientes palabras, escritas por un discípulo de Karl Marx:

«El hombre revolucionario es un hombre consagrado. No tiene intereses personales, no tiene preocupaciones personales, no tiene sentimientos personales. No está atado a nada. No tiene ninguna propiedad. Ni siquiera tiene un nombre. Todo su ser está absorbido por un único y exclusivo interés, por un único y exclusivo pensamiento, por una pasión dominante: Revolución».

Aunque los motivos y objetivos estaban equivocados, propuso correctamente el sentir del verdadero compromiso, el tipo de compromiso necesario para alcanzar los objetivos de la iglesia. Si de verdad vale la pena creer este mensaje, entonces vale la pena creerlo heroica y apasionadamente.

Jesús afirmó: «Recibiréis poder, cuando haya venido sobre vosotros el Espíritu Santo, y me seréis testigos en Jerusalén, en toda Judea, en Samaria y hasta lo último de la tierra» (Hech. 1: 8). Tales palabras deberían despertar una pasión en la mente y el corazón de los cristianos. Tomadas seriamente son una declaración de guerra. Constituyen un llamamiento para cada creyente, para cada pecador perdonado. Son un llamamiento a la acción heroica.

Los apóstoles siempre estuvieron apasionados por Cristo. Observa el valor, la valentía, la pasión de Pedro el día de Pentecostés. Observa a Esteban durante su martirio. Ni siquiera las piedras pudieron apagar el fuego que ardía en su corazón. En su corazón ardía el fuego de la predicación de Cristo. Contempla a Pablo ante Félix: «Pero al disertar Pablo acerca de la justicia, del dominio propio y del juicio venidero, Félix se espantó» (Hech. 24: 25). Ellos promovían fervientemente su fe. Fueron un ejército de apasionados creyentes que pusieron el mundo del revés.

Debemos estar en este mundo con un solo propósito: Ser personas de una sola cosa, preocuparnos por una sola cosa, vivir por una sola cosa: Complacer el corazón de Dios.

Sea nuestro el sentir de Cristo Jesús: «Yo tengo una comida que comer, que vosotros no sabéis [...]. Mi comida es que haga la voluntad del que me envió, y que acabe su obra» (Juan 4: 32, 34).

> Y respondió Abram al rey de Sodoma: «He alzado mi mano
> a Jehová Dios Altísimo, creador de los cielos y de la tierra,
> que desde un hilo hasta una correa de calzado, nada tomaré
> de todo lo que es tuyo, para que no digas: "Yo enriquecí a Abram"».
>
> GÉNESIS 14: 22, 23

El nombre "Dios Altísimo" significaba mucho para Abram. En hebreo se dice *El Elyon*. Este nombre de Dios se usaba a menudo en relación con Israel mientras se encontraba entre las naciones gentiles. Junto con ese nombre se hace la declaración de que es «poseedor de los cielos y de la tierra». No importa dónde esté, siempre está en el centro de control de este mundo y de toda la creación. En los días más antiguos del pueblo de Dios, circulaba la idea de que Dios estaba localizado en el territorio de Israel. Dominaba únicamente dentro de los límites del territorio de su pueblo. Fuera de su territorio, el dominio lo tenían otros dioses. Ese era un concepto errado y Dios deseaba que entendieran mejor su naturaleza divina. De ahí que, mediante distintos mensajes, viniese a decir: «Poseo el cielo y la tierra; yo los hice, son míos. Las fuentes de las aguas, los animales; todo me pertenece».

La propuesta que le hace el rey de Sodoma a Abram, «Dame las personas, y toma para ti los bienes» (Gén. 14: 21), es absurda. Sodoma, con su rey a la cabeza, había sido derrotada; el rey no tenía nada que ofrecer, y tampoco tenía derecho a pedir nada. Esto ilustra muy bien a Satanás, quien es un adversario derrotado. Fue vencido en la cruz del Calvario. Satanás no tiene derecho a negociar. Cada día hace grandes ofertas. Pero la única manera en que puede hacer algo es a través del engaño. Es el autor de la mentira. Es lo único que puede hacer. Fue vencido, totalmente derrotado, en la cruz. Abram le dijo decididamente al rey de Sodoma: «Nada tomaré de todo lo que es tuyo». El rey de Sodoma pensaba que sus dioses eran los dueños de Sodoma. Abram le enseñó que el Dios Altísimo es el poseedor de los cielos y de la tierra.

La frase que pronunció Abram —«Nada tomaré de todo lo que es tuyo»— tiene una gran enseñanza para nosotros hoy. Debemos memorizarla y usarla constantemente. Cuando el diablo nos haga sus falsas ofertas, cuando nos ofrezca sus engaños, deberíamos decirle inmediatamente: «No deseo nada de lo que me ofreces. La paz que necesito, la solución al problema que me angustia, el remedio para la enfermedad que me debilita, el consuelo para el dolor que me agobia solo se encuentran en el Dios Altísimo, creador del cielo y de la tierra».

Aconteció después de estas cosas, que probó Dios a Abraham,
y le dijo: «Abraham». Y él respondió: «Heme aquí».
GÉNESIS 22: 1

¿Te has preguntado alguna vez por qué el Señor probó a Abraham y no a Lot? La razón probablemente haya que buscarla en que es al santo que anda más cerca del Señor a quien Dios prueba al máximo, para su gloria. Satanás nos tienta para sacar lo peor de nosotros. Dios nos prueba para extraer lo mejor de nosotros, para alabanza de su nombre. Las pruebas más severas no proceden de los hombres, sino de Dios; y, sin embargo, las bendiciones más grandes siempre las acompañan siempre. Dios probó a Abraham; pero a Lot lo probaron Sodoma y el amor del mundo.

La verdadera fe siempre se prueba. Al principio Abraham fue probado para que se viera que amaba a Dios más que a su padre. Ahora era probado para que se viera que amaba más a Dios que a su hijo. Dios no quería la vida de Isaac, quería el corazón de Abraham. Abraham amaba mucho a Isaac y Dios quería estar seguro de que el hijo de la promesa no era un ídolo para Abraham. Dios no le pidió que sacrificara un becerro o un cordero. Le dijo: «Quiero a tu hijo, tu risa, tu gozo, tu único vástago, a quien tanto amas».

El patriarca cumplió la orden de Dios con santa resignación. Después de muchos pasos fatigosos por el escarpado terreno que hubo de recorrer con una carga a cuestas, con un corazón abrumado por la pena, llegó por fin al fatídico lugar. Edificó el altar, el más triste de los que había construido en toda su vida. Puso la leña sobre el altar. ¿Y ahora? A darle la noticia a Isaac de que *él* es el cordero. ¿Cómo pudo Abraham, padre amantísimo, atar aquellas manos inocentes? Después de atarlo sobre el altar, como podemos suponer, entre torrentes de lágrimas, dio y recibió el final beso de despedida. Con un corazón decidido y los ojos levantados al cielo tomó el cuchillo, extendió el brazo y se dispuso a asestar el golpe. Un gran acto de fe y obediencia que merece ser contemplado por Dios, los ángeles y los hombres.

¿Dónde estás tú en tu caminar con Dios hoy? El mensaje de hoy puede ser para ti. Porque estoy seguro de que es para mí. ¿Confías plenamente en Dios, lo suficiente como para poner a tu Isaac en el altar? ¿Qué secretos ídolos amenazan nuestra relación con Dios? Sería bueno hacer hoy un profundo análisis de nuestro corazón.

Y ella respondió: «Vive Jehová tu Dios que no tengo pan cocido;
solamente un puñado de harina tengo en la tinaja
y un poco de aceite en la vasija; y ahora recogí dos leños,
para entrar a prepararlo para mí y para mi hijo, para que lo comamos
y nos dejemos morir».

1 Reyes 17: 12

Dios envió al profeta Elías al lugar más inverosímil para que lo alimentaran en una época de escasez que afectaba a toda la nación: la casa de una viuda. Así obra Dios a veces. Quiere dejar bien claro que es él quien resuelve el problema, no nosotros, ni las circunstancias. Lo mismo hizo cuando envió a Gedeón a pelear contra un ejército como la arena del mar, con trescientos hombres que habían lamido el agua, como hacen los perros.

El profeta le pidió a la viuda un poco de pan. La mujer replicó: «No tengo pan; solo tengo un poco de harina para preparar la última comida y esperar la muerte». Pero Elías le dijo que confiara en Dios y le preparara algo para comer. El profeta le dijo que el plan de Dios era proveer para ella y su hijo, pero que ella necesitaba creer. Esta era la fe que Dios demandaba a aquella pobre mujer: creer que ya había recibido la bendición, aunque todavía no la viera.

La viuda pudo negarse ante lo imposible, pero decidió ejercitar la fe. Atendió la petición del profeta, aunque no sabía de dónde vendría la provisión que Dios mandaría para su propio sustento y el de su hijo. Por eso el libro de Hebreos nos recuerda: «Es, pues, la fe la certeza de lo que se espera, la convicción de lo que no se ve» (Heb. 11: 1).

Aquella mujer tomó el riesgo de la fe: «Entonces ella fue e hizo como le dijo Elías; y comió él, y ella, y su casa, muchos días. Y la harina de la tinaja no escaseó, ni el aceite de la vasija menguó, conforme a la palabra que Jehová había dicho por Elías» (1 Rey. 17: 15, 16).

Tomar el riesgo de la fe es una aventura, un salto a lo desconocido. Si pudiésemos ver todos los detalles de la conducción divina, no necesitaríamos la fe. Decide hoy buscar con intensidad la dirección de Dios. Decide creer en lo que no se ve. Decide vivir tu relación con Dios independientemente de si recibes o no lo que esperas. Dios quiere abrir los portales del cielo para inundar de bendición la vida de sus hijos. El Señor busca hoy adoradores que lo busquen sin esperar la respuesta a sus peticiones. Es lo que nos enseña la viuda de Sarepta.

Él les dijo: «Echad la red a la derecha de la barca, y hallaréis».
Entonces la echaron, y ya no la podían sacar, por la gran cantidad de peces.
JUAN 21: 6

Ya conoces la historia, pero quizá no tengas claro el panorama completo. Cuando Jesús llamó a sus discípulos la primera vez, les dijo: «Echad vuestras redes para pescar» (Luc. 5: 4). Pedro le dijo: «Maestro, toda la noche hemos estado trabajando y nada hemos pescado; mas en tu nombre echaré la red» (vers. 5). Y cuando echaron la red, «encerraron gran cantidad de peces, y su red se rompía» (vers. 6). Entonces los invitó a seguirlo, para ser «pescadores de hombres», y ellos, «dejándolo todo, le siguieron» (Luc. 5: 11).

Lo dejaron «todo» cuando había mucho. Dios los llamó a dejarlo todo, cuando ya les había demostrado que era capaz de suplir todas sus necesidades. Dios nos llama a su servicio, pero es un jefe justo. Sabe que tenemos necesidades personales, familiares y sociales que debemos suplir; y nos enseña que él se encargará de todas esas necesidades cuando decidamos seguirlo totalmente en el camino de la vida y del servicio.

La pesca milagrosa que se menciona en el versículo de hoy es una repetición del mismo milagro, al final del ministerio de Jesús, con el mismo propósito que el primero. Después de la resurrección, los discípulos volvieron a la pesca, que era su trabajo, inseguros todavía del porvenir. Habían trabajado toda la noche y no habían sacado ni un solo pez. La mañana los encontró desalentados, y temerosos por el futuro. Pero entonces apareció Jesús, quien les dio la orden de nuestro texto de hoy. Cuando obedecieron la orden de Jesús y echaron la red, sacaron «gran cantidad de peces».

El milagro se repitió para convencerlos de que Dios supliría todas sus necesidades y las de su familia si ellos obedecían la orden de ir «a todo el mundo». Y el milagro y el mensaje son para nosotros también. Desde muy temprano en la vida del ser humano se le enseña la necesidad de luchar para alcanzar el éxito en la vida. Pero la búsqueda del éxito suele ser según la perspectiva de éxito del mundo. Sin embargo, Jesús quiere enseñarnos una nueva definición de éxito. Un éxito que es determinado no por lo que se logra, sino por la obediencia. El éxito de los discípulos aquella mañana llegó en el instante en que obedecieron la voz de Jesús y tiraron la red al mar. El éxito consistía en obedecer la exhortación de Jesús, no en el resultado. Obedece el llamamiento de Dios a servirlo hoy, y déjale a él el problema del éxito.

> Al regresar ellos, acabada la fiesta, se quedó el niño Jesús en Jerusalén,
> sin que lo supiesen José y su madre.
>
> Lucas 2: 43

Cuenta una leyenda que una mujer muy pobre, con un niño en brazos, pasó delante de una caverna y escuchó una voz misteriosa que, desde el interior, le dijo: «Entra y toma todo lo que desees, pero acuérdate de lo principal. Recuerda que solo tienes tres minutos. Una vez que salgas, la puerta se cerrará para siempre. Aprovecha la oportunidad que te doy, pero acuérdate de lo principal».

La mujer entró en la caverna y encontró muchas riquezas. Fascinada por el oro y las joyas, puso al niño en el suelo y empezó a juntar ansiosamente todo lo que podía en su delantal. Agotados los tres minutos la mujer cargada de oro y piedras preciosas, corrió fuera de la caverna y la puerta se cerró. Cuando recordó que el niño había quedado dentro, la puerta era ya definitivamente infranqueable. Sí, es una leyenda. Pero, ¡cuántas lecciones puede enseñarnos! La riqueza le duró poco a aquella mujer, pero la desesperación fue para siempre.

Es muy fácil perder la escala de valores y confundir lo importante con lo primordial. Muchas veces se puede caer en el error de invertir la lista de prioridades y, como resultado, olvidar lo que es de más valor. Ese fue el grave error que cometieron los padres de Jesús. La fiesta de Pascua había concluido; el viaje de regreso se había iniciado. Había cosas que empaquetar, alimentos que comprar, conocidos de quien despedirse, amigos con quien conversar. Era, en fin, mucho lo que había que hacer. José y María recordaron todo lo importante en su viaje de regreso, sin embargo olvidaron lo principal. Olvidaron a su Hijo, el Hijo de Dios. Es una de las anécdotas más extrañas de la Biblia. Deberíamos estudiar con más cuidado las lecciones que Dios quiere que aprendamos de esa experiencia.

¿Te lo imaginas? La satisfacción de tener todo lo necesario para el viaje de regreso y el gozo de charlar durante varias horas con sus amigos y conocidos absorbieron su atención a tal punto que no advirtieron que lo más importante, y lo más precioso, no estaba con ellos. «Si José y María hubiesen fortalecido su ánimo en Dios por la meditación y la oración [...] no habrían perdido de vista a Jesús. Por la negligencia de un día perdieron de vista al Salvador; pero el hallarle les costó tres días de ansiosa búsqueda» (*El Deseado de todas las gentes*, p. 62).

¿Cómo está tu lista de prioridades? ¿Está primero lo Primero en tu vida? ¿Hay espacio para pasar tiempo con Dios y escuchar su voz? Recuerda, no olvides lo principal.

Los que amáis a Jehová, aborreced el mal; él guarda las almas de sus santos; de mano de los impíos los libra.
SALMO 97: 10

La Palabra de Dios es un mensaje de amor y un llamamiento a amar. Debemos amar a Dios, a nuestros semejantes, a nuestros familiares y a nosotros mismos. Pero hay un texto en la Escritura que parece contradecir esta afirmación. Es el texto que dice: «Si alguno viene a mí, y no aborrece a su padre, y madre, y mujer, e hijos, y hermanos, y hermanas, y aun también su propia vida, no puede ser mi discípulo» (Luc. 14: 26). Estas son, me parece a mí, algunas de las palabras más difíciles y cortantes que el Señor Jesús pronunció.

Es obvio que Jesús no ordena a sus siervos que odien y aborrezcan a aquellos a quienes nos manda amar tanto como a nosotros mismos: Eso sería completamente opuesto a toda la enseñanza de la Palabra de Dios en pasajes como «Un mandamiento nuevo os doy; que os améis unos a otros; como yo os he amado, que también os améis unos a otros» (Luc. 13: 34) y «Amarás a tu prójimo como a ti mismo. No hay otro mandamiento mayor que estos» (Mar 12: 31).

El problema no está tanto en las palabras 'aborrecer' u 'odiar' como en nuestra percepción de la palabra 'amor'. "Odiar", en este contexto, significa, "amar menos". Debemos amar profundamente a nuestros seres queridos. El único mandamiento con promesa de la Biblia es que debemos honrar, es decir, amar, a nuestro padre y a nuestra madre. Y a nuestro prójimo debemos amarlos tanto como nos amamos a nosotros mismos.

Lo que quiere decir Jesús es que el amor por Dios debe ser supremo. Ni siquiera un amor tan sagrado y profundo como el que debemos sentir por nuestra madre o por nuestro padre debe interponerse entre Dios y nosotros. Si se llegara a dar el doloroso caso en que nuestros padres se interpusieran entre Dios y nosotros y nos prohibieran obedecerlo, nuestro amor por Dios debería ser tan grande como para darnos el valor para negarnos a obedecerlos, e, incluso, para estar dispuestos a abandonarlos para siempre por causa del amor de Dios.

Dios te llama hoy a que lo ames con todas sus fuerzas, con todo tu corazón, con toda tu mente, con toda tu alma y con todo tu cuerpo. Pero este amor solo podrá desarrollarse si te propones que nada ni nadie compita con el amor por tu amado Señor. ¿Puedes decir hoy que no hay nada que se interponga entre el Salvador y tu alma?

> Respondiendo Satanás a Jehová, dijo: «¿Acaso teme Job a Dios de balde?
> ¿No le has cercado alrededor a él y a su casa y a todo lo que tiene?
> Al trabajo de sus manos has dado bendición;
> por tanto, sus bienes han aumentado sobre la tierra».
> Job 1: 9, 10

Satanás le dijo a Dios que la única razón por la cual su siervo Job le rendía adoración era porque había puesto una cerca de protección alrededor de él y de su familia. Muchas veces me pregunto: ¿No será que seguimos y amamos a Dios por nuestra salud, nuestros ahorros, nuestros trabajos estables y nuestras libertades? Si esa es la razón, entonces nuestra fe no ha sido probada.

Algunos cristianos han sido probados con la enfermedad y el dolor, y han salido de la prueba purificados como el oro. Muchos cristianos han visto rota la cerca de protección y han sido severamente probados. Precisamente entonces se descubre quiénes somos en realidad y de qué está compuesta nuestra fe. Job lo perdió en cuestión de minutos casi todo. ¿Cuál fue su reacción ante la calamidad? Él adoró y alabó a Dios a pesar del dolor que traspasaba su corazón.

Me estremezco al pensar que, si hubiéramos sido nosotros, probablemente habríamos levantado nuestros puños contra el cielo y gritado con todas nuestras fuerzas: «¡He sido fiel Señor! ¡No te he fallado! ¿Dónde te has metido ahora que me sucede todo esto? ¿Dónde estás? Dios, ¿por qué eres injusto?» Por desgracia, esto puede ocurrirnos incluso en las pruebas más sencillas. A veces la prueba más sencilla de nuestra fe nos induce a reclamar a Dios porque sentimos que nos ha tratado injustamente.

Siempre debemos recordar que las misericordias del Eterno son muchas y que si nos tratara con justicia estricta, la verdad es que no sería bueno para nosotros. ¿Sabes por qué? ¿Sabes lo que en realidad representaría que Dios hiciera justicia con nosotros? Justicia sería que Dios nos abandonara y retirara toda esperanza y toda bendición de nosotros, ya que somos una raza pecadora en presencia de un Dios santo que no se mezcla con el pecado. Justicia sería que recibiéramos el castigo divino cada vez que cometemos un pecado. ¡Alabado sea Dios, porque, aunque el pecado nos lo pueda quitar todo, no nos puede quitar la victoria en Jesucristo! Por eso, Job sabía que, si Dios quería, podía restaurarle todo lo que había perdido sin ningún problema. Por supuesto, al final Dios le restauró el doble de lo que había perdido.

Tengamos hoy la actitud de Job. Aunque nuestras almas sufran, Dios ha prometido que un día no muy lejano, cuando Jesucristo aparezca en las nubes de los cielos, él nos restaurará el doble y mucho más.

¿Qué pensáis vosotros, los que usáis este refrán sobre la tierra de Israel, que dice: «Los padres comieron las uvas agrias, y los dientes de los hijos tienen la dentera?»
EZEQUIEL 18: 20

Entre los hijos de Israel, en el tiempo de Ezequiel, circulaba este perverso refrán: «Los padres comieron las uvas agrias, y los dientes de los hijos tienen la dentera». Dios vio necesario enviar el mensaje contenido en el capítulo 18 del libro escrito por el profeta para corregir esta visión equivocada de su justicia y de su juicio. La forma humana de ver las cosas adolece de muchos defectos.

Los periódicos anunciaron esta noticia generada en Nueva Delhi, India: «Multan a hombre por una falsa denuncia de su abuelo hace un siglo. Deberá pagar el equivalente de treinta centavos de dólar por la ofensa de su abuelo, Kally, quien acusó hace cien años a su suegro de mantener relaciones extramatrimoniales con una mujer en el pueblo de Kaili». El veredicto lo dio un consejo local (*panchayat*) de la región de Uttar, en el norte de la India. La agencia india IANS informó que hace cien años comenzó el juicio que analizaba el asunto. El abuelo murió de viejo, pero el juicio continuó durante cien años. Finalmente, después de una larga deliberación que duró cuarenta horas, la última de muchas que se celebraron durante cien años, el consejo local dio su veredicto. De acuerdo con esa justicia, el nieto tiene que pagar la multa, por una falta que no cometió. Y la multa de doce rupias (treinta centavos de dólar) que tuvo que pagar Naushad es menor de lo que habría tenido que pagar si el veredicto se hubiera dado un poco antes: sumergir la mano del condenado en una sartén con aceite hirviendo.

Este caso extremo solo nos ayuda a comprender un poco mejor la justicia divina: «El alma que pecare, esa morirá; el hijo no llevará el pecado del padre, ni el padre llevará el pecado del hijo; la justicia del justo será sobre él, y la impiedad del impío será sobre él» (Eze. 18: 20). Es muy consolador saber que todos seremos juzgados por un Dios que es misericordioso y justo. No disminuirá la culpa de nadie, pues «de ningún modo tendrá por inocente al malvado» (Éxo. 34: 7). Sin embargo, juzgará toda causa justamente.

Porque sabemos que un juicio justo «no tendrá por inocente al culpable», debemos acercarnos ahora al trono de la gracia, para arreglar todas nuestras cuentas con Dios. El consejo de nuestro Señor se aplica aquí: «Ponte de acuerdo con tu adversario entre tanto que estás con él en el camino» (Mat. 5: 25).

Ajusta tus cuentas con Dios hoy. Es el momento más apropiado.

> Haced morir, pues, lo terrenal en vosotros: fornicación, impureza, pasiones desordenadas, malos deseos y avaricia, que es idolatría.
>
> COLOSENSES 3: 5

El consejo pastoral del apóstol Pablo en este texto es amplio y profundo. Aconseja hacer morir el pecado, matarlo, suprimirlo. Vamos a comentar únicamente esta parte: «Haced morir, pues, en vosotros [... la] avaricia, que es idolatría». Según el diccionario, la avaricia es el «afán o deseo desordenado de poseer y adquirir riquezas para atesorarlas». Es un deseo desordenado de las cosas presentes, de los goces y deleites materiales. Procede del alto valor que se le concede a la búsqueda de esas cosas y al angustioso temor de perderlas.

El apóstol dice que la avaricia es idolatría espiritual. Idolatría, porque se da todo el amor y la consideración a las riquezas, y no a Dios, de quien proceden. La palabra griega *pleonexía*, "avaricia", es elocuente. Es el "deseo de tener más". La avaricia es más dañina de lo que se piensa normalmente, y ataca a más personas de las que nos imaginamos. No es el pecado de los ricos. Es digno de mención que, entre todos los pecados que señala la Escritura que, por desgracia, cometieron muchos de los grandes hombres de Dios, no haya un solo ejemplo de avaricia. Es motivo de reflexión. Por algo dice el apóstol que es idolatría espiritual.

Un poco de reflexión nos dirá que el símbolo de todo lo deseado y adquirido es el dinero. El pobre que nunca tiene suficiente y el rico que desea tener más pueden tener algo en común: ambos dedican a su afán mucho del tiempo que deberían dedicar a Dios. Y recordemos que "ídolo" es todo aquello que ocupa en el corazón el lugar que le corresponde a Dios.

Se considera que la invención del dinero fue una buena idea de la humanidad. El dinero facilita el intercambio de bienes entre los seres humanos. Es muy útil para compartir, para distribuir, para dar a cada uno lo que le corresponde. Puede ser un instrumento del amor. El dinero, como medio de pago e instrumento para el intercambio de bienes, ayuda a todos los seres humanos a introducirse en la corriente de bienes de la sociedad. Pero el dinero no es más que un medio de pago. No tiene valor en sí mismo. El billete, la moneda, son instrumentos para obtener bienes; no son bienes, en el estricto sentido del término. Por eso, guardar el dinero mismo, como si fuera un bien, es hacer un gran daño a la sociedad: impide a muchos el acceso a la corriente de bienes de la sociedad.

¿Cómo estás tú? ¿Se te aplica el consejo de hoy?

Pero engordó Jesurún, y tiró coces (engordaste, te cubriste de grasa);
entonces abandonó al Dios que lo hizo, y menospreció la Roca de su salvación.
DEUTERONOMIO 32: 15

E lena G. de White escribió estas líneas el año 1890: «Nuestro peligro no radica en la escasez, sino en la abundancia. Estamos siempre tentados a los excesos. Los que quieran preservar sus facultades intactas para el servicio de Dios, deben observar una estricta temperancia en el uso de los productos de la generosidad divina, así como abstenerse completamente de toda complacencia perjudicial o degradante» (*Consejos sobre el régimen alimenticio*, p. 32).

¿No será que nuestra ansiosa búsqueda del progreso material no es más que una búsqueda del peligro? No, el peligro no está en el progreso, sino en que este nos incite a olvidar los principios, de forma que usemos descuidadamente los productos de la generosidad divina. No es casualidad que el materialismo nazca y prospere en sociedades opulentas. Los pobres de este mundo son más proclives a ser ricos en fe. Los ricos tienen el lastre de sus posesiones, que los arrastran y los atan a la tierra.

Un pato silvestre que volaba hacia el sur decidió detenerse y pasar el verano en el corral de una granja. Podría aprovecharse del grano y del abrigo, y permanecer con sus nuevos amigos domesticados. Pasó el invierno y llegó la primavera, y con ella las aves migratorias. El pato silvestre oyó la llamada de la bandada, y su corazón comenzó a latir más rápidamente. Pero cuando extendió sus alas para alcanzar a sus hermanos en el cielo, notó que no podía elevarse. Durante el invierno el alimento de la granja lo había engordado y estaba demasiado pesado como para que sus alas pudieran sostenerlo. Se elevó unos centímetros y cayó impotente sobre la tierra.

¿No correremos el mismo riesgo si somos ricos, prósperos, felices, dichosos, amados, respetados y elogiados? Es probable que en eso estuviera pensando el profeta cuando dijo: «Bueno le es al hombre llevar el yugo desde su juventud» (Lam. 3: 27). En la Biblia dice: «Engordó Jesurún y tiró coces». Jesurún es el nombre poético de Israel. Abundan los casos en la historia del pueblo de Dios cuando la prosperidad conllevaba aspectos negativos. Cuando Israel prosperaba, se rebelaba a menudo contra Aquel que le había dado la prosperidad.

Quizá a eso se deba la falta de éxito en la búsqueda desesperada de la prosperidad y la seguridad financiera. El Dios sabio y misericordioso no quiere dañarnos. Nos mantiene con el yugo puesto, por nuestro propio bien. Si viéramos las cosas así, seríamos más felices. Amemos a Aquel en cuyas manos está nuestra vida.

> Y Jesús volvió en el poder del Espíritu a Galilea,
> y se difundió su fama por toda la tierra de alrededor.
>
> LUCAS 4: 14

Cuando Jesús volvió del desierto, después de pasar allí cuarenta días en total comunión con Dios, volvió «lleno del poder del Espíritu a Galilea». La palabra que se traduce aquí como "poder" es el término griego *dynamis*, de donde viene nuestra palabra «dinamita». Nuestro Señor venía investido de un poder divino. No fue investido de ese poder porque era Hijo de Dios, ni porque era Dios, sino porque había ayunado, orado, meditado y consagrado su vida durante cuarenta días y cuarenta noches.

Cualquiera de nosotros —así les ocurrió a varios profetas— que hiciera lo mismo sería investido del poder de lo alto. Recibiría el poder del Espíritu y haría grandes cosas, como las que hizo Jesús en su ministerio en Galilea, adonde llegó «en el poder del Espíritu». El Espíritu Santo fue el poder activo en la creación (Gén. 1: 2), y lo es en la nueva creación (Juan 3: 5). El reino de los cielos debía venir «con poder» (Mar. 9: 1). Pero en ocasión del bautismo de Cristo el Espíritu Santo descendió sobre él con fuerza extraordinaria y lo llenó de poder divino para que pudiera llevar a cabo su misión (Juan 3: 34).

Más tarde se les prometió a los discípulos que recibirían el poder del Espíritu Santo, que los capacitaría para dar testimonio del glorioso mensaje de un Salvador crucificado y resucitado (Hech. 1: 8). Lo mismo se nos promete a nosotros. Todos hemos recibido el poder del Espíritu para convertirnos y continuar la vida cristiana. Todos debemos tener poder para dar nuestro testimonio a favor del evangelio de Cristo.

El Espíritu Santo dotaba de poder a Jesús para realizar su obra y sus milagros. Todo lo hacía como humano, ya que vino a ser semejante a nosotros en esta tierra. Esto debe ser una promesa y un incentivo para nosotros como hijos de Dios. Nuestro gran problema es que estamos acostumbrados a tomar decisiones y hacer cosas por nuestras propias manos y nuestra propia fuerza.

Otro peligro que corremos es atribuir a nuestros talentos las obras que hacemos gracias al poder del Espíritu Santo. Hasta los más humildes de nosotros corremos ese riesgo. Pero Jesús era muy diferente. Él dijo: «El Hijo no puede hacer nada por sí mismo». ¿Quieres ser usado con poder por el Espíritu Santo? El precio es alto. Es una vida, en todos los aspectos, de constante compañerismo y apego a Jesús.

El poder está disponible. Dios quiere revestirnos del poder de su Espíritu. A nosotros nos toca «pedir y recibir».

Respondiendo el ángel, le dijo: «El Espíritu Santo vendrá sobre ti,
y el poder del Altísimo te cubrirá con su sombra;
por lo cual también el Santo Ser que nacerá, será llamado Hijo de Dios».
LUCAS 1: 35

El Espíritu Santo ejerce diferentes funciones como representante de Cristo en esta tierra. Juan, en su Evangelio, presenta algunas de esas funciones de la tercera persona de la divinidad en su obra a favor de los creyentes. Actúa como maestro. Hace saber al cristiano las cosas que han de venir. Es un guía que conduce al creyente a toda verdad. También obra como conciencia, convenciéndonos de pecado.

Lucas presenta otras funciones del Espíritu Santo. Esas funciones están relacionadas con la historia del nacimiento de Jesús. «Y ahora concebirás en tu vientre y darás a luz un hijo» (Luc. 11: 31). Es como si Lucas dijera que el Espíritu Santo tiene una función reproductora en la iglesia. Este concepto lo expresa Lucas también en el libro de los Hechos de los Apóstoles. Allí el Espíritu Santo obra la "reproducción" de dos maneras:

En primer lugar, es el encargado de la reproducción *numérica* de la iglesia. Tan pronto descendió el Espíritu Santo sobre los apóstoles el día de Pentecostés, se añadieron como tres mil personas a la naciente iglesia cristiana. En segundo lugar, el Espíritu Santo tiene la función de reproducir *el carácter de Jesús* en nuestras vidas. «Entonces viendo el denuedo de Pedro y de Juan, y sabiendo que eran hombres sin letras y del vulgo, se maravillaban; y les reconocían que habían estado con Jesús» (Hech. 4: 13).

El papel número uno del Espíritu Santo es reproducir el carácter de Cristo en la iglesia. Como si hubiera proporcionado a cada creyente un código genético para ser semejante a Jesús. ¿Has oído hablar alguna vez acerca del examen de paternidad? Se aplica cuando se quiere saber si el hombre es el padre de una criatura. Se toman muestras de sangre del padre y del niño. Si el ADN concuerda, es su hijo. En caso contrario, independientemente de lo mucho que se parezcan en el cabello o en los ojos, no es su hijo.

Podemos venir a la iglesia, pero si el Espíritu Santo no ha descendido sobre nosotros y no nos ha dotado de ese "código genético", que nos hace pensar, actuar, caminar y hablar como Jesús, no somos sus hijos. Medita en este pensamiento de Elena G. de White: «En humildad ellos se sometieron al Espíritu Santo; ellos fueron transformados a la plenitud de lo divino».

Recuerda hoy el gran deseo divino: «Hijitos míos [...], que Cristo sea formado en vosotros» (Gál. 4: 19).

Bautizados en fuego

junio 24

> Yo a la verdad os bautizo en agua, para arrepentimiento; pero el que viene tras mí, cuyo calzado yo no soy digno de llevar, es más poderoso que yo; él os bautizará en Espíritu Santo y fuego.
>
> MATEO 3: 11

¿Qué significa ser bautizados con «Espíritu Santo y fuego»? ¿Hay peligro en ser bautizados solo con agua? ¿Cuál es la diferencia? Conviene saberlo, porque el bautismo con agua precede al bautismo del Espíritu Santo y el fuego. ¿En qué forma bautizaría Jesús «en fuego»? «No queda claro en qué sentido Cristo habría de bautizar en fuego. Es posible que esta declaración se refiriera por anticipado al Pentecostés, cuando los discípulos fueron bautizados con el Espíritu Santo bajo la forma simbólica del fuego. También podría referirse al fuego del día final» (*Comentario bíblico adventista*, t. 6, p. 293).

Seguramente son palabras simbólicas de Juan. El fuego y el agua son los dos grandes instrumentos de purificación, y es apropiado que se mencionen los dos juntos para referirse a la regeneración del corazón que ocurre cuando uno se entrega a Dios mediante el bautismo.

Nuestro Señor fue bautizado con el Espíritu Santo (Hech. 10: 38) para poder cumplir su misión. El día de su bautismo el Espíritu Santo descendió en forma corporal, clara y evidentemente sobre él. A los discípulos el mismo Señor Jesús les anunció: «Juan ciertamente bautizó con agua, mas vosotros seréis bautizados con el Espíritu Santo dentro de no muchos días» (Hech. 1: 5). En realidad, faltaban solo diez días para que recibieran el bautismo del Espíritu Santo, lo que ocurrió el día de Pentecostés. El comentario antes citado explica: «Esa clase de bautismo había sido prometida por Juan el Bautista (Mat. 3: 11). La promesa (Hech. 1: 4) era de un bautismo no con agua, sino con el Espíritu, "no muchos días" después de que la promesa fuera dada, es decir, en Pentecostés» (*ibíd.*, t. 6, p. 126).

¿Recuerdas a los discípulos en el día de Pentecostés? ¿Qué fue lo que sucedió? Según Hechos 2: 2, 3, «vino del cielo un estruendo como del viento [...] y se les aparecieron lenguas repartidas, como de fuego». ¿Qué sucede cuando una persona o la iglesia son bautizadas con Espíritu Santo y fuego? Lo que ocurrió en la iglesia primitiva: una tempestad de amor se derramó sobre la iglesia. La frialdad desapareció, y vino el calor del amor. La cobardía se tornó en valentía. La timidez se convirtió en intrepidez. La voz de los discípulos se volvió tan poderosa que conmovieron al mundo, no solo a los judíos o a los romanos.

Pidamos a Dios que nos bautice con Espíritu Santo y con fuego. Es lo que tú y yo necesitamos. Es lo que la iglesia necesita.

Jonatán respondió y dijo a Adonías: «Ciertamente nuestro señor el rey David ha hecho rey a Salomón».
1 REYES 1: 43

¿Estás en sintonía con la voz de Dios? ¿Quiénes son las personas que Dios está usando para preservarte del mal? ¿Tu esposa? ¿Un amigo de confianza? ¿Un pastor? ¿Cómo respondes a sus consejos?

Aprovechándose de la vejez del rey David, su hijo Adonías decidió proclamarse rey de la nación. Sin duda, Adonías se sentía el hombre más capacitado para el puesto. Después de todo, él era el siguiente en el derecho de sucesión al trono tras la muerte de su hermano mayor, Amnón. Así que elaboró una lista de invitados especiales para hacer el anuncio de que se proclamaba rey. Invitó a todos sus hombres de confianza y a sus hermanos, excepto a Salomón, que era al que David había elegido para sucederlo.

Otro de los nombres que faltaba en la lista era el del profeta Natán, el hombre que había sido un oráculo de Dios para el rey David. Fue el profeta que había confrontado a David para concienciarlo del pecado que había cometido con Betsabé y Urías. Cuando se necesitaba un mensaje divino, el hombre que sin falta debía estar presente era el profeta Natán. Pero Natán no estaba en la lista de los invitados de Adonías.

Adonías había llegado a un punto en que no quería que nada ni nadie le recordara la voluntad de Dios. Con esa actitud es fácil imaginarnos cómo se desenvolvió la reunión convocada por él. La actitud de Adonías se parece a la de muchos hoy. Cuando deseamos hacer algo que va en contra de la voluntad de Dios, lo último que queremos que se cruce en nuestro camino es algo o alguien que nos recuerde la voluntad divina. Siempre, antes de recorrer el oscuro callejón del pecado, tendremos que desembarazarnos de personas y cosas que puedan despertarnos la conciencia para incitarnos al bien. Lo malo es que a menudo "ordenamos" guardar silencio al Espíritu Santo

Si anhelas hacer la voluntad de Dios, pon como número uno en tu lista de invitados al Espíritu Santo; luego, a todas las fuerzas que te llevarán por la senda del bien. Dios quiere que tengas a tu alrededor recordatorios que te alienten a hacer su voluntad. Los principales son el Espíritu Santo, la Biblia y los siervos de Dios. Pero también pueden serlo un cuadro de Jesús en nuestra habitación, o una calcomanía con el lema «Jesús es mi guía» en nuestro automóvil. Cuantos más recordatorios tengas, más difícil se te hará espaciarte en el pecado. Que tu oración hoy sea: «Padre ayúdame a hacer tu voluntad. Ayúdame a rodearme de cosas y personas que sean un apoyo para hacer lo que es bueno y justo ante tus ojos».

Porque no sois vosotros los que habláis, sino el Espíritu de vuestro Padre
que habla en vosotros.
MATEO 10: 20

¡Qué extraordinaria promesa hizo Jesús a los siervos de Dios que salen a cumplir la comisión que él les ha encomendado! Cuando se vieran obligados a hacer frente a la oposición, cuando fueran llevados ante autoridades civiles o religiosas para dar testimonio de su fe, no habían de temer. No tenían que preparar discursos y argumentos muy bien pensados, sino esperar el cumplimiento de su promesa: «Porque no sois vosotros los que habláis, sino el Espíritu de vuestro Padre que habla en vosotros» (Mat. 10: 20).

Los misioneros cristianos nunca deberían olvidar que hablan como representantes o embajadores de Cristo (2 Cor. 5: 19, 20), y nunca han de presentar sus propias teorías como si fueran verdad. Si así lo hicieran, podrían ser calificados de falsos profetas. La razón es que el Espíritu Santo debe hablar a través de los representantes de Dios siempre, especialmente en momentos de crisis.

Por otra parte, ¿has pensado alguna vez que Dios requiere mucho más de lo que crees que puedes hacer? ¿Te sientes a veces incómodo por las exigencias de Dios? ¿Te atemorizan algunas cosas que, como cristiano, tienes que confrontar? Deja de pensar en eso. Dios ha prometido su Espíritu Santo para hacer posibles todas las cosas. La presencia del Espíritu Santo no se dio para dejar a nadie en la inoperancia. El Espíritu Santo es un clamor incansable dentro del corazón del cristiano. No es un huésped pasivo. Es el rugir del poder de Dios, es el trueno de la mañana, es el rayo de la vida eterna. Trabaja dentro de uno para ayudarnos a ser y alcanzar todo aquello para lo cual nacimos de nuevo del agua y del Espíritu.

¿Deseas que los demonios huyan ante tus palabras? Entonces salúdalos con el poder de Dios, y serán expulsados con el poder del Espíritu Santo que reside dentro de tu corazón. Recuerda que Jesús dijo a sus discípulos que no debían temer a ninguna cosa. Jesús les recordó que en la hora de la necesidad más profunda, y en el momento de las circunstancias más adversas y difíciles, ellos encontrarían su suficiencia. Estas mismas palabras se te aplican a ti ahora, y mantienen hoy toda su frescura. Tú tienes la fuerza, el poder más grande del universo: el maravilloso Espíritu de Dios, morando en tu corazón.

Decide hoy no dar cabida al temor que paraliza el corazón. Que tu lema sea: «Temor, nunca más. Si Dios por nosotros, ¿quién contra nosotros?»

Él les dijo: «¿Por qué teméis, hombres de poca fe?» Entonces, levantándose, reprendió a los vientos y al mar; y se hizo grande bonanza. Y los hombres se maravillaron, diciendo: «¿Qué hombre es este, que aun los vientos y el mar le obedecen?»
MATEO 8: 26, 27

Las olas estaban a punto de volcar la embarcación. La tempestad azotaba sin misericordia aquella barca y aquellos hombres. Bajo un firmamento negro, cruzado de rayos amenazadores, sentían que en cualquier momento perecerían, en medio de la vorágine del mar embravecido.

En la misma barca estaba Jesús, quien, agotado por las intensas actividades de la jornada, dormía profundamente. Al principio, los discípulos, ocupados como estaban en la lucha por mantener a flote la barca ante los embates del mar, no se acordaron de que con ellos viajaba el Hijo de Dios. Sin embargo, cuando todo parecía perdido, cuando la barca ya no podía resistir más, cuando parecía que el mar profundo se los tragaría en cualquier momento, los discípulos se acordaron de Jesús. Con el terror de la muerte reflejado en el rostro y en el tono de la voz, despertaron al Maestro y le dijeron: «¡Señor, sálvanos, que perecemos!» El Hijo de Dios despertó, reprendió brevemente a sus discípulos por su falta de fe, y ordenó callar y enmudecer a la terrible tempestad. De inmediato, las aguas turbulentas se tranquilizaron. Una suave brisa rizó las serenas aguas del lago. Las estrellas festejaron el milagro de Dios. Los discípulos respiraron aliviados y dijeron asombrados: «¿Qué hombre es este, que aun los vientos y el mar le obedecen?»

Cuando el médico nos da el diagnóstico que nos confirma una terrible enfermedad de un ser querido, cuando el banco nos urge a pagar y nos amenaza con el embargo de la casa, sentimos como si nos atacara una terrible tempestad. El temor atenaza nuestro espíritu y flaqueamos. Con frecuencia, cegados por el temor, perdemos la perspectiva y olvidamos que junto a nosotros está Dios.

La angustia que nos invade es consecuencia de nuestra poca confianza en Jesús. Está junto a nosotros el que es capaz de dominar vientos y mares y calmar cualquier tipo de tempestad que ataque nuestra vida. Ahí está nuestro Salvador, esperando nuestras oraciones para cumplir las promesas que nos ha hecho.

Recuerda que no hay mar embravecido que Jesús no pueda serenar. No existe problema, por difícil que sea, que Jesús no pueda resolver, ni montaña que no pueda hacer desaparecer, ni tinieblas que no pueda disipar. Cuando sientas que las dificultades de la vida te ahogan, ten confianza en Jesús. No te dejará perecer.

> Entonces vino un hombre llamado Jairo, que era principal de la sinagoga, y, postrándose a los pies de Jesús, le rogaba que entrase en su casa.
>
> Lucas 8: 41

La niña tenía doce años de edad y era la luz y la alegría de la casa y del corazón de Jairo, su padre. Jairo era un hombre muy respetado como jefe de la sinagoga. Un día la niña contrajo una extraña enfermedad. Su rebosante salud se fue deteriorando rápidamente. Se puso delgada, pálida y demacrada. Su permanente alegría desapareció. Los mejores médicos de la región, para la desesperación y la angustia de Jairo, fracasaban uno tras otro.

Cuando el último de los médicos desahució a la niña, Jairo sintió que su alma también quedaba desahuciada. No podía imaginarse la vida sin la que era la luz de sus ojos. Su corazón de padre sintió que moriría junto a su hija.

Precisamente por esos días Jesús había regresado a Capernaúm. Jairo se enteró y, aunque su condición de jefe de la sinagoga no le hacía fácil hablar con alguien sospechoso para los dirigentes espirituales de la nación, fue a buscarlo. Cuando lo vio, se postró a sus pies y, desde el fondo de su desgarrado corazón de padre, sin importarle lo que dijeran quienes lo veían asombrados, le pidió que sanara a su hija.

En ese momento, unos mensajeros vinieron y le dijeron: «Tu hija ha muerto». Jairo sintió que una espada gigantesca le atravesaba el corazón. Entonces Jesús le dijo: «No temas; cree solamente y tu niña será salva».

Cuando, acompañado de unos discípulos, Jesús entró en la casa de Jairo, contempló el rostro de la niña, que yacía inerte en el lecho. «Está muerta», le dijeron los familiares deshechos en llanto. Jesús dijo: «No, solo duerme». Y los incrédulos se burlaron. Entonces el Maestro se dirigió al lecho donde estaba la niña, y le dijo: «Muchacha, levántate».

Jairo comprendió a través de una desgarradora experiencia que hay cosas más importantes en la vida que las riquezas materiales y el reconocimiento social. Ni todas sus riquezas juntas, ni todo su poder, podían devolverle la vida a su hija. Solo el poder de Jesús. Jairo así lo creyó.

«Cree solamente», fue todo lo que pidió Jesús, «y tu hija será salva». Cuando estemos frente a cualquier situación, por dolorosa que sea, recordemos las palabras que Jesús le dirigió a Jairo: «Cree». Arrodillémonos delante de Jesús, el dador de la vida y el vencedor de la muerte.

Y le dieron las nuevas, diciendo: «José vive aún;
y él es señor en toda la tierra de Egipto».
Y el corazón de Jacob se afligió, porque no les creía.
GÉNESIS 45: 26

La noticia que recibió Jacob le estremeció el cuerpo y estuvo a punto de paralizarle el corazón. Durante más de veinte años había creído que su amado hijo estaba muerto. De repente, le dan la noticia de que está vivo. Todos los que tenemos hijos comprendemos un poco el dolor del corazón de aquel padre. ¡Cuántas lágrimas! ¡Cuánto dolor! ¡Cuántas horas de agonía a causa de la terrible pérdida! Y cuando le dieron la gran noticia de que su hijo vivía «el corazón de Jacob se afligió, porque no les creía».

La noticia de que su hijo aún vivía sobrepasó cualquier cosa que el patriarca hubiera imaginado jamás. Esta dramática historia es como un consuelo para los padres que han perdido a sus hijos, no solo en la muerte, sino en el camino del bien. Me emociona pensar que Dios piensa devolverles sus hijos a todos los padres que han sufrido el mismo dolor que sufrió Jacob.

Jacob ya había llegado a la conclusión de que José había muerto. Era algo que estaba sellado y confinado al recuerdo doloroso del corazón del padre. El recuerdo y el dolor habían hecho su morada en su interior. ¡Qué maravilloso debe de haber sido saber que su hijo amado todavía estaba vivo!

El corazón de Jacob recibió otro sobresalto cuando supo que José, su hijo, era «señor en toda la tierra de Egipto». Estos son los finales de Dios. Así serán todos los finales, para todos los hijos, para todos los padres, en el reino de los cielos. Todos los finales estarán más allá de la comprensión de la mente humana. Eso es lo que fascina a Dios. Se dedica a hacer cosas que sobrepasan nuestra imaginación. Es el tipo de sorpresas que está preparándonos en la tierra nueva.

El apóstol Pablo dijo que las sorpresas que Dios tiene preparadas para nosotros son inimaginables para el corazón y la mente del ser humano: «Antes bien como está escrito: cosas que ojo no vio, ni oído oyó, ni han subido en corazón de hombre, son las cosas que Dios ha preparado para los que le aman» (1 Cor. 2: 9). Dios tiene un plan para cada uno de nosotros. Si pudiéramos ver lo que tiene en mente, nos quedaríamos pasmados de ver las grandes soluciones que tiene reservadas para cada uno de nuestros problemas.

Decide hoy creer que Dios cumplirá los deseos de tu corazón de una manera inimaginable.

En tiempos de prueba

> A ti, oh Jehová, levantaré mi alma.
> SALMO 25: 1

El cristiano encuentra algunas cosas muy difíciles de entender. Una de ellas es el dolor y el sufrimiento de los hijos de Dios. Cuando pasan por el dolor y la prueba, muchos se preguntan: «Si soy hijo de Dios, ¿por qué me suceden estas cosas? Si el ángel de Jehová acampa alrededor de los que le temen, ¿por qué sufrí este accidente?» Los interrogantes se multiplican y se agravan cuando nos comparamos con otros que, según nos parece, sufren menos a pesar de que no son fieles a Dios.

El dolor y el sufrimiento son una realidad de la vida que afecta a todos los seres humanos, sean cristianos o no. El sufrimiento es un hecho de la vida. La vida es injusta. Vivimos en un mundo caído donde reinan el pecado y la muerte. Dios quiere rescatarnos de aquí, pero el rescate es doloroso para él y para nosotros. Quizá te preguntes: «¿Cuál es, la diferencia entre el que sirve a Dios y el que no lo sirve?»

Sí hay una diferencia. Los cristianos tienen una ventaja. Como hijo amado de Dios, el creyente cuenta con la dirección y la presencia de su amoroso Padre celestial. El Señor dice en su Palabra: «Cuando pases por las aguas, yo estaré contigo; y si por los ríos, no te anegarán. Cuando pases por el fuego, no te quemarás, ni la llama arderá en ti» (Isa. 43: 2).

Dios no te ha prometido librarte del sufrimiento. Lo que sí te asegura es que estará contigo en el horno de la aflicción hasta el final. Busca al Señor en tiempo de paz, para que cuando llegue la hora de crisis puedas tener confianza en él. Entonces tu primera reacción será confiar en Dios, buscar y clamar en oración a tu Padre celestial. Buscar a Dios en los buenos y en los malos tiempos te ayudará a recordar tu posición como hijo de Dios.

No tomes ninguna decisión cuando seas golpeado por el dolor. Haz como Job, que «se postró en tierra y adoró». Entonces sabrás lo que debes hacer. Evitarás mucho dolor y muchos errores si acudes primero al Señor. No te muevas. Escucha primero la voz de Dios. Él te indicara qué tienes que hacer. Tiene muchas formas de acercarse a ti para hablarte: a través de un sermón, al escuchar un himno, o a través del consejo de otro cristiano. Sin embargo, el método normal es a través de su Palabra.

¿Has caído en el horno de la aflicción? Busca al Señor, y él te responderá.

Cuando oyó, pues, que estaba enfermo, se quedó dos días más
en el lugar donde estaba.
JUAN 11: 6

Este pasaje de las Escrituras parece inusual y extraño. Además, suscita ciertos interrogantes en la mente de los lectores. Realmente no encaja en el contexto de la hora de necesidad y urgencia que vive una familia muy cercana al corazón amante y bondadoso del Señor Jesús.

Jesús recibe la noticia de que uno de sus mejores amigos está enfermo. Sabe perfectamente bien que hay corazones desesperados por la crisis que están viviendo, pero no hace nada. Decide permanecer en el mismo lugar donde se encuentra. Todos pensaríamos que lo lógico habría sido que, tan pronto como Jesús hubiese recibido el mensaje sobre el estado de salud de Lázaro, hubiese salido corriendo para atender la petición urgente que se le acababa de presentar. Lo mismo pensaban María y Marta. Ellas sabían que todo se arreglaría tan pronto Jesús llegara a la aldea de Betania. Sin embargo, en lugar de salir corriendo, Jesús se quedó donde estaba dos días más. Estaba a dos días de viaje de Betania, así que, cuando finalmente llegó, habían trascurrido cuatro días desde que recibió el mensaje. Cuando llego, Lázaro ya estaba muerto.

Este pasaje presenta ante nosotros un asunto importante: ¿Qué hacer cuando Dios se demora? Digo que este asunto es muy importe porque es posible que hayas tenido la experiencia de pedir a Dios alguna cosa, como encontrar un empleo, romper con un mal hábito o detener la amenaza de una quiebra financiera sin que nada haya sucedido. O quizá has pedido la dirección de Dios para tomar decisiones importantes, pero no llega la respuesta a tu solicitud. Quizás has rogado en oración por la salud de un ser querido y esa persona cercana a tu corazón no solo no sanó, sino que, en lugar de recuperarse, murió. Quizá tuviste problemas en tu negocio y alguien te dijo que confiaras en el Señor, pero las cosas fueron a peor. Esperabas una palabra de parte Dios, pero lo único que hubo fue silencio. ¿Qué haces cuando todo esto sucede? ¿Qué hacer cuando suceden cosas que no se pueden explicar? El silencio y la demora de Dios en responder nos desesperan. Pensamos: «¿Por qué Dios no actúa? ¿Por qué se demora?»

Aunque la historia de la enfermedad de Lázaro presenta todo un dilema, de ella podemos aprender que las demoras de Dios tienen un propósito y que son dilaciones de amor para traer gloria a su nombre y lo mejor para sus hijos. Ante las demoras de Dios, las palabras del patriarca Job deben ser nuestra fortaleza: «He aquí, aunque él me matare, en él esperaré» (Job 13: 15).

Enviaron, pues, las hermanas, para decir a Jesús:
«Señor, he aquí el que amas está enfermo».

JUAN 11: 3

¿Cómo debemos reaccionar cuando Dios no responde a nuestra súplica inmediatamente? ¿Cuál debiera ser nuestra actitud cuando esperamos que Dios actúe y nada parece ocurrir? Cuando llamamos y no hay respuesta, cuando tocamos a la puerta y no se abre, cuando la ayuda implorada no llega, ¿qué hacer?

En vez de pensar que Dios no escucha, que nuestras oraciones no van más allá del techo, que nos ha abandonado, o que el milagro no se produce porque somos malos, mostremos plena confianza en su amor.

Jesús recibió el mensaje de que su amado amigo estaba enfermo. La Biblia parece enfatizarlo: «Y amaba Jesús a Marta, a su hermana y a Lázaro» (Juan 11: 35). Además, se menciona que, frente a la tumba de Lázaro, «Jesús lloró» (Juan 11: 35). Y los Judíos dijeron: «Mirad cómo le amaba» (Juan 11: 36).

No importa las circunstancias que tengas que enfrentar. No importa cuán oscura sea la noche de la prueba. De una cosa puedes estar plenamente seguro: ni siquiera por un instante eres ajeno al amor de tu Padre celestial.

El mensaje que las hermanas de Lázaro le enviaron a Jesús no incluía la petición de que acudiera a Betania. Tampoco se decía que lo esperaran urgentemente. Eso era innecesario. Sus amigos sabían muy bien que la prueba, la enfermedad, el sufrimiento y el dolor de su amigo Lázaro harían que Jesús viniera rápidamente. Tenían confianza en su amor. Sabían que con solo comunicarle que había una necesidad, él respondería.

Podemos atravesar por muchas experiencias trágicas en la vida y experimentar muchas situaciones indeseables, pero, a pesar de todo lo que ocurra, del vacío, del abandono, del desprecio que tengamos que experimentar, nunca debemos olvidar una cosa: Jesús nos ama. Sufre por nosotros, y llora con nosotros. Todas las relaciones de Dios con nosotros están presididas por el amor. Jesús no respondió a María y a Marta como ellas esperaban que lo hiciera. Fue una severa prueba para su fe en Jesús. Aunque tardara cuatro días o un año en resolver el problema, ellas debían confiar en su amor. La tardanza de Jesús se debía a que tenía un propósito de misericordia hacia ellas y hacia Lázaro.

Cualquiera sea la manera en que Dios haya decidido resolver tu problema hoy, confía plenamente en que él te ama, que está contigo y nunca te dejara solo o sola, en las horas de angustia de tu vida.

Y Marta dijo a Jesús:
«Señor, si hubieses estado aquí, mi hermano no habría muerto».
Juan 11: 21

Hay una mezcla de fe y de reproche en estas palabras. Esto indica la clase de amistad que había entre Marta y sus hermanos con Jesús. Eran amigos queridos. Solo entre amigos cercanos se habla de esta manera franca y sincera. Aunque Marta estaba de luto por la muerte de su hermano, todavía tenía fe en lo que Dios podía hacer y estaba dispuesta a seguir todas sus indicaciones.

Jesús le contestó con aquellas memorables palabras: «Tu hermano resucitará». La respuesta de Marta fue: «Yo sé que resucitará en la resurrección, en el día postrero» (Juan 11: 24). Es una maravillosa declaración de fe. Es la más grande confesión que se encuentra en el Nuevo Testamento. Lázaro, hermano de Marta, había muerto. Había un lugar vacío en la casa. Habían esperado que Jesús viniera prontamente a resolver el problema que afrontaban. Vino, pero no tan rápido como esperaban. A pesar de su desesperación y del dolor que embargaba su corazón, Marta declaró que seguía creyendo en el Hijo de Dios. Desde lo profundo de su dolor, demostró fe en el poder de Dios y fue grandemente recompensada.

En una escena dramática, Jesús elevó una oración sencilla, luego «clamó a gran voz: ¡Lázaro ven fuera!» (Juan 11: 43). ¿Por qué clamó con voz fuerte? Para que la multitud presente pudiera escuchar. Y también por lo que dice R. G. Lee: «Jesús llamó a Lázaro por nombre, porque si solo hubiera dicho: "Ven fuera", el cementerio completo se habría quedado sin uno solo de todos los cuerpos allí sepultados». Este es el milagro más grande relatado en el Nuevo Testamento. Es una prueba absoluta de que Jesucristo tiene en su poder la vida y la muerte.

¿Cómo respondes cuando Dios se demora? Debes demostrar confianza en su amor, sumisión y obediencia a su autoridad, y fe en su poder. Decide hoy no dudar de lo que Dios ha prometido con toda claridad.

Dios ha hecho preciosas y grandísimas promesas a sus hijos. Procura conocer bien la Palabra de Dios. No permitas que la oscuridad de la duda nuble la luz que Dios te ha dado a través de su Palabra. No importa que Dios se demore cuando tú lo llamas. No importa que parezca no escuchar tus oraciones. No importa que haya momentos de perplejidad y confusión en tu vida. Confía en su poder. Dios tiene reservadas grandes sorpresas para sus hijos. Todas glorifican su nombre y son para el mayor bien tuyo y de los suyos.

Dijo Jesús: «Quitad la piedra». Marta, la hermana del que había muerto, le dijo: «Señor, hiede ya, porque es de cuatro días».

JUAN 11: 39

Cuando Dios tarda en responder a nuestras peticiones, no solo debemos mostrar confianza en su amor, sino someternos a su autoridad. Él no solo es el Salvador; es también el Señor, y sus seguidores deben reconocer su autoridad en todo.

Jesús ordenó que se quitase la piedra del sepulcro donde Lázaro había sido sepultado. Marta y María tenían razón. Los cuerpos se descomponen después de tanto tiempo en el sepulcro: «Señor, hiede ya, porque es de cuatro días» (Juan 11: 39). Pero Jesús había dado la orden, y ellas debían obedecer el mandato de su Señor. Este es un cuadro de sumisión y obediencia.

Cuando Dios guarda silencio y no contesta inmediatamente tus peticiones, recuerda que él te ama con amor eterno. Confía en él, deposita toda tu confianza en su cuidado amoroso. Pero además de eso, debes mostrar absoluta y total sumisión a su autoridad.

Nuestro problema no son las cosas que desconocemos, sino aquellas que, pese a conocerlas muy bien, no estamos dispuestos a obedecer. Hay muchas cosas que sabemos que Dios ha ordenado que se hagan, pero que son difíciles de aceptar, como la orden de quitar la piedra. Como Creador soberano, Dios tiene toda la autoridad y ha dado órdenes que deben cumplirse. ¿Vives una vida de total obediencia a lo que Dios ha ordenado? Dios espera que obedezcas y te sometas a su voluntad. No temas, porque todo lo que Dios manda es para nuestro bien. Debemos obedecerlo, porque es lo que más nos conviene.

Hace tiempo, una joven miembro de iglesia me dijo: «Pastor, tengo treinta y tres años de edad, y durante más de doce años he esperado pacientemente encontrar un hombre digno para que sea mi esposo. He orado todos estos años para que Dios actuara, y nada ha sucedido. No puedo esperar más. Estoy decidida a aceptar lo que venga. Incluso a tener cualquier aventura amorosa fuera del matrimonio. Si Dios no actúa, actuaré yo».

Es una experiencia difícil. Pero tomar esa decisión es lanzarse por el camino de la rebelión. Lo que el cristiano debe saber es que, independientemente de lo que Dios se "demore", es mejor esperar pacientemente la revelación de su voluntad.

Dile a Dios esta mañana: «Señor, haz lo que quieras con mi vida. Maneja las cosas conforme a tu voluntad. Me someto a tu autoridad. Tú me amas y estoy seguro de que obrarás en mi favor».

Entonces dijo Natán a David: «Tú eres aquel hombre. Así ha dicho Jehová,
Dios de Israel: "Yo te ungí por rey sobre Israel, y te libré de la mano de Saúl"».
2 SAMUEL 12: 7

David, el rey de Israel, hombre brillante e inteligente, cometió un grave
error. Un hombre bueno, en un momento de debilidad, fue al lugar
equivocado, en el momento equivocado, fijó su mirada en el sitio equivocado y, como era de esperar, fracasó. Cometió adulterio y posteriormente un
asesinato.

Una mirada, un pensamiento malo, un deseo, un adulterio, un crimen. Así es el
pecado. De la inocencia a la depravación. De un poquito, hasta la inmersión total.
Desde un inicio, en el que dominamos, hasta un final, en el que terminamos dominados. Quien se inicia en el sendero del pecado no se imagina hasta dónde llegará.

Dios amaba a David y envió a Natán para amonestarlo, para señalarle su pecado,
para apartarlo del camino que solo tiene un final: la muerte eterna. Dios sabe que el
pecado destruye; por eso es lo aborrece con odio mortal.

El fracaso es algo que todos los seres humanos compartirnos. Es cierto que hay pecados que no salen a la luz. Nadie sabe de ese aborto que indujimos. Nadie sabe de esos
devaneos amorosos a los que nos entregamos. Nadie sabe de ese negocio deshonesto
que emprendimos. Nadie sabe de lo que estaba viendo en la pantalla de la computadora a avanzadas horas de la noche. Nadie sabe de esos vídeos para "adultos" que se
ven cuando se está solo. Nadie sabe de esos pensamientos impuros que amenazan con
salirse del ámbito de las ideas y hacerse realidad. Nadie sabe de esos engaños. Nadie
conoce esas mentiras del pasado, o del presente.

Nuestros fracasos nunca son el final de nuestra relación con Dios. A pesar de nuestros errores, no hay cortocircuito en nuestra relación con el Señor. Abraham mintió,
pero ese no fue su final. Dios dijo que era su profeta y le pidió que orara por Abimelec. David falló pero eso no fue el final para él. Todo pudo haberse perdido, pero no
se perdió. Para Dios nuestros fracasos no son el final. No importa cuán malos, cuán
equivocados, o cuán avergonzados nos sintamos. Dios está ahí. Su presencia no nos
abandona, ni siquiera en el más estrepitoso de los fracasos. La presencia de Dios siempre está con nosotros para ayudarnos. Nos lleva de la mano.

Dios puede enviar a Natán para hacernos saber que nada está oculto a sus ojos.
Como David, necesitamos volvernos a Dios y decirle: «Contra ti, contra ti solo he
pecado; dame un corazón nuevo».

Dijo también el Señor: «Simón, Simón, he aquí Satanás os ha pedido para zarandearos como a trigo».

LUCAS 22: 31

Que alguien pregunte por nosotros puede ser agradable o desagradable. Depende de quién sea la persona y de cuáles sean sus motivos. Si es un amigo, nos sentimos felices. Si es nuestro enemigo y sabemos que tiene malas intenciones, nos preocuparemos. Quien preguntó por Pedro es el peor enemigo que puede existir. Es el más grande ladrón, el mayor destructor, el peor asesino.

¿Puedes imaginarte a Pedro escuchando a Jesús decirle: «Satanás os ha pedido», «Satanás pregunta por ti específicamente», «El diablo pregunta personalmente por ti, Pedro»? Ponte en los zapatos de Pedro por un momento. Si eso no te congela la sangre, entonces no hay cosa que pueda hacerlo.

Gracias a Dios, Jesús animó a Pedro para que no se llenara de pánico. «Pero yo he rogado por ti, que tu fe no falte» (Luc. 22: 32). En otras palabras, Cristo está diciendo a su aterrorizado discípulo que, a pesar de que el mismo jefe de los demonios pregunta por él, no tiene por qué atemorizarse: sus oraciones lo fortalecerán; su brazo omnipotente lo sostendrá.

Jesús está con nosotros para ayudarnos a enfrentar la tentación. Él ruega por nosotros constantemente. Saber y creer esto fortalece la fe del creyente. Si estamos al lado del Salvador de forma resuelta, Satanás no puede llegar a nosotros si antes no se enfrenta con Jesús. El texto indica que Satanás primero vino a pedirle permiso a Jesús para probar a Pedro. Él no puede hacer nada en la vida de sus hijos sin que Dios se lo permita. Dios vigila sobre cada unos de sus hijos amados. «He aquí, no se adormecerá ni dormirá el que guarda a Israel» (Sal. 121: 4).

¿Por qué el diablo fijó su vista en Pedro? Simplemente, porque era un poderoso instrumento en las manos de Dios. Hoy hace lo mismo. Apunta sus armas contra los dirigentes. Por esa razón debemos orar constantemente a favor de nuestros dirigentes, porque ellos siempre están bajo el ataque de Satanás.

Cualquier cristiano que aporta algo en favor del reino de Dios es un candidato para los ataques de Satanás. Si Dios te está usando para llevar personas a los pies de Jesús, el diablo trabajará incansablemente hasta derribarte si te descuidas. ¿Te sientes bajo el fuego del enemigo? ¿Estás enfrentando fieras tentaciones? No te aterrorices: Jesús ora por ti, como lo hizo por Pedro.

Y después de haber ayunado cuarenta días y cuarenta noches, tuvo hambre.
Y vino el tentador, y le dijo:
«Si eres Hijo de Dios, di que estas piedras se conviertan en pan».
MATEO 4: 2, 3

El enemigo sabe perfectamente cuáles son los momentos cuando las defensas del cristiano son más débiles o en que tiene las mayores probabilidades de vencerlo. No vino para tentar a Jesús en su primer día de ayuno; vino después de que el Señor ya llevaba cuarenta días sin probar alimento. Lo atacó cuando el hambre era más intensa. En el momento de mayor necesidad le dijo: «Si eres Hijo de Dios, di que estas piedras se conviertan en pan».

Es probable que, cuando Satanás mencionó la palabra 'pan', los ojos de nuestro Señor vieran en aquellas piedras algo parecido al delicioso pan que su madre horneaba en Nazaret. No olvidemos que él era como nosotros. El hambre era real, y la tentación, muy fuerte. Una fuerte tentación para Jesús era que él podía convertir cualquiera de aquellas piedras redondas en un verdadero pan. Solamente se necesitaba la orden de Jesús para que aquellas piedras se convirtieran en aquello que más deseaba.

No obstante, aunque tenía el poder de hacerlo, no quiso ejercerlo, porque habría sido dudar de Dios, hacer algo en beneficio propio y probablemente aceptar la autoridad de Satanás. Para nosotros no habría sido una tentación, pero para Jesús sí lo fue. Jesús no cedió, por muchas razones. Una de ellas era que su misión consistía en derrotar a Satanás donde Adán había fracasado: la satisfacción del apetito.

Sí, el enemigo sabe cuándo es el mejor momento para atacarnos. Hace propuestas apetecibles para que aceptemos sus insinuaciones. Precisamente cuando tienes un salario que no te alcanza para cubrir los gastos, te ofrece un gran empleo, pero tienes que trabajar los sábados. Cuando los lazos conyugales comienzan a debilitarse, aparece alguien que te presenta atrayentes insinuaciones. Cuando el presupuesto no alcanza para cubrir los gastos de la educación cristiana de tus hijos, te susurra al oído: «Usa los diezmos. Tus hijos son más importantes que las necesidades de la iglesia». Incluso te recuerda versículos como «El que no provee para los suyos, es peor que un infiel y ha negado la fe». En el momento de un accidente, o de un diagnostico médico que te informa de una enfermedad terminal, se presenta para destruir tu fe y tu confianza en Dios.

Cuando sientas que tus defensas se debilitan, ataca valerosamente poniéndose bajo las alas de tu Defensor. Decide hoy mantenerte firme junto a Jesús. Pídele que te ayude a vencer tus apetitos, tus deseos y cualquier oferta que el maligno te ofrezca.

> Abraham habitó en la tierra de Canaán,
> pero Lot habitó en medio de las ciudades del valle del Jordán,
> muy cerca de Sodoma.
> GÉNESIS 13: 12

¿A qué distancia de Sodoma acampas? Al decir esto, en realidad quiero preguntar: ¿Cuánto te acercas al pecado? Cuando Lot escogió el valle del Jordán para instalar su campamento, escogió lo que le parecía más cómodo y más provechoso. Es admirable el carácter de Abraham. No escogió el primero el lugar para poner su campamento, privilegio que le correspondía por su edad y por su posición. Magnánimamente, permitió que Lot escogiera primero. Lo acostumbrado en la cultura de ese tiempo era que Lot, que era el más joven, permitiera que Abraham escogiera primero la tierra donde habitaría.

Abraham permitió que Lot escogiera primero, y este decidió vivir lo más cerca posible de Sodoma. Sabemos que la decisión de Lot terminó en una tragedia para él y su familia. Acabó viviendo *dentro* de Sodoma, lugar donde se toleraban y hasta se promovían todos los pecados imaginables. En la historia de Génesis 19 aprendemos que Lot escapó del castigo divino por una intervención directa de los ángeles de Dios. No pudo rescatar ninguna de las posesiones de su casa y en la precipitación de la huida terminó perdiendo a su propia esposa.

No cabe duda de que la tentación actúa así. Primero decidimos acercarnos. Pero pronto, sin darnos cuenta, estamos en medio de ella, como Lot viviendo dentro de Sodoma. Llega un momento en que nos encontramos tan enredados que no podemos salir, salvo por una intervención de Dios.

Notemos, en cambio, la reacción opuesta de Abraham. El patriarca decidió alejarse del valle de aquella ciudad pecaminosa. Una vez que estuvo lejos, edificó un altar a Dios. ¡Qué hombre más sabio! No es extraño que Dios se llevara tan bien con Abraham y lo bendijera tanto. En cambio, Lot, lo único que encontró fue un montón de problemas, y lo que único que salvó fue la vida. La pregunta para nosotros hoy es dónde viviremos nuestra vida. ¿Acamparemos lo más cerca posible de la tentación, o viviremos delante del altar, lejos del valle de la tentación?

El pecado siempre comienza con un simple coqueteo con la tentación. Pero después termina amarrándonos para vivir dentro de sus muros, hasta que la ira de Dios se pronuncia.

¿Cuán cerca de Sodoma acampas? La decisión está en tus manos hoy. Dios quiera que nuestra respuesta sea: «¡Tan lejos que ni siquiera la pueda ver a la distancia!»

En aquel mismo día tomo Josué a Maceda, y la hirió a filo de espada, y mató a su rey; por completo los destruyó, con todo lo que en ella tenía vida, sin dejar nada; e hizo al rey de Maceda como había hecho al rey de Jericó.
Josué 10: 28

La conquista de Canaán fue una epopeya realizada con la intervención directa de Dios. En la batalla con la confederación de cinco reyes ocurrieron hechos verdaderamente asombrosos. La batalla se alargaba. Los enemigos estaban a punto de entrar en la ciudad fortificada de Maceda. Pero, por razones que no entendemos, era necesario terminar la batalla ese día. Dios y sus ángeles intervinieron en la batalla (Jos. 10: 11). Sin embargo, como no alcanzaba el tiempo y el sol estaba declinando, Dios obró un portento: «Y el sol se paró en medio del cielo, y no se apresuró a ponerse casi un día entero» (10: 13). Finalmente, la batalla terminó, como siempre, con una gloriosa victoria de Dios y su pueblo. Siempre se asombra uno cuando lee estas declaraciones: «Y no hubo día como aquel, ni antes ni después de él, habiendo atendido Jehová a la voz de un hombre; *porque Jehová peleaba por Israel*» (Jos. 10: 14).

Esta es una repetición de la promesa que Moisés, en nombre de Dios, hizo al pueblo de Israel cuando temblaban de miedo, arrinconados frente al mar, y con el ejército del faraón, con toda su furia, a sus espaldas, decidido a destruirlos. Él dijo: «No temáis; estad firmes, y ved la salvación que Jehová hará hoy con vosotros; porque los egipcios que hoy habéis visto, nunca más para siempre los veréis. Jehová peleará por vosotros, y vosotros estaréis tranquilos» (Éxo. 14: 13, 14).

¡Qué maravillosa promesa es esta para nuestras luchas diarias contra Satanás y la tentación! Cada vez que el enemigo lanza sus ataques contra nosotros, Jesús se halla a nuestro lado en las trincheras. Lo único que pide es que nos escondamos detrás de su manto y permitamos que sea él quien pelee las batallas por nosotros. Por eso Pablo nos recuerda: «Porque las armas de nuestra milicia no son carnales, sino poderosas en Dios para la destrucción de fortalezas» (2 Cor. 10: 4).

Dios no solamente pelea las batallas por nosotros, sino que nos da también en Jesucristo el equipamiento necesario para vencer. Jesús está ahora en el santuario celestial peleando batallas por cada uno de sus hijos. Dios anhela que nosotros confiemos plenamente en su perdón, que es el arma más efectiva para derrotar al enemigo. Toma hoy la decisión. Confía en Aquel que pelea todas tus batallas y que jamás perderá una sola. Cualquier batalla que entables hoy podrás ganarla si decides aferrarse al gran Capitán divino.

> Porque no tenemos un sumo sacerdote que no pueda compadecerse
> de nuestras debilidades, sino uno que fue tentado en todo,
> según nuestra semejanza, pero sin pecado.
> HEBREOS 4: 15

La tentación no tiene favoritos. Todos los seres humanos son su objetivo: hombres y mujeres, adultos y niños, pastores y laicos, casados y solteros. Incluso el Hijo de Dios fue tentado en todas las cosas. Jesús siempre entendió las intenciones del enemigo y nunca permitió que lo apartara de la fidelidad y el amor de su Padre.

Jesús es nuestro ejemplo supremo. Él nos enseña cómo luchar contra la tentación y nos promete el poder para vencerla. Experimentó en carne propia lo que significa ser tentado. Se hizo semejante a nosotros, sujeto a las mismas debilidades que nosotros; por lo tanto, entiende perfectamente cómo nos sentimos bajo el peso de la tentación. Los fieros ataques del enemigo nunca lo vencieron, y pudo decir: «Viene el príncipe de este mundo, y no tiene nada en mí».

La tentación no es pecado, pero sí una amenaza. Al luchar contra la tentación debemos recordar algunos principios que nos ayudarán a salir victoriosos:

Primero: No confrontes solo la tentación. Jesús ha prometido estar siempre a tu lado. Mantén a Jesús en tu mente y todo pensamiento pecaminoso huirá.

Segundo: Asegúrate de tener siempre puesta la armadura de Dios. Solo venceremos con las armas del Todopoderoso. Las armas son seis:

- El cinturón de la verdad, que es la integridad.
- La coraza de justicia, que es la justicia practicada.
- Las sandalias, que significan el evangelio de la paz, el gozo de sentirse seguro en Cristo.
- El escudo de la fe, que es la firme adhesión a la verdad revelada.
- El yelmo de la salvación, que significa la seguridad de la salvación presente y futura.
- La espada del Espíritu, que es la Palabra de Dios.

En el cielo se le dará a cada redimido un manto blanco y un arpa. Pero eso será en el cielo. Mientras tanto, aquí se le da una armadura de soldado para el combate, para luchar contra la tentación.

Tercero: Nunca puedes sorprender a Dios. Él sabe de antemano qué harás, qué decisiones tomarás, el pecado que cometerás, y, aun así, te ama.

Vive hoy como un vencedor. Jesús está contigo. En su fuerza serás victorioso. Puedes decir «No» a la tentación porque él está en tu corazón. Ocupa tu lugar como hijo de Dios y reclama su fuerza y su victoria.

No os ha sobrevenido ninguna tentación que no sea humana; pero fiel es Dios,
que no os dejará ser tentados más de lo que podéis resistir,
sino que dará también juntamente con la tentación la salida,
para que podáis soportar.
1 Corintios 10: 13

Aunque la tentación no es pecado, es muy peligrosa. Por eso no debemos detenernos frente a ella, ni siquiera por un momento. Como José, hay que huir inmediatamente. El que decide permanecer en el terreno de la tentación corre el peligro de ser su víctima. No dialogues con ella, no fijes tus ojos en ella, no te acerques a ella.

Cuando estudiaba en la Universidad Adventista de Centroamérica, trabajaba en el campo con otros compañeros. Un día, mientras limpiábamos el terreno de malezas, descubrimos una enorme serpiente. Decidimos rodearla, para que no escapara. La serpiente se enrolló y se quedó tranquila. Uno de los compañeros decidió acercarse al peligroso reptil. Tomó un palo en su mano y comenzó a moverla. La serpiente se encogía y se estiraba. Algunas veces se levantaba y luego caía de nuevo a tierra. El joven estaba muy feliz y disfrutaba mucho del espectáculo presentado por el animal. El joven perdió el miedo y se aproximó un poco más. De pronto, la serpiente atacó como un rayo y clavó los colmillos en el brazo del joven incauto. Ahí terminó la "fiesta". Buscamos ansiosamente una ambulancia para conducirlo al hospital, donde ingresó al borde de la muerte.

Así es la tentación. Aparece en cualquier lugar y en cualquier momento. No te acerques, ni juegues con ella. Si lo haces, te morderá. Pero la promesa divina es que cuando llega la tentación, Dios «dará también juntamente con la tentación la salida, para que podáis soportar». Esta promesa es muy cierta. Siempre se presentarán obstáculos para *no* ceder a la tentación. Antes de encontrar el canal en el televisor para ver una película que degrada la mente y enferma el espíritu, encontrarás un canal donde se presenta la Palabra de Dios. Justo cuando decides detener el automóvil frente a un lugar de reputación dudosa, sonará el teléfono con una llamada de tu esposa, que te dirá: «Te amo muchísimo y estoy segura de que tú también me amas». Cuando sientes la tentación de insultar al conductor que entró en tu carril de forma imprudente, ves una calcomanía en la parte trasera del auto, que dice: «¿Qué haría Jesús?»

Siempre será difícil pecar. Es una terca oposición a todas las advertencias divinas y a todos obstáculos que Dios nos pone para que tengamos tiempo para reflexionar. Cuídate hoy.

> Y ella lo asió por su ropa, diciendo: «Duerme conmigo».
> Entonces él dejó su ropa en las manos de ella, y huyó y salió.
> GÉNESIS 39: 12

E s fácil percibir que en esta época ya no hay temor de Dios ni respeto por su santa ley. Muchísima gente considera que todo es relativo, que todo depende de las circunstancias, que no existe nada que sea pecado. Es posible que los jóvenes del mundo consideren tonto a José por haber "desperdiciado" una buena "ocasión". Algunos consideran a José un cobarde, o algo peor, por haber huido de la esposa de Potifar.

Pero José fue muy inteligente y sabio al tomar la decisión de huir de la tentación. La mejor respuesta a la tentación es huir de ella. Alejarse de cualquier situación comprometedora es crucial para mantener un sólido carácter cristiano. Sin embargo, huir de la tentación no es fácil. Solo es posible con la ayuda de Dios. Además, no es huir una vez. De una manera u otra, hoy o mañana, la vieja tentación volverá. El tentador nunca se dará por vencido, y nos buscará mientras tenga la esperanza de vencernos. Recuerda que a Jesús lo persiguió, y lo tentó, desde el pesebre hasta el Calvario, con la esperanza de vencerlo haciéndolo pecar.

Huye de la tentación, pero no pienses que ahí termina todo. La Biblia aconseja huir de la tentación: «Huye también de las pasiones juveniles» (2 Tim. 2: 22). «Huye de estas cosas» (1 Tim. 6: 11). «Habiendo huido de la corrupción que hay en el mundo» (2 Ped. 1: 4). Pero, más que huir, el consejo divino es estar firmes. «Vestíos de toda la armadura de Dios, para que podáis estar firmes contra las asechanzas del diablo» (Efe. 6: 11). A través del poder del Espíritu Santo, los creyentes pueden vencer a Satanás y hacerlo huir.

¿Qué haces cuando eres tentado a pecar? Hay muchas cosas que puedes hacer, pero lo más importante es recordar que no puedes resolver tú solo el problema de la tentación. En el corazón humano está el deseo de hacer el mal; es engañoso, centrado en sí mismo. La tentación es un problema que solo Dios puede resolver. Para solucionar ese problema, necesitamos a un Salvador experto que ya fue tentado en todo, «pero sin pecado» (Heb. 4: 15). Por nosotros mismos no podemos ganar la guerra contra la tentación. Pero Jesús nos ofrece su victoria, y «es poderoso para socorrer a los que son tentados» (Heb. 2: 18).

Sigue hoy el método y el ejemplo de José. Huye de la tentación, y aférrate a Cristo para poder vencer al tentador.

Mas el fruto del Espíritu es amor, gozo, paz, paciencia, benignidad, bondad, fe, mansedumbre, templanza; contra tales cosas no hay ley.
GÁLATAS 5: 22, 23

¿Tienes algún enemigo? Si tu respuesta es negativa, entonces la mayor parte de la Biblia no se te aplica. Desde el momento en que decidiste aceptar a Jesús como Señor y Salvador, declaraste la guerra a todas las huestes de las tinieblas. Tu principal enemigo anda buscándote «como león rugiente», pues iniciaste una guerra «contra principados, contra potestades, contra los gobernadores de las tinieblas de este siglo, contra huestes espirituales de maldad en las regiones celestes» (Efe. 6: 12). ¿Tienes enemigos?

Pero no solo tienes enemigos espirituales, sino también de carne y hueso. Santiago lo dijo con claridad: «¡Oh, almas adúlteras! ¿No sabéis que la amistad del mundo es enemistad contra Dios? Cualquiera, pues, que quiera ser amigo del mundo, se constituye enemigo de Dios» (Sant. 4: 4). No hay neutralidad posible. Si eres amigo y servidor de Dios, entonces eres, irremediablemente, enemigo del mundo, y de su príncipe, Satanás.

En el momento de aceptar a Cristo, los cristianos se ganan un enemigo: el diablo. ¿Se volvieron contra ti tus amigos y familiares cuando aceptaste a Cristo? El apóstol Pablo dijo con acierto: «Y también todos los que quieren vivir piadosamente en Cristo Jesús padecerán persecución» (2 Tim. 3: 12). Juan sabía muy bien lo que era tener enemigos. Uno de ellos lo hirvió en un caldero de aceite hirviendo. Pero como Juan no se coció, lo envió a la solitaria isla de Patmos para que muriera. La Biblia nos dice: «Hermanos míos, no os extrañéis si el mundo os aborrece». Ser bueno y piadoso, como Abel, es peligroso; suscita la enemistad de los malos (1 Juan 3: 13).

Es posible que haya quien se burle de ti por seguir a Cristo con frases de la guisa de «Ahí viene el santurrón. Ahí viene el tipo que lee la Biblia todo el día». De hecho, ser cristiano y no padecer un cierto grado de persecución es sospechoso, según nuestro Señor (Luc. 6: 26). Juan sabía, y nosotros también debemos saber, que todos los ataques de nuestros enemigos son contra Dios, no contra nosotros. Él debe encargarse de nuestros enemigos, no nosotros.

Pidamos a Dios esta mañana que nos llene del Espíritu Santo para tener los frutos del Espíritu a pesar de los ataques del enemigo. Y no olvides el mandato del Señor: «Amad a vuestros enemigos» (Mat. 5: 44). Nuestra oportunidad y nuestra misión es convertir a nuestros enemigos gratuitos en amigos, a través de nuestro ejemplo piadoso.

Bienaventurado el varón que soporta la tentación; porque, cuando haya resistido la prueba, recibirá la corona de vida, que Dios ha prometido a los que le aman.

SANTIAGO 1: 12

El mensaje del texto de hoy es para ti. Quizá te sientas desventurado por todas las tentaciones y pruebas que tienes que afrontar. ¿Qué es la tentación? ¿De qué está hablando aquí Santiago? Tentación es sinónimo de prueba. Es decir, cualquier situación que ponga a prueba la fe o el carácter. *Peirasmós*, la palabra griega que se traduce como "tentación", también incluye aflicciones como las enfermedades, la pobreza o las calamidades, y también, por supuesto, la insinuación directa del pecado. Nuestro texto de hoy hace hincapié en la bendición que acompaña a una resistencia firme y que capacita a una persona para salir ilesa de sus pruebas (véase *Comentario bíblico adventista*, t. 7, p. 525).

De modo que las tentaciones no siempre son incitaciones a violar la ley de Dios, sino a dejar la lucha, abandonar el camino, ceder al desaliento y desconfiar de Dios. El cristiano sufre con frecuencia ese tipo de tentaciones. El apóstol dice que si soporta la tentación y resiste la prueba es «bienaventurado», es decir, dichoso y feliz.

Quizá estés siendo probado. Quizá tu fe está bajo el fuego de la tentación. ¿Pobreza, quizá? ¿Problemas en el trabajo? ¿Salud quebrantada? ¿Problemas en el hogar, en la familia, en el matrimonio? Muchos cristianos fieles luchan con muchos problemas en la vida familiar. Los problemas no siempre son culpa nuestra. Muchos sufren profundo dolor por problemas que no provocaron y que no pueden comprender, y menos aún resolver. Nuestro texto de hoy dice que quien resiste esta «prueba», es «bienaventurado».

Luego añade el hermano del Señor: «Porque cuando haya resistido la prueba, recibirá la corona de vida». Vale la pena resistir la prueba, soportar la tentación. El cristiano que es tentado y vence la tentación se puede comparar con el oro que pasa por el crisol y sale mejor de lo que estaba antes. El cristiano victorioso en las pruebas es una honra para Dios y un testimonio para los demás. Vale la pena resistir la tentación. Vale la pena sufrir lo que sea necesario para salir victoriosos en la lucha de la fe cristiana.

No debemos olvidar que la recompensa de los que soportan la tentación y resisten la prueba es la «corona de la vida». Es decir, la corona que es vida o la contiene. La vida eterna será recompensa de la paciencia fiel en medio de los problemas de la vida. Este don de la vida eterna es la corona o don supremo de todas las dádivas.

Pide hoy a Dios que te dé su gracia para soportar las tentaciones y resistir las pruebas.

Todo lo que respira alabe a Jehová. Aleluya.
SALMO 150: 6

El que lleva el número 150 constituye una magnífica conclusión de todo el libro de los Salmos. Es un llamamiento a la adoración tan poético y vibrante que no tiene parangón en toda la literatura. Cada versículo es una invitación a la alabanza, instruyéndonos dónde, por qué, cómo y por quién debe expresarse la alabanza a Dios.

Primero: Si preguntamos en qué lugar se debe adorar, la respuesta es: en su santuario y en los cielos: «Alabad a Dios en su santuario; alabadle en la magnificencia de su firmamento». Según esta afirmación, el cielo y la tierra se unen; ángeles celestiales y seres humanos terrenales unen sus voces para cantar y alabar al Creador.

Segundo: A la pregunta «¿Por qué debemos adorar? ¿Por qué alabamos a Dios?», el salmista responde: «Por sus proezas». Los poderosos actos de Dios despiertan en el corazón del creyente una alabanza llena de gozo. Los poderosos actos son su bondad al crearnos y redimirnos. No es posible la pasividad, la indiferencia o el silencio en el cristiano frente a las obras maravillosas de nuestro gran Dios.

El mensaje es: No te quedes callado. Abre los labios; alaba al Señor. ¿Imaginas cómo es la suprema alabanza de los ángeles y los seres que nunca cayeron? ¿Te imaginas cómo serían nuestros cultos si todos cantáramos, como dice Pablo, «con gracia en vuestros corazones al Señor con salmos e himnos y cánticos espirituales» (Col. 3: 16)?

Tercero: El salmista nos enseña que, cuando adoramos al Señor, deben tocarse todos los instrumentos concebibles. Los hijos de Dios deben traer a su casa todo instrumento y talento que posean. Deben consagrar todo talento a la alabanza al Creador, junto con los ángeles, por sus poderosas obras y sus continuos milagros en nuestro favor. ¿Sabes tocar algún instrumento? ¿Lo usas para embellecer la alabanza a Aquel que pagó el precio de tu salvación?

Cuarto: Si preguntamos quién debe adorar, la respuesta es: «Todo lo que respira alabe a Jehová». Esta declaración indica que todo ser viviente, según su capacidad, incluso solo con su existencia, es una alabanza para el Creador. El salmista tiene en mente fundamentalmente a la especie humana cuando habla así.

Piensa hoy en el privilegio que Dios nos concede de alabarlo. No solo es un privilegio, sino un deber. Únete a la alabanza en el culto público. Únete al coro, a los instrumentos. Transpórtate más allá. Únete a los ángeles y a toda la hueste celestial en alabanza al Creador.

> En el año que murió el rey Uzías vi yo al Señor sentado sobre un trono alto
> y sublime, y sus faldas llenaban el templo.
>
> ISAÍAS 6: 1

L legué al hospital con mucha preocupación. Varios interrogantes surgían en mi mente. «¿Cuál será su actitud? ¿Me dirá que siempre confía en Dios? ¿Estará desanimada?» Había llegado allí para visitar a una de los miembros de mi iglesia, quien había recibido un impacto de bala en el pecho mientras viajaba en el vehículo junto a su jefa. Cuando me vio desde su cama después de la intervención quirúrgica, me saludó con una sonrisa de gozo y gratitud y me dijo: «Pastor, estoy agradecida a mi Padre celestial. El médico me dijo que la bala pasó a un centímetro del corazón. ¡Fíjese qué bueno es Dios! Me salvó de morir».

¿Qué es lo único que puede sostener a un creyente en medio del dolor y la aflicción? Lo único que lo sostendrá será la imborrable impresión de un encuentro con Dios. Si centramos nuestra fe en Dios, todo pesar, todo problema, se resolverá. Tal vez no en el exterior, pero sí en nuestro corazón. El encuentro con Dios siempre nos transforma. No podremos ser las mismas personas después de encontrarnos con él.

La muerte del rey Uzías dejó una silla vacía. Además, supuso un gran impacto para Isaías, y dejó un hueco en el corazón del profeta, que consideraba al rey su amigo personal. Precisamente en esa época, Isaías tuvo una visión de Dios, de ese Dios más alto que sus mismas circunstancias. En ese momento de crisis, vio la gloria del Señor.

Para muchos de nosotros hay una silla vacía en la tierra. Dios nos permite pasar por el dolor con el propósito de hacernos ver su trono en el cielo. La vida tiene su modo natural de vaciar sillas principales, ¿verdad? Padres, amigos, seres queridos, desaparecen. Repentinamente, una silla queda vacía en el trabajo, en casa, en la iglesia. Alguien se ha ido. Ese es el momento de seguir el consejo bíblico «Poned la mira en las cosas de arriba, no en las de la tierra» (Col. 3: 2).

Dios puede intervenir en los momentos de crisis, cuando nos sentimos perdidos; para mostrarnos el camino. En medio de las tinieblas nos dará su luz. Cuando las lágrimas corran por nuestras mejillas, él las enjugará. Cuando todo parezca perdido, él nos sostendrá. Cuando ya no haya solución, él encontrará una salida. La imposibilidad humana es la posibilidad divina. Sí, en medio del pesar y del dolor, alza tus ojos, y mira «al autor y consumador de la fe» (Heb. 12: 2). Él es la solución.

Y el uno al otro daba voces, diciendo: «Santo, santo, santo,
Jehová de los ejércitos; toda la tierra está llena de su gloria».
ISAÍAS 6: 3

Alrededor del trono de Dios, Isaías vio a los serafines, que tenían seis alas. Con dos volaban, con dos cubrían su rostro en señal de reverencia y con dos cubrían sus pies en señal de modestia. Reverencia, humildad y modestia son algunas de las lecciones que estos serafines enseñan a los adoradores de Dios. La palabra 'serafín' indica asombro, y significa "uno que arde".

Los serafines son seres con personalidad: tienen rostro, pies, manos, sienten, piensan y hablan. Se caracterizan por su constante disponibilidad para servir al Dios grande y creador de todas las cosas. Cuando Dios los envía a cumplir un encargo urgente, vuelan rápidamente. Siempre se mantienen delante del trono de Dios, para escuchar sus órdenes y ejecutarlas con toda fidelidad. Los serafines arden con el fuego del amor a Dios, con el celo por su gloria y con el odio hacia el pecado. Su está en tener abundancia no solo de luz del conocimiento de Dios, sino del ferviente amor a su santo nombre.

¿De qué nos habla todo esto? ¿Qué lecciones aprendemos de los serafines en la visión de Isaías? Nuestra principal respuesta a Dios no es nuestra habilidad, sino nuestra disponibilidad. ¿Permitiremos que Dios nos use como él quiera y desee? ¿Venimos a él y nos postramos ante su trono a su entera disposición? ¿Deseamos conocer la voluntad de Dios para cumplirla? Dios revela su voluntad para que la cumplamos.

Los serafines nos hablan de la disponibilidad. Están listos, están disponibles. Una de las pruebas de la fe genuina es estar listos para obedecer a nuestro Dios y servirlo en el momento en que él nos llame. Los serafines son humildes y reverentes delante de Dios. Cubren sus rostros y sus pies. Cada uno de nosotros debe presentarse delante de Dios con la misma humildad. No hay lugar para la arrogancia y el orgullo en su presencia.

Todo esto habla de actividad incesante al servicio de Aquel que está sentado en el trono. Este es el marco en que cada creyente debe vivir todos los días. El cristiano debe tener una disposición a gastarse, a consumirse, siempre y para siempre, por amor a su Rey y Señor. Debe tener un sentido de asombro y reverencia ante Aquel que nos salvó del pecado.

Junto con el apóstol Pablo, repitamos las siguientes palabras: «Y yo con el mayor placer gastaré lo mío, y aun yo mismo me gastaré del todo por amor de vuestras almas» (2 Cor. 12: 15).

Y tocando con él sobre mi boca, dijo: «He aquí que esto tocó tus labios, y es quitada tu culpa, y limpio tu pecado». Después oí la voz del Señor, que decía: «¿A quién enviaré, y quién irá por nosotros?»

ISAÍAS 6: 7, 8

Al contemplar la gloria de Dios, Isaías exclama: «Miserable de mí». Descubrió la gravedad de su pecado a la vista de la santidad de un Dios tres veces santo. Reconoció que todo el pueblo, del que él era uno más, había pecado y ofendido a ese Dios que se le ha revelado en toda su majestad, y que, por lo tanto, lo único que merecían era la muerte.

El cielo reacciona a la necesidad humana. Esta reacción es iniciativa de Dios. El cielo toma la iniciativa para atender el clamor de un alma que reconoce su miseria en su presencia. Un ángel va y toma un carbón encendido, para purificarlo, como hizo con Isaías.

«Y tocando con él sobre mi boca». ¿Qué significa la acción del ángel que toma el carbón encendido y toca los labios del profeta? ¿Condenación? ¿Juicio? ¿Destrucción? No. Es la respuesta de Dios al corazón arrepentido. No es condenación, sino perdón y salvación. Es un llamado al servicio.

Dios toca nuestros labios para poner en nuestra boca un mensaje sagrado de verdad, un mensaje ardiente. Nuestro mensaje tiene su fuente en la santidad de Dios. Cada faceta del evangelio se basa en la gran compasión de Dios hacia los que yerran. De esta fuente fluye toda actividad redentora. Su santidad encuentra el camino para redimir al objeto imperfecto de su amor perfecto. Nuestro mensaje debe estar envuelto en la santidad de Dios.

El carbón, el fuego que tocó los labios del profeta, lo limpió de sus impurezas; pero también lo ungió con el mensaje. Por eso prorrumpió con aquella solemne exclamación: «Santo, santo, santo es el Señor». Nuestro mensaje es palabra de Dios. No se trata de *encontrar* un mensaje, se trata de *declarar* un mensaje. Dios nos llama a declarar *su* mensaje. Nos llama a comunicar su palabra. El mundo necesita desesperadamente la palabra de Dios.

Para declarar este mensaje se necesita la voz y el testimonio. Los estudios de los miembros de la iglesia revelan que la diferencia entre el estilo de vida de los que están en la iglesia y de los que están fuera es muy pequeña. Esto es grave, porque para dar este mensaje debemos ser diferentes. Estamos aquí para ser santos como él es santo. Serlo debe ser la pasión de nuestra vida.

Después oí la voz del Señor, que decía: «¿A quién enviaré,
y quien irá por nosotros?» Entonces respondí yo: «Heme aquí, envíame a mí».
Isaías 6: 8

Al profeta Isaías se le permitió ver la plena majestad de Dios y escuchar el gran júbilo de la adoración celestial: «Santo, santo, santo, Jehová de los ejércitos; toda la tierra está llena de su gloria» (Isa. 6: 3). La visión de Dios era tan pura y tan santa que Isaías tuvo la inmediata percepción de su propia pecaminosidad: «Entonces dije: ¡Ay de mí! que soy muerto; porque siendo hombre inmundo de labios, y habitando en medio de pueblo que tiene labios inmundos, han visto mis ojos al Rey, Jehová de los ejércitos» (Isa. 6: 5). No obstante, Dios respondió inmediatamente: «He aquí que esto tocó tus labios, y es quitada tu culpa, y limpio tu pecado» (Isa. 6: 7). Dios tenía un propósito al revelarse a Isaías. El Señor buscaba un mensajero que hiciera llegar su palabra al pueblo de Israel. «¿A quién enviaré, y quien irá por nosotros?» (Isa. 6: 8). Isaías contestó al instante: «Heme aquí, envíame a mí».

¿Cómo contestaríamos si se nos hiciera hoy la misma pregunta? Quizás pediríamos más detalles antes de comprometernos. Quizá exigiríamos saber adónde se nos enviaría. Es probable que pidiéramos que se nos diera una detallada descripción del empleo. Pero Isaías había experimentado la plena gloria de Dios. Había presenciado la perfección absoluta, y había reconocido su condición pecaminosa. Además, había recibido el perdón completo de su Padre amante. Con ese conocimiento de Aquel que le hacía la solicitud, Isaías solo tuvo una respuesta: «Heme aquí, envíame a mí» (Isa. 6: 8).

Isaías no imaginó que su respuesta implicaría sesenta años de arduo ministerio. No tenía la menor idea de las dificultades que su respuesta le produciría en toda su vida, especialmente en su vejez. Tampoco vislumbró el gozo imperecedero que sentiría toda su vida por caminar a diario en la presencia de Dios. Pero Isaías conocía a Aquel que hacía el llamamiento. Isaías reconocía esa dulce voz desde hacía mucho tiempo, y por eso no dudó en responder: «Envíame a mí».

El Señor todavía está buscando adoradores que sometan su voluntad a la voluntad de Dios. El Señor quiere hacer a través de ti una obra similar a la que hizo con el ministerio de Isaías. Isaías estuvo dispuesto a pagar el precio. Hoy el Señor quiere enviar un mensaje. ¿Responderás tú? Él quiere que restaures matrimonios y alientes al desvalido. Pero esto ocurrirá solo si has sido tocado con el carbón del altar. ¿Lo has sido?

Y vino a él el tentador, y le dijo:
«Si eres Hijo de Dios, di que estas piedras se conviertan en pan».

Mateo 4: 3

Miriam, una jovencita de dieciocho años, muy comprometida en su servicio al Señor, fue atropellada por un autobús mientras caminaba hacia la iglesia, con la Biblia y el himnario bajo el brazo. Su cuerpo sin vida quedó tendido en la carretera, junto al libro sagrado.

Rosita, una niña de siete años, comunicó a su madre que, mientras caminaba de la escuela a la casa con otras compañeritas, un enorme perro detrás de una cerca hacía esfuerzos por salir para atacarlas. Su madre le aconsejó: «Si un día el perro sale, no corras; quédate quietecita orando y Jesús te cuidará». Un día el perro saltó la cerca. Todas corrieron, menos Rosita. Se quedó quietecita orando. Sin embargo, el perro la mordió.

¿Puede el cristiano seguir confiando en Dios cuando suceden estas cosas, cuando el dolor y la pena embargan su corazón, cuando suceden cosas que no tienen explicación? El diablo lucha con todas sus fuerzas para que no confiemos en Dios. El diablo sabe muy bien que la confianza en Dios es una de las características de la verdadera adoración. Adoramos a Dios cuando confiamos en él, sin importar las circunstancias. Podríamos decir que, en cierto sentido, adoramos al diablo cuando desconfiamos de nuestro Señor.

Constantemente el diablo susurra al oído del creyente: «Si eres hijo de Dios, ¿por qué se rompió tu matrimonio?» «Si eres hija de Dios, ¿por qué perdiste a tu esposo en ese accidente?» «Si eres hijo de Dios, ¿por qué estás sin trabajo?» «Si eres hijo de Dios, ¿por qué te suceden todas esas cosas?» Los cristianos han atravesado en todos los tiempos momentos muy difíciles. Muchos de los problemas que los afligen no tienen explicación. Job es el ejemplo típico. La Biblia dice que era perfecto y recto, temeroso de Dios y apartado del mal. Sin embargo, sabemos de todas las calamidades que le vinieron. Jesús dijo en cierta ocasión: «Lo que yo hago, tú no lo comprendes ahora, mas lo entenderás después» (Juan 13: 7).

A pesar de las dificultades y de tantas cosas que nos suceden y que no se pueden explicar, tomemos la determinación de Habacuc, y digamos con él: «Aunque la higuera no florezca, ni en las vides haya frutos, aunque falte el producto del olivo, y los labrados no den mantenimiento, y las ovejas sean quitadas de la majada, y no haya vacas en los corrales; con todo, yo me alegraré en Jehová, y me gozaré en el Dios de mi salvación» (Hab. 3: 17, 18).

Los verdaderos adoradores obedecen

Entonces el diablo le llevó a la santa ciudad, y le puso sobre el pináculo del templo, y le dijo: «Si eres Hijo de Dios, échate abajo; porque escrito está: "A sus ángeles mandará acerca de ti, y, en sus manos te sostendrán, para que no tropieces con tu pie en piedra"».

MATEO 4: 5, 6

Adoración sin obediencia, sin compromiso. Está de moda en la actualidad. Los templos están repletos de esa clase de adoradores que, al parecer, lo único que desean es que les digan que están bien, sin importar cómo vivan.

Satanás conoce muy bien lo que significa la verdadera adoración. Las tres tentaciones que presentó a Jesús tenían como objetivo lograr que el Señor lo adorara. ¿De qué manera alcanzaría su meta mediante la segunda tentación?

Probablemente la tentación tuvo lugar en el pórtico de Herodes, en el lado sur, desde el cual se podía contemplar el valle del Cedrón. Desde allí no se podía ver la profundidad del abismo. De esa altura le pidió Satanás a Cristo que saltara, citando parcialmente los versículos 11 y 12 del Salmo 91, y dejando fuera de manera intencional la frase «en todos sus caminos», es decir, en todos los justos caminos de Dios.

Jesús confronta de nuevo la tentación de exhibir su poder de hacer milagros aparte de la voluntad del Padre. Satanás le dice: «Ya que has decidido confiar en tu Padre, muestra al mundo cuánto confías en él, lanzándote del pináculo del templo».

Jesús sabía que no había recibido ninguna orden de parte de su Padre para lanzarse desde el pináculo del templo. Hacerlo sería una presunción y, por lo tanto, pecado. Pero Jesús afirmó su decisión de no hacer ninguna cosa por su propio poder. Decidió adorar a Dios a través de la obediencia. Jesús comprendía con toda claridad el segundo principio de la verdadera adoración: A Dios se le adora con la obediencia. La desobediencia es adoración a Satanás.

Dios no acepta que lo pongamos a prueba en esos términos. Aunque a Jesús no le pasara nada físicamente, saltar del pináculo no tendría justificación si Dios no lo ordenaba. El hecho de que algo no salga mal, aunque se haga desobedeciendo a Dios, no significa que el Señor apruebe todo lo que hacemos. Dios aprueba la obediencia. La orden que Cristo nos da es que vivamos bajo la palabra de Dios. Cualquier otra conducta es humana y, por lo tanto, pecaminosa. Digamos, como el himno:

> Su santa ley obedezco por fe,
> y feliz para siempre con Jesús estaré.
>
> *Himnario adventista,* nº 238.

Y le dijo: «Todo esto te daré, si postrado me adorares».
MATEO 4: 9

La campaña evangelizadora estaba por finalizar. Una dama que había asistido cada noche me dio la feliz noticia de que había decidido bautizarse. Lamentablemente, me pidió algo que no pude aceptar. Me dijo: «Pastor, siendo que el viernes por la noche no hay reunión, deseo que me bautice a puerta cerrada, para que nadie se entere de que me he bautizado. Solamente mi hija, quien me acompañará, verá la ceremonia».

Una de las características de la verdadera adoración es el testimonio. La adoración a Dios no solamente se queda en el corazón, no solo es interior; también es visible. Se demuestra. Por eso nos bautizamos públicamente, para que todos sepan que hemos decidido ser adoradores del Dios del cielo. Por eso llevamos una Biblia bajo el brazo cuando acudimos al templo. Por eso abrimos nuestros himnarios y cantamos en nuestros cultos. Por eso el sábado vamos a la iglesia. Deseamos que todos sepan lo que hay en nuestro corazón. No existe la religión secreta, solo de dentro. La religión es interna y externa. La pureza del corazón debe verse en nuestras relaciones, en nuestro vestuario y en nuestras palabras.

Escuché a un grupo de jóvenes hablar sobre la "oración de restaurante". Me interesé en conocer un poco más sobre esa clase de oración, y les pedí que me dieran más explicaciones al respecto. Me dijeron que la oración de restaurante consiste en que, cuando hay muchas personas y llega el momento de orar, únicamente cierran los ojos y se frotan los párpados, para que nadie se dé cuenta de que están orando. El verdadero adorador, no tiene "oraciones de restaurante". Se goza de que todos se enteren de que sirve a Dios.

Satanás procuraba con la tercera tentación que Jesús hiciera lo contrario de lo que decía tener en el corazón. Le pidió que no dijera nada, que únicamente se arrodillara. Si no quería doblar las dos rodillas, con una bastaba. Y si no quería doblar sus rodillas, entonces podía inclinar su cuerpo únicamente. Lo que el diablo quería era que Jesús realizase un gesto que estuviese en contradicción con sus convicciones íntimas.

El mundo debe conocer lo que hay en tu corazón. Demuéstralo con tus actos, tus palabras, con tu manera de relacionarte o de vestirte. Lo que dices debe ser comprobado por lo que vives.

Y al ver las multitudes, tuvo compasión de ellas;
porque estaban desamparadas y dispersas como ovejas que no tienen pastor.
MATEO 9: 36

Es evidente que no todos vemos las cosas de la misma manera. Un halcón puede ver una moneda de diez centavos en la acera desde la cumbre del edificio del Empire State de Nueva York. El martín pescador tiene dos clases de vista. Cuando vuela sobre las aguas, buscando peces, tiene una lente que le permite ver lo que hay *dentro* del agua. Cuando se sumerge en el agua, la lente cambia y puede ver *debajo* del agua, lo que lo capacita para atrapar al pez. A menudo los soldados, los policías y los bomberos llevan aparatos de visión nocturna para ver a través del humo o de la oscuridad.

No todos vemos de la misma manera. Hoy quisiera preguntarte cómo ves tú a las personas. Cuando ves que vas a llegar tarde al trabajo o a la escuela y los conductores con sus vehículos te cierran el paso, ¿cómo los ves? ¿Como estorbos? ¿Deseas echarlos de tu camino? ¿Cómo ves a las personas? Los vendedores ven un cliente en cada persona. Para un médico, toda persona es un enfermo. Para un pintor, toda persona es un modelo.

¿Cómo ves a las personas? Jesús vio a las multitudes en condición desesperada: personas cansadas, distraídas, dañadas, agredidas, aisladas, heridas; y tuvo compasión de ellas. Tuvo compasión de ellas porque las vio en su verdadera condición.

Tienes que comenzar a ver la explosión demográfica de este mundo como Jesús la ve. Actualmente hay seis mil millones de habitantes en el mundo. Para el año 2050 seremos más de diez mil millones de personas. El Señor desea que veamos a los habitantes de este mundo como él los ve: como pecadores a quienes es su misión salvar. Millones de personas todavía no conocen el evangelio. Es muy importante que lo escuchen, porque el evangelio es la buena noticia de que hay salvación en Cristo.

La misión divina demanda que vayamos como Jesús fue y que veamos el mundo como él lo ve. No consideres apóstata al que abandonó la iglesia, sino un hijo pródigo que desea volver al hogar. No veas al hijo descarriado como un rebelde, sino como alguien que necesita que se le muestre el camino, la verdad y la vida. No veas a ese vecino como alguien ordinario, incómodo y mal encarado, sino como un alma preciosa a los ojos de Dios. No veas a ese esposo como un incrédulo con corazón de piedra, sino como alguien que necesita que Jesús cambie su vida. Contempla las cosas como las ve Jesús.

Jesús les dijo:
«Mi comida es que haga la voluntad del que me envió, y que acabe su obra».
JUAN 4: 34

Cuando los discípulos regresaron de Sicar, se apresuraron a preparar la comida. Utilizaron todo lo que habían traído: pan, pescado salado, frutas, etcétera. Sin embargo, el Maestro no les prestó ninguna atención. Estaba abstraído, como si su corazón estuviera en otra parte. Poco tiempo antes se sentía fatigado, estaba sediento, desfallecía de sed; pero ahora nada parecía llamarle la atención.

Los discípulos comenzaron a servir la comida, con la esperanza de que Jesús se decidiera. Pero él guardaba silencio. Los discípulos comenzaron a preocuparse. Se preguntaban si alguien le habría de comer. Ellos no podían consentir que su Maestro quedara sin comer. Faltaba un largo camino por recorrer. Su destino todavía estaba muy lejos. Por eso, le dijeron en tono de súplica: «Rabí, come» (Juan 4: 31). Él les dijo entonces aquellas memorables palabras: «Yo tengo una comida que comer que vosotros no sabéis» (vers. 32). Ante las preguntas llenas de incertidumbre de ellos, les dijo: «Mi comida es que haga la voluntad del que me envió, y que acabe su obra» (vers. 34). Mientras les decía aquellas palabras, su mirada se perdía en la lejanía. Sus ojos iban siguiendo la marcha presurosa de la pecadora convertida. Después vio a la gente de Sicar que se disponía a salir para verlo a él, el Mesías.

Al darle el agua de la vida a la samaritana y verla transformada, sintió alimentados su alma y su cuerpo. Ya no sentía hambre ni sed. Ahora tenía a la vista un grupo numeroso de samaritanos a los que tenía la misión de instruir y salvar. Para Jesús la vida consistía en hacer la voluntad del que lo había enviado.

Dios nos ha enviado a trabajar en su campo, como dijo Jesús, a terminar su obra. Nuestra vida tiene que identificarse con esa obra. La obra que nos ha tocado en suerte es nada menos que cooperar con nuestro Creador, terminar su obra. Su creación es bella, a pesar de las deformaciones causadas por el pecado. Dios cuenta con nuestra colaboración para reformarla. Si la vida humana tiene lagunas, nuestra misión consiste en rellenarlas. Donde encontremos fealdad, hemos de poner belleza; en la injusticia, rectitud; en el sufrimiento, gozo.

Nuestra misión es acabar la obra de Aquel que nos ha enviado. Vivir cada vez más, conforme a nuestra condición de hijos de Dios. Difundir y extender entre los hombres el reino de Dios. Esa debe ser nuestra comida también.

¿De compras o evangelizando?

¿No decís vosotros: «Aún faltan cuatro meses para que llegue la siega?»
He aquí os digo: Alzad vuestros ojos y mirad los campos,
porque ya están blancos para la siega.
JUAN 4: 35

La evangelización es un llamado urgente a recoger una cosecha que ya está madura. Los campos están blancos; ya están listos para la siega. El Espíritu Santo, a través de tantos sermones predicados por labios consagrados de laicos y pastores y centenares de estudios bíblicos presentados, ha despertado en muchos corazones el deseo de beber del agua de la vida.

Hay corazones desesperados, almas cansadas —como la samaritana— de ir y venir de forma rutinaria e insensata por el camino de muerte de los placeres de esta vida. Hoy están esperando escuchar una voz que los invite a venir a Jesús para hallar vida, y vida abundante. ¿Cómo podemos ser indiferentes en esta obra de recoger la cosecha?

Al parecer, los discípulos de Jesús creían que el viaje a Samaria era un viaje sin importancia y sin propósito. Fueron a la ciudad como compradores, no como evangelizadores. Cuando regresaron, Jesús les dijo que él ya había comido una comida que ellos no podían comprender. Ellos quedaron confundidos.

¿Cuál es tu parte en la cosecha del mundo? Si los campos están blancos para la siega, tienes que estar listo, con un sentido de urgencia, para recoger el grano antes de que los vientos y las tormentas de la confusión religiosa y de las falsas doctrinas destruyan el fruto. Nunca ha ocurrido que un buen agricultor haya sido indolente a la hora de la cosecha. La cosecha no puede resultarte indiferente tampoco a ti.

La clave está en la urgencia. El mundo se está volviendo hacia Dios. Se levantan miles de iglesias nuevas. Multitudes están volviendo a la fe. La cosecha está madura. Jesús te pregunta hoy: «¿De verdad te gozas por los que están volviendo a la fe? ¿Te deleitas porque cada hora tienes nuevos hermanos y hermanas en la fe? ¿Se alegra tu corazón por los miles que abandonan el infierno de una vida sin Dios y entran al reino de Cristo? ¿Te complace ver a las multitudes que han encontrado una nueva vida llena de significado?»

Jesús te invita: «Hijo, ven porque te necesito; ven y ayúdame a recoger la cosecha. Levanta tus ojos, estoy esperando a un mundo desesperado para darle esperanza. Preocúpate conmigo por las almas perdidas. Entiende el corazón de mi Padre, quien no quiere "que nadie se pierda, sino que todos procedan al arrepentimiento". Ama a todos los que mi Padre ama. Ven, amémoslos juntos». Recuerda que no estás aquí para ir de compras, sino para dar el último mensaje de la misericordia de Dios.

Recorría Jesús todas las ciudades y aldeas, enseñando en las sinagogas de ellos, y predicando el evangelio del reino, y sanando toda enfermedad y toda dolencia en el pueblo.

MATEO 9: 35

La misión divina demanda que contemplemos las cosas como las veía Jesús, que las sintamos como las sentía él, que vayamos a los sitios como lo hacía el Salvador. Esa misión exige que oremos fervientemente al Señor de la cosecha (Luc. 10: 2). Por último, demanda que nosotros mismos nos entreguemos a la misión. Ya llegó el tiempo en que debemos dejar de *hablar* acerca de la misión y dedicarnos en cambio a *hacer* la misión.

Jesús vino del cielo a la tierra. ¡Fue el primer y el más grande misionero de todos los tiempos! Cumplió la gran misión de revelar el amor de Dios, su gracia y su misericordia. Jesús vino a donde nosotros estábamos y se encarnó. Por así decirlo, nosotros también nos encarnamos para cumplir la misión. Por eso no solo enviamos vídeos o libros a las personas que necesitan ser alcanzadas. Vamos a esas personas porque nada puede reemplazar nuestro lugar entre ellas, cumpliendo así nuestra misión personalmente, "en la carne".

La misión divina significa, finalmente, que nosotros debemos participar. Juan 3: 16 no dice que Dios amó tanto al mundo que nombró un comité o una fuerza de trabajo. No. Envió a su Hijo. En una de las escenas más dramáticas de la Biblia, Dios se dirige a Moisés con estas palabras: «Bien he visto la aflicción de mi pueblo que está en Egipto, y he oído su clamor a causa de sus exactores; pues he conocido sus angustias. Y he descendido para librarlos de mano de los egipcios» (Éxo. 3: 7, 8). Ese es el corazón de la misión.

Dios no es una autoridad lejana. Es un Dios cercano, próximo. Para ti, no es tanto un Dios que esté en todas partes como un Dios que está *donde estás tú*. Dios está aquí. Adentro. Está contigo. Es Emanuel, «Dios con nosotros». Y tú estás para ser la extensión de la cercanía de Dios en su gran misión de alcanzar este mundo.

Tienes que ir. Tienes que contemplar las cosas como las veía Jesús. Tiene que sentir como él sintió. Tienes que orar al Señor de la mies para que envíe obreros a recoger la cosecha. Desde luego, la misión divina demanda que actuemos, que hagamos algo por salvar a los perdidos.

Acude hoy al Señor, y dile: «Señor, deseo ser parte de lo que estás haciendo. Quiero ir a recoger la cosecha».

Y se le apareció el Ángel de Jehová en una llama de fuego,
en medio de una zarza; y él miró, y vio que la zarza ardía en fuego,
y la zarza no se consumía.
Éxodo 3: 2

La experiencia de Moisés ante la zarza ardiente rebosa de lecciones para nosotros hoy. Allí se encontró con Cristo, la segunda persona de la Deidad, «el
Ángel de Jehová», el «Ángel del pacto» (Mal. 3: 1). Moisés supo de quién se
trataba porque desde la antigüedad Dios se había comunicado con sus siervos bajo
ese nombre (Gén. 22: 11).

Por otro lado, según la Biblia (Jue. 9: 8-15), la zarza era la planta más humilde,
pues palidecía al compararla con árboles más nobles y de mayor porte. Ello vendría
a representar la humildad del Estado de Israel en comparación con los otros pueblos
de la tierra. ¿Por qué decidió Dios manifestarse en un arbusto tan poco atractivo
como la zarza? ¿Por qué no eligió un árbol más noble que hubiese en la región del
Sinaí? Porque deseaba dar un mensaje a Moisés. Quería comunicarle que su pueblo,
tan humilde y esclavizado en Egipto, era su pueblo, y que no se avergonzaba de ellos.
Por eso la zarza ardiente era «una apropiada representación visible del mensaje que
Dios impartió allí a Moisés y del valor que Dios le concedía a Israel al ser su Dios y
ellos ser su pueblo».

¿Eres de origen y condición humilde? No te desalientes: Dios quiere mostrar su
luz en su pueblo como iglesia, y en ti como miembro. Recuerda que nuestro Señor
Jesucristo fue representado como «raíz de tierra seca»; no había en él «parecer ni
hermosura» (Isa. 52: 14 – 53: 2). Sin embargo, será exaltado «hasta lo sumo» y se
le dará un nombre «que es sobre todo nombre» (Fil. 2: 9). Lo mismo ocurrirá con el
pueblo de Dios.

Además, así como ardía la zarza, debemos "arder" para Dios. El apóstol Pablo dijo
algo relacionado con esto: «Para que seáis irreprensibles y sencillos, hijos de Dios sin
mancha en medio de una generación maligna, en medio de la cual *resplandecéis* como
luminares en el mundo» (Fil. 2: 15). Y una reflexión más: ¿Cuánto tiempo había estado
ardiendo la zarza antes de que Moisés lo notara? Conviene reflexionar, no sea que Dios
también quiera hablarnos desde una zarza que espera que veamos.

Quizá Dios ponga hoy una zarza ardiente en tu vida para que hagas un alto en el
camino. Arde hoy por Dios, como la zarza del Sinaí. Participa en el plan maravilloso
que Dios tiene hoy para ti.

Un amigo verdadero

julio 28

> Entonces se levantó Jonatán hijo de Saúl y vino a David en Hores, y fortaleció su mano en Dios.
>
> 1 SAMUEL 23: 16

Los amigos son necesarios. Un amigo sincero es una mano que ayuda y auxilia en tiempo de necesidad. Con toda razón se ha dicho que un amigo es como la sangre, que acude a la herida sin que nadie la llame.

Los amigos se quitan la máscara y se revelan como son, sin inhibiciones. Los psicólogos hablan de la necesidad de tener un "amigo significativo". Dicen que a ese amigo se le pueden revelar todos los secretos de la vida sin ningún temor. Los amigos se dan totalmente, en libertad absoluta. Puede abrirse el corazón delante de ellos, sin reservas.

Según se describe en el relato bíblico registrado en 1 Samuel 23: 14-18, Jonatán era un verdadero amigo de David. Aunque era el heredero legitimo al trono, no manifestó ni celos ni envidia hacia su amigo David. Aceptó la preeminencia de David; aceptó que sería rey de Israel y humildemente decidió ocupar el segundo lugar.

Los verdaderos amigos están dispuestos a dar no solo cosas o posiciones, sino la vida misma. Jonatán enseña que los amigos verdaderos son una fuente constante de ánimo. David era atormentado constantemente por el odio asesino del rey Saúl. No importaba dónde se encontrara, ya fuera metido en una cueva o detrás de un arbusto, o quizás oculto en una colina, o detrás de un peñasco, esperaba que en cualquier momento Saúl lo encontrara y acabara con su vida. Pero David tenía la bendición de contar con un amigo como Jonatán. Él estaba ahí para fortalecerlo. Lo visitó en el desierto y le dio palabras de aliento: «No temas, pues no te hallará la mano de Saúl mi padre, y tú reinarás sobre Israel, y yo seré segundo después de ti» (1 Sam. 23: 17). Se parecía a Juan el Bautista, el mayor de los profetas, quien dijo, comparándose con Jesús: «A él conviene crecer, mas a mí menguar» (Juan 3: 30).

Decide esta mañana ser un buen amigo. Escucha a tus amigos. Anímalos a expresar cuanto sienten. Si sienten deseos de llorar, déjalos romper en llanto. Si quieren quejarse, permíteles que expresen sus quejas. Escúchalos con toda atención y empatía. Como verdadero amigo, nunca abandones a esas personas que confían en ti. Deja que sean ellas mismas; anímalas a desarrollar su individualidad.

Busca a tu amigo. Dile que comprendes su dolor y que puede contar contigo. Sobre todo, nunca olvides al mejor amigo que tienes: el Señor Jesucristo. ¿Qué clase de amigo eres tú?

Y Juan estaba vestido de pelo de camello, y tenía un cinto de cuero alrededor de sus lomos; y su comida era langostas y miel silvestre.
MATEO 3: 4

Somos diferentes de otras personas. No solo nuestras huellas digitales y nuestro ADN; también nuestras costumbres, nuestras prácticas, nuestras preferencias y nuestros gustos lo son. Y la diferencia todavía es mayor cuando somos de otra cultura. Juan el Bautista nos causaría una impresión muy extraña en la actualidad. Su forma de vestir, su manera de hablar, su cabello de nazareo, su forma de alimentarse, y muchas otras características suyas podrían hacérnoslo ver inaceptable, difícil de amar.

A veces encontramos personas raras en la vida. Individuos que complican nuestro mundo y que son difíciles de amar. Otros, por sus defectos de carácter, nos desagradan; son como aguijones y espinas, que con solo tocarlos nos hieren. ¿Deseas que el mundo cambie para sentirte seguro? ¿Quisieras que cambiaran todas esas personas raras para poder amarlas? Es imposible. La solución es que Dios te cambie *a ti* para que aprendas el arte de amar a los que son diferentes. No son los demás los que deben cambiar. Debes cambiar tú por el bien del mundo.

Juan el Bautista nos enseña algunas verdades importantes que nos ayudan a relacionarnos mejor con los demás y aceptarlos a pesar de sus diferencias:

- Las personas más dedicadas parecen raras. Están en este mundo, tal como son, porque Dios las necesita para cumplir sus propósitos. Son la respuesta de Dios a muchas necesidades que no comprendemos. Por su manera rara de ser encajan perfectamente en el lugar y la época en que viven para la tarea que Dios les ha asignado.
- Busca la sencillez y serás usado por Dios. Aprende a llevar el "pelo de camello" de una vida espiritual interior. Aférrate al Señor en la necesidad desértica de tu propia devoción. Puede ser que tu apego a la voluntad del Señor y tus prácticas cristianas te hagan parecer una persona rara. Cuando ames al Señor con todo tu corazón, el deseo de quedar bien a los ojos de los demás perderá su importancia.
- Debemos practicar una vida de sumisión a Dios. Somete tu voluntad al Señor. Entrégale todo lo que eres y todo lo que puedes ser. Dile a Dios: «Hazme como tú deseas que sea. Acepto tus costumbres, tu alimento, tu vestuario. No diré al mundo: "Aquí estoy", le diré: "He aquí el Cordero de Dios que quita el pecado del mundo"».

Di a Dios: «Señor, no me importa que el mundo me considere raro. Deseo hacer tu voluntad, y ser semejante a Jesús».

Olvida las faltas de tus hermanos

> Solo Lucas está conmigo. Toma a Marcos y tráele contigo, porque me es útil para el ministerio.
> 2 Timoteo 4: 11

«Perdono, pero no olvido». «Mantengo fresco en mi mente lo que me hiciste, como si hubiera ocurrido ayer». «Jamás lo olvidaré». «Aunque transcurra un siglo, siempre lo recordaré». ¿Te resultan familiares estas frases? Son muy conocidas, ¿verdad? Muchos sienten satisfacción y orgullo al expresarse así. ¿Deseas poner obstáculos a tu vida cristiana? ¿Quieres vivir infeliz todos los días de tu vida? Entonces recuerda las faltas cometidas por tus hermanos.

El apóstol Pablo le suplicó a Timoteo que le llevara a Marcos. ¿A Marcos? ¿El desertor? ¿El cobarde? ¿El que los había abandonado en el primer viaje misionero? Sí, el paladín del evangelio, pide que le traigan al desertor. Lo consideraba útil y estaba dispuesto a tomarlo como ayudante. Pablo terminó su carrera con gozo porque no permitió que el recuerdo de las faltas de sus hermanos estorbara su viaje hacia la meta. Los meses se convirtieron en años, y los años en décadas; y ahora el anciano escribe a Timoteo. «Toma a Marcos y tráele contigo, porque me es útil para el ministerio». De alguna manera, en el transcurso de aquellos años, Pablo había olvidado y perdonado los fracasos de Marcos.

Muchas personas viven su vida como si jamás pudieran olvidar las ofensas recibidas. Son incapaces de olvidar un agravio. Conservan una lista de todas las ofensas que han cometido contra ellas. Si deseas vivir una vida absolutamente miserable, entonces pon una marca indeleble en tus ofensores para no perderlos de vista.

El perdón sana las heridas. Las heridas que no han sanado son las que producen amargura. La amargura que produce un espíritu crítico y mordaz parece difícil de curar. La amargura envenena la vida de oración, arruina la vida familiar, destruye la carrera profesional, el trabajo y la vida espiritual. Si la vida cristiana es una lucha, entonces recibirás heridas. Si es una carrera, en algún momento recibirás un golpe.

Escuché la historia de un padre cuyo corazón fue herido por su hija. Ella se había casado, contra la voluntad de su progenitor, con un hombre divorciado. Su corazón se llenó de resentimiento y amargura contra su hija hasta el extremo de que nunca la perdonó. Quizá por su profundo resentimiento, enfermó gravemente y fue hospitalizado. Cuando su hija fue a visitarlo, volvió su rostro hacia la pared. No podía olvidar su falta y por lo tanto, no podía perdonarla.

¿Hay algún Marcos en tu vida? Hoy es un buen día para pedir que te lo traigan. Perdona y olvida las faltas de tus hermanos para que Dios perdone y olvide las tuyas.

Si es posible, en cuanto dependa de vosotros, estad en paz con todos los hombres.
ROMANOS 12: 18

Una hermana de la iglesia se me acercó y me dijo: «Hoy quiero tomar parte en la cena del Señor, pero desde hace un año estoy enemistada con mi hermana y creo que eso me dificulta participar de ese rito sagrado. ¿Qué cree usted que podría hacer para no perderme esta bendición?» Le dije: «Pida perdón a su hermana. Se sentirá muy bien y entonces podrá participar». «Estoy lista para hacerlo, me contestó, «pero el problema es que mi hermana no vive aquí». Le respondí: «Si en su corazón está el deseo de buscar la paz con su hermana y pedirle perdón, puede unirse con nosotros en esta celebración, y luego viajar a donde ella a pedirle perdón». «Iré», me dijo, «pero, conociendo a mi hermana, estoy segura de que no aceptará mis disculpas».

¿Has encontrado personas que no te permiten ser amables con ellas? A pesar de tus muestras de amor y tu gesto cortés, reaccionan con enojo y desconfianza; son negativos, y hasta te presentan reproches en los que te acusan de tener turbios motivos en tu corazón. ¿Cómo debe responder el cristiano a aquellos que no aceptan sus intentos de lograr la paz?

Los cristianos somos llamados por Dios para ser agentes de paz. El Señor ha dado en su santa Palabra instrucciones claras y específicas mediante las cuales nos ordena practicar la paz con todas las personas, tanto con las que nos agradan como con las que nos desagradan, con los que hemos ofendido y con los que nos han ofendido.

El texto bíblico arriba citado da por sentado que hay personas que no aceptarían nuestro ofrecimiento de paz sincero y cristiano. En ese versículo se nos dan dos principios que deben seguirse al procurar hacer la paz.

Lo primero que dice es «Si es posible». Esto significa que habrá ocasiones cuando procurar la paz con otras personas no será posible. La persona en cuestión no tendrá ningún interés en arreglar sus diferencias y sentirá satisfacción en causarte sufrimiento y dolor.

En segundo lugar, la frase «en cuanto dependa de vosotros» indica que debemos buscar la paz siempre y cuando lo hagamos regidos por los principios dados por Dios. Cuando las condiciones para la paz contradicen las reglas Divinas, entonces la paz es inaceptable.

Hoy es un buen día para buscar la paz con aquellos que nos han hecho sentir mal. Aunque haya personas difíciles, intenta buscarlas, porque es tu responsabilidad procurar la paz.

Vinieron también unos publicanos para ser bautizados, y le dijeron:
«Maestro, ¿qué haremos?» Él les dijo:
«No exijáis más de lo que os está ordenado».
LUCAS 3: 12, 13

¿Has reparado en el tipo de personas que acudían a Juan el Bautista para ser bautizadas? La Palabra de Dios dice: «Vinieron también unos publicanos para ser bautizados». Como sabes, esos individuos eran deshonestos. El propio Juan los había llamado «generación de víboras». Los publicanos eran los recolectores de impuestos, que en aquella época era sinónimo de fraude y extorsión a sus compatriotas.

Aquellos publicanos eran, sencillamente, pecadores que andaban en busca de la salvación, como nosotros. A Dios no le importa la mala fama. Juan sabía cuán valiosos para el reino de Dios podían llegar a ser los cobradores de impuestos. Es fácil comprender que los líderes religiosos dudaran que los cobradores de impuestos fueran los mejores candidatos para formar el reino de Dios. Pensaban que Juan quería construir un mundo abnegado y sacrificado con personas egoístas y ambiciosas. Después de todo, no había quien no supiese que los cobradores de impuestos eran ladrones. Sus pecados eran tan obvios que no hacía falta que los confesasen; los demás ya lo hacían por ellos.

Apuntar con el dedo acusador puede ser indicio de tener una "respetabilidad" farisaica que cree que solo deben bautizarse personas como uno. Quienes así juzgan a los demás piensan que son el tipo ideal de persona para establecer el reino de Dios, el modelo al que los demás deben aspirar, el tipo de persona que debe llenar los bancos de la iglesia.

A diferencia de muchos de nosotros, Juan sabía que a las personas no se las debe tratar *como son*, porque se las hará *peores de lo que son*; debe tratárselas *como pueden llegar a ser*, y así llegarán a ser *mejores de lo que son*. Como ocurre con todos los cristianos, cuando los publicanos fueron bautizados, dejaron sus corazones quebrantados bajo las aguas del Jordán. Veían con lágrimas en los ojos que las arremolinadas aguas del río arrastraban sus pecados. Su corazón estaba lleno de gozo y felicidad. Sabían que, posiblemente, al cruzar el camino encontrarían fariseos cuya confesión había sido más de labios que de corazón. Y no les importaba, porque estaban dispuestos a cargar su cruz.

¿Te inquietan algunas personas que son llamadas a unirse a la iglesia? La iglesia está preparada, y fue organizada, para recibir a los peores pecadores. Como Pablo, que, ya siendo apóstol, todavía se consideraba «el primero de los pecadores» (1 Tim. 1: 15). La gente mala constituye el mejor símbolo de la transformación. Ellos, unidos a Jesús, transformarán el mundo.

Y dijo: «De cierto os digo, que si no os volvéis y os hacéis como niños, no entraréis en el reino de los cielos».
Mateo 18: 3

Seguramente también tú, como todos los seres humanos, tienes en lo más profundo del corazón el deseo de ser "alguien", de ser reconocido, de ser importante, de ser igual o más que los demás. Es un deseo natural del corazón humano. Es el más persistente de todos los deseos del hombre.

Los discípulos de nuestro Señor, hasta el último momento de la vida de Jesús, siguieron discutiendo «quién de ellos sería el mayor». Por eso le preguntaron a Jesús: «¿Quién es el mayor en el reino de los cielos?» (Mat. 18: 1).

Evidentemente, las propias lecciones de humildad de Jesús, dadas por precepto y ejemplo, no habían surtido efecto. Necesitaban una lección más impactante. La definitiva la recibieron cuando les lavó los pies. Pero ya antes les enseñó la misma lección con otro ejemplo sencillo. El Señor Jesús llamó a un niño, lo puso en medio de ellos, y les dijo: «De cierto os digo, que si no os volvéis y os hacéis como niños, no entraréis en el reino de los cielos. Así que, cualquiera que se humille como este niño, ese es el mayor en el reino de los cielos» (Mat. 18: 3, 4).

Los discípulos imaginaban un reino terrenal, con cortesanos, ministros, embajadores y gobernadores, posiciones todas en las que la grandeza se mide por el poder, la influencia, la popularidad y el dinero. En el mundo, la posición, el engrandecimiento propio, la influencia, la riqueza y la educación se usan para el engrandecimiento propio, para dominar a los demás. Las clases "superiores" piensan, deciden y gobiernan; las clases humildes obedecen y sirven.

Sin embargo, Cristo estaba estableciendo un nuevo reino, basado en principios diferentes. Llamaba a los hombres no a ejercer autoridad, sino a servir. El poder, la posición, el talento y la educación obligan a quien los posee a servir a su prójimo. Eso hizo el mayor de los hombres de todos los tiempos: «Toda la vida de Cristo había sido una vida de servicio abnegado. La lección de cada uno de sus actos enseñaba que había venido "no... para ser servido, sino para servir". Pero los discípulos no habían aprendido todavía la lección» (*El Deseado de todas las gentes*, p. 598).

En el reino de Dios, el más humilde es el más grande. El que más sirve es el más útil. El que reconoce que sin Jesús nada puede hacer, es el más realizado. Por eso Jesús puso a un niño como ejemplo. Los discípulos de Jesús solo aprendieron esa importantísima lección cuando terminaba su período de instrucción. ¿Ya la has aprendido tú?

> Unánimes entre vosotros; no altivos, sino asociándose con los humildes.
> No seáis sabios en vuestra propia opinión.
> ROMANOS 12: 16

La humildad fluye desde lo más profundo del corazón que ha sido tocado por el Espíritu Santo. El apóstol Juan nos dio una definición práctica de humildad cuando dijo: «El que ama a su hermano, permanece en la luz, y en él no hay tropiezo» (1 Juan 2: 10).

Cuando observamos a nuestro ejemplo máximo de humildad, Jesús, vemos que tenía diferentes maneras de aproximarse a las personas. Siempre procuraba adaptarse a las personas con las que se relacionaba, a los lugares en que se encontraban, y a las situaciones que se le presentaban. Su adaptabilidad era obvia, porque siempre aceptaba a las personas donde se encontraban, sin importar las circunstancias que las rodearan. Esa actitud era parte de la humildad de Jesús.

De hecho, ser humildes no significa que las personas tengan que adaptarse a nosotros, sino que nosotros nos adaptemos a ellas. Cada día encontramos personas que piensan de forma distinta que nosotros, y que a veces procuraran llevarnos la contraria, e incluso se deleitan en ello. Pese a eso, no debemos olvidar que estamos pidiendo a Dios que nos ayude a ser como Jesús. La próxima vez que alguien te plantee un desafío y estés a punto de perder la compostura y la humildad, pregúntate esto: «¿Cómo se adaptaría Jesús a esta persona?»

En un documental de televisión que tuve la oportunidad de ver sobre la vida de las ovejas, supe que en un estudio se descubrió que las ovejas tienen la percepción de que el pasto es más verde al otro lado de la cerca que el que está de su lado. Es interesante que este sea el caso de muchos de nosotros. Tenemos la tendencia a pensar y a decir: «Ah, es que yo podría ser una mejor persona si viviera en otro vecindario». «Si yo trabajara en otro lugar, donde no estuviera rodeado de este tipo de personas, la gente sabría cuán dulce y bueno soy en realidad». «Si estuviera casado con otra persona, tendría un carácter mejor».

Muchas veces no somos tan humildes como quisiéramos ser porque queremos que los demás se adapten a nosotros. Podemos pasar la vida esperando que los demás se adapten a nuestra manera de ser, pero así nunca alcanzaremos el nivel de humildad que Jesús quiere que alcancemos. Decide hoy ser humilde. Pide a Dios que te dé el don de la humildad. Comprende a los demás, aunque tengan defectos. Si eres humilde, serás más feliz y podrá suponer una influencia positiva e inolvidable para los demás.

Por la fe Enoc fue traspuesto para no ver muerte, y no fue hallado,
porque lo traspuso Dios; y antes que fuera traspuesto,
tuvo testimonio de haber agradado a Dios.
HEBREOS 11: 5

Se suele afirmar que una imagen dice más que mil palabras. También sucede que nuestra conducta, nuestro comportamiento, pregona con más claridad lo que somos que nuestras palabras o nuestra profesión de fe. Lo advirtamos o no, cada cristiano tiene un testimonio. Somos testigos aunque no abramos nuestros labios y hablemos de nuestra fe. No cabe ninguna duda de que las personas dirán algo acerca de ti y de tu fe después de observarte.

Como cristianos, nuestro testimonio es para bien o para mal. No puede ser de otra manera. Nuestro Señor dijo: «Este evangelio del reino será predicado por testimonio [...], y entonces vendrá el fin». ¿Tienes tú un buen testimonio? ¿Estás dando un testimonio efectivo?

Mi hermano y yo, que somos pastores, nos encontrábamos en la cafetería de una librería tomando un refresco. De repente se nos acercó una joven que estaba en la mesa de al lado y nos dijo:

—¿Verdad que ustedes son pastores?

Estoy seguro de que también a ti te habrá ocurrido la misma experiencia con tu compañero de asiento en el autobús, o con la cajera de un negocio, o quizá con la peluquera que te corta el cabello. Cuando andas con Dios y Jesús se revela en ti, hay alguien que te preguntará: «¿Qué lo hace a usted tan diferente? ¿Por qué siempre se lo ve a usted gozoso? ¿Cómo puedo tener el mismo gozo y la misma felicidad que usted manifiesta siempre?» Tú podrías decirle: «Permíteme que te hable de un amigo que me impulsa a ser así. A lo mejor, has oído hablar de él. Se llama Jesucristo».

Muchas veces no damos un buen testimonio porque no caminamos con Dios, porque no gozamos de un compañerismo íntimo con él, porque no vivimos en comunión con él. ¿Caminas con Dios? ¿Hablas con él? ¿Lo complaces? ¿Testificas en su favor?

Dios desea que vivas en armonía con él. Desea revelarte sus planes y los propósitos que tiene para ti. Desea que camines a su lado. Dale a Dios la oportunidad que anhela: Andar contigo para que puedas dar un buen testimonio acerca de él, de su verdad y de su amor.

Procurad, pues, los dones mejores. Mas yo os muestro un camino más excelente.
1 CORINTIOS 12: 31

Uno de los temas abordados en la primera de las epístolas de Pablo a los cristianos de Corinto es el debido empleo de los dones espirituales. Son objeto de análisis, sobre todo, en el capítulo 12. Los dones espirituales son impartidos por el Espíritu Santo para la edificación de la iglesia, con el propósito de que llegue a un estado de perfección y unidad en Cristo. «Los que sirven directamente al propósito principal de la iglesia, la predicación del evangelio, y que contribuyen más a la edificación general, sin duda son considerados como los más importantes» (*Comentario bíblico adventista*, t. 6, pp. 771, 772). Aquí van, sin duda, los dones de profecía, de pastorado, de enseñanza, de administración y de operación de milagros.

Sin embargo, para los fines anunciados —edificar a la iglesia y predicar el evangelio—, el apóstol afirma que hay «un camino más excelente». Ese camino más excelente es el camino del amor, que es el tema del capítulo 13, donde se presenta una exposición magistral e inspirada del amor cristiano.

Como dice al principio de ese capítulo del amor, ¿de qué sirve predicar con una lengua angelical, sin tener el amor de Cristo? De nada. Es como el sonido molesto del címbalo, que no tiene modulaciones ni puede producir melodía. ¿De qué sirve ser profeta y conocer todos los misterios y abarcar todo el conocimiento, sin amor? De nada. En otra parte dice que es como «el crepitar de los espinos debajo de la olla». ¿De qué sirve ser filántropo y muy generoso, sin el amor de Cristo? De nada. Un cristiano que no tenga ninguno de esos dones, pero que tenga el amor de Cristo en su corazón, será una bendición para todas las personas con las que se encuentre, y puede ser poderoso en la predicación del evangelio.

Ese es el camino más excelente que Pablo recomendaba a los corintios y a nosotros. Debemos procurar los mejores dones espirituales. Debemos prepararnos en toda forma posible para ser útiles en las manos de Dios. Debemos llegar a ser lumbreras por nuestra elocuencia, por nuestro poder para sanar enfermos y por nuestro dominio de las lenguas antiguas y modernas. Eso debemos ser, si podemos. Debemos procurar obtener esos dones, en la medida de lo posible. Pero siempre debemos tener claro en nuestra mente que el camino más excelente para llevar a cabo la obra de Dios fuera y dentro de nosotros es el amor.

Procura andar hoy por el camino más excelente del amor de Cristo.

Y le vieron todos lo que habitaban en Lidia y en Sarón,
los cuales se convirtieron al Señor.
HECHOS 9: 35

¿Puede toda una ciudad ser transformada por el poder del evangelio? El libro de los Hechos de los Apóstoles dice que sí. Según nuestro texto de hoy, al menos una ciudad fue transformada: Lidia. Mejor todavía, ¿te gustaría saber qué se debe hacer para ver una ciudad transformada?

Hay cuatro principios que los líderes cristianos deben tener en cuenta si quieren ver toda una ciudad transformada: una ciudad sin cantinas, porque ya no haya alcohólicos; sin pobres, porque no haya delincuentes; donde no se vendan cigarrillos, porque no haya fumadores; sin cárceles, porque ya no haya malhechores. Parece un sueño, ¿verdad? Según la Biblia, eso ya ocurrió. ¿Qué podemos hacer para que se repita?

En primer lugar, en Lidia, la ciudad que fue transformada, los creyentes se unieron en *oración*. En muchos lugares de nuestra época se han abierto centros —iglesias, escuelas, negocios, talleres y otros— de influencia y de oración intercesora. Conocí hace años un taller mecánico donde, al mediodía, el dueño del taller, quien era cristiano, se reunía con todos sus empleados y otros creyentes para orar por los inconversos.

En segundo lugar, *humildad*. Dios bendice y usa con poder a los hombres y las mujeres que reconocen que necesitan de los demás. Saben que no son suficientes y procuran trabajar en equipo, sin buscar gloria y honor para sí. El salmista declaró que Dios quiere encaminar a los humildes por el juicio y enseñar a los mansos su carrera (Sal. 25: 9). Dios bendice a los líderes y a los miembros que no procuran ser el centro de atención.

En tercer lugar, *unidad*. Dios llama a su pueblo a vivir en unidad. El espíritu de independencia, orgullo y egoísmo impide que se cumpla el propósito de Cristo. Nuestro Señor oró así antes de volver a su Padre: «Que sean perfectos en unidad, para que el mundo conozca que tú me enviaste» (Juan 17: 23).

En cuarto lugar, *conocimiento de los métodos de Dios*. Siempre existe el peligro de realizar la obra con la sabiduría humana y no con la divina. Un ejemplo típico es el método de David para trasladar el arca del pacto a la ciudad de Jerusalén. Usó un carro en lugar de los hombros de los sacerdotes. Todos conocemos los resultados.

¿Deseas ver tu ciudad convertida? Ora esta mañana por tu ciudad. Haz de tu residencia o de tu lugar de trabajo un centro de intercesión por la salvación de los perdidos.

> Pero al venir el alba del día siguiente, Dios preparó un gusano,
> el cual hirió la calabacera y se secó.
>
> JONÁS 4: 7

Como muchos otros, quizá también tú te has sentido turbado al considerar la conducta del profeta Jonás. La actitud y la personalidad del profeta no concuerdan con la imagen que tenemos de lo que debe ser un mensajero de Dios. Ni siquiera concuerda con la imagen que tenemos de un cristiano. Jonás se negó a pregonar el mensaje y huyó del Señor, quien lo había enviado a Nínive. Cuando Dios lo obligó a dar el mensaje y vio la extraordinaria conversión de todos los ninivitas, el recalcitrante profeta se enojó muchísimo «hasta la muerte». Es más, los milagros obrados en su favor y la paciencia que Dios le manifestó no lo afectaron, al parecer, en lo más mínimo. El libro homónimo termina sin ninguna evidencia de que haya reconocido sus faltas y se haya arrepentido de ellas. De hecho, el libro termina con una pregunta de Dios que Jonás no contestó.

Como poco, sabemos con toda claridad que Jonás necesitaba aprender mucho acerca de la pasión de Dios por salvar las almas perdidas. También necesitaba aprender sobre el juicio de Dios. Necesitaba aprender sobre la paciencia divina y sobre el poder de Dios. Dios trataba de enseñarle una lección más al profeta, y en esto se centra nuestra reflexión de hoy. ¿Qué usó Dios para alcanzar dicho objetivo? Pudo haber usado a uno de los ángeles más gloriosos del cielo, o a la persona más importante de la tierra. Sin embargo, empleó algo bien distinto: «Dios preparó un gusano, el cual hirió la calabacera y se secó».

La historia de Jonás es la historia del poder de Dios, quien puede tomar cualquier instrumento en sus manos, sea grande o pequeño, para cumplir sus propósitos. La historia ilustra que Dios es capaz de hacer cualquier cosa con cualquier instrumento que elija. En el libro de Jonás encontramos muchas cosas que Dios usó para cumplir sus propósitos. Primero, usó una gran tormenta; luego, usó un gran animal marino; más tarde, hizo crecer una calabacera en una noche, con el único propósito de dar una lección a su siervo. Por último, usó un diminuto gusano para deshacerse de la calabacera. La historia de Jonás es más que la historia de una gran ciudad que se arrepintió milagrosamente. Es un relato que enseña que Dios puede usar cualquier cosa para su gloria, desde un profeta que se niega a cumplir sus instrucciones hasta un pequeño gusano. Sus recursos para cumplir sus propósitos son infinitos. Sirve tú también a ese gran Dios.

Todo lo que te viniere a la mano para hacer, hazlo según tus fuerzas; porque en el seol, adonde vas, no hay obra, ni trabajo, ni ciencia, ni sabiduría.
ECLESIASTÉS 9: 10

Aquí Salomón nos comunica el secreto para cumplir bien el propósito de la existencia, el secreto de cómo hacer bien las cosas. Fíjate en la progresión que hay en este versículo: actividad, planificación y sabiduría. Sabiduría es la habilidad para ver con comprensión. Planificación es la habilidad para organizar. Actividad es la habilidad para iniciar, perseverar y alcanzar objetivos. Las personas han sido creadas por Dios para imaginar, para planear y hacer cosas. Dios creó a Adán para que gozara de la vida y cultivara el jardín del Edén. Le dio trabajo para que lo desarrollase. Salomón dice que el trabajo es una de las actividades más benditas de las que podemos disfrutar.

El apóstol Pablo resalta lo expresado por Salomón de la siguiente manera: «Y todo lo que hagáis, hacedlo de corazón, como para el Señor y no para los hombres» (Col. 3: 23). Independientemente del lugar donde trabajes, de la clase de trabajo que realices, la cantidad de salario que recibas o para quién trabajes, piensa que Dios te ha asignado el empleo que tienes. Por lo tanto, no prestes una atención desmedida a los hombres. Préstasela toda a Dios. Él ve no solo la forma en que empleas el tiempo, sino la actitud con la que trabajas, que es más importante.

No hay persona más despreciable que la que trabaja solo cuando el amo, el patrón, el mayordomo o el supervisor la ve. El cristiano trabaja como si Dios estuviera vigilando su tiempo. Por eso el cristiano se siente comprometido a trabajar con todas sus fuerzas, a ser leal en el uso del tiempo, pues se siente responsable ante Dios y no ante los hombres. A una persona que trabaja así, la empresa, la escuela, la oficina o el taller la reclaman. Será bienvenida en cualquier parte la persona que trabaja «como para el Señor y no para los hombres».

De paso, ¿sabes cuál es el secreto divino del éxito? ¿Sabes cuál es el secreto de los ascensos? ¿Sabes cómo llegar a ser lo que quieres ser? Haz todo lo que se te encomiende «con todas sus fuerzas», «como para el Señor y no para los hombres». Si así lo haces, serás como el hombre justo del Salmo 1: 3: «Todo lo que hace prosperará». Serás como José: «Todo lo que él hacía, Jehová lo hacía prosperar en su mano» (Gén. 39: 3).

Pregúntate hoy: «¿Cómo podría yo ser el mejor empleado, para la gloria de Dios?» Ya sabes el secreto.

> Y cualquiera que dé a uno de estos pequeñitos un vaso de agua fría solamente, por cuanto es discípulo, de cierto os digo que no perderá su recompensa.
>
> MATEO 10: 42

Para grandes predicadores como Moody, Spurgeon o Billy Graham, su ministerio consistió en predicar el evangelio a las grandes multitudes que se reunían para escuchar su presentación de la Palabra de Dios. Sin embargo, gran parte de la obra de Dios ha sido hecho en otros ámbitos. Fíjate en las palabras de Jesús en nuestro texto de hoy: «Y cualquiera que dé a uno de estos pequeñitos un vaso de agua fría solamente, por cuanto es discípulo, de cierto os digo que no perderá su recompensa».

Un día, mientras un agricultor inglés apellidado Fleming trataba de ganarse la vida para su familia, escuchó a alguien pidiendo ayuda desde un pantano cercano. Inmediatamente, soltó sus herramientas y corrió hacia el lugar. Allí, enterrado hasta la cintura en el lodo, había un niño aterrorizado, que luchaba por librarse. Fleming salvó al niño de lo que pudo ser una muerte lenta y terrible. Al día siguiente, un carruaje muy pomposo llegó hasta los predios del agricultor. Un noble, elegantemente vestido, se bajó del coche y se presentó a sí mismo como el padre del niño al que Fleming había salvado.

—Yo quiero recompensarlo —dijo el noble británico—. Usted salvó la vida de mi hijo.

—No, yo no puedo aceptar una recompensa por lo que hice —respondió el agricultor, rechazando la oferta.

En ese momento, el hijo del agricultor salió a la puerta de la casa de la familia.

—¿Es ese su hijo? —preguntó el noble.

—Sí —repuso el agricultor lleno de orgullo.

—Le voy a proponer un trato. Déjame llevarme a tu hijo y ofrecerle una buena educación. Si se parece a su padre, crecerá hasta convertirse en un hombre del cual usted se sentirá muy orgulloso—. El agricultor aceptó.

Con el paso del tiempo, el hijo de Fleming, el agricultor, se graduó en la Escuela de Medicina de St. Mary's Hospital, en Londres, y se convirtió en un personaje de fama mundial: Sir Alexander Fleming, descubridor de la penicilina.

Algunos años después, el hijo del noble inglés, cayó enfermo de pulmonía. ¿Sabes qué lo salvó? La penicilina. El noble inglés se llamaba Randolph Churchill. Su hijo, Sir Winston Churchill.

Cumple hoy los pequeños deberes de hijo, padre o madre, amigo y ciudadano. Haz de hoy el festival de las cosas pequeñas; así sembrará grandes cosas para el futuro ahora y en la eternidad.

Y aunque sea derramado en libación por el sacrificio y servicio de vuestra fe, me gozo y regocijo con todos vosotros.
FILIPENSES 2: 17

Dicen que una vez, después de que D. L. Moody predicase un impresionante sermón sobre la fe de los mártires, un individuo se le acercó y le preguntó:

—Sr. Moody, ¿tiene usted suficiente fe para ser mártir?

—No —fue la respuesta del famoso evangelista.

—Sr. Moody —exclamó sorprendido su interlocutor—, ¿cómo ha podido usted predicar semejante sermón sobre la fe si no tiene usted suficiente fe para ser mártir?

—Si Dios quiere que yo lo sea, me dará la fe de un mártir —repuso Moody.

Y así es. A veces, cuando pensamos en el valor intrépido y en la fe de los héroes cristianos, desde los días de Esteban hasta los misioneros actuales que han arriesgado y arriesgan su vida —perdiéndola en ocasiones— por el evangelio, miramos a nuestro interior y temblamos. Comprendemos que no tenemos la resistencia espiritual o moral para hacer frente a lo que ellos afrontaron.

Por ejemplo, no podemos leer sin temblor la historia del bachiller Antonio Herrezuelo y su esposa, Doña Leonor de Cisneros. Fueron condenados por la Inquisición por sus creencias evangélicas. Habían sido apresados y presionados para que denunciaran a sus hermanos en la fe. Dijo de él un contemporáneo: «En todas las audiencias que tuvo con sus jueces... se manifestó desde luego protestante, y no solo protestante, sino dogmatizador de su secta en la ciudad de Toro [...]. Exigiéronle los jueces [...] que declarase [...] los nombres de aquellas personas llevadas por él a las nuevas doctrinas; pero ni las promesas, ni los ruegos [...] bastaron a alterar el propósito de Herrezuelo en no descubrir a sus amigos y parciales. ¿Y qué más? Ni aun los tormentos lograron quebrantar su constancia, más firme que envejecido roble o que soberbia peña nacida en el seno de los mares» (*El conflicto de los siglos*, p. 275).

Su esposa, joven de 24 años, flaqueó y se arrepintió. Pero cuando vio a su esposo morir con aquella fe y aquel valor que asombraron incluso a sus enemigos, «interrumpió resueltamente el curso de penitencia a que había dado principio». En al acto fue arrojada a la cárcel, y, después de ocho años de horrores en las cárceles de la Inquisición, «murió ella también en la hoguera como había muerto su esposo».

Nuestros tiempos no nos exigen ese tipo de testimonio. Pero todos los fieles que «combaten hasta la sangre contra el pecado», son héroes y mártires de Cristo. Decidamos hoy dar nuestro testimonio doquiera nos encontremos.

Amados, amémonos unos a otros, porque el amor viene de Dios.
El que ama, es nacido de Dios y conoce a Dios.
El que no ama, no conoce a Dios, porque Dios es amor.
1 Juan 4: 7, 8

Es la señal del verdadero cristiano. El que ama a Dios con todo su corazón, con toda su alma y con toda su mente es cristiano, aunque no comprenda bien muchas cosas profundas de Dios. Quien ama a su prójimo como a sí mismo es cristiano, aunque todavía no conozca todos los principios de la vida y de la piedad. El que no ama a su prójimo no es cristiano, aunque diga que ama a Dios con todo su corazón, con toda su alma y con toda su mente, y aunque conozca muchas cosas profundas de Dios. El amor es la señal del verdadero cristiano.

Garrie F. Williams cuenta la historia de Elizabeth Pilenko. Hija de una familia rusa aristocrática, era miembro de la Iglesia Ortodoxa Rusa. A los dieciocho años, estudiando en la Universidad de San Petersburgo, se enteró con ilusión de los planes de la revolución comunista. Sin embargo, cuando triunfó aquella revolución, se decepcionó y huyó a Francia. En medio de la pobreza y la infelicidad de su vida en París, Elizabeth buscó a Dios y el Espíritu Santo transformó su corazón. Regresó a la religión de su niñez y se convirtió en monja dentro de la Iglesia Ortodoxa Rusa, en la que adoptó el nombre de Sor María.

Después de que los nazis invadieran Francia, durante la Segunda Guerra Mundial, Elizabeth comenzó a ocultar judíos en su hospital. Un día la Gestapo la descubrió y la envió al campo de concentración de mujeres de Ravensbrück y allí tuvo muchas oportunidades para ayudar a muchas mujeres. Pocas sobrevivieron a las condiciones terribles de Ravensbrück, donde se calcula que murieron 95,000 mujeres, incluyendo a Betsie, la hermana de Corrie ten Boom.

Un día, en 1945, cuando formaban una fila de mujeres ante la cámara de gas, para sufrir el destino que todas conocían, una muchacha comenzó a gritar despavorida. Cuando dos guardias se acercaron amenazantes a ella, Elizabeth le puso sus brazos sobre los hombros, y le dijo: «No temas. Mira, yo ocuparé tu lugar».

Es el amor que nace espontáneo en el momento de necesidad, porque mora en el corazón. Es la marca distintiva del cristiano. Es el amor que actúa como Cristo, porque es Dios morando en el corazón. El cristiano debe pedir con fervor a Dios que haga nacer en su corazón la planta celestial del amor. No pidas poder, pide amor. No busques sabiduría ni ciencia, busca el amor. Haz de hoy un día de búsqueda del amor de Cristo.

En el amor no hay temor, sino que el perfecto amor echa fuera el temor;
porque el temor lleva en sí castigo.
De donde el que teme, no ha sido perfeccionado en el amor.
1 Juan 4: 18

El temor nos hace realizar actos verdaderamente asombrosos. El más "alérgico" al agua, que nunca ha entrado a una piscina y que, por supuesto, no sabe nadar, puede cruzar un río desbordado, como si fuera un tritón olímpico, si lo vienen persiguiendo para matarlo. El temor está relacionado con la inseguridad. Es probable que a ti te haya ocurrido algo similar. Un amigo mío saltó una zanja de tres metros de ancho, como si fuera lo más simple del mundo, porque una serpiente de cascabel lo atacó de repente.

El apóstol se refiere aquí al temor que es fruto de la cobardía, no al deseable «temor de Jehová», que poseen todos los creyentes. Como dice el apóstol: «Conociendo, pues, el temor del Señor, persuadimos a los hombres» (2 Cor. 5: 11). El temor de que habla San Juan es lo opuesto a la confianza; por eso no debe tener lugar en la mente del cristiano.

¿Cómo puede echar fuera el perfecto amor al temor? Lo hace porque el perfecto amor se centra en Dios. El cristiano que ama a Dios con todo su corazón no tiene por qué temer, pues, como dijo el apóstol Pablo: «Si Dios es por nosotros, ¿quién contra nosotros?» El que ama verdaderamente no tiene miedo de Dios, ni tiene por qué temer las artimañas de los hombres. Es lo que ocurría con nuestro Señor cuando dormía en la barca mientras la tempestad llenaba de terror a los discípulos. ¿Te has preguntado alguna vez por qué Jesús no tenía miedo de nada? Ahora conoces la respuesta: Porque tenía verdadero amor y estaba perfeccionado en el amor, como dice nuestro texto. Siempre admiramos su valor cuando se dirigía a Jerusalén por última vez. Dice la Biblia que «cuando se cumplió su tiempo en que había de ser recibido arriba, afirmó su rostro para ir a Jerusalén» (Luc. 9: 51). No tuvo miedo, sino un «temor reverente», completamente diferente del miedo servil (Heb. 5: 7).

En la Palabra de Dios hay constantes exhortaciones a tener valor y vivir con valor. Parece que el valor es una de las virtudes destacadas del cristiano: «Mira que te mando que te esfuerces y seas valiente; no temas ni desmayes, porque Jehová tu Dios estará contigo en dondequiera que vayas» (Jos. 1: 9).

Procura que Dios te libere de la tiranía del temor. Es una de las bendiciones que más necesitamos en el duro y difícil camino de la vida.

> Temed a Dios, y dadle gloria, porque la hora de su juicio ha llegado; y adorad a Aquel que hizo el cielo y la tierra, el mar y las fuentes de las aguas.
>
> APOCALIPSIS 14: 7

¿Qué es el temor de Dios? ¿Significa vivir con miedo constante? ¿Significa vivir aterrorizado, como cuando alguien te persigue? ¿Es vivir con la idea de que Dios tiene un martillo listo para hacernos pedazos por el más mínimo pecado que cometamos?

Las personas cuyos padres han abusado de ellas física o emocionalmente pueden confundir el temor de Dios con el malsano temor de un padre o una madre abusivos. Tristemente, es posible que algunos de nosotros no sepamos lo que significa caminar en el temor de Dios.

La palabra 'temor' describe a una persona que reconoce la superioridad, el poder, la pureza y la posición de otra persona, y le ofrece respeto. Podía pensarse que algunos de nosotros estamos perdiendo nuestro sentido de reverencia y asombro en nuestra relación con el Señor. Isaías contempló la gloria del Señor y dejó constancia asombrado de la alabanza celestial: «Santo, santo, santo, Jehová de los ejércitos».

El temor de Dios es una asombrada reverencia hacia el Señor que ejerce un papel de motivo controlador de la vida en los asuntos espirituales y morales. No es un terror por su asombroso poder y justa retribución, sino un saludable temor a desagradarle. Cuando leemos sobre el temor del Señor en las Escrituras, ello no nos hace acobardarnos ante su presencia por temor a ser golpeados o avergonzados. Es el pensamiento de someternos al Dios Creador, quien está en total control de su creación y es merecedor de todo respeto, amor, alabanza y reconocimiento de su señorío. Es el apasionado anhelo de vivir en obediencia a su voluntad.

El temor del Señor es un concepto saludable para el creyente. Es un asombro reverente, es temor de ofender de alguna manera a un Dios santo. No es asentimiento intelectual, sino un estado de consciencia con la que el cristiano vive continuamente. Es el resultado de rendirse diariamente a Cristo.

«Los ojos de Jehová están en todo lugar. Mirando a los malos y a los buenos» (Prov. 15: 3). Si somos conscientes de esto se producirá en nuestra alma un saludable temor, que nos librará de mucho dolor y muchas desgracias.

Son muchas las promesas para los que temen al Señor. Los ángeles de Dios los acompañan para protegerlos. Teme a Dios, y encontrarás más fácil el camino de la vida. El corazón del Señor se complace en los que le temen.

Recuerda que tu Dios es santo

El fin de todo el discurso oído es este: Teme a Dios, y guarda sus mandamientos; porque esto es el todo del hombre.
ECLESIASTÉS 12: 13

Una de las mayores tragedias de nuestra civilización es la mentalidad de vivir sin temor de Dios. Como si se tratase de un tatuaje indeleble, encontramos por doquier el lema: «Temor no». Se procura eliminar toda norma, todo límite, todo lo que restrinja la "libertad" de hacer lo que se desea. En otras palabras, lo que se promueve es pecar sin temor. ¿Cuál es la causa de esa mentalidad? ¿Por qué se procura eliminar el temor de Dios?

La respuesta a las anteriores preguntas es bien sencilla. Es esta: Porque tenemos ideas erróneas acerca de la naturaleza de Dios. Hemos perdido el sentido de su santidad. La grandeza del Todopoderoso y su carácter santo, que inspira reverencia, han sido sustituidos por la imagen de un "buen amigo", con quien podemos bromear y a quien podemos chocar la mano. Hoy se menciona muy poco la santidad de Dios, que es uno de los principales atributos de su carácter. Muchos consideran a Dios como un amigo contemporáneo, a quien podemos dar y de quien podemos recibir palmaditas en la espalda.

El patriarca Job no consideraba a Dios de esta manera. Él dijo: «Por tanto, me aborrezco, y me arrepiento en polvo y ceniza» (Job 42: 6). Y el vidente de Patmos, el apóstol Juan, al recibir una visión del Hijo de Dios, exclamó: «Cuando le vi, caí como muerto a sus pies. Y él puso su diestra sobre mí, diciéndome: No temas; yo soy el primero y el último» (Apoc. 1: 17).

Los cristianos, y la iglesia en general, perciben cada vez menos la santidad de Dios. Por lo tanto, se está perdiendo el conocimiento de lo que significa caminar en el temor del Señor. Se necesita temor de Dios para estar presente puntualmente en los cultos de la casa del Señor. Se requiere temor de Jehová para no retener los diezmos y entregarle ofrendas de gratitud. Es necesario temer a Jehová para no profanar el santo sábado. Solo quien teme a Dios puede ser fiel a la mujer de su juventud. Únicamente quienes temen a Dios pueden cumplir la gran comisión de predicar el evangelio de la salvación. Hace falta temor de Jehová para dejar la mentira en todas sus formas. Solo quienes temen a Jehová obedecen fielmente lo que el Señor ordena en su Palabra.

¿Hace falta temor de Jehová en tu vida? ¿En tu lugar de trabajo? ¿En tus momentos de soledad? ¿En tus pensamientos? Teme a Dios, porque la hora de su juicio ha llegado.

El día que estuviste delante de Jehová tu Dios en Horeb,
cuando Jehová me dijo: «Reúneme el pueblo, para que yo les haga oír
mis palabras, las cuales aprenderán, para temerme todos los días que vivieren
sobre la tierra, y las enseñarán a sus hijos».
DEUTERONOMIO 4: 10

¿Cómo podemos andar en el temor del Señor, como decíamos ayer, si nuestra cultura perdió el sentido de su santidad? Esa idea se ha infiltrado también, por desgracia, en algunas iglesias.

Nadie puede temer a Dios si no tiene un claro concepto de la seriedad del pecado. La tolerancia y el respeto por la libertad de los demás, que es uno de los valores morales de nuestro tiempo, se ha convertido en una debilidad, porque es tolerancia con el mal, no con las personas, y lo mismo puede llegar a ocurrir en muchas de nuestras iglesias. Muchas personas simplemente ignoran la seriedad del pecado. Se ríen de él, como si se tratara de un simple pasatiempo. Otros parecen usar el argumento de que todos lo hacen y que eso es, simplemente, parte de la vida en el mundo del siglo XXI. Otros se justifican diciendo que su pecado no es tan malo comparado con lo que otros hacen.

Para Adán, su pecado era responsabilidad de Dios. Para Eva su pecado no era su problema, sino de la serpiente. Para Abraham su pecado fue una estrategia para resolver un problema. Para Caín su pecado de asesinar a su hermano Abel era un asunto sin importancia. Dios dice que destruirá al hombre por causa de su pecado y que espera con mucha misericordia y paciencia que los hombres se arrepientan. Si no hay arrepentimiento, Dios destruirá al pecador junto con el pecado. Dios se toma muy en serio su trato con el pecado. Tan en serio que envió a su Hijo a morir en una cruz romana. Satanás está trabajando para destruirnos. Cuando no vivimos en el temor de Dios, vamos derechos a caer en las garras de Satanás.

¿Dónde recuperamos el concepto de andar en el temor del Señor? En la Palabra de Dios, escuchándola con reverencia y dándole una alta prioridad en nuestra vida. El temor de Dios será grabado en nosotros solo si la Palabra es plantada en nuestros corazones. Caminar en el temor del Señor es una elección: «Por cuanto aborrecieron la sabiduría y no escogieron el temor de Jehová» (Prov. 1: 29). Debemos adoptar la decisión de temerlo a él. La Palabra de Dios siempre nos llevará a una crisis de decisión entre lo bueno y lo malo, entre la verdad y la mentira.

¿Cuál será tu decisión este día? Hoy tendrás que decidir entre muchas cosas. Decídete por el temor de Dios.

Entonces dijo David al filisteo: «Tú vienes a mí con espada y lanza y jabalina; mas yo vengo a ti en el nombre de Jehová de los ejércitos, el Dios de los escuadrones de Israel, a quien tú has provocado».

1 SAMUEL 17: 45

Los niños se apasionan con el relato del enfrentamiento entre el joven David y el gigante Goliat. También los adultos nos maravillamos con el extraordinario relato, y somos proclives a extraer de la historia lecciones edificantes para nuestra vida espiritual. David se enfrentó a un temible enemigo prácticamente desarmado, sin espada ni armadura y sin experiencia de combate. Decidió pelear de manera ordinaria para ganar una victoria extraordinaria. Se cree que Goliat medía entre tres y cuatro metros de altura y que pesaba varios cientos de kilos. Tenía armas pesadas y su aterrador aspecto llenaba de terror los corazones de todo el ejército de Saúl. Según la lógica humana, David no estaba a la altura de semejante reto. El propio David comprendió de inmediato que, más allá de la evidencia física, aquella batalla era de naturaleza espiritual. Era una batalla entre Dios y Satanás, el enemigo de nuestras almas. Era una de las batallas del conflicto de los siglos.

En nuestra vida se presentan constantemente problemas y desafíos que, cual poderosos gigantes, parecen invencibles. Quizá el Goliat en tu vida venga en forma de un endeudamiento, la muerte de un ser querido, la salida del hogar de un hijo adolescente, la noticia de alguna enfermedad grave, una relación rota o la traición de un amigo. Saber cómo responder a estos problemas gigantescos es de importancia crítica para nuestro crecimiento espiritual. Dios no quiere que nos hundamos en la duda y la preocupación.

El Señor tiene un plan para desarrollar nuestra fe. Por eso a menudo nos permite afrontar la adversidad y desafíos de todo tipo. Dios "estira" nuestra fe y profundiza nuestra dependencia de él. Satanás, en cambio, procura hacernos sentir derrotados y desalentados. Trabaja en nuestras emociones tratando de hacernos creer que no somos dignos del amor y el afecto de Dios. Sin embargo, Satanás no puede derrotar el amor de Dios. El Señor no nos ama por lo que hacemos, sino por lo que su Hijo hizo por nosotros en la cruz del Calvario. No hay nada que podamos hacer para ser dignos del amor incondicional de Dios. Simplemente está ahí para que lo tomemos.

¿Enfrentas un inmenso problema hoy? Cualquiera que sea, haz lo que hizo David: Echa mano de la gran verdad de que Dios te ama con amor constante, te salgan las cosas bien o menos bien. Él no permitirá que experimentes la derrota. Pueda ser que pases momentos de fracaso y que la vida no siempre sea como la planeaste, pero al final Dios será glorificado y tú serás bendecido.

> Entonces las iglesias tenían paz por toda Judea, Galilea, y Samaria; y eran edificadas, andando en el temor del Señor, y se acrecentaban fortalecidas por el Espíritu Santo.
>
> HECHOS 9: 31

En este versículo se hace una descripción extraordinaria de la iglesia del Señor. Dios fue glorificado, exaltado y honrado por su pueblo. Su testimonio trastornaba las ciudades. Su presencia se sentía y causaba conmoción en todos los lugares. Generaban gran preocupación entre los líderes religiosos. Hacían perder el sueño a los sacerdotes, al jefe de la guardia del templo y a los saduceos y los fariseos. Sus rostros eran conocidos en los tribunales, adonde eran llevados frecuentemente para testificar de su fe en el Cristo resucitado.

Lucas dice que todas las iglesias tenían paz, que eran edificados en la palabra y que permanecían unánimes, andando en el temor del Señor, creciendo fortalecidas por el poder del Espíritu Santo. ¿Qué tenían aquellos creyentes del siglo primero que parece haberse perdido en la iglesia del siglo XXI?

Es obvio que en muchas cosas los aventajamos. Académicamente, somos mejores. Tenemos a nuestra disposición más tecnología que aquella con la que ellos contaron: televisión, radio, viajes aéreos, correos electrónicos, computadoras, Internet y nuestra página *web* personal. Sin embargo, hemos perdido muchas virtudes que ellos poseían. Una de las más importantes es el concepto del temor de Jehová. La iglesia apostólica caminaba en el temor de Dios. En aquellos días no tenía suficiente influencia para sacar de la cárcel a Pedro, pero tenía suficiente poder para orar que Dios lo sacara de allí. Aunque es importante, tener influencia social no debe ser motivo de satisfacción que induzca a olvidar el temor del Señor. Es mejor poseer poder espiritual que influencia social.

Los primeros cristianos andaban en el temor de Dios. La cultura no los invadía; *ellos* penetraban la cultura. Se apoderaron de su cultura y la transformaron.

Hoy la influencia humana amenaza a la iglesia. Muchas veces el control está centrado en el hombre y no en Dios. El temor de Jehová, mencionado en más de trescientos pasajes bíblicos, parece olvidado. Hoy hablamos mucho del amor de Dios, como debe ser, pero con frecuencia olvidamos su juicio. ¿Cómo está el temor de Jehová en tu vida? Decide hoy caminar en el temor de Jehová. Todo lo que tengas que hacer hoy, hazlo en el temor del Señor.

Como dijo el profeta: «A Jehová de los ejércitos, a él santificad; sea él vuestro temor, y él sea vuestro miedo» (Isa. 8: 13).

235

Y perfeccionado, vino a ser fuente de eterna salvación
para todos los que le obedecen.
HEBREOS 5: 9

La marca distintiva de los cristianos es el amor. Pero una marca identificadora muy importante y vital es la obediencia. Quizá esta ilustración del pastor William L. Barclay nos ayude a comprenderla mejor:

Cuando el hermano Willis y su esposa comenzaron nuestra obra en los cerros de Lushai, en la India, se preguntaban qué nombre les daría la gente. Los *lushai* siempre tenían un nombre descriptivo para aquellos que venían a vivir entre ellos. Al principio a los Lowry los llamaron *Seventh-day Whites* (blancos del séptimo día) para distinguirlos de los *Welsh Mission Whites* (blancos de la misión galesa), los *Salvation Army Whites* (blancos del Ejército de Salvación) y los *Roman Whites* (blancos católicos romanos). Estaban un poco chasqueados porque aquella designación, aquel mote, solo los identificaba simplemente como otra denominación más. Después de unos meses, se enteraron complacidos de que los *lushai* les habían cambiado el nombre por el de *Obeying God's Word Whites* (blancos que obedecen la Palabra de Dios).

«"Blancos que obedecen la Palabra de Dios"... ¡Qué nombre gozoso! Cuatro palabras [inglesas] que relatan la historia de hombres y mujeres llenos del Espíritu que están decididos, cueste lo que cueste, a temer a Jehová y andar en sus caminos. ¡Cuán fácil es identificar a los hijos de Dios! No importa quiénes sean, estén en las selvas de la India o en las islas del mar, en las grandes ciudades del mundo o en las aldeas más remotas, ellos andan en los caminos de Dios, obedecen su voluntad. Guardan sus mandamientos. Aman a Dios y comparten ese amor con los demás».

¡Qué bien los identifica el reflector profético del Apocalipsis! En los últimos días los que temen a Dios quedan bien identificados, porque ese temor se traduce en obediencia fiel a sus mandamientos: «Aquí está la paciencia de los santos, los que guardan los mandamientos de Dios y la fe de Jesús» (Apoc. 14: 12). No existe la menor forma de equivocarse. No es posible dejar de identificarlos. Los cristianos pacientes, sufridos y fieles de los últimos días se conocerán porque «guardan los mandamientos de Dios».

Conviene ejercitar la obediencia hoy, hacer una minuciosa y honesta revisión de la conducta, ver con cuidado y dedicación los más íntimos motivos de la vida. Porque la obediencia a Dios que ofrecen los cristianos no se basa en la estricta obediencia a la letra, sino en la humilde sujeción a su espíritu, tal como indicó nuestro Señor en el Sermón del Monte.

> Bienaventurado todo aquel que teme a Jehová, que anda en sus caminos.
> SALMO 128: 1

Según las Sagradas Escrituras, las personas felices son las que reverencian al Señor, las que experimentan en su presencia un sagrado temor. La Biblia da por sentado que todos creemos en Dios, y hace hincapié, sobre todo, en la forma en que respondemos a esa creencia en la existencia del Creador de todas las cosas. ¿Permitimos que Dios sea como realmente es: digno de adoración, soberano y dueño del universo, majestuoso y santo, vasto y maravilloso? ¿O intentamos frecuentemente reducirlo al tamaño de nuestra propia mente? ¿Insistimos en confinarlo a los límites de nuestra propia comodidad y rehusamos pensar en él de otra manera que no sea compatible con nuestro estilo de vida?

Conversaba con el autor de una de las columnas periodísticas más leídas en El Salvador, y me decía un tanto incómodo, hablando de un predicador famoso en ese país: «Ese pastor ha hecho un Dios a su medida, un Dios del tamaño de sus razonamientos, de sus ambiciones, metas, deseos, gustos, e intereses; un Dios sujeto a sus caprichos personales».

¿De qué tamaño es tu Dios? Muchos tienen un Dios diferente del que se revela en las Escrituras. No es el Dios de la creación, el Dios que, aunque todo lo trasciende, condesciende a tratar de manera personal a cada una de sus criaturas. Es, más bien, una reproducción barata creada a su imagen, generalmente con fines comerciales. ¿Qué puede protegernos de ese concepto blasfemo del Dios todopoderoso? La Biblia enfatiza la necesidad de temer a Dios no para atemorizarnos, sino para atraer nuestra atención a su grandeza y poder.

Si andas en los caminos del Señor, estarás dispuesto a obedecer sus órdenes y ejecutar todas sus obras. Serás obediente a su mandato: «Este es el camino, andad por él» (Isa. 30: 21). Irás a donde él te ordene acudir, y no irás a aquellos lugares que él prohíbe visitar. Seguirás sus indicaciones, obedecerás sus normas, actuarás de acuerdo a los valores del cielo y no según las circunstancias. Tendrás una disciplina espiritual que practicarás cada día, y una relación personal con él que desarrollarás constantemente.

Transita hoy por los caminos del Señor. Se supone que debes ser perfecto y no cometer errores, pero hay provisiones divinas si no alcanzas ese ideal (1 Juan 2: 1). Guarda sus mandamientos y serás dichoso. Reverencia al Señor y tendrás un final feliz. El camino es sencillo; transita por él.

Por eso oramos siempre por vosotros que nuestro Dios os tenga por dignos de su llamado, y mediante su poder cumpla todo buen propósito vuestro y todo acto impulsado por vuestra fe.

2 TESALONICENSES 1: 11

Este texto tiene una lección para nosotros hoy. Primero, el apóstol ora para que los tesalonicenses sean dignos del llamado de Dios. Dios nos llama a una vida santa, a salir del mundo y a estar separados de él. Nosotros debiéramos ser dignos de ese llamamiento. Pero también pide a Dios que se cumpla el buen propósito del corazón de los tesalonicenses. Aquí se refiere a todo buen deseo de los hijos de Dios. Pablo ora para que Dios «cumpla», es decir, lleve a término completamente, toda aspiración hacia el bien que experimenten sus conversos. Uno de los deseos más arraigados de los cristianos, por el cual oran fervientemente, es ser hallados «sinceros e irreprensibles para el día de Cristo» (Fil. 1: 10). Ese buen propósito lo cumplirá Dios con su poder cada día de nuestra vida.

También existen los buenos propósitos y objetivos de la vida. Los cristianos tienen objetivos dignos en su trabajo, en su carrera, en su negocio, en su familia, en su matrimonio. Y Dios también quiere ayudarnos a alcanzarlos. ¿Cuáles son los objetivos de tu vida, además de tus importantes objetivos espirituales? Ponlos ante Dios en oración. Dios quiere ayudarnos a superarnos en este mundo, también en lo que respecta a los importantes asuntos de la vida humana.

Al respecto, dice Leigh Steimberg en su libro *Winning With Integrity* [Ganar con integridad]: «Sea que usted represente a una empresa o que sea un empleado, un padre que está tratando con sus hijos, o un esposo o una esposa tratando con su cónyuge, antes de comenzar cualquier discusión que pueda llevar a una decisión efectiva, es sumamente importante sentarse y pensar cuidadosa y exactamente en lo que usted *quiere*. No en términos vagos. No en términos generales medio cocinados, sino tan precisa y específicamente como sea posible».

¿Ya has definido con toda precisión lo que *quieres* en la vida espiritual? ¿Qué tan claros son tus objetivos espirituales? ¿Ya sabes lo que quieres lograr en tu vida cristiana? ¿O son vagos y difusos tus objetivos en la lucha a muerte contra el pecado? Pablo tenía objetivos espirituales claros cuando dijo: «Trato severamente a mi cuerpo, y lo someto a disciplina, no sea que, habiendo predicado a otros, yo mismo venga a ser reprobado» (1 Cor. 9: 27).

¿Y tus objetivos en la vida? Tu familia, tu carrera, tu negocio, tu oficio, ¿tienen objetivos bien definidos? Recuerda que Dios cumplirá con su poder «todo buen propósito vuestro».

> Sino que golpeo mi cuerpo, y lo pongo en servidumbre,
> no sea que habiendo sido heraldo para otros, yo mismo venga a ser eliminado.
>
> 1 CORINTIOS 9: 27

Todos nos encontramos en una carrera. La sociedad nos obliga a vivir en un ambiente de lucha y competición por ser el mejor. Ganar *en todo* a los demás parece ser el objetivo de todos. Pero en la vida cristiana nunca debemos compararnos con los demás o competir con ellos. La vida eterna es un don para todos, pero nuestro Padre celestial ha preparado premios personalizados para cada uno de nosotros cuando finalmente lleguemos al cielo.

¿Contra quién, entonces, debemos competir en nuestra vida cristiana, según el texto de hoy? ¿Contra quién competimos para que estemos dispuestos a herir nuestros cuerpos para ganar el premio y también para evitar la eliminación? Pablo indica en el versículo para nuestra meditación de hoy que el mayor competidor que tenemos es *nuestro propio cuerpo*. Por eso dice: «Golpeo mi cuerpo, y lo pongo en servidumbre». De ninguna manera dice que debemos golpear nuestro cuerpo, hacer penitencia, hasta quedar morados por una autoflagelación. Lo que dice es que hay una relación entre el cuerpo y el premio. El cuerpo debe ser siervo del Espíritu para ganar la carrera cristiana. No se debe poner en riesgo la carrera porque el cuerpo tenga pereza, o deseos intemperantes o perversos que, si se satisfacen, nos incapaciten para la carrera y nos priven del premio.

Una de las razones por las cuales Pablo se esforzaba tanto y estaba dispuesto a poner su cuerpo en servidumbre, negándole la satisfacción de ciertos apetitos y deseos, era porque sentía su responsabilidad. Era apóstol, había predicado a mucha gente; muchos tenían la vista puesta en él. ¡Qué tragedia ser reprobado y perder la carrera cristiana después de tanto esfuerzo!

Pablo entendía que sus mayores competidores no eran sus hermanos cristianos, sino sus propios deseos y su propio cuerpo. Igual que Pablo, debemos entender que nuestra mayor conquista debe ser nuestro propio cuerpo. A veces usamos expresiones como: «Señor, te amo con todo mi corazón». Dios anhela que eso sea una realidad en la vida de cada uno de sus hijos. Pero para que sea una realidad tenemos que ser disciplinados para llevar a nuestro cuerpo a ser un esclavo dominado por la voz del Espíritu Santo.

No debemos olvidar nunca que existe el riesgo de ser eliminados en la carrera cristiana. Los cristianos deberían poner en servidumbre su cuerpo, su tiempo, su vida, para mantenerse en la carrera cristiana y, al final, ganarla.

Porque mejor es un día en tus atrios que mil fuera de ellos. Escogería antes estar a la puerta de la casa de mi Dios que habitar en moradas de maldad. SALMO 84: 10

Hace muchos años que descubrí que mi crecimiento físico se detuvo. Llegué a 1.72 m de altura, y dejé de crecer. Pero ni mi médico ni yo estamos preocupados. Es natural llegar a un punto en el que no se crece ni un milímetro más.

No ocurre lo mismo con el crecimiento espiritual. La Palabra de Dios nos ordena crecer cada día espiritualmente. Si esto no sucede, deberíamos alarmarnos. La Biblia nos amonesta de la siguiente manera: «Desead, como niños recién nacidos, la leche espiritual no adulterada, para que por ella crezcáis para salvación» (1 Ped. 2: 2). ¿Cómo podemos saber que estamos creciendo en todos los aspectos de la vida cristiana? Puedes saberlo si:

- Prefieres pasar tiempo con Dios por encima de todas las cosas. Cuanto más tiempo permanezcas con el Señor, más semejante a él serás.
- Procuras celosamente encontrar momentos de quietud para orar y estudiar la Biblia.
- Reconoces la presencia de Dios en todo momento y lugar, no solamente el sábado y en el templo.
- Aprovechas toda ocasión para decirles a otras personas todo lo que Cristo ha hecho y está haciendo en tu vida.
- Tu deseo de obedecer a Dios llega a ser más intenso y el deseo de pecar se vuelve menos atractivo.
- Demuestras tu profundo amor por el Señor dedicando tiempo para adorarlo y alabarlo.
- Sientes que tu fe crece y se fortalece.
- Consideras que cuanto sucede en tu vida viene de Dios o ha sido permitido por él.
- Estimas un privilegio devolver tus diezmos y entregar ofrendas, y nunca consideras que servir en la causa de Dios sea una carga.
- Procuras descubrir la voluntad de Dios en cada prueba, y consideras que las pruebas son oportunidades para creer.
- Sientes dolor profundo y gran desesperación cuando pecas, pero te arrepientes e inmediatamente pides perdón.
- Eres consciente de todas tus debilidades.

¿Estás creciendo en la búsqueda de la madurez de tu carácter cristiano? Sigue el consejo del texto de hoy. Busca a Dios cada día y alaba su santo nombre.

La levadura

Otra parábola les dijo: «El reino de los cielos es semejante a la levadura que tomó una mujer, y escondió en tres medidas de harina, hasta que todo fue leudado».

MATEO 13: 33

*C*ambiar es la orden del cielo. Por supuesto, ese cambio no se produce de repente en el momento maravilloso e incomparable en el que experimentamos la conversión. La parábola pronunciada por nuestro Señor acerca de la levadura nos enseña que la vida cristiana consiste en cambiar *constantemente*, durante toda la vida. La santificación, que es obra de toda la vida, es un proceso de cambio. Desde su inicio hasta el final, la experiencia del creyente es de constante transformación. Cada semana, cada mes, cada año, debe producirse algo nuevo en la vida del cristiano.

Dios cambia todo lo que toca. El ciego ve; el cojo salta; el corazón que odia, ama; la carne descompuesta por la lepra se vuelve suave como la de un niño; el mudo habla; el corazón de piedra se vuelve de carne. La levadura de la verdad llena por completo la vida del creyente para cambiarlo, para transformarlo, para hacerlo nuevo cada día. Si tu corazón y tu vida de adoración no cambian, no estás viviendo la vida del Espíritu.

No encierres a Dios en una pequeña Biblia cerrada con una cremallera. El Señor es grande y quiere morar en tu corazón. Permítele que haga crecer tu vida a la estatura que él tiene señalada. Todos los atributos que Dios nos dio están concebidos para que sean desarrollados, para darles crecimiento hasta que alcancen la estatura del varón perfecto, Cristo Jesús. El *statu quo* no forma parte del plan de Dios. Él nos llama a ir más allá cada día. El estancamiento no le agrada. Detenerse es retroceder y encaminarse a la morada de los muertos. La vida tiene una ley inexorable: Ser hoy mejor que ayer, y mañana mejor que hoy. Esa es la ley de la vida en su forma natural.

Aborda nuevas ideas. Camina por rutas nuevas. Contempla formas nuevas de ver las cosas. Explora todas las posibilidades de la vida que Dios te dio. Fuimos creados para ser más de lo que somos, para hacer más de lo que hacemos, para tener más de lo que tenemos.

Deja que la levadura de la verdad que el Espíritu Santo ha puesto dentro de ti engrandezcan tu alma «a la medida de la estatura de la plenitud de Cristo» (Efe. 4: 13).

241

Jehová, no se ha envanecido mi corazón, ni mis ojos se enaltecieron; ni anduve en grandezas, ni en cosas demasiado sublimes para mí.
SALMO 131: 1

El Salmo 131 es un cántico que expresa una confianza infantil y una humilde resignación. El salmista había cultivado la autodisciplina hasta el extremo de no luchar ya por el puesto más elevado. Una victoria en verdad maravillosa, pues en los problemas que dice que ya había vencido encontramos nosotros los mayores conflictos:

No se ha envanecido mi corazón. En la escuela de la experiencia el salmista tuvo que renunciar al orgullo y al egoísmo, y ello lo volvió humilde y manso. Los individuos grandes a la vista de Dios son profundamente humildes. Cristo afirmó que entre los nacidos de mujer no había otro mayor que Juan el Bautista (Mat. 11: 11). Sin embargo, fue uno de los hombres más humildes. Juan alcanzó la cima de la abnegación (Juan 3: 30). Solo es verdaderamente grande el que es de veras humilde (Jer. 45: 5). Lo que está más cerca del trono es el estrado de la humildad.

¡Qué difícil es para nosotros luchar contra los deseos de un corazón que busca su propia gloria! Por eso dice Elena G. de White: «La guerra contra nosotros mismos es la batalla más grande que jamás se haya reñido. Rendir el yo, entregando todo a la voluntad de Dios, requiere una lucha. Ahora bien, para que el alma sea renovada en santidad, ha de someterse antes a Dios» (*El camino a Cristo*, p. 66). Gracias a Dios, el mismo poder que hizo que David pudiera decir «no se ha envanecido mi corazón», puede ayudarnos a nosotros a hacer lo mismo.

Ni mis ojos se enaltecieron. Otra victoria de David, obtenida en la lucha que tuvo que librar para salvar su vida. Una de las señales más notables del orgullo del corazón es esta característica de los impíos: «Los ojos se les saltan de gordura» (Sal. 73: 7). Los «ojos enaltecidos» (Prov. 6: 17) son una de las siete cosas que el alma de Jehová abomina. Librarse de un corazón altivo es imposible humanamente. Pero el mismo que hizo que David pudiera decir «ni mis ojos se enaltecieron» puede ayudarnos para que podamos decir lo mismo.

Ni anduve en grandezas. Otra de las grandes luchas de la vida. Muchos de nosotros no andamos en grandezas porque no podemos. Si pudiéramos, me temo mucho que sí lo haríamos. El que rehúsa voluntariamente andar en grandezas ha alcanzado un alto nivel de discernimiento y victoria espiritual.

Por eso mismo es notable nuestro texto de hoy. Busquemos nosotros también esa victoria.

> Así ha dicho Jehová de los ejércitos, Dios de Israel: «Ve y di a los varones de Judá, y a los moradores de Jerusalén: "¿No aprenderéis a obedecer mis palabras?", dice Jehová».
>
> JEREMÍAS 35: 13

Una maestra visitó a la madre de un alumno y la informó de que Juanito no estaba colaborando todo lo que podía en su educación. Cuando la profesora se fue, la madre le pidió a Juanito una explicación. «Bueno, verás», dijo Juanito, «ella sencillamente no enseña nada que yo quiera aprender».

Nuestro texto de hoy dice que Dios hizo una pregunta incisiva al pueblo de Judá y a sus dirigentes: «¿No aprenderéis a obedecer mis palabras?» El problema no era que se les dificultara aprender, sino que *no querían* aprender. Pablo recordó a los creyentes de Roma (Rom. 10: 6-8) las palabras que Dios dirigió al pueblo antes de entrar en la tierra prometida: «Porque este mandamiento que yo te ordeno hoy no es demasiado difícil para ti, ni está lejos. No está en el cielo, para que digas: ¿Quién subirá por nosotros al cielo, y nos lo traerá y nos lo hará oír para que lo cumplamos? Ni está al otro lado del mar, para que digas: ¿Quién pasará por nosotros el mar, para que nos lo traiga y nos lo haga oír para que lo cumplamos? Porque muy cerca de ti está la palabra, en tu boca y en tu corazón, para que la cumplas» (Deut. 30: 11-4).

No hay nada misterioso, ni difícil, en los mandamientos y en la voluntad de Dios para su pueblo. Es tan sencillo que solo quiere disposición del corazón para comprenderlos y cumplirlos. Es cierto que la teología bíblica es profunda, y tiene misterios insondables. Hay maravillas y tesoros de conocimientos ocultos en la mina inconmensurable de la Palabra de Dios. Pero el cristiano no necesita saber todos esos misterios para servir a Dios. El mandamiento que Dios ordenó «no es demasiado difícil para ti». El que quiera obedecerlo, puede hacerlo, con todos los medios de la gracia que Dios nos ha dado.

Lo malo es que algunos «siempre están aprendiendo, y nunca pueden llegar al conocimiento de la verdad» (2 Tim. 3: 7). La Biblia dice: «Mi pueblo fue destruido porque le faltó conocimiento» (Ose. 4: 6). Pero la falta no es de Dios ni de sus mandamientos. Su pueblo nunca terminó su aprendizaje. Desde antes de entrar en la tierra prometida, Moisés se dirigió así a sus integrantes: «¿Así pagáis a Jehová, pueblo loco e ignorante?» (Deut. 32: 6). Eran ignorantes voluntarios.

Dios ha dicho: «Te enseñaré el camino en que debes andar» (Sal. 32: 8). Aprendamos de nuestro Maestro.

Velad, estad firmes en la fe, portaos varonilmente, y esforzaos.
1 Corintios 16: 13

¡Qué consejo tan apropiado para este día! Lo necesitamos para hoy y para todos nuestros días. La obra de hoy y la obra de toda la vida dependen de seguir este consejo. La Biblia dice que Daniel fue el primer ministro de Babilonia. En realidad, fue primer ministro de dos grandes imperios. Y sirvió en ese puesto más de sesenta años. En todo lo que hizo sobresalió. De hecho, es el único personaje intachable del Antiguo Testamento. Al menos, no se registra ninguna falta de él. Sus enemigos lo escrutaron con todos los recursos del odio y la maledicencia, y no hallaron en él ninguna falta porque «él era fiel, y ningún vicio ni falta fue hallado en él» (Dan. 6: 4). Dios nos dé la gracia para que, al final, nuestro historial sea idéntico al de Daniel. ¿Cuál fue la causa de su éxito en los negocios, en la política y en el espíritu? Creo que este: «Daniel propuso en su corazón no contaminarse con la porción de la comida del rey, ni con el vino que él bebía» (Dan. 1: 8).

Propósitos firmes y esfuerzos perseverantes: he ahí la clave del éxito en todos los esfuerzos de la vida, incluyendo la vida espiritual. Si bien Dios nos da su gracia para servirlo, no ayuda al que no se esfuerza denodadamente en su servicio (Jos. 1: 5-8). Benjamin Disraeli, que fue primer ministro del Reino Unido, y uno de los más insignes ocupantes de ese cargo en el siglo XIX, dijo una vez: «El secreto del éxito es la constancia en el propósito». Y con su vida dio un buen ejemplo de su teoría. Al comenzar su carrera política, cuando se convirtió en diputado, su primer discurso fue un fracaso. Se rieron y se mofaron de él. Sin embargo, levantándose de nuevo, señaló a sus opositores, y, sacudiendo el índice ante ellos, dijo: «¡Vendrá el día cuando me oirán!» Y llegó el día cuando escucharon cada una de sus palabras. Llegó a ser íntimo amigo y consejero de la reina Victoria, y uno de los hombres más notables de sus días. En 1876 se le confirió el título de Conde de Beaconsfield. Logró el éxito en el mundo político debido a la constancia en sus propósitos.

Lo mismo ocurrirá con nosotros. Y no solo en la vida natural, pues en el ámbito espiritual sucede exactamente lo mismo. Para el apóstol Pablo ese era el secreto del éxito en la carrera cristiana. Aunque el consejo parece solo para los varones, también las mujeres cristianas deben ser esforzadas en la lucha por la corona de la vida.

> Hermanos, yo mismo no pretendo haberlo ya alcanzado; pero una cosa hago:
> olvidando ciertamente lo que queda atrás y extendiéndome
> a lo que está delante, prosigo a la meta,
> al premio del supremo llamamiento de Dios en Cristo Jesús.
>
> FILIPENSES 3: 13, 14

El filósofo escocés Thomas Carlyle afirmó: «La mayor prudencia de la vida es la concentración, y la mayor locura de la vida es la disipación». Cuán verdaderas son estas palabras en la lucha por cumplir el propósito de nuestra existencia. Son vitales si queremos alcanzar el éxito en la vida.

Es un hecho que la persona que da un golpe aquí y otro allá nunca forjará su destino. En cambio, la persona que concentra sus esfuerzos puede lograr maravillas. Como decía el mismo Carlyle, «los débiles rayos del sol invernal pueden encender fácilmente una fogata si se concentran adecuadamente». Del mismo modo, la persona más débil puede llevar a cabo una empresa si concentra en ella todos sus esfuerzos.

Mucha gente realiza poco en su vida porque dispersa sus esfuerzos. En vez de concentrarse en un gran propósito, malgasta sus energías especulando con esto y con aquello. Nunca se destaca en nada. Cuando llega al final del camino de la vida, no deja ningún monumento tras sí: solo una lápida funeraria.

¡Cuán diferente fue la vida del apóstol Pablo! «Una cosa hago», declaró. No tuvo sino una gran ambición: predicar a Cristo en todo lugar, desarrollar un carácter semejante al de Cristo y, finalmente, oír del Maestro las palabras: «Bien hecho, siervo bueno y fiel». ¡Cuán plenamente lo consiguió!

Charles E. Stillings era obrero ferroviario, pero tenía un propósito dominante: dejar instituida una beca de estudios en memoria de su padre. Al comienzo aportaba poco. Ahorraba cada centavo que realmente no necesitaba. Cuando aumentaron sus ingresos ahorraba más. Cuando contaba con 81 años, declaró instituida la beca. La Universidad de Nuevo Hampshire anunció que había recibido 288,000 dólares, la mayor cantidad jamás recibida de un ex alumno. Al mismo tiempo se divulgó que, al jubilarse, había cobrado medio millón de dólares, la totalidad de los cuales fue destinada a la universidad. Como Pablo, Charles E. Stillings había dicho: «Una cosa hago», y la realizó con éxito. ¿Cuál es tu blanco? ¿Ser semejante a Jesús?

Toma decisiones definidas hoy. Decide centrar todos tus esfuerzos en una gran obra aquí en la tierra, y una gran obra allá en los cielos: aquí, cumplir el propósito de tu existencia; allá, estar con Cristo por toda la eternidad.

Jesús los miró, y les dijo: «Eso es imposible para los hombres,
pero para Dios todo es posible».
MATEO 19: 26

Hay proezas que nos parecen sobrehumanas, cosas que solo Dios puede hacer. Sabemos que para Dios todo es posible. Por otra parte, nosotros nos debatimos diariamente con las imposibilidades de la humanidad. Quizá si atendiéramos más a Dios y a su Palabra haríamos más cosas que son imposibles para la humanidad.

Por ejemplo. En los Juegos Olímpicos realizados en Roma en 1960, una señorita negra de veinte años fue la primera mujer norteamericana que logró ganar tres medallas de oro. Bajó a once segundos el récord para la carrera de cien metros para damas. Luego venció a la notable estrella alemana Jutta Heine en los doscientos metros lisos. Finalmente, salió vencedora en la carrera de relevos de cuatrocientos metros. Los europeos la aclamaron como la mejor deportista del año. En los Estados Unidos fue laureada como la mejor deportista del año.

Lo que pocas personas supieron era que Wilma Rudolph se había convertido en campeona a pesar de grandes desventajas. Nació pesando apenas dos kilos y estuvo tan enferma que no pudo caminar sino hasta los cuatro años. Estuvo al borde de la muerte durante semanas a causa de la escarlatina y la neumonía. La enfermedad la dejó con una pierna paralizada. Los médicos de Nashville dijeron que posiblemente los masajes administrados durante años podrían devolverle el uso de la pierna.

La madre de Wilma le administró los masajes, decidida a lograr que su hija caminara. Al cabo de un año los médicos encontraron solo una leve mejoría.

Cuando la niña tenía seis años ya podía dar saltitos. Dos años después ya podía caminar con la ayuda de un bastón; y después de eso caminó valiéndose de un calzado especial. Pero Wilma siguió esforzándose. Y su madre continuó animándola. El resultado es un hecho histórico. No solo caminó, sino que también corrió. Llegó a ser la mejor corredora del mundo.

No todos los resultados son milagrosos. Pero todos podemos alcanzar lo que parece imposible, porque, como dice Pablo: «Todo lo puedo en Cristo que me fortalece». Todo, incluso ganar medallas olímpicas. Probemos a Dios con prudencia, sin presunción. Intentemos lo imposible, y Dios nos permitirá alcanzar siempre lo posible; pero muchas veces también lo imposible.

Lo malo es que a veces nosotros no nos portamos como quienes somos: hijos e hijas de Dios, con más posibilidades de las que nos imaginamos. Pide a Dios hoy que te ayude a confiar en Cristo. Pide que te dé la fe para intentarlo todo creyendo en Cristo, que te dará la victoria.

> Entonces Jesús les dijo: «No temáis; id, dad las nuevas a mis hermanos para que vayan a Galilea y allí me verán».
>
> MATEO 28: 10

Es fácil imaginar lo que los discípulos sintieron cuando Jesús murió. Se habían hecho muchas ilusiones de lo que llegarían a ser cuando él fuera coronado rey. Estaban tan emocionados que con frecuencia discutían acerca de las posiciones que ocuparían en su reino. Habían escuchado de sus labios las cosas más maravillosas e increíbles. Con sus propios oídos lo habían escuchado ordenar a los muertos salir de sus tumbas. Lo habían visto sanar leprosos, dar vista a los ciegos y calmar la tempestad. Se consideraban los mortales más afortunados. Estar relacionados con Jesús era un honor. Sus esperanzas eran muy grandes.

De repente, todo se vino abajo. Ahora estaba muerto, colgado de una cruz. ¿Cómo había podido ocurrir aquello? Estaban confundidos, llenos de temor, con un dolor incomprensible oprimiéndoles el corazón. Lo único que hacían era llorar. Los días que Jesús estuvo en la tumba fueron días de horrores. Habían perdido su fe y todas sus esperanzas. Su estado de ánimo fue perfectamente descrito por los dos discípulos de Emaús: «Nosotros esperábamos que él era el que había de redimir a Israel» (Luc. 24: 21).

Sin embargo, una vez más los acontecimientos cambiaron de repente. De nuevo tomaron aliento y el gozo se instaló de nuevo en sus corazones. Todo se debió a un mensaje que recibieron. Alguien llegó proclamando a gritos un mensaje: «Él vive. Vive. ¡Gloria a Dios! Jesús ha vencido a la muerte».

¿Qué produce ese mensaje en nuestro corazón? ¿Qué sucede en nosotros cuando comprendemos que él vive? Para la humanidad la muerte es el punto final ineludible. Pero todo cambia cuando llega la gran noticia, la mejor noticia que jamás se ha dado en el universo: Jesús vive.

Porque él vive, ese hijo que descansa en la tumba se levantará. Porque él vive, ese esposo que duerme el sueño de los justos volverá al hogar. Porque él vive, la muerte no tiene por qué atemorizar. Porque él vive, el cáncer ya no es el final, y pronto desaparecerá. Porque él vive, nos volveremos a reunir con todos los seres amados que descansan en los sepulcros. Porque él vive, el dolor, las lagrimas y todo aquello que nos aflige, muy pronto se terminará y pronto estaremos disfrutando de la dicha eterna.

Salta de gozo, deja a tu corazón latir emocionado porque ahora el futuro es brillante, y di: «Jesús resucitado está en el mundo hoy. Los hombres no lo creen, mas yo seguro estoy. Jesús, Jesús mi Cristo vive hoy amándome, mirándome. Conmigo va el Señor».

Habiendo Jesús resucitado por la mañana el primer día de la semana,
apareció primeramente a María Magdalena,
de quien había echado siete demonios. Yendo ella lo hizo saber
a los que habían estado con él, que estaban tristes y llorando.
Marcos 16: 9, 10

Al leer en la Biblia el relato de la muerte y la resurrección de Jesús, surge la pregunta: ¿Por qué apareció a sus discípulos después de la resurrección? Ellos ya habían escuchado la noticia de los labios de las sorprendidas mujeres que visitaron el sepulcro muy de mañana el primer día de la semana. Sabían que la piedra había sido retirada y que su cuerpo ya no estaba en el sepulcro. Él les había prometido, además, que resucitaría al tercer día.

¿Qué propósito tenía Jesús en mente con las múltiples apariciones efectuadas después de la resurrección? ¿Por qué no ascendió al cielo? La creencia más aceptada es que no ascendió al cielo y apareció muchas veces a sus discípulos porque deseaba responder a ciertas preguntas que se habían suscitado entre ellos y para eliminar toda incredulidad. Si la resurrección es la doctrina clave, por la cual el cristianismo o cae o permanece en pie, era necesario que se disipase toda duda de la mente de los apóstoles.

Apareció a María Magdalena para evitar que el rumor promovido por sus enemigos de que su cuerpo había sido robado fuera aceptado por ella como verdad, y para mostrarle que la profecía se había cumplido. Apareció a Tomás para mostrarle que su cuerpo lacerado y quebrantado se había levantado de la tumba. Apareció a Pedro para restaurar su amor después de que este le hubiese negado.

Estas apariciones fueron muy importantes. Tenían por objetivo equipar a los nuevos heraldos del evangelio con más evidencia de la verdadera identidad de Jesús como Hijo de Dios. Si alguno de ellos abrigaba alguna sombra de duda en su corazón, ahora su presencia visible y palpable la disipaba completamente. Nadie podía dudar. Aunque había muerto como un criminal, ahora se levantaba como Rey. Demostró que los poderes de la muerte ya no se enseñorearían más sobre los que creen en él. Él es la «resurrección y la vida». Su amor es suficientemente grande como para conquistar toda duda.

Piensa hoy en el milagro de la resurrección. Tu esperanza surgirá como la luz del mediodía. Tus oraciones cobrarán un nuevo significado. Pide al Señor que, así como se apareció a sus discípulos el día de su resurrección, ayude a tu mente finita a comprender la maravilla de su muerte y el milagro de su resurrección.

Al cual Dios levantó, sueltos los dolores de la muerte,
por cuanto era imposible que fuese retenido por ella.
HECHOS 2: 24

L a tumba está vacía. Era completamente imposible que la muerte retuviera a Jesús como prisionero. «No está aquí, pues ha resucitado» (Mat. 28: 6), dijeron los ángeles. No importa que grupos organizados trabajen día y noche para desacreditar las contundentes e irrefutables evidencias de la resurrección de Jesús. No importa que eruditos, filósofos y escritores de ficción racionalicen y digan que Jesús no resucitó; el hecho es innegable.

«El concepto de un Salvador y Señor viviente coloca la resurrección en el mismo corazón del mensaje cristiano, haciéndola objeto de los más violentos ataques de parte de los enemigos y detractores del cristianismo. Ya en sus días Pablo sintió la necesidad de contender con aquellos que querían abandonar esta creencia central de la fe cristiana. Y en 1 Corintios 15, su más largo alegato sobre el tema en todos sus escritos, presenta todos los argumentos en defensa de la doctrina de la resurrección. "Porque primeramente os he enseñado lo que asimismo recibí", dijo, "que Cristo murió por nuestros pecados, conforme a las Escrituras; y que fue sepultado, y que resucitó al tercer día, conforme a las Escrituras" (vers. 3, 4)» (Roy Adams, *He Still Touches the Heart* [Él aún toca el corazón], cap. 3).

Somos conscientes de que si Jesús realmente nunca se levantó de la muerte, entonces toda la fe cristiana es un engaño. ¿Dónde está, entonces, la certeza de la resurrección? ¿Qué pruebas convincentes existen para afirmar que hace dos mil años un hombre fue crucificado y sepultado y que resucitó al tercer día? Los profetas predijeron la resurrección del Mesías. Los autores de los Evangelios, escribiendo por separado, coincidieron en el hecho de la resurrección de Jesús.

La experiencia en la vida del cristiano es otra prueba más de la resurrección de Jesús. La resurrección es más que un acontecimiento futuro. Es una esperanza viviente que se hace real mediante la presencia de Jesús. Esa esperanza viva cambia la muerte actual en algo que no tiene consecuencias definitivas. Por eso Jesús pudo decir que el que vive y cree en él, no morirá eternamente (Juan 11: 26). La seguridad del cristiano de que, aunque muera, volverá a vivir otra vez solo se produce porque Cristo ha resucitado: «Así también Dios traerá con Jesús a los que durmieron en él» (1 Tes. 4: 14).

Es imposible que la muerte retenga para siempre a los que duermen en el Señor. Tiene que devolverlos, porque Jesús ha resucitado. ¿Crees esto?

Mas él herido fue por nuestras transgresiones, molido por nuestros pecados; el castigo de nuestra paz fue sobre él y por su llaga fuimos curados.
Isaías 53: 5

Orley Ford fue un misionero adventista que trabajó durante muchos años en El Salvador. Como fruto de su ministerio, se organizaron decenas de iglesias, se construyeron muchos templos, se establecieron varias escuelas, y muchos jóvenes fueron enviados a la Universidad Adventista de Centroamérica para prepararse para el servicio de Dios.

Durante un viaje que hizo a su país natal, Estados Unidos, un examen médico rutinario descubrió que padecía un cáncer terminal. El médico le dio la aterradora noticia de que solamente le quedaban nueve meses de vida. Orley Ford regresó a su casa, listo y decidido a enfrentarse con la muerte. Las promesas divinas llegaron a ser sus armas de combate. Cada mañana continuaba la cuenta atrás hacia la muerte con un culto matutino y entonaba su himno favorito: "Paso a paso Dios me guía". La letra dice: «De mi afán fatigador, el descanso ha prometido, en su reino mi Señor. Paz divina y consuelo al confiar en él tendré, pues si algo sucediera Cristo lo sabrá muy bien».

Veinticuatro horas antes de morir dirigió sus últimas palabras a cinco mil hermanos reunidos en el día de la hermandad: «Yo sé que mi redentor vive, y al fin se levantará sobre el polvo, y después de deshecha esta mi piel, aun en mi carne he de ver a Dios» (Job 19: 25, 26); y agregó: «Nos veremos en el cielo. Por favor, no me vayan a fallar».

La confianza de aquel siervo de Dios descansaba en la declaración bíblica de que la muerte es un enemigo vencido, de quien podemos burlarnos diciendo: «¿Dónde, está, oh muerte, tu aguijón? ¿Dónde, oh sepulcro, tu victoria?» (1 Cor. 15: 55).

Jesús hizo un milagro. Cambió la ley de la muerte. Nunca más experimentará su creación el temor, la angustia y el dolor asociados con la muerte sin fin. Su sacrificio estableció una elección antes imposible para todo ser humano: la vida o la muerte.

¿Por qué algunos eligen la muerte eterna? No hay respuesta, pero sí se suscita otra pregunta: ¿Cómo es posible que esa sea su elección a pesar de conocer el evento de la resurrección?

Cada vez que consideres la historia de la crucifixión y de la resurrección, dale gracias a Dios, porque allí se destruyó el dominio de la muerte, y ahora somos libres. La muerte ya no es el final de todas las cosas. Ora por aquellos que rechazan esta gran salvación.

Entonces los que temían a Jehová hablaron cada uno a su compañero, y Jehová escucho y oyó, y fue escrito libro de memoria delante de él para los que temen a Jehová y para los que piensan en su nombre.
MALAQUÍAS 3: 16

Aunque leo diariamente la Biblia, nunca había leído cuidadosamente las palabras de nuestro texto de hoy. Tiene muchas connotaciones importantes para los cristianos. Malaquías presenta un mensaje de esperanza y consuelo para los que son fieles a Dios. El profeta alienta a los que se esforzaban por hacer lo correcto con el pensamiento de que Dios anota cuidadosamente y recuerda el servicio consagrado de los suyos.

Quisiera detenerme hoy en el concepto del Dios que todo lo oye. ¿Qué deberíamos pensar ante esta realidad? En primer lugar, cuando reconocemos que hay un Dios que escucha absolutamente todo lo que decimos, inmediatamente queda afectado todo lo que expresamos con nuestros labios. Desde la verdad más clara hasta las medias verdades y las inferencias maliciosas. ¿Has dicho algo negativo de tu prójimo? ¿Qué tal la reverencia hacia Dios? ¿Sostienes conversaciones de las que te abstendrías si Dios estuviera presente? ¿Y las reflexiones que llegas a expresar con palabras? Aunque no se oigan, también ellas son "conversaciones" y "palabras" que Dios escucha; somos responsables de ellas. ¿Son buenas? ¿Hay algún problema en que Dios las escuche? Quizá creas que ha llegado el momento de realizar cambios en tus conversaciones. Hazlos inmediatamente, porque estás al servicio del Dios que todo lo oye.

En segundo lugar, deberías procurar relacionarte con personas que sean temerosas de Dios. De otra manera, ¿cómo podrías andar en «santas y pías conversaciones»? Recuerda que «las malas conversaciones corrompen las buenas costumbres» (1 Cor. 15: 33). ¿Quiénes son tus amistades? Si buscas a alguien temeroso de Dios para que sea tu amigo, tu esposo, tu novio o tu novia, se evitarás muchos problemas.

En tercer lugar, ten cuidado, porque, al parecer, a veces nuestras palabras se convierten en oraciones sin saberlo. Además, nuestras palabras tienen efecto reflejo sobre nosotros. Encima, parece que las palabras del lenguaje humano se prestan más para expresar la mentira que la verdad. Si hablamos mucho, va quedando un residuo de falsedad del cual no somos conscientes, pero del que somos responsables. ¡Cuánto cuidado deberíamos tener con nuestras palabras! Nuestro Señor dijo: «De toda palabra ociosa que hablen los hombres, de ella darán cuenta en el día del juicio» (Mat. 12: 36).

Procura que todo lo que digas hoy sea digno de que Dios lo escuche.

Entonces una nube cubrió el tabernáculo de reunión,
y la gloria de Jehová llenó el tabernáculo.
ÉXODO 40: 34

«¿Dónde vive Dios?» Esta pregunta, que hacen con frecuencia los niños, ha sido de mucho interés a través de la historia de la humanidad. Durante mucho tiempo el pueblo de Israel tuvo la oportunidad de ver las manifestaciones del poder de Dios. Las veía a través de acontecimientos milagrosos que les daban la seguridad de que Dios estaba en medio de ellos. Aunque no sabían dónde vive Dios, sabían que no había un lugar físico en la tierra donde Dios habitara.

La construcción del tabernáculo fue importantísima en la historia de Israel. El tabernáculo se convirtió en un centro de reunión entre Dios y su pueblo. Allí se podía observar una manifestación física de la gloria de Dios. Lo mismo ocurrió cuando terminó la dedicación del templo de Salomón en Jerusalén: «Y la gloria de Jehová llenó la casa. Y no podían entrar los sacerdotes en la casa de Jehová, porque la gloria de Jehová había llenado la casa de Jehová» (2 Crón. 7: 1, 2).

Pero, ¿será que Dios realmente vivía en aquel tabernáculo? Cuando Jesús encontró a la samaritana cerca del pozo, ella le preguntó acerca del verdadero lugar de adoración, el lugar donde Dios habita. Los samaritanos adoraban en un templo cerca de una montaña, lejos del templo donde adoraban los judíos en Jerusalén. Jesús le respondió: «Mas la hora viene, y ahora es, cuando los verdaderos adoradores adorarán al Padre en espíritu y en verdad; porque también el Padre tales adoradores busca que le adoren».

Jesús dijo con toda claridad que la verdadera adoración se encontraba en nosotros mismos, no en un edificio. El mismo apóstol Pablo les dijo a los atenienses que «el Dios que hizo el mundo y todas las cosas que en él hay, siendo Señor del cielo y de la tierra, no habita en templos hechos por manos humanas» (Hech. 17: 24).

La presencia de Dios cubría el tabernáculo por muchas razones que no podemos comprender; pero una de ellas era porque los israelitas, duros de corazón para creer, necesitaban un símbolo visible de la presencia de Dios. El Nuevo Testamento dice cuál es el lugar donde Dios habita. Dios habita en la *ekklesia*, pero en el idioma original esto no se refiere a un edificio, sino a cada uno de los miembros de la iglesia. Dios, de acuerdo a su promesa, habita con y en los miembros de su iglesia.

Dios permita que al observar la forma de conducirnos en nuestra vida, nuestro prójimo llegue a la conclusión de que Dios, verdaderamente, habita *en cada uno de nosotros*.

Tú guardarás en completa paz a aquel cuyo pensamiento en ti persevera;
porque en ti ha confiado.

Isaías 26: 3

¡Qué maravilloso mensaje nos envía el Señor hoy a través del profeta Isaías! Es una medicina para todos los que, al levantarse por la mañana, se estresan al pensar en todas las tareas y responsabilidades que les esperan durante el día. El Señor les dice: «En la serenidad y la confianza está tu fuerza». Siempre que recuerdes la presencia de Dios y su disposición a ayudarte, te sorprenderás de la rapidez con que tus cargas se tornan livianas, tus pesares se disipan, tus tinieblas se despejan, tu ansiedad se convierte en tranquilidad, y desaparecen tu fatiga y tu tensión.

La ansiedad, la impaciencia y la frustración que producen las presiones de la vida diaria son el fruto del olvido de Dios. Cuando, en nuestras angustias, preguntamos: «¿Dónde estás, Dios mío?», la respuesta no es que nuestro Padre celestial nos haya abandonado, sino que lo hemos perdido de vista. Solamente el recuerdo constante de su promesa, «He aquí yo estoy con vosotros todos los días, hasta el fin del mundo», nos librará de todas esas cargas y de esos sentimientos negativos. Todo lo que necesitamos es cultivar la creencia firme de que Dios está siempre con nosotros.

El doctor Frank Laubach aprendió a ser consciente de la presencia de Dios disciplinando sus pensamientos para pensar en él una vez por minuto. Llamó a esta disciplina el "juego de los minutos". Jakob Böhme, un religioso de finales del siglo XVI y comienzo del XVII, también se refirió a una práctica que involucraba una conciencia casi continua de la presencia de Dios: «Si te arrojas una vez cada hora a la misericordia de Dios, recibirás poder para gobernar sobre la muerte y el pecado».

En un libro sobre la disciplina espiritual leí acerca de la importancia de practicar el concepto de la presencia de Dios. Uno de los consejos para lograrlo, decía: «Siempre que conduzca su coche y se encuentre con la luz roja del semáforo, en lugar de disgustarse, véalo como una oportunidad para elevar una oración».

El piloto del avión se mantiene en comunicación constante con la torre de control. Así mantiene fielmente su ruta, sin desviarse en ningún sentido. A través de esta comunicación con el controlador del tráfico aéreo, recibe instrucciones e informa de su posición. Sabe que si la torre pierde contacto con él, se encenderá la alarma y que él y sus pasajeros estarían en peligro.

¿No te parece maravilloso comunicarte constantemente con la torre de control celestial? Es tan sencillo como elevar una oración o repetir un versículo de memoria.

Mas cuando ya era fuerte, su corazón se enalteció para su ruina;
porque se rebeló contra Jehová su Dios, entrando en el templo de Jehová
para quemar incienso en el altar del incienso.
2 CRÓNICAS 26: 16

Un joven sagaz, fuerte, valiente, comprometido, prometedor; así era conocido Uzías a la edad de dieciséis años. Todavía era muy joven, pero ya había heredado el trono de Amasías su padre.

La Escritura dice que Uzías hizo lo que era justo y bueno delante de los ojos de Dios y fue altamente bendecido. Hizo huir a los filisteos, reconstruyó las torres de Jerusalén y entrenó a más de trescientos mil hombres, que estaban listos para luchar con destreza e inteligencia en cualquier batalla.

Pero esta historia de éxito dio un drástico giro. Cuando Uzías llegó a ser fuerte y poderoso, también se llenó de orgullo. Esto es lo que tristemente sucede en la vida del ser humano. En la mayoría de los casos, el orgullo viene persiguiendo al éxito y, como seres humanos, terminamos siendo recordados más por el orgullo desarrollado que por el éxito alcanzado.

Lo anterior no indica que el éxito sea peligroso y que no debamos buscarlo. Lo que quiero decir es que debemos ser cuidadosos cuando hemos tenido la bendición de alcanzar el éxito en cualquier empresa. De hecho, Dios quiere que sus hijos fieles sean triunfadores. Es más, dio la fórmula para alcanzar el éxito en «todas las empresas» (Jos. 1: 5-9). Además, el «varón que no anduvo en consejo de malos ni en silla de escarnecedores se ha sentado» (Sal. 1: 1) tiene como resultado natural la bendición de que «todo lo que hace prosperará» (Sal. 1: 3).

Los grandes triunfadores de Dios son José y Daniel. El éxito es herencia natural de aquellos que son «benditos de Jehová». El problema es que existe un grave defecto humano: el deseo escondido de exaltarse a uno mismo. El orgullo es una infección que está latente en todo corazón humano, incluso en el corazón de los cristianos. Lamentablemente, con cualquier problema que baje las defensas espirituales se desarrolla la infección. El resultado es un corazón necio lleno de orgullo.

Es lo que le pasó al rey Uzías, que se enalteció para su ruina. Y lo mismo puede ocurrirnos a nosotros, si no tenemos cuidado. ¿Recuerdas cómo, en la ceremonia del triunfo en la antigua Roma, al general victorioso se le susurraba al oído, entre las aclamaciones, «Recuerda que no eres más que un hombre»? Nunca olvides esta verdad. Todo el éxito pertenece a Dios. Tú y yo no somos más que seres humanos.

La blanda respuesta quita la ira; mas la palabra áspera hace subir el furor.
PROVERBIOS 15: 1

Muchas veces se ha visto en la historia de los pueblos y de los individuos la verdad de esta declaración. Hay un ejemplo en la Biblia de la respuesta prudente y blanda de un hombre que evitó una crisis de proporciones insospechadas.

Cuando Gedeón volvió de la derrota de los madianitas, cuando estaba empeñado en la captura de Zeba y Zalmuna, los dos reyes invasores de Israel; los hombres de Efraín vinieron a reclamarle con ira y en son de amenaza: «¿Qué es esto que has hecho con nosotros, no llamándonos cuando ibas a la guerra contra Madián?» (Jue. 8: 1). Fijémonos en esta declaración: «Y le reconvinieron fuertemente». Toda una insolencia. Sin embargo, observemos la respuesta prudente y conciliadora de Gedeón:

«¿Qué he hecho yo ahora comparado con vosotros? ¿No es el rebusco de Efraín mejor que la vendimia de Abiezer? Dios ha entregado en vuestras manos a Oreb y a Zeeb, príncipes de Madián; ¿y qué he podido yo hacer comparado con vosotros? Entonces el enojo de ellos contra él se aplacó, luego que él habló esta palabra».

Consideremos la sabiduría de su respuesta. En primer lugar, fue, como dice la Biblia, blanda, cuidadosa, bien pensada. En segundo lugar, fue humilde. Disminuyó la importancia de sus logros y evaluó generosamente (por no decir que exageró) los logros de ellos. «¿Qué hecho yo comparado con vosotros?» Y fue más allá todavía. Puso una ilustración muy elocuente: «El rebusco de Efraín es mejor que la vendimia de Abiezer». La tribu de Efraín es grande y poderosa. La familia de Abiezer, a la que pertenecía Gedeón, no es nada.

Los soberbios son egoístas, y los egoístas son necios. El sabio Salomón aconseja responderles conforme a su necedad: «Responde al necio como merece su necedad» (Prov. 26: 5). ¿Qué hizo Gedeón? Decir lo que esperaban escuchar, no la verdad ni lo que los ennobleciera, sino lo que satisficiera su ego. Como lo que los impulsaba era su ego, entonces si este quedaba satisfecho y, según ellos, en su debido lugar, se dieron por satisfechos.

El cristiano sabio nunca busca la satisfacción de su ego. Procura oír solo palabras sabias, verdaderas, edificantes, inspiradoras; no las que halaguen su vanidad. Por eso el cristiano es pacificador por naturaleza. Porque puede dar a cada uno lo que le corresponde. Puede, incluso, dar al necio lo que quiere oír.

Seamos cuidadosos hoy con nuestras palabras. Sobre todo, si se necesita una respuesta que apague el fuego de la ira de cualquiera.

Cuando, pues, los hombres vinieron a él, dijeron:
«Juan el Bautista nos ha enviado a ti, para preguntarte:
"¿Eres tú el que había de venir, o esperaremos a otro?"»
Lucas 7: 20

¿Cómo es posible que un hombre de la estatura espiritual de Juan el Bautista haya dudado? Si escuchó la voz de Dios confirmando que Jesús era su Hijo amado, ¿por qué tiempo después dudó de que lo fuera?

No hay excusa ni justificación para la duda de Juan el Bautista, pero sí hay una explicación: Seguramente el aislamiento y la soledad de la oscura celda abrumaron su mente y agotaron su resistencia espiritual. Además, no comprendía totalmente la misión del Salvador; por eso no comprendía su actitud. Muchas preguntas sin respuesta abrumaban su alma: ¿Por qué Jesús no se da a conocer como el Mesías? ¿Por qué no busca el apoyo de los dirigentes de la nación? ¿Por qué no ha venido a visitarme ni antes ni ahora que estoy prisionero? ¿Y si no es el Hijo de Dios? ¿Y si no es el Mesías? ¿Y si no salgo de la prisión?

Afligido y abrumado por estas preguntas sin respuesta, envió una comisión a entrevistarse con el Salvador. La pregunta que debían pedirle que contestara era muy significativa: «¿Eres tú el que había de venir, o esperaremos a otro?»

La duda no es pecado, pero los cristianos no deben permitir que la duda anide en su mente, porque, aunque no sea pecado, la duda conduce al pecado. ¿Qué hace que un cristiano dude? El pecado y la culpa pueden llevarlo a pensar que Dios no está de su lado. También la influencia negativa de otras personas puede inducirlo a dudar. Los fracasos pasados y las expectativas equivocadas para el futuro conducen a la duda. Pero la razón principal por la cual muchos cristianos dudan es porque no tienen un conocimiento experimental de Dios en su Palabra.

Para vencer la duda y ser fuerte y valiente, el cristiano debe llevar grabadas en lo más profundo de su corazón y de su mente las verdades eternas de la Palabra de Dios. Eso significa mucho más que una lectura casual de la Biblia. Significa leerla, estudiarla, escudriñarla y reflexionar en su significado. Es preguntarle al Señor: «Padre, ¿qué me dices personalmente en este pasaje? Muéstrame cómo aplicar estas verdades a mi vida». No hay nada mejor para fortalecer la fe que conocer la Palabra de Dios. Ruega al Señor en oración que te ayude a vencer cualquier sombra de duda que se haya levantado en tu mente. Cree que Dios dirige tu vida y que dirige a su iglesia. Cree que al final todo saldrá bien.

¡Mirad cuán bueno y cuán delicioso es habitar los hermanos juntos en armonía!

SALMO 133: 1

Todos tenemos nuestras propias opiniones. De hecho, todos creemos tener razón. Mi deporte predilecto es el fútbol, y una de mis debilidades es que cuando sucede algo en el partido y empieza la discusión, siempre creo llevar la razón. Sé que la mayoría de las veces me equivoco, pero la cuestión es que todos queremos tener la razón.

Cuando sostenemos un punto de vista, queremos que los demás estén de acuerdo con nuestra opinión, porque si no lo están sentimos que lo que entra en juego es nuestro orgullo personal. Así es que siempre vamos a procurar manipular a la otra persona para hacer que esté de acuerdo con nosotros. Sin embargo, el hecho de querer que las personas que nos rodean coincidan siempre con nosotros es algo que no agrada a Dios.

Por eso la unidad del Espíritu es uno de los logros más grandes. La unidad del Espíritu no es natural; es sobrenatural. Por eso no puede ser explicada naturalmente ¿A qué me refiero con esto? Cuando nos encontramos con una persona muy ambiciosa para lograr el éxito, sentimos celos y experimentamos sentimientos negativos en contra de ella por el hecho de que nosotros queremos ser más exitosos que todos los demás. Pero la unidad del Espíritu es algo magnífico, porque implica que somos dominados por un poder más fuerte que el yo. Cuando estamos dominados por el Espíritu hacemos a un lado lo que una vez fue natural, y, cuando queramos imponer nuestra opinión, escucharemos con calma la opinión de los demás, y, si hay que estar de acuerdo con ellos, lo aceptaremos. Esto implica que si Dios les entrega el éxito antes que a nosotros, nos gozaremos con la otra persona y alabaremos a Dios por lo que hasta el momento hemos alcanzado.

Estar dispuestos a deshacernos de nuestro propio orgullo y respetar la opinión de los demás es la base de la unidad. Hay tres razones por las cuales la unidad es indispensable para cada uno de los hijos de Dios.

1. Siempre hay bendición donde hay unidad (Sal. 133: 3).

2. La unidad es una de las armas más temidas por Satanás. Él vendrá como ángel de luz para tratar de causar división entre nosotros, y entre nosotros y Dios. Cuando estamos en la unidad del Espíritu, los intentos del enemigo son inútiles.

3. La unidad en el Espíritu no es un asunto opcional en los hijos de Dios.

Dios quiere que cada uno de sus hijos posea un espíritu de humildad y aceptación de los demás. Estar unidos con Dios a través del Espíritu Santo nos transforma y nos ayuda a convivir y a aceptar a los demás aun cuando están equivocados. Todos somos un cuerpo.

Cuando yo era niño, hablaba como niño, pensaba como niño, juzgaba como niño; mas cuando ya fui hombre, dejé lo que era de niño.
1 Corintios 13: 11

Hay momentos en que quisiéramos que los niños se comportaran con madurez. Pero los niños son niños, hacen travesuras, hablan, piensan, razonan, y se comportan como niños. Es lo normal para ellos. Hay casos de niños maduros que nos sorprenden y nos impresionan gratamente, como Kevin, el niño predicador. Pero eso es un milagro, algo que no ocurre todos los días. Los niños hablan como niños, siempre. Lo grave sería que un adulto se comportara como un niño. Eso sería anormal después de salir de la niñez.

Lo mismo ocurre en la vida espiritual. El cristiano recién convertido es un niño en Cristo. Pero debe crecer para dejar pronto de ser niño en la fe. Por desgracia, encontramos personas que hace muchos años que son cristianas, pero que siguen comportándose como niños en la fe.

Por causa de su inexperiencia y falta de madurez, los niños son egoístas por naturaleza. En general, creen que el mundo entero gira alrededor de ellos. Solo piensan en sí mismos y buscan gratificación inmediata. Quieren ser amados (y lo son) por los demás, pero el amor que sienten ellos es inmaduro.

Lamentablemente, ocurre igual con muchos de nosotros, que hemos sido cristianos durante años. Debemos alcanzar la madurez en Cristo. Como dijo Pablo: «Hablamos sabiduría entre los que han alcanzado madurez» (1 Cor. 2: 6). Los cristianos debemos ser, personas maduras, personas que hayamos aprendido que siempre debemos amar más de lo que somos amados. Se necesita madurez y altruismo divino en especial para poder amar a nuestros enemigos. Una persona egoísta, como un niño que solo busca lo suyo y llora porque no puede obtener lo que desea, no puede ser cristiana. En esa condición están los que quieren ser alentados y animados pero no quieren alentar y animar a los demás.

Todos los cristianos con experiencia han abandonado la satisfacción del yo (algo muy querido por las personas inmaduras) y buscan la gloria de Dios, el bienestar de los demás y la unidad de la iglesia. Dios quiere que alcances la madurez cristiana. Haz tu decisión hoy de cambiar tus palabras inmaduras por palabras maduras, cambiar el egoísmo por el amor desinteresado, cambiar la ingenuidad por el discernimiento bajo la guía del Espíritu Santo. ¡Cuánta falta hacen en la iglesia personas sabias, prudentes, humildes, maduras para que lleven a la iglesia al cumplimiento de su misión! Deshazte de la niñez ahora.

Él nos llama a la humildad

> Nada hagáis por contienda o por vanagloria; antes bien con humildad, estimando cada uno a los demás como superiores a él mismo.
>
> FILIPENSES 2: 3

En realidad, es una de las cosas más difíciles de hacer. El orgullo y el egoísmo constituyen la raíz del pecado y la falta más común. Todos los humanos los compartimos. Es decir, no todos somos ladrones, no todos mentimos, pero todos tenemos un problema con el orgullo, la vanagloria o el egoísmo. Por ejemplo, ¿en qué consiste la vanagloria, ese viejo vicio de la humanidad? Es orgullo vacío, estima propia infundada, engreimiento. En otras palabras, "gloria vana". Nosotros, como seres humanos, no tenemos nada de qué gloriarnos. Cualquier rastro de orgullo que manche nuestras acciones siempre será "gloria vana". Por eso, haríamos bien en seguir este consejo: «No debemos trazar planes ni ir en pos de meta alguna, si somos impulsados por motivos o un deseo de superar a otros. Si estos motivos están presentes, nada puede agradar a Dios, aunque su fin sea bueno en sí mismo» (*Comentario bíblico adventista*, t. 7, p. 159).

Por desgracia, este es un mal que pinta de colores todo lo que hacemos. No hay cosa más atrayente para el corazón humano que triunfar, tener éxito, sobresalir. El problema es que mucho de eso está matizado con las comparaciones y con el espíritu de supremacía.

¿Existe alguien que, por naturaleza, considere a todos los demás como superiores a sí mismo? Difícilmente, porque por naturaleza todos buscamos la supremacía. Si es que existe alguien que siente y piensa así, es porque la gracia de Dios ya hizo su obra completa y ya ha cultivado la gracia divina de la humildad, que es lo contrario del orgullo.

Creo que es la característica divina más destacada después del amor y la justicia. «El universo entero se maravilló al ver que Cristo debía humillarse a sí mismo para salvar al hombre caído. El hecho de que aquel que había pasado de una estrella a otra, de un mundo a otro, satisfaciendo, mediante su providencia, las necesidades de todo orden de seres de su enorme creación, consintiese en dejar su gloria para tomar sobre sí la naturaleza humana, era un misterio que todas las inmaculadas inteligencias de los otros mundos deseaban entender» (*Patriarcas y profetas*, p. 56).

Dios nos llama hoy a seguir el ejemplo de Cristo. El llamado más grande que Dios nos hace es el de la humildad para que podamos ser receptivos a las grandes cosas que él quiere lograr en nuestra vida.

Por lo demás, me está guardada la corona de justicia, la cual me dará el Señor,
juez justo, en aquel día; y no solo a mí,
sino también a todos los que aman su venida.
2 TIMOTEO 4: 8

Luchar por la fe y fijar la vista en el futuro ayudaron al apóstol Pablo a terminar bien la carrera de la vida cristiana. Pablo añade, además, un elemento adicional: «y no solo a mí, sino también a todos los que aman su venida». Él reconocía la importancia de la fraternidad cristiana, la importancia de ser un verdadero amigo de todos los que esperan la venida del Señor. «La corona», dice Pablo, «no solo me será dada a mí, sino también a todos los que esperan su regreso». Inmediatamente después de sus palabras registradas en el versículo 8, comienza a pensar en todos sus compañeros: Le dice a Timoteo: «Procura venir pronto a verme, porque Demas me ha desamparado, amando este mundo, y se ha ido a Tesalónica. Crescente fue a Galacia, y Tito a Dalmacia. Solo Lucas está conmigo. Toma a Marcos y tráele contigo, porque me es útil para el ministerio» (2 Tim. 4: 9-11).

El verbo traducido "venir", que Pablo usa en ese pasaje, presenta el matiz de una venida rápida. Es un cuadro de un hombre viejo que se siente solitario en la cárcel, ansioso del compañerismo de sus amigos. Cuando consideramos la vida del apóstol, notamos que siempre hubo un séquito de amigos y colaboradores alrededor de él, con los que mantuvo una profunda amistad y una mutua responsabilidad. Dios nos ha creado de tal manera que le sirvamos de forma concertada y coordinada unos con otros. Nos necesitamos mutuamente. Somos demasiado débiles para ir solos.

Curiosamente, hay muchos que se sienten bien como cristianos solitarios. Desean servir al Señor solos, sin nadie más a su alrededor. No desean a nadie en su vida, porque han sido lastimados, o heridos. La iglesia está llena de miembros, incluso dirigentes, con imperfecciones. No puede ser de otra manera mientras caminemos hacia la Canaán celestial. Por eso, algunas veces las personas manifiestan debilidad e inmadurez. ¿Por qué habríamos de alarmarnos excesivamente por esa realidad inevitable? Tristemente, a veces algunos viven un estilo de vida que traiciona su profesión de fe.

No obstante, a pesar de las ofensas, maltratos, irritaciones y otros daños recibidos, no abandones la comunión fraternal. No termines tu carrera en la soledad, porque saldrás perdiendo. Necesitamos ser abiertos y honestos unos con otros. Necesitamos compañeros en la fe para alcanzar la victoria al final de la batalla.

> Pero ningún hombre puede domar la lengua, que es un mal que no puede ser refrenado, llena de veneno mortal.
>
> SANTIAGO 3: 8

Santiago dice que, pese a ser un miembro muy pequeño, la lengua, es un mundo de maldad que puede contaminar todo el cuerpo e inflamar la creación entera. Es mucho el mal que una lengua enferma puede ocasionar. Por eso es importante vacunarse contra las enfermedades infecciosas de la boca. ¿Cuáles son las enfermedades de la lengua?

1. Hablar demasiado.— El sabio Salomón dice: «En las muchas palabras no falta pecado» (Prov. 10: 19). Según la Palabra de Dios, no hay alternativa: si hablas demasiado, cometerás errores. Nunca olvides que un ángel registra toda palabra que pronunciamos, y algún día tendremos que hacer frente a los meticulosos registros que consignan cuanto hemos dicho. Los que hablan demasiado dicen cosas que no deberían decir. Quizá por eso Dios le puso doble candado a la lengua: uno de hueso (los dientes) y otro de carne (los labios).

2. Hablar palabras descuidadas.— Jesús dijo: «Mas yo os digo, que de toda palabra ociosa que hablen los hombres, de ella darán cuenta en el día del juicio» (Mat. 12: 36). No siempre son malas palabras, ni tampoco mentiras o calumnias. Son, sencillamente, palabras ociosas, innecesarias, que sería mejor no pronunciar. Hay un mal que no es fácil comprender en el uso de la lengua. Quizá era lo que nuestro Señor quería explicar cuando dijo: «Sea vuestro hablar: Sí, sí; no, no; porque lo que es más de esto, de mal procede» (Mat. 5: 37). Esta advertencia debería bastar para que los cristianos fuéramos más prudentes en el excesivo uso de la lengua. ¡Cuántas palabras decimos que no cumplen el requisito básico de toda palabra: que sea verdad, que sea edificante para los demás y que sea necesaria!

3. Los chismes.— «No andarás chismeando entre tu pueblo» (Lev. 19: 16), dice la Palabra de Dios. La calumnia, la falsedad y una larga lista de formas menos evidentes de decir lo que no es cierto quedan calificadas como chismes. Propagar tales cosas es hacer la obra de Satanás.

4. La mentira.— La Palabra de Dios dice: «Los labios mentirosos son abominación a Jehová» (Prov. 12: 22), pero decir la verdad es deleitar al Señor.

¿Deleitan tus palabras a Dios? Pídele hoy al Señor que te libre de la enfermedad contagiosa de la lengua. Porque solamente habitará en el monte de Dios «el que habla verdad en su corazón, y no calumnia con su lengua» (Sal 15: 2, 3).

El que anda en chismes descubre el secreto; más el de espíritu fiel lo guarda todo.
PROVERBIOS 11: 13

Uno de los sujetos más peligrosos para los individuos y para la comunidad es el que anda en chismes y divulga todos los secretos que se le confían, y los rumores que escucha. No hay peste tan dañina como la de esta clase de personas. Promueven discordias y ocasionan odios entre vecinos y parientes, y son causa de los peores males. El mal que esta clase de personas puede hacer es incalculable. Encienden rencillas entre parientes y vecinos, y siembran indisposición entre hermanos en la fe, esposos, compañeros de trabajo, pastores, parientes y amigos. Según investigaciones realizadas, el chisme parece ser más poderoso que los hechos comprobados. Afecta la opinión que se tiene sobre el acusado e influye en el comportamiento social hacia la persona objeto del rumor. Se ha comprobado que se despierta un espíritu de hostilidad hacia las personas de las que escuchamos cosas negativas, y es fácil que se pierda todo sentimiento de generosidad hacia ellas.

En 1752 un grupo de metodistas, que incluía a John Wesley, firmó un acuerdo que todos colgarían sobre la pared de sus despachos y escritorios. Ese acuerdo, formulado en seis artículos, comprometía a sus signatarios a lo siguiente:

1. No escucharemos ni preguntaremos nada a propósito de cosas malas que conciernan a otros.

2. Si oímos algo malo de otra persona, no estaremos dispuestos a creerlo.

3. Tan pronto como sea posible, comunicaremos lo que oímos, por escrito o de forma verbal, a la persona en cuestión.

4. Hasta tanto lo hayamos hecho, no recibiremos ni diremos una sola sílaba de esto a nadie más.

5. Tampoco lo mencionaremos a ninguna otra persona después de comunicarlo a la persona afectada.

6. No haremos excepción a ninguna de estas reglas.

Con la ayuda de Dios, procuremos decir y escuchar solamente cosas buenas y positivas de los demás. Hagamos un pacto antichismes en nuestra iglesia. En todo caso, dado que no podemos hacer nada si los demás no están dispuestos a firmarlo, firmemos *nosotros* el voto antichismes de John Wesley, porque eso es lo que debe hacer toda persona cristiana.

Y dijeron: «¿Solamente por Moisés ha hablado Jehová?
¿No ha hablado también por nosotros?» Y lo oyó Jehová.
NÚMEROS 12: 2

María y Aarón criticaron a Moisés, «el hombre más manso de la tierra». El nombre de María está primero y el verbo hebreo está en género femenino y en singular, lo cual quiere decir que fue María la que inició la crítica. No fue ni la primera ni la última crítica que recibió el varón de Dios, pero fue la que recibió la desaprobación divina de inmediato. ¿Por qué? Porque el Señor quería que sirviera como advertencia para el pueblo de Dios. El texto sagrado dice: «¿Por qué, pues, no tuvisteis temor de hablar contra mi siervo Moisés? Entonces la ira de Jehová se encendió contra ellos; y se fue» (Núm. 12: 8, 9).

María fue severamente castigada por Dios: quedó «leprosa como la nieve» (Núm. 12: 10). Dios dijo que el castigo que le daba era semejante al que recibía una hija cuando era reprendida severamente por su padre. Pero el castigo de María fue más grande: Dios «se fue» (12: 9) del campamento. María fue echada del campamento y «tan solo cuando quedó desterrada del campamento volvió el símbolo del favor de Dios a posarse sobre el tabernáculo» (*Patriarcas y profetas*, pp. 404, 405). Todo el pueblo de Israel se detuvo siete días en el mismo lugar para esperarla. Todos supieron la causa de su castigo. «Entonces, humillado hasta el polvo el orgullo de ambos, Aarón confesó el pecado que habían cometido» (*ibíd.*, p. 404).

Comentando dicho incidente, Elena G. de White advierte: «El que impuso a ciertos hombres la pesada carga de ser dirigentes y maestros de su pueblo, hará a este responsable de la manera en que trate a sus siervos. Hemos de honrar a quienes Dios honró. El castigo que cayó sobre María debe servir de reprensión para todos los que, cediendo a los celos, murmuren contra aquellos sobre quienes Dios impuso la pesada carga de su obra» (*ibíd.*, p. 406).

Si crees que tu dirigente ha cometido un error, díselo. Hazlo con oración, con humildad y constructivamente; cara a cara, nunca a sus espaldas. Dilo a la persona afectada, en privado, no en público. No lo compares con otras personas. No juzgues sus intenciones. Critica los hechos reales. Si no lo comprendes todo bien, no critiques. Procura ponerte en los zapatos de la persona criticada.

Si eres tú el criticado, sigue el ejemplo de Moisés. Si tienen razón, escúchalos. Si no, deja que Dios te defienda, a su tiempo y a su modo. Él hace mejor las cosas.

263

Hay hombres cuyas palabras son como golpes de espada;
mas la lengua de los sabios es medicina.
PROVERBIOS 12: 18

La lengua es el órgano más poderoso con que cuenta el ser humano. Es lo que dice Santiago 3: 4, 5: «Mirad también las naves, aunque tan grandes, y llevadas de impetuosos vientos, son gobernadas con un muy pequeño timón por donde el que las gobierna quiere. Así también la lengua es un miembro pequeño, pero se jacta de grandes cosas. He aquí, ¡cuán grande bosque enciende un pequeño fuego!»

Así es. Dependiendo del uso que de ella se haga, la lengua puede ser bendición, o maldición, muerte o vida, veneno o medicina. Con las palabras se pueden crear amigos o enemigos, herir o sanar. Hay palabras que curan, incluso físicamente; otras que ejercen una influencia positiva y llevan a la reconciliación a los que se han distanciado.

Hay quienes tienen tal poder en el habla que pueden destruir a su oponente, hasta físicamente. Hay otros que usan sus palabras para criticar, sin importar contra quién esté dirigida su crítica, ni el daño que ocasionen.

La lengua de la persona sabia y cristiana es diferente. Habla palabras que dan, literalmente, vida. Una palabra bondadosa es medicina. Sana el espíritu, la mente y el cuerpo. El sabio habla de tal manera que fortalece y enriquece la salud de los demás. Escucharlo es como ascender a una montaña y respirar el aire fresco, es como estar a la orilla del mar y escuchar desde sus profundidades un mensaje lleno de energía que fortalece y anima.

¿Cómo son tus palabras? ¿Alientan al que las escucha? ¿Animan y hacen sentir bien a quienes las oyen? Hoy habrá muchas personas que escucharán lo que digas. Entre ellas estarán tu esposa, tus hijos, tus hermanos en la fe y tus compañeros de oficina. Diles algo así: «¿Puedo orar ahora mismo por ti?» «¿Cómo estás realmente?» «Lo que has dicho me ayudó». «Yo estaba equivocado». «¿Te he ofendido? Perdóname». «Estoy orgulloso de ti».

No somos tan cuidadosos con nuestras palabras como deberíamos. El texto bíblico para la meditación de hoy es un llamamiento a la excelencia en la forma de hablar. Es muy placentero escuchar y relacionarse con personas que son amables y que han cultivado un espíritu cristiano al hablar. Cuando Jesús habita en el corazón, nuestras palabras lo dirán. El humilde Jesús nos refina y nos permite ser condescendientes, soportar los errores del otro, y pasar por alto sus debilidades.

Pídele a Dios hoy que te dé una lengua de sabio para tener siempre la palabra oportuna en todo momento y ocasión.

> El que anda en chismes descubre el secreto;
> no te entremetas, pues, con el suelto de lengua.
> PROVERBIOS 20: 19

¡Qué actividad tan penosa e indigna es andar en chismes! No solo penosa e indigna, sino peligrosa y maligna. ¿Por qué insistir en el mal que ocasiona una persona que anda en chismes? Todos sabemos que es incalculable: siembra rencillas entre parientes y vecinos, es como un revendedor que toma el chisme de una casa y lo lleva a la otra. La persona que anda en chismes es peligrosa para el mundo y para la iglesia.

Dios estableció una legislación para detener esta peligrosa actividad entre su pueblo: «No andarás chismeando entre tu pueblo» (Lev. 19: 16). «Es decir, propagar rumores dañinos, ya sea porque no son ciertos, o porque perjudican a la persona implicada. Los rabinos enseñaban que eran tres los pecados que quitarían al hombre de este mundo y lo privarían del mundo futuro: idolatría, incesto y homicidio, pero que la calumnia era peor que estos, pues mataba a tres personas a la vez: al calumniador, al calumniado y al oyente. Es más efectiva que una espada de doble filo» (*Comentario bíblico adventista*, t. 1, p. 804).

Chismorrear es cosa seria. Y no creas que solo es chismoso el que dice una mentira; también lo es quien transmite con ánimo calumnioso un caso verdadero. Y también es mentiroso y calumniador quien le hace caso y le presta oídos generosos.

El chisme implica complicidad secreta. El chismoso solo se siente cómodo cuando puede actuar encubierto. El sabio Salomón advierte al cristiano que no debe entremeterse «con el suelto de lengua», otra designación de infamia. Sobre este asunto del chisme es muy interesante lo que escribió E. Cabannau, bajo el título "Mi nombre es… ¡chisme!": «No tengo respeto por la justicia. Mutilo, pero sin matar. Rompo corazones y arruino vidas. Soy astuto y malicioso, y gano fortaleza con la edad. Mientras más se me cita, más se me cree. Florezco en todos los ámbitos de la sociedad. Mis víctimas están indefensas. No pueden protegerse de mí, porque no tengo nombre ni cara. Seguirme es imposible, porque me oculto en la multitud y en la oscuridad. Una vez que mancho una reputación, nunca vuelve a ser como antes. Derribo gobiernos y destruyo matrimonios; arruino carreras y provoco noches de insomnio, dolores en el corazón y pena. Hago que las personas inocentes lloren en su almohada. Llego a los titulares de los diarios y provoco angustia».

Sigamos hoy el consejo y la ley de Dios.

Hermanos, no murmuréis los unos de los otros. El que murmura del hermano y juzga a su hermano, murmura de la ley y juzga a la ley; pero si tú juzgas a la ley, no eres hacedor de la ley, sino juez.
Santiago 4: 11

El apóstol Pablo menciona otra razón por la cual es peligroso juzgar a los demás: «En lo que juzgas a otro, te condenas a ti mismo; porque tú que juzgas haces lo mismo» (Rom. 2: 1). Una razón básica para no juzgar a los demás es porque somos tan pecadores, tan malos y tan dignos de condenación como ellos. Es como si juzgar a otros fuera dos veces malo. En primer lugar, porque juzgar a otros es tomar atribuciones divinas. En segundo, porque hacemos exactamente lo mismo nosotros. Y esto es literalmente así. Hay una ley de la psicología que menciona el Dr. Arthur R. Bietz en una serie de artículos titulada *Abordemos la vida de forma integral.* Esa ley dice que solo notamos en los demás las faltas que nosotros mismos tenemos. Los que nos parecen intachables cometen otras faltas, tienen otros vicios y son culpables de otros pecados diferentes de los nuestros. Los que nos parecen odiosos por sus defectos lo son, sencillamente, porque tienen los mismos defectos que nosotros. Si no fuera así, no habríamos notado sus faltas.

¡Cuánta razón tiene el apóstol! ¿Quién eres tú, que juzgas a tu hermano? La respuesta tácita del apóstol es: Eres un delincuente. Eres un blasfemo, porque tomas atribuciones que solo Dios puede ejercer. Y luego se agrava el asunto porque el que juzga a su hermano, juzga a la ley de Dios, lo cual es una falta muy grave. «El que juzga parece decir que la ley no se aplica a él. Virtualmente dice que no hay ley que proteja al hermano perjudicado, ni ley que condene su espíritu de crítica». Serio, ¿verdad?

El cristiano humilde sabe perfectamente cuán limitados son su juicio, su conocimiento, su capacidad y su visión. Solo puede ver un aspecto mínimo de las razones, motivos, y actos de su hermano. No puede tener todo el conocimiento que se debe tener para pronunciar un juicio justo, porque eso solo Dios puede tenerlo. Por eso, el cristiano es humilde y nunca juzgará a nadie.

Solo el amor puede tratar a los demás justamente. Porque nunca juzga, nunca pronuncia juicio, nunca condena. Sobre todo, porque el amor «cubre multitud de pecados» (Sant. 5: 20).

Demostremos siempre el amor que perdona y olvida, no importa cuál sea la evidencia que veamos de los errores de otros. El que ama siempre acierta. El que no ama siempre se equivoca.

La disciplina de la lengua   *septiembre 18*

> Ninguna palabra corrompida salga de vuestra boca, sino la que sea buena
> para la necesaria edificación, a fin de dar gracia a los oyentes.
>
> EFESIOS 4: 29

Solemos hablar de la disciplina personal, de la de los hijos, de la eclesiástica..., pero hablamos muy poco de la disciplina de la lengua. Sin embargo, ¡cuánta necesidad tiene el mundo de una disciplina de la lengua! Santiago dijo que una lengua indisciplinada es «un mundo de maldad» (Sant. 3: 6). Nuestra lengua debe ser disciplinada para que no pronuncie palabras falsas, airadas, mentirosas, corrompidas, innecesarias, blasfemas y de juicio y condenación hacia los demás.

En cambio, la lengua también debe ser disciplinada para que pronuncie palabras que edifiquen a los demás y que den gracia a los oyentes, como dice nuestro versículo de hoy. Otra vez cabe consignar aquí las instrucciones que nuestro Señor dio en el Sermón del Monte, que, según todos los cristianos aceptamos, es la ley fundamental del reino de Dios: «Pero sea vuestro hablar: Sí, sí; no, no; porque lo que es más de esto, de mal procede» (Mat. 5: 37).

La solemne amonestación de Jesús está en armonía con la literatura sapiencial del Antiguo Testamento. Proverbios 13: 3 afirma: «El que guarda su boca guarda su alma; mas el que mucho abre sus labios tendrá calamidad». Nuestro Señor dijo que todo lo que digamos después de decir «Sí», o «No», ya tiene un mal origen. Y Salomón dice que quien abre mucho sus labios (para hablar, por supuesto) «tendrá calamidad». Por eso, el rey sabio aconsejó: «No dejes que tu boca te haga pecar» (Ecl. 5. 6).

No es posible ponderar en exceso la gravedad de hablar demasiado. La persona que habla demasiado se expone a muchos errores, de muchos de los cuales solo se enterará cuando ya sea demasiado tarde. El que habla mucho no se da cuenta de que va dejando una ola de heridas por el camino que transita, y tarde o temprano lo alcanzará la «calamidad».

La persona que disciplina su lengua tiene grandes ventajas. Se librará de muchos problemas ahora y en la eternidad. Uno de los peligros es dañar a las criaturas de Dios. Las palabras descuidadas podrían afectar y dañar a esas personas, que son el proyecto de Dios.

Decide hoy no hablar mal de otros, juzgarlos y condenarlos. Entonces en la comunidad cristiana fluirá el gozo. Muchas cosas buenas ocurrirán en tu relación matrimonial, en la iglesia y en tu lugar de trabajo si disciplinas tu lengua. Si así lo haces, todas tus palabras serán edificantes y llenarán de gracia y de gozo el corazón de todos los que las escuchen.

Sin fe es imposible agradar a Dios; porque es necesario que el que se acerca a Dios crea que le hay, y que es galardonador de los que le buscan.
Hebreos 11: 6

Todos estamos familiarizados con aquel dicho que dice: «Ver para creer». Pero en el lenguaje de Dios es todo lo contrario, por lo cual el dicho diría: «Creer para ver». Por eso, como en el cielo todo el mundo verá bien, no será necesaria la fe. Pero aquí, es imposible agradar a Dios sin este elemento tan importante. El apóstol presenta varios ejemplos de los ilustres personajes que tuvieron verdadera «fe».

Abel, el justo; Enoc, el que fue trasladado al cielo sin ver la muerte; Noé, varón perfecto en su tiempo; Abraham, el padre de la fe; Isaac, el pacificador; Jacob, el vencedor de Dios y de los hombres; Sara, la princesa feliz; José, la rama fructífera; Moisés, el gran conductor de pueblos; Rahab, la ramera convertida; y muchos otros, que agradaron a Dios porque tuvieron fe.

¿Por qué es imposible agradar a Dios sin fe? Un ejemplo de esto son Abel y Enoc: Abel fue justo y Enoc caminó con Dios. Sin fe no habrían podido dar semejante testimonio. Lo mismo debemos hacer nosotros. No tanto esforzarnos por ser justos y caminar con Dios, como hicieron estos héroes, sino viviendo por fe, como ellos vivieron, para poder agradar a Dios como ellos lo hicieron.

También la creencia en la existencia de Dios es producto de la fe. Solo por la fe puede vivir el cristiano sirviendo a un Dios a quien no puede ver. Sin fe es imposible servir a Dios. Pero el cristiano que tiene fe no solo cree en la existencia de Dios; sino que para él es más real que si lo hubiera visto. Por eso dice San Pablo: «Porque por fe andamos, no por vista» (2 Cor. 5: 7). La vista es un estorbo para el cristiano. La fe es más segura para «andar con Dios», como lo hicieron todos los héroes de la fe.

También es importante creer en el galardón que Dios tiene preparado para sus hijos fieles. Los hombres de fe tienen «la mirada puesta en el galardón», como Moisés (Heb. 11: 26). El mayor galardón que los héroes de la fe (nosotros entre ellos) recibirán es que «verán su rostro y su nombre estará en sus frentes» (Apoc. 22: 4).

La fe es una de las cosas que más agradan a Dios. Y, por supuesto, los hombres y las mujeres de fe son sus favoritos. La fe es algo que tenemos el privilegio de poner en práctica aquí y ahora. Decide hoy vivir por fe para agradar a Dios.

Solo la fe puede dormir sin preocupaciones *septiembre 20*

> Y él estaba en la popa, durmiendo sobre un cabezal;
> y le despertaron, y le dijeron: «Maestro, ¿no tienes cuidado que perezcamos?»
>
> MARCOS 4: 38

Ya conoces la historia. El mar tranquilo y seguro. La calma daba a los discípulos una sensación de seguridad mientras navegaban sobre el mar de Galilea. No sentían ningún temor. La serenidad de la superficie de las aguas les transmitía sentimientos de completa paz. No sentían ninguna preocupación.

Pero de repente todo cambió dramáticamente. La frágil embarcación se vio agitada por una de las típicas y repentinas tormentas del mar de Galilea. Los fuertes vientos levantaron grandes olas que pusieron inmediatamente en peligro la embarcación. La paz y la seguridad desaparecieron. El terror se apoderó de los doce discípulos. Los gritos de temor se mezclaron con los gritos de frenética actividad para tratar de salvar la barca y sus vidas. Lucharon como siempre lo habían hecho, para salvarse. En su lucha y desesperación para salvarse a sí mismos, olvidaron que Jesús iba con ellos en la barca.

Pero Jesús dormía tranquilamente. ¿Has pensado alguna vez en esta circunstancia? ¡Dormir en medio del fragor de los truenos, los relámpagos, las olas y los gritos de aquellos doce hombres! ¡Y de la espuma producida por el agua que azotaba a la embarcación y que sin duda lo mojaba a él! Pues sí, a pesar de todo eso, Jesús dormía.

Solamente la fe es capaz de dormir sin temor ni preocupaciones. La fe se aferra a la seguridad de Dios. La fe le toma la palabra a Dios. La fe mira más allá de las circunstancias. La fe ve una salida más allá del oscuro túnel del dolor y la prueba. Los discípulos estaban aterrorizados mientras Jesús dormía. Solamente la fe es capaz de vencer el temor. La fe de Daniel venció el temor a los leones. La fe de José venció el temor al pozo de la desesperación, a la prisión y a la muerte, que eran la suerte de un esclavo. La fe de David venció el temor al gigante Goliat. La fe de la viuda de Sarepta venció el temor al hambre y a la muerte.

El cristiano de fe no depende de las circunstancias. Cree cuando el mar está sereno y las condiciones son favorables; y cree cuando sopla airada la tempestad. El cristiano dice: «En paz me acostaré, y asimismo dormiré; porque solo tú, Jehová, me haces vivir confiado» (Sal. 4: 8). En el caso de nuestro Señor, ese pasaje podría parafrasearse así: «Aunque sople airada la tempestad y retumben los truenos y me moje el agua, en paz me acostaré y asimismo dormiré». Digamos nosotros lo mismo hoy, no importa la tempestad que nos amenace.

Y cuando toquen prolongadamente el cuerno del carnero,
así que oigas el sonido de la bocina, todo el pueblo gritará a gran voz,
y el muro de la ciudad caerá;
entonces subirá el pueblo cada uno derecho hacia delante.
JOSUÉ 6: 5

Tomar la ciudad de Jericó no era nada fácil. Era una verdadera fortaleza, inexpugnable. La tarea que se le encomendó a Josué era gigantesca, imposible de lograr humanamente. El mensaje que los ojos de Josué le daban era: «No podrás». Especialmente las enormes murallas parecían decirle: «No pasarás».

Pero la mente de Josué no se centraba en los obstáculos. Nunca pensó en imposibilidades, porque en sus oídos resonaba la promesa divina: «Yo he entregado en tu mano a Jericó y a su rey» (Jos. 6: 2). Josué creyó firmemente la palabra de Dios. Jericó cayó desde el momento en que Dios hizo la promesa. La marcha de siete días y todo el movimiento del pueblo era un simple trámite. Las promesas de Dios son hechos. Su palabra intencional es poderosa: «Porque él dijo, y fue hecho; él mandó, y existió» (Sal. 33: 9). Cuando él dice algo, lo dicho queda hecho en el instante en que resuena su voz.

Eso fue cuanto hizo Josué: creer a Dios, no mirar los obstáculos; creer a Dios, no considerar las imposibilidades; creer a Dios, no a la lógica humana; creer en el poder de Dios, no en el poder del rey de Jericó. Dios dijo que las murallas caerían, que el pueblo subiría y tomaría Jericó; eso bastó para Josué. No pensó en cuán altas, cuán sólidas y cuán gruesas fueran las murallas. Dios ya le había entregado a Jericó y a su rey; y Josué fue a tomar lo que Dios le había dado. Con razón dice el Nuevo Testamento: «Por la fe cayeron los muros de Jericó después de rodearlos siete días» (Heb. 11: 30). Las altas murallas de Jericó fueron incapaces de hacer frente al Omnipotente.

Eso resultó obvio para los israelitas. No hubo estrategia, no se usó la tecnología, no hubo una sola arma. Fue solamente por la fe. Cuando sonó la trompeta, los muros se desplomaron: «Por fe cayeron los muros de Jericó».

La lección es permanente. La lección es para ti: Los obstáculos no se vencen con la fuerza, sino con el poder de Dios. Dios tiene mil soluciones para una sola de tus dificultades. Tal vez no sea exactamente la solución que esperas, pero es precisamente la que necesitas. Pon delante del Señor todas esas murallas y él las derribará. Entrégale todos esos obstáculos, y él los allanará.

Pelea la buena batalla de la fe, echa mano de la vida eterna, a la cual asimismo fuiste llamado, habiendo hecho la buena profesión delante de muchos testigos.
1 TIMOTEO 6: 12

Este es uno de los consejos más solemnes dados por el apóstol Pablo a Timoteo y, a través de él, a todos los cristianos. ¿Qué es «la buena batalla de la fe»? El apóstol da otro consejo a los creyentes de Éfeso que puede ayudarnos a comprender quienes son los enemigos contra quienes debemos enfrentarnos en batalla: «Estad, pues, firmes, ceñidos vuestros lomos con la verdad, y vestidos con la coraza de justicia, y calzados los pies con el apresto del evangelio de la paz. Sobre todo, tomad el escudo de la fe, con que podáis apagar todos los dardos de fuego del maligno. Y tomad el yelmo de la salvación, y la espada del Espíritu, que es la palabra de Dios» (Efe. 6: 14-17).

El apóstol compara frecuentemente la vida cristiana con los concursos de atletismo, que eran tan comunes en su tiempo como en los nuestros. La victoria era el resultado de una perseverancia resuelta y de un rígido dominio propio.

Pablo también comparaba la vida cristiana con una batalla. La batalla tipológica de la fe es la lucha de Jacob con el ángel junto al río Jaboc, cuando venía de Padan-aram. Allí luchó, en primer lugar, por su vida presente; pero también lo hizo por su vida eterna. Cuando comenzó la lucha, pensó que su atacante era un enemigo humano; por eso luchó para salir victorioso, con todas sus fuerzas. Sin embargo, cuando se dio cuenta que su oponente era «Dios» (Gén. 32: 30), luchó por su vida eterna. Un enemigo humano puede ser vencido luchando contra él con todas nuestras fuerzas. Pero con Dios solo podemos luchar por la fe; por eso se habla de la batalla de la fe.

Después de la victoria de Jacob, Dios le dijo al patriarca: «Has luchado con Dios y con los hombres y has vencido» (Gén. 32: 28). Podemos vencer a Dios como lo venció Jacob: mediante la fe que se aferra a las promesas del Señor. Aunque Satanás quiera separarnos de Dios por causa de nuestros pecados, Dios no podrá rechazarnos, porque él nunca rechaza al humilde y contrito que reconoce sus faltas y pide perdón y misericordia. Estos son los vencedores de Dios.

Pongámonos toda la armadura de Dios para poder pelear la buena batalla de la fe con éxito. Necesitamos con urgencia la coraza de la justicia de Cristo, el calzado del evangelio de la paz y el escudo de la fe. Así podremos hacer lo que hizo Jacob. «Se asirán del poder de Dios, como Jacob se asió del ángel, y el lenguaje de su alma será: "No te dejaré si no me bendices"» (*Patriarcas y profetas*, p. 200).

Bienaventurado el varón que soporta la tentación; porque cuando haya resistido la prueba, recibirá la corona de vida, que Dios ha prometido a los que le aman. SANTIAGO 1: 12

¿A qué se refiere Santiago cuando alude a «la tentación»? El término griego *peirasmós* se refiere a las "pruebas", lo que implica cualquier situación que ponga a prueba la fe o el carácter. *Peirasmós* incluye aflicciones como enfermedades, la pobreza u otras calamidades, y también la insinuación directa del pecado. «Este versículo pone énfasis en la bendición que acompaña a una firme resistencia que capacita a una persona a salir ilesa de sus pruebas» (*Comentario bíblico adventista*, t. 7, p. 525).

¿Ha sido probada tu fe últimamente? ¿Ha sido probado tu carácter cristiano? ¿Cómo has salido de la prueba? ¿Recibiste la bendición que acompaña a la firme resistencia que sale ilesa de las pruebas? Debemos ganar la victoria sobre nuestras pruebas, porque se pronuncia una bienaventuranza sobre los vencedores. Y también está la promesa de que el vencedor recibirá «la corona de la vida», que Dios ha prometido a los que lo aman.

¿Cómo podemos soportar la tentación y salir vencedores cada vez que el enemigo nos tiente? ¿Cómo podemos mantener nuestra fe y nuestra lealtad a Dios cuando una enfermedad larga y dolorosa nos ataca a nosotros o a alguno de nuestros seres queridos? Quizá la prueba que estés sufriendo sea la de la pobreza. Por más que te esfuerzas, no logras tener todo lo que necesitas para vivir en paz, tranquilo y feliz, con todas las necesidades de los tuyos satisfechas. Es ciertamente una gran prueba padecer necesidades cuando tenemos a un Padre que dijo: «Mía es la plata, mío es el oro» (Hag. 2: 8). Es una realidad que la pobreza es el estatus de la mayoría de los cristianos. Somos probados en la lucha para ganar el pan de cada día y el techo y el abrigo que necesitamos.

¿Y qué diremos de las calamidades naturales que han azotado al mundo y han herido a los cristianos en todo el mundo? ¿Quién envió los ciclones y los terremotos que nos han azotado? Es evidente que no es explicación lo que necesitamos, sino ayuda divina para tener la capacidad de resistir la tentación y soportar la prueba. Así le ocurrió a Job: «Su experiencia ha hecho que Job aprenda el significado de la fe. Su visión de Dios le ha inducido a rendirse a la voluntad divina. Su entrega a Dios ya no es afectada por las circunstancias. Ya no espera recibir bendiciones temporales como una señal del favor del cielo. Su relación con Dios descansa sobre una base más firme que antes» (*Comentario bíblico adventista*, t. 3, p. 618).

Estad quietos, y conoced que yo soy Dios; seré exaltado entre las naciones;
enaltecido seré en la tierra.

SALMO 46: 10

Todos tenemos diversas necesidades que esperamos sean satisfechas, circunstancias que anhelamos cambiar con todo el corazón, peligros de los que necesitamos librarnos. La vida es una constante lucha, y cada uno tiene su versión particular del conflicto de los siglos. Ser cristiano es vivir en combate continuo.

No obstante, ¿sabes cuál es uno de nuestros mayores problemas? ¿Sabes cuál es uno de los errores más comunes que cometemos los cristianos? El error de no dejar que Dios sea el Dios de nuestras vidas. Por alguna razón, tenemos la tendencia irrefrenable a defendernos nosotros mismos, a librarnos nosotros mismos, y a salvarnos nosotros mismos, funciones todas que le corresponden a nuestro Dios. Simplemente, no le permitimos que cumpla sus funciones oficiales: salvarnos de los problemas humanos y sobrehumanos, terrenales y celestiales, presentes y eternos.

¿Cuál es tu primera reacción cuando tienes un problema? ¿Buscar soluciones? ¿Cuál es tu primera reacción cuando afrontas un peligro? ¿Defenderte? ¿Luchar? Es la reacción natural del ser humano. Y, tristemente, la reacción natural también de muchos de nosotros como cristianos. Fue lo que hizo Jacob cuando luchó con el ángel de Jehová. Había orado pidiendo ayuda y liberación. Dios le envió la ayuda y la liberación que había solicitado, pero, cuando sintió la presencia de Dios, lo tomó por enemigo y comenzó a luchar con desesperación. ¿Por qué no discernió que era Dios el que había llegado y no un enemigo? Porque actuó humanamente.

¡Cuánta desesperación y cuántas lágrimas le costaron no permitirle a Dios que fuera el Dios de su vida! Las instrucciones de Dios eran: ««Estad quietos, y conoced que yo soy Dios; seré exaltado entre las naciones; enaltecido seré en la tierra» (Salmo 46: 10). ¿Por qué no siguió Jacob las instrucciones de Dios? Por la misma razón que no las seguimos nosotros: porque no tenemos toda la confianza que deberíamos tener en nuestro Señor.

¿Tienes problemas para los que esperas una solución? Como el pueblo de Israel frente al Mar Rojo, ¿necesitas urgentemente una salida? Arrodíllate hoy y di: «Señor, confío en ti. Yo sé que mis intereses son los que más importan a tu corazón. Mis penas, mis enfermedades, mis luchas, son tu prioridad. Ayúdame a estar quieto, y esperar confiadamente tu intervención. Aunque las cosas no salgan como yo espero, mantendré mi mente abierta y mi corazón confiado en que tú sigues dirigiendo mis pasos. Ayúdame a confiar implícitamente en ti».

AMEN.

Y Josué dijo al pueblo:
«Santificaos, porque Jehová hará mañana maravillas entre vosotros».
Josué 3: 5

Cuando Moisés murió, Dios estableció a Josué como su sucesor. Es emocionante y significativa la ceremonia en que, por orden de Dios, le traspasó el mando: «Y Moisés hizo como Jehová le había mandado, pues tomó a Josué y lo puso delante del sacerdote Eleazar, y de toda la congregación; y puso sobre él las manos, y le dio el cargo, como Jehová había mandado» (Núm. 27: 22, 23).

Debido a la transmisión del liderazgo, el pueblo de Israel necesitaba una señal de que Josué contaba con la aprobación y guía divina para obtener la victoria en la conquista de Canaán. Dios sabía que el pueblo necesitaba una señal y decidió manifestarse en la vida de Josué al cruzar el río Jordán. «Entonces Jehová dijo a Josué: Desde este día comenzaré a engrandecerte delante de los ojos de todo Israel, para que entiendan que, como estuve con Moisés, así estaré contigo» (Jos. 3: 7).

Dios ordenó a Josué que los sacerdotes llevaran el arca a la orilla del río, el cual se había desbordado debido a los deshielos que ocurren cada primavera en el Líbano, donde están las fuentes del Jordán. El pueblo de Israel observó con gran emoción mientras los sacerdotes tomaban el arca y marchaban firmes hacia las turbulentas aguas. ¿Ocurriría lo que Dios había prometido? Sus palabras fueron: «Y cuando las plantas de los pies de los sacerdotes que llevan el arca de Jehová, Señor de toda la tierra, se asienten en las aguas del Jordán, las aguas del Jordán se dividirán; porque las aguas que vienen de arriba se detendrán en un montón» (Jos. 3: 13).

El río no detuvo su caudal mientras los sacerdotes iban marchando cerca de la orilla. Las aguas solo se detuvieron cuando los sacerdotes mojaron sus sandalias en el agua. Dios esperó hasta que ellos dieran el primer paso. Esperó hasta que mojaran sus sandalias en el agua para revelar su mano poderosa. Dios siempre nos enseña a confiar en él. Nos guía por un camino que parece imposible de transitar; nos lleva a través de circunstancias que no entendemos. Después de todo, si supiéramos exactamente el resultado del camino por el cual Dios nos está guiando, no necesitaríamos fe.

Confiemos en su dirección. Dios espera que des el primer paso de fe. Quiere que te mojes las sandalias para poder mostrarte la grandeza de su poderosa intervención. Avanza por fe en las promesas de Dios y él hará grandes cosas por ti. ¡Mójate las sandalias!

> Añadió David: «Jehová, que me ha librado de las garras del león y de las garras del oso, él también me librará de la mano de este filisteo». Y dijo Saúl a David: «Ve, y Jehová esté contigo».
>
> 1 SAMUEL 17: 37

Desde muy jovencito, David experimentó, de la manera más profunda, el poder de Dios. En el cumplimiento de su deber como pastor, había arriesgado la vida muchas veces para salvar a sus ovejas. Él mismo dijo que «cuando venía un león, o un oso, y tomaba algún cordero de la manada, salía yo tras él, y lo hería, y lo libraba de su boca; y si se levantaba contra mí, yo le echaba mano de la quijada, y lo hería y lo mataba» (1 Sam. 17: 34, 35).

Si estas palabras no las hubiera pronunciado un hombre como David, en momentos tan solemnes, uno diría que aquello no era más que jactancia. Hasta donde sepamos, no hay en nuestros días un solo hombre vivo que pueda hacerle frente a un león con las manos desnudas y matarlo. Para hacer eso se necesitan, por lo menos, dos cosas: valor en toda regla, y fortaleza sobrehumana. ¿Cómo se puede agarrar un león por la mandíbula y desquijararlo? ¿Cómo se puede agarrar a un león por la quijada sin ser alcanzado primero por las garras de cinco centímetros de largo? Con el poder, el valor y la protección que solo Dios puede dar.

Esa experiencia y esa confianza las adquirió David viviendo cada día por fe. No fue una inspiración momentánea. No se sintió capaz por fe en el instante en que vio a Goliat. Cuando llegó el momento de crisis, su experiencia con Dios le dio la seguridad y el valor para decir: «Jehová, que me ha librado de las garras del león y de las garras del oso, él también me librará de la mano de este filisteo».

David creía y sabía que Dios, no él, había vencido a los leones y a los osos. Por eso salió a pelear con Goliat con solo cinco piedras y una honda. Sabía que Dios saldría a pelear en su favor. Son emocionantes las palabras que le dirigió al filisteo: «Tú vienes a mí con espada y lanza y jabalina; mas yo vengo a ti en el nombre de Jehová de los ejércitos, el Dios de los escuadrones de Israel, a quien tú has provocado. Jehová te entregará hoy en mi mano, y yo te venceré».

Solo un hombre lleno de fe y carente totalmente de temor puede articular palabras tan bien dichas en la hora de lo que podía haber sido una muerte fulminante. Vivamos como David para poder vencer al "gigante". Podemos, porque «Jehová lo entregará en nuestras manos».

Y dijo Samuel: «¿Cómo iré? Si Saúl lo supiera, me mataría».
Jehová respondió: «Toma contigo una becerra de la vacada, y di:
"A ofrecer sacrificio a Jehová he venido"».
1 Samuel 16: 2

Samuel se había retirado a su casa en Ramá, resuelto a no involucrarse más en los asuntos públicos. Quería dedicarse por completo a instruir a los hijos de los profetas. No en vano había sido él el fundador de lo que ha dado en llamarse "escuela de los profetas".

Sin embargo, Dios envió al viejo profeta a Belén para ungir a uno de los hijos de Isaí, a una persona probablemente desconocida para él. Samuel expresa el peligro que supone el cumplimiento de ese encargo. Preocupado, señaló: «Si Saúl lo supiera, me mataría» (1 Sam. 16: 2).

Se puede ver perfectamente que Saúl se había vuelto muy violento y malvado tras anunciársele su deposición; de lo contrario, Samuel no se habría expresado de esa manera.

Al frente del gobierno del país, Saúl representaba una amenaza. Se había tornado en una molestia constante para Samuel, y era para este causa de irritación y de aflicción. La abierta rebelión del rey y su desobediencia a la voluntad de Dios laceraba hasta lo más profundo el corazón del profeta.

Samuel había puesto tanto sus ojos en ese problema llamado Saúl, que la maldad del rey lo tenía aterrorizado hasta el extremo de no fijar sus ojos en Dios y sentirse confiado. Como era de esperar en tales circunstancias, la fe de Samuel se había debilitado; no era tan fuerte como debería haber sido; de lo contrario, no habría temido el furor de Saúl.

Dios le ordenó que encubriera su objetivo con un sacrificio: «Di: A ofrecer sacrificio a Jehová he venido» (1 Sam. 16: 2). Y el Señor añade: «Yo te enseñaré lo que hay que hacer» (1 Sam. 16: 3)

A propósito, ¿tienes un Saúl en tu vida? ¿Hay alguien que te irrite constantemente? ¿Un Saúl que procura tu mal? ¿Alguien te pone asechanzas o acecha tu vida? ¿Alguna persona te vigila constante y que te persigue para causarte toda clase de daños?

Como a Samuel, también a ti te dice el Señor: «Yo te enseñaré lo que has de hacer». Los que están haciendo la obra de Dios y andan en sus caminos serán dirigidos paso a paso por el brazo del Todopoderoso y no tendrán nada que temer.

Deja de obsesionarte con tu Saúl. No pienses en hacer justicia por tu propia mano. Vete donde el Señor te indique; haz lo que él te ordene y serás triunfador sobre tus enemigos. No dejes que tu fe se debilite, aunque haya un Saúl en tu vida.

> Pues no habéis recibido el espíritu de esclavitud para estar otra vez en temor, sino que habéis recibido el espíritu de adopción, por el cual clamamos: «¡Abba, Padre!»
>
> ROMANOS 8: 15

El texto de hoy tiene un mensaje para todos nosotros. Los cristianos no deben tener «espíritu de esclavitud», es decir, una disposición de ánimo, un hábito o un estado sentimental de temor, tristeza, soledad y desamparo. Los que viven así tienen una sensación de servidumbre. Ese espíritu de esclavitud es el espíritu de servidumbre que en toda la epístola se contrasta con la libertad de los hijos de Dios (6: 6, 16, 17).

La persona que todavía está bajo la ley y en la servidumbre del pecado está acosada por presentimientos, temores e inseguridades por causa del pecado no perdonado. Pero cuando se recibe el Espíritu Santo termina esa condición desesperada. El Espíritu trae vida y amor y libertad del temor. Tenemos la seguridad de que somos hijos y herederos, no esclavos. Por eso no se admite que el cristiano viva en esclavitud y en temor, porque hemos recibido el espíritu de adopción. Es decir, ahora somos hijos de Dios. Gozamos de los privilegios y garantías de la condición de hijos.

¿Cómo puede un hijo de Dios vivir en temor y en inseguridad? No es posible. Dios es nuestro Padre y nosotros sus hijos. Todos los derechos de los hijos de Dios nos pertenecen. Tenemos un Hermano mayor en quien podemos confiar: nuestro Señor Jesucristo. ¿Quién no se siente bien y con un santo orgullo al tener un Padre y un Hermano de esa categoría? En nuestra adoración debemos ver a Dios como un verdadero Padre. Como un Padre bueno, comprensivo, amante, paciente y bondadoso.

Jesús siempre se refería a Dios como su Padre. Es normal, pues son de la misma esencia; tienen los mismos "genes"; ambos son Dios en la más elevada expresión de ese término. Con reverencia y prudencia, nosotros también podemos decir que tenemos los "genes" espirituales de Dios, porque es nuestro Padre, en el más amplio sentido del término. Gracias a Jesús y su sacrificio supremo en la cruz, podemos disfrutar de este privilegio. ¡Alabado sea Jesús! Porque la creencia en él no deja huérfanos en este mundo. Somos hijos del Altísimo, y seguros herederos de la promesa.

Como padre, uno de mis objetivos es que mis hijos nunca duden del incondicional amor que tengo por ellos. De igual manera, el Padre celestial quiere que te convenzas hoy del amor incondicional que siente por ti. Por eso, no podemos caminar en este mundo como seres humanos derrotados y desamparados, sino como hijos que claman: «Abba, Padre», con profundo sentimiento filial.

Y mirándole Jehová, le dijo: «Ve con esta tu fuerza, y salvarás a Israel de la mano de los madianitas. ¿No te envío yo?» Entonces le respondió: «Ah, Señor mío, ¿Con qué salvaré yo a Israel? He aquí que mi familia es pobre en Manasés, y yo el menor en la casa de mi padre».
JUECES 6: 14, 15

Todos conocemos la historia. Después de entrar en la tierra prometida, los israelitas fueron gobernados por una serie de jueces. Aquel fue un tiempo caracterizado por la apostasía y el consiguiente castigo divino. Y cuando los israelitas clamaban a Dios, arrepentidos, el Señor les enviaba un libertador.

Por desgracia este ciclo se repitió muchas veces, hasta que llegamos al caso de Gedeón. «Los hijos de Israel hicieron lo malo ante los ojos de Jehová; y Jehová los entrego en mano de Madián por siete años» (Jue. 6: 1). Después de siete años de opresión, Israel clamó a Dios por liberación, y el Señor escuchó el clamor de sus hijos, y decidió enviarles a Gedeón. Cuando Dios se acercó a Gedeón, este se hallaba trillando trigo en secreto, para que los madianitas no se lo arrebataran.

Como dice el versículo de hoy, cuando Gedeón recibió el llamado de Dios, respondió con temor. Veía la empresa de salvar al pueblo de Dios demasiado grande. «¡Cómo! ¿Yo? ¿Siendo pobre? Soy el menor en la casa de mi padre. Mi clan es el más pequeño. ¿Y me elige Dios para libertar a su pueblo? No puedo aceptar este llamado».

Gedeón se sintió atemorizado por la grandeza de la empresa y porque se sentía pequeño e indigno. Pero Dios veía en Gedeón al próximo libertador de Israel. Gedeón veía debilidad, pero Dios veía fuerza. Gedeón veía el fracaso, pero Dios veía la victoria en el futuro. El concepto que Gedeón tenía de sí mismo lo incapacitaba. ¡Qué bueno es que Dios nos considere a cada uno de una manera diferente a la que nosotros mismos nos consideramos!

Pongamos a un lado el equipaje de nuestro pasado, que nubla, oscurece y distorsiona la visión que debemos tener de nosotros mismos. Dejemos de ver nuestra vida a través del filtro del presente y del pasado y pongamos nuestros ojos en la visión de Dios. Él ve las victorias que tú lograrás mañana. Él ve el potencial de cada uno de sus hijos. No recogedores de espigas derrotados, sino hombres y mujeres que obtendrán victoria tras victoria hasta el día del regreso de Jesús.

Dios nos llama para colaborar en la gran empresa de la salvación del mundo y de nosotros mismos. Aceptemos el llamamiento. Él nos conoce mejor de lo que nos conocemos a nosotros mismos.

> A estos les parece cosa extraña que vosotros no corráis con ellos en el mismo desenfreno de disolución, y os ultrajan; pero ellos darán cuenta al que está preparado para juzgar a los vivos y a los muertos.
>
> 1 PEDRO 4: 4, 5

¿Sabías que Jesús siempre rendía cuentas a su Padre? Aunque era el Hijo de Dios, siempre se dejó llevar por los designios de su Padre, y rendía cuentas de todo cuanto hacía. Para ilustrar esto, el apóstol Pablo uso una frase en Romanos 15: 3: «Porque ni aun Cristo se agradó a sí mismo». En toda circunstancia, Jesús siempre buscaba la aprobación divina y se dejaba guiar por la instrucción del Espíritu Santo. Las palabras clave de su vida eran: «No puedo yo hacer nada por mí mismo; según oigo, así juzgo; y mi juicio es justo, porque no busco mi voluntad, sino la voluntad del que me envió», la del Padre.

Es preciso que reconozcamos que Jesús hacía todas estas cosas porque, aunque era Dios, rendía cuenta de todo cuanto realizaba para demostrar una filosofía de vida que desea que adopte cada uno de sus hijos. Además, Dios quiere que entendamos que no solamente hemos de rendir cuentas ante Dios, sino también ante nuestros semejantes.

En algunos versículos, que algunos prefieren evitar, encontramos que la Biblia es muy directa cuando habla de rendir cuentas. Jesús nos recuerda que «de toda palabra ociosa que hablen los hombres, de ella darán cuenta en el día del juicio» (Mat. 12: 36).

Cuando aceptes verdaderamente este concepto de rendir cuentas, te prometo que sucederá algo: Tú cambiarás. Hacer de esto parte de nuestra filosofía de vida cambiará muchísimo la forma en que vivimos.

Si verdaderamente creemos que hay un Dios que observa nuestras acciones y ante el cual un día no muy lejano tendremos que rendir cuentas, debemos genuinamente cambiar nuestra conducta, nuestra actitud y nuestras palabras.

El creer que toda la Escritura es inspirada divinamente nos exhorta a tomar en serio los versículos que nos recuerdan que hay un Dios que observa cada cosa que hacen sus hijos. Sin embargo, lo cierto es que a muchos de los hijos de Dios no les gusta aceptar que esto sea una realidad. Quizás quisiéramos que este tipo de versículos no estuviera en la Biblia, pero la aceptación de que es así forma parte de humillarnos ante Dios y tomar su Palabra en serio.

Rendir cuentas era una de las maneras en que Jesús obtenía su gozo. Me pregunto si hemos aprendido el gozo de agradar a Dios en todo cuanto hacemos. Quiera Dios que sus hijos vivan hoy una vida que traiga gozo al corazón de nuestro Padre celestial.

Encomienda a Jehová tu camino, y confía en él; y él hará.
SALMO 37: 5

L a vida muchas veces no es justa. Esta lección la hemos aprendido todos en algún momento de nuestra vida. ¿Qué justicia puede haber cuando un bebé sufre una enfermedad dolorosa y luego muere por causa de una dolencia contagiosa y degenerativa que su padre le transmitió? Por supuesto, hay injusticias menos dramáticas. Recibimos lo que no debemos recibir: mal por bien. Los amigos nos fallan. Aquellos en quienes confiábamos nos traicionan. Somos juzgados equivocadamente, o se nos critica con el deseo de destruirnos, usando la mentira como único argumento.

Dios nos dice: «No te impacientes a causa de los malignos» (Sal. 37: 1). Él pagará, a su tiempo, conforme a derecho, a los que te hicieron daño, y reparará el daño que recibiste. El Señor equilibrará las finanzas destrozadas. Mejorará la salud afectada por la enfermedad. Reparará la reputación que ha quedado en entredicho y la imagen que se ha visto deformada.

Recuerda que los hijos de Dios se ejercitan en la paciencia. Dios no actúa como nosotros quisiéramos, ni en el momento ni en la forma que quisiéramos. Dios actúa de manera redentora. No quiere tanto curar enfermedades, vengar agravios o resolver problemas de sus hijos como educar, edificar, purificar y santificar. Por eso, no siempre tenemos la capacidad de comprender la forma en que actúa y cómo contesta nuestras peticiones.

Por ello, en lugar de sentirte desengañado, debes decir: «Soy un hijo de Dios. Él me ama, es mi Padre. Él desea cambiar las cosas a mi favor». Por eso, es muy apropiado el consejo de hoy: «Encomienda a Jehová tu camino, y confía en él; y él hará» (Sal. 37: 5). Confía y espera en Jehová. No te apresures. Si parece que se demora, espéralo. Los cristianos dan testimonio de la dirección de Dios en su vida por la perspectiva de los años, no por el número y la claridad de las respuestas que reciben.

Dios promete restaurarlo todo: la paz que se ha perdido, el hogar a punto de desintegrarse, el buen nombre que ha sido manchado, el empleo que se perdió, el dinero que se entregó confiadamente y que nunca le devolvieron, lo que se perdió por el engaño de los que hicieron promesas y nunca las cumplieron. No todos reciben la misma respuesta porque no todos están bajo el mismo proceso educativo divino. La clave de la seguridad en Dios está en la confianza en su amor y su justicia.

Dios quiere venir a cambiar las cosas en tu favor. Cambia tu manera de pensar y espera en el Señor. ¡Vive a la expectativa!

> Y santificaréis el año cincuenta, y pregonaréis libertad en la tierra a todos sus moradores.
>
> LEVÍTICO 25: 10

La libertad es un legado de Dios. El Señor creó a los seres humanos para que vivieran y se desarrollaran en libertad. Satanás ha procurado esclavizar a la raza humana bajo su dominio. Por eso precisamente Dios está empeñado en una lucha para dar libertad a la humanidad. Emociona pensar que Jesús murió para liberar a los que eran cautivos de Satanás, para liberar a aquellos que no tenían libertad para elegir. Jesús murió para que todos los hombres, que eran siervos del pecado, tuvieran la posibilidad de ejercer su capacidad de elección.

Son muy significativas las palabras pronunciadas por el magistrado Learned Hand en un discurso pronunciado en la ciudad de Nueva York el año 1944: «¿Qué queremos decir cuando afirmamos que, ante todo, buscamos la libertad? A menudo me pregunto si no apoyamos demasiado nuestras esperanzas sobre constituciones, sobre leyes, sobre tribunales. Estas son falsas esperanzas; créanme. Estas son falsas esperanzas.

»La libertad descansa en los corazones de los hombres y las mujeres; cuando muere ahí, ninguna constitución, ley o tribunal puede hacer mucho por, cuando menos, ayudarla. Mientras permanezca ahí, no necesita constitución, ley ni tribunal para salvarla».

Dios puso la libertad en el corazón de la humanidad, y Dios es el que garantiza la libertad. Puede ser que las autoridades humanas restrinjan las libertades individuales, pero no pueden arrebatar la libertad que está arraigada por el Creador en el alma. Las personas pueden ser libres, aunque estén prisioneros en una mazmorra. Nadie puede arrebatarle la libertad a un alma humana. Pero ella puede entregar su libertad a quien quiera. Es una tragedia que aquellos seres humanos a quienes Jesús liberó a un costo tan alto para que pudieran ejercer su privilegio de elegir, decidan, usando la libertad que él les dio, hacerse esclavos de Satanás. El apóstol Pablo lo expresó con mucho acierto: «Por precio fuisteis comprados; no os hagáis esclavos de los hombres» (1 Cor. 7: 23).

Hemos de ejercer la libertad con que Cristo nos hizo libres. Librándonos, en primer lugar, de la esclavitud de Satanás a través del pecado. Como dijo nuestro Señor, «todo el que comete pecado, es esclavo del pecado» (Juan 8: 34). En segundo lugar, de toda noción o idea equivocada. No hay mayor esclavitud, después de la del pecado, que la esclavitud del error. Por eso dijo nuestro Señor: «Y conoceréis la verdad, y la verdad os libertará» (vers. 32). En tercer lugar está la libertad política. Luchemos por ella siendo ciudadanos ejemplares. Seamos libres, porque «a libertad nos llamó Dios».

Cada vez que los príncipes de los filisteos salían en batalla,
David tenía más éxito que todos los siervos de Saúl,
por lo que su nombre llegó a ser muy estimado.
1 Samuel 18: 30

David tuvo más éxito que todos sus hermanos. Daniel tuvo más éxito que todos sus compañeros. Pablo tuvo más éxito que todos los demás apóstoles. ¿Por qué? ¿Qué tipo de éxito? Por otra parte, Haydn murió enfermo en Viena cuando los franceses tomaron la ciudad; Beethoven murió en tristes condiciones; Mozart bajó al sepulcro acompañado únicamente por el empresario de pompas fúnebres; Schubert, desilusionado, murió a los 31 años de edad. Pero todos tuvieron éxito.

Hay un tipo de éxito que es espiritualmente malsano. Es el que se alcanza pisoteando a otros para sobresalir; el que sacrifica la salud física y mental y a los seres queridos; el que cede a la avaricia, la envidia y la soberbia; el que convierte al hombre en admirador de sí mismo y buscador del aplauso de los demás. Un padre dio una vez el siguiente sabio consejo a su hijo: «Estoy muy interesado en la profesión que vas a elegir. No me gusta influir sobre ti demasiado. Solo asegúrate de lo siguiente: que cualquiera sea tu decisión, poco importa, si solo sigues nuestra gran vocación común, el servicio de Cristo». ¡Qué diferencia con las palabras de Adolf Hitler en su libro *Mein Kampf* (Mi lucha): «El éxito es el único juez terrenal entre el bien y el mal»!

«Dios no ve a las personas de éxito como nosotros las vemos. Nosotros vemos el éxito en forma exterior. Dios ve el éxito en forma interior. El verdadero éxito brota de ciertas cualidades de carácter: la sencillez, la cortesía, la obediencia, la devoción a una causa digna. Puede ser acompañado por la prosperidad material o no; puede conducir a dignificar una posición o no; puede llevar hasta la fama entre los hombres o no; pero será éxito a la vista de Dios» (Gerald L. Minchin, *Los portales del reino*, p. 116).

El éxito de David era éxito a la vista de Dios. Durante muchos años vivió como ungido de Dios para ocupar el trono de Israel, pero no lo dijo a nadie. Nunca se jactó. Nunca alardeó. Resistió la tentación de hacer valer sus derechos al trono durante siete años mientras Saúl lo perseguía. Solo accedió al trono cuando Dios se lo señaló. Cuando las circunstancias aconsejaron el importante paso, no hizo nada hasta consultar con Dios: «¿Subiré a algunas de las ciudades de Judá?» Y Dios le dio indicaciones.

Sé humilde, sincero, dedicado, fiel, esforzado y prudente, y tendrás éxito según Dios.

> Después que partieron ellos, he aquí un ángel del Señor apareció en sueños
> a José y dijo: «Levántate y toma al niño y a su madre y huye a Egipto,
> y permanece allí hasta que yo te diga;
> porque acontecerá que Herodes buscará al niño para matarlo».
>
> MATEO 2: 13

El recorrido de Belén hasta Egipto supuso varios días de penosa marcha. Fueron muchos los kilómetros que tuvieron que caminar para llegar al sitio señalado por Dios. El Señor podría haberlos protegido sin hacer el largo y agotador viaje. Dios podría haber evitado en Belén que la mano asesina de Herodes alcanzara a su Hijo y lo matara antes de tiempo.

Al leer la historia de la huida de José y María junto con el niño Jesús a Egipto, se suscitan algunos interrogantes: ¿Podía Dios haber salvado la vida del niño en Belén? ¿Podría haberlo defendido de las intenciones malignas de Herodes, sin necesidad de realizar un viaje tan penoso? Claro que sí. Dios es más poderoso que cualquier amenaza terrenal. Las más poderosas armas son como briznas de paja delante de él. No hay nada que él no pueda hacer. Con su poder, las murallas de Jericó cayeron como telarañas. Y cuando quiere proteger a los suyos, las telarañas son como murallas. No necesitamos preguntar lo que Dios puede hacer o podría hacer, sino lo que realmente *desea* hacer. Creo que Dios deseaba que Jesús fuera a Egipto por varias razones:

- Deseaba mostrar que, desde el mismo comienzo, la senda que Jesús recorrería sería una senda de persecución.
- Quería enseñar que podía proteger a su Hijo y que nada le sucedería, a menos que él lo permitiera.
- Jesús tenía que vivir en Egipto porque Dios quería mostrar que allí donde su pueblo había vivido centenares de años antes, en esclavitud y adversidad, el Rey del cielo viviría para mostrar su solidaridad con su pueblo. Quería enseñar que, al igual que su pueblo, él también experimentaría el dolor y el sufrimiento en tierra extranjera. Quería tener la misma experiencia para mostrar que se identifica en todo con los suyos. Estaba dispuesto a vivir la historia de su pueblo en su propio cuerpo.

La huida a Egipto no se debió a una ciega casualidad, sino al cumplimiento de una profecía y de un plan divino. ¿Qué mensaje nos deja todo esto a nosotros hoy? Dios desea que entendamos que él es uno con su pueblo, tanto en su sufrimiento como en el gozo. Él está con su pueblo, se mueve con él, viaja con los suyos en la peregrinación del Egipto de este mundo a la Canaán celestial.

Por esto, mis amados hermanos, todo hombre sea pronto para oír,
tardo para hablar, tardo para airarse.
Santiago 1: 19

Hablar menos y escuchar más supone muchas ventajas. Hablar demasiado produce complicaciones y problemas en las relaciones con los demás. En cambio, escuchar es causa de grandes bendiciones.

¿Has pensado cómo fue que llegaste a conocer y a amar a Dios? Llegaste a amarlo por *escuchar* su Palabra. El apóstol Pablo lo confirma cuando dice: «Así que la fe es por el oír y el oír por la Palabra de Dios» (Rom. 10: 17). Escuchar hace que uno llegue a amar. Si aprendemos a escuchar, no solo llegaremos a conocer mejor a nuestros hermanos, hijos y cónyuge, sino que llegaremos a amarlos más. El amor de Dios no solo consiste en darnos su Palabra, sino también en darnos el don del oído para que lo usemos en el ministerio de escuchar a nuestros hermanos. La mayor bendición está en hablar menos y escuchar más. Muchos miembros de la iglesia, especialmente los predicadores, a menudo se equivocan al pensar que deben tener siempre algo que decir cuando se encuentran con otras personas, y que es el único servicio que deben prestar. Olvidan que escuchar es un servicio más grande y noble que hablar.

Muchas personas están buscando oídos que estén dispuestos a escucharlos. He conocido esposas desesperadas porque sus esposos no quieren escucharlas. Dicen: «Lo único que deseo es que alguien me escuche». Hay hijos que no estarían hoy donde están si sus padres los hubieran escuchado. Hay miembros de iglesia que desean ser escuchados, pero no encuentran un oído atento entre sus hermanos, porque los cristianos tienden a hablar cuando deberían estar escuchando.

Aquellos que no pueden escuchar a su hermano, muy pronto dejarán de escuchar a Dios, porque incluso a Dios le hablan constantemente. A Dios debemos escucharlo hablarnos. Cuando termines de orar, no salgas a la carrera a continuar con el tráfago de la vida. Queda un tiempo en silencio. Deja que el Espíritu Santo hable a tu alma. No será audible, pero escucharás su voz.

¡Qué significativas son las palabras de nuestro texto de hoy! Son como un mandato, como una norma: «Todo hombre sea pronto para oír, tardo para hablar». Los cristianos verdaderos hablan menos y escuchan más porque no están centrados en ellos mismos, sino en los demás. Hablar es ser uno mismo. Escuchar es dejar ser a los demás. Hablamos para mostrar algo de nosotros. Escuchamos para dejar que los demás digan algo de ellos. Sigamos hoy el consejo de Dios.

284

Nunca respondas al necio de acuerdo con su necedad,
para que no seas tú también como él.
PROVERBIOS 26: 4

Muchas veces los necios son molestos simplemente porque hablan demasiado. Otras lo son porque ofenden. Así lo ilustra esta historia que cuenta el Dr. Ben Carson, famoso neurocirujano adventista:

«Cuando estaba en cirugía general tuve un conflicto con uno de los jefes de residencia. Parecía no poder aceptar tener un negro en el Johns Hopkins. Nunca dijo nada directamente, pero siempre me lanzaba indirectas, me ignoraba, y a veces era completamente descortés.

»Una vez afloró el conflicto:

»—¿Por qué tenemos que sacarle sangre a este paciente? Todavía tenemos...

»—Porque yo lo digo —fue la tosca respuesta.

»Varias veces ese día, cuando le preguntaba algo, especialmente si comenzaba con "por qué", obtenía la misma brusca respuesta. Al final de la tarde [...] me atacó.

»—Tú realmente piensas que eres alguien porque tuviste una aceptación rápida en el departamento de neurocirugía, ¿verdad? Todos se la pasan hablando de cuán bueno eres, pero yo no creo que seas gran cosa. De hecho, pienso que eres pésimo. Y quiero que sepas, Carson, que puedo hacer que te echen de neurocirugía ahora mismo —y así continuó despotricando durante varios minutos.

»Yo solo lo miraba a los ojos y no decía nada. Cuando finalmente se detuvo, le pregunté con la voz más calma posible:

»—¿Ya terminó?

»—Sí.

»—Excelente —respondí tranquilamente».

El consejo del sabio es muy oportuno. No hablar es la actitud más segura que existe en todos los círculos humanos. Una señorita muy distinguida por su prudencia y discreción decía: «Muchas veces me he arrepentido de haber hablado, pero de haber callado, nunca». He ahí una gran verdad. Sobre todo, no respondamos a las injurias y las ofensas. El mayor reproche para el necio es no ponerse a su altura. Contestarle es honrarlo, distinguirlo, alentarlo a que sea más necio. No decirle nada es un reproche que hasta el necio puede entender. Seamos prudentes hoy. Usemos el oro del silencio como una actitud llena de gracia ante todos aquellos con quienes nos relacionemos. Digamos, como Amado Nervo, «Humilde y silencioso ve por la vida, hijo. Humilde y silencioso como un rayo de luna. Que tu sonrisa sea respuesta, objeción, comentario, advertencia y misterio».

Escuchar, la virtud más grande

Y dijo Elí a Samuel: «Ve y acuéstate; y si te llamare, dirás: "Habla, Jehová, porque tu siervo oye"». Así se fue Samuel, y se acostó en su lugar.
1 Samuel 3: 9

Una de las virtudes más importantes del cristiano es el don de escuchar. Nuestra misma adoración solo es completa y reverente si Dios nos habla a cada uno de nosotros y nosotros escuchamos su voz. Por eso en muchos pasajes bíblicos se habla de la importancia de oír bien. El mismo Señor Jesús terminaba muchas de sus parábolas con esta importante expresión: «El que tiene oído para oír, oiga». Oír bien implica la habilidad para reconocer la voz del Espíritu Santo y para responder a ella.

Oír la voz de Dios se considera como el nivel más alto de espiritualidad que podemos alcanzar. Hay dos razones por las cuales Dios tiene mucha dificultad para comunicarse con nosotros, es decir, para hacerse oír. La primera es nuestra incapacidad para comprender y obedecer sus consejos. Muchas veces creemos que Dios se ha olvidado de nosotros, pero lo cierto es que no hay momento en el cual Dios haya dejado de hablar. Lo que ocurre es que nosotros no hemos escuchado la enorme cantidad de veces que Dios ha procurado comunicarse con nosotros.

La segunda razón por la cual Dios tiene dificultades para comunicase con nosotros es que hay pecado en nuestra vida. Es la consecuencia de no caminar como hijos de luz. Consideremos objetivamente estas preguntas: ¿Qué concepto tienen los demás de nosotros? ¿Qué testimonio damos cada día? Al observar nuestra vida y comportamiento, ¿podrían los demás creernos si les dijéramos que Dios nos ha hablado? Por desgracia, muchas veces nos apartamos del camino de la luz y, en esas circunstancias, Dios nos puede hablarnos; nosotros no podemos escuchar su voz, y los demás no pueden creer que Dios nos haya hablado.

Preguntémonos, por ejemplo: ¿Por qué habló Dios a Samuel y no a Elí? ¿Habrá una lección para nosotros aquí? Samuel era un niño; Elí era el sumo sacerdote. La lección es el carácter. El precio por escuchar la voz de Dios es alto, porque demanda que nuestro carácter esté en armonía con el carácter de Dios. A lo largo de la historia, el Señor ha escogido a hombres y mujeres a quienes ha concedido el privilegio de escuchar su voz.

Dios anhela hoy que sus hijos caminen de acuerdo a su voluntad. Dios busca adoradores a quienes pueda hablarles y que puedan escuchar su voz. Medita en este texto: «Si oyereis hoy su voz, no endurezcáis vuestros corazones» (Heb. 3: 15).

Y dijeron a Moisés: «¿No había sepulcros en Egipto, que nos has sacado para que muramos en el desierto? ¿Por qué has hecho así con nosotros, que nos has sacado de Egipto? ¿No es esto lo que te hablamos en Egipto diciendo: "Déjanos servir a los egipcios"? Porque mejor nos fuera servir a los Egipcios, que morir nosotros en el desierto». Y Moisés dijo al pueblo: «No temáis; estad firmes, y ved la salvación que Jehová hará hoy con vosotros; porque los egipcios que hoy habéis visto, nunca más para siempre los veréis».

Éxodo 14: 11-13

Seguramente en algún momento habrás deseado volver a una época de tu vida en la que te sentías completamente feliz, posiblemente a tu infancia. Quizá seas de las personas que se quejan de su situación y de sus condiciones de vida actuales, así como de las cosas que las rodean. Si lo haces, nadie creerá que es por gusto o por rebelión, sino porque crees que aquellos tiempos eran mejores. Tal vez razones: «Me gustaría que el tiempo corriese al revés y volver a vivir aquel momento inolvidable de mi vida».

Pero no era esa la razón por la cual el pueblo de Israel murmuró tantas veces contra Dios y contra Moisés. La razón era su rebelión y su maldad. Diez veces se rebelaron contra el Señor y contra Moisés. Y las diez lo hicieron sin razón. La murmuración que se menciona en nuestro texto de hoy es la primera; por eso Moisés les habló como lo hizo. Pero, con posterioridad, volvieron a rebelarse y a murmurar de forma insensata muchas más veces. Tantas, que Dios dijo: «¿Hasta cuándo oiré a esta depravada multitud que murmura contra mí? Diles: Vivo yo, dice el Eterno, que según habéis hablado a mis oídos, así haré con vosotros. En este desierto caerán vuestros cuerpos» (Núm. 14: 27). En una de esas ocasiones, Moisés llegó a expresar este deseo a Dios: «Yo solo no puedo soportar a todo este pueblo, que es pesado en demasía. Si así me vas a tratar, te ruego que me des muerte, si he hallado gracia en tus ojos, para que yo no vea mi mal» (Núm. 11: 14, 15).

Las quejas de Israel en la experiencia de los años del éxodo, en el desierto, no eran como las quejas de quienes recuerdan días mejores y quisieran volver a ellos. Eran quejas de un pueblo malo, perverso y depravado. Así son algunas de las quejas de la iglesia en la actualidad contra Dios y contra los dirigentes. Hay dirigentes que han llorado como Moisés, dirigentes que también pidieron a Dios que mejor les quitara la vida, porque la carga de administrar al pueblo de Dios les era pesada en demasía.

¿Te has quejado contra Dios y contra tus dirigentes últimamente?

287

Forastero soy yo en la tierra; no encubras de mí tus mandamientos.
SALMO 119: 19

Cuando repetimos las palabras del salmista «Forastero soy yo en la tierra», confesamos que no vivimos aquí, que esta tierra no es nuestro lugar de residencia permanente, que no queremos establecernos aquí, que únicamente estamos de paso, que somos peregrinos. El ejemplo típico del peregrino creyente lo tenemos en los patriarcas Abraham, Isaac y Jacob: «Conforme a la fe murieron todos estos sin haber recibido lo prometido, sino mirándolo de lejos, y creyéndolo, y saludándolo, y confesando que eran extranjeros y peregrinos sobre la tierra» (Heb. 11: 13).

La verdadera patria del cristiano está en el cielo, como dice Pablo: «Mas nuestra ciudadanía está en los cielos, de donde también esperamos al Salvador, al Señor Jesucristo» (Fil. 3: 20). Por eso nuestro versículo de hoy dice que el salmista se sentía «forastero en la tierra». Es decir, era, y se sentía, diferente. No vivía de acuerdo con el mundo. Marchaba el ritmo del "tambor" de Dios. Esta es una confesión de fe y consagración completas, pues nuestro gran peligro es que nos asentemos en este mundo y aprendamos sus costumbres, sus métodos y su estilo de vida.

El gran peligro, y la gran tragedia, es que los cristianos dejen de ser peregrinos y se acomoden en el mundo, que ya no haya ninguna diferencia entre ellos, que son ciudadanos del reino de Dios, y la gente que es ciudadana del mundo. La tragedia se consuma cuando llegan a «amar al mundo». Por eso advirtió Juan: «No améis al mundo, ni las cosas que están en el mundo. Si alguno ama al mundo, el amor del Padre no está en él» (1 Juan 2: 15). Es la gran tragedia de los cristianos de todos los tiempos: Amar al mundo y las cosas que están en el mundo.

Sería bueno analizarnos a nosotros mismos. ¿Será que amamos al mundo más que a Dios? ¿Qué es amar al mundo? O, mejor, hagámonos las preguntas opuestas: ¿Qué significa amar a Dios? ¿Qué significa ser forastero? Ni el espacio ni el tiempo alcanzan para meditar todo lo que podríamos meditar, ni para consignar todas las conclusiones que saquemos. La respuesta a estas preguntas corresponde a la esfera íntima y personal. Solo tú puedes saber si amas al mundo y si eres enemigo de Dios. Solo yo puedo saber si soy un peregrino, un forastero, al estilo de Abraham, Isaac, Jacob y David.

No descartamos los peligros de la peregrinación, por supuesto. Recuerda que Dios te explicará a su debido tiempo las injusticias que padeciste en tu peregrinación. Entretanto, te da fortaleza para cada día, y paciencia en el sufrimiento.

Ella dijo: «Ninguno, Señor».
Entonces Jesús le dijo: «Ni yo te condeno; vete, y no peques más».
JUAN 8: 11

«A mí me fallan una vez y ahí termina todo». Así se expresaba una dama hablando de la posibilidad de que algún día su esposo le fallara. Ese espíritu de no dar una segunda oportunidad al que comete un error prevalece entre esposos, amigos, miembros de iglesia e instituciones. El lema es: «Si fallaste, no esperes más». Es un consuelo pensar que Dios no es así. Dios es el Dios de la segunda oportunidad.

Dios demostró en la cruz del Calvario el amor verdadero, que alcanza a quienes ya agotaron toda oportunidad y toda paciencia humana. El drama de la mujer sorprendida en adulterio nos enseña una gran lección. ¿Cuál habría sido tu reacción ante la petición de aquellos celosos guardianes del *"Manual de la Iglesia"* de la época y de las normas morales establecidas? Jesús reaccionó con amor. Amor, no solo para la acusada, sino para los acusadores. Sabemos lo que hizo; los convenció de sus propios pecados para que meditaran. Los escribió en el polvo y solo ellos pudieron entenderlo. Inmediatamente expresó un principio básico que debe llamarnos a la reflexión, especialmente cuando nos convertimos en jueces de los que han cometido un error: «El que de vosotros esté sin pecado, sea el primero en arrojar la piedra» (Juan 8: 7).

Deberíamos tener cuidado, porque hay un principio psicológico bien establecido: «Solo notamos en los demás los errores que nosotros mismos cometemos». Por eso dijo el Señor que cuando juzgamos y condenamos a los demás, nos juzgamos y nos condenamos a nosotros mismos (Rom. 2: 1). No ignoremos esta terrible verdad. Las personas más críticas y que con más saña juzgan a los demás son las que, generalmente, son culpables de los mismos pecados que el acusado.

El hermano del hijo pródigo, que se incomodó porque a este se le dio una segunda oportunidad, hacía las mismas cosas que él. La diferencia es que las hacía dentro de la casa.

Ninguno de los acusadores de la mujer pudo hacer alarde de una vida sin pecado, por lo cual desaparecieron todos inmediatamente. Solamente quedó el único que podía lanzar la primera piedra, Jesús. Pero él rehusó condenar a la pecadora.

El ministerio de Jesús será siempre el de la segunda, la tercera, la enésima oportunidad. Su política es dar todas las oportunidades que sean necesarias. No conserva una lista de errores. Su gran deseo es dar una segunda oportunidad para hacer lo recto a todo aquel que lo necesite y desee comenzar de nuevo. Concede hoy una segunda oportunidad a todos los que lo necesiten y lo pidan.

Mas el que sin conocerla hizo cosas dignas de azotes, será azotado poco;
porque a todo aquel a quien se haya dado mucho, mucho se le demandará;
y al que mucho se le haya confiado, más se le pedirá.
Lucas 12: 48

Niccolò Paganini es reconocido mundialmente como uno de los mayores violinistas de todos los tiempos. Fue un niño prodigio, y presentó su primer concierto a la edad de once años. Aunque también tocaba la viola y la guitarra, se le recuerda fundamentalmente por sus importantísimas aportaciones a la interpretación violinística europea, a la que transformó para siempre. Paganini ejerció una notable influencia sobre otros músicos posteriores importantes, como, por ejemplo, Johannes Brahms y Sergéi Rajmáninov.

Cuando Paganini murió en 1840, legó su valiosísimo y precioso violín, un Guarneri, a su ciudad natal, Génova. Curiosamente, el magnífico legado iba acompañado de una condición difícil de entender. Paganini no quería que ningún otro intérprete lo volviera a tocar. Los responsables del gobierno municipal aceptaron la condición impuesta por el virtuoso, y, en consecuencia, pusieron el instrumento en un estuche y colocaron el estuche en una vitrina, en la que es observado por miles de visitantes.

Los instrumentos de madera tienen una particularidad. Cuanto más tiempo son tocados, mejor suenan, y no se percibe el paso del tiempo por ellos; es como si no los tocase nadie. Sorprendentemente, cuando se dejan de usar, su estado decae poco a poco. Precisamente eso es lo que le ocurrió al violín de Paganini. Otros violines del mismo violero continuaron siendo usados por otros virtuosos de generación en generación como una bendición para el mundo, pero el violín de Paganini es hoy una reliquia de lo que pudo haber sido. Esto encierra una gran lección que no debe olvidarse.

El apóstol Pablo escribió a Timoteo, su hijo espiritual, las siguientes palabras: «No descuides el don que está en ti» (1 Tim. 4: 14). El éxito es dinámico. Conlleva crecimiento y desarrollo, el logro de una cosa, y el uso de ese logro es un peldaño que ayuda a alcanzar el próximo. No hay un lugar donde detenerse. Lo que no se alimenta decae y finalmente muere. Cuando usamos permanentemente nuestro don, producirá cosas que no solamente nos llenarán de gozo y felicidad sino que además traerán felicidad a los demás.

Piensa hoy en los dones que Dios te ha dado. Todos hemos recibido, como mínimo, un don. Úsalo para el adelanto de la causa del Maestro y para bendición de la humanidad.

> Si confesamos nuestros pecados, él es fiel y justo
> para perdonar nuestros pecados, y limpiarnos de toda maldad.
>
> 1 Juan 1: 9

Una señorita emigró a los Estados Unidos. En su Cuba natal había sido una católica muy devota, y acostumbraba confesar sus pecados al sacerdote. En su nuevo hogar, afrontó el problema de que no podía confesar sus pecados en inglés. El problema pronto se convirtió en una crisis. Un día supo que había un sacerdote que hablaba los dos idiomas y, después de dar con él, lo convirtió en su confesor.

Pero un día se encontró con la noticia de que su confesor había sido transferido a otra parroquia y el problema se presentó de nuevo. No tenía a quién confesarle sus pecados. La crisis la llevó a la necesidad de confesar sus pecados en inglés, idioma que todavía no dominaba. Nuestra heroína pidió a una amiga bilingüe que tuviera la bondad de ayudarla a traducir sus pecados para poder confesarse. Ella practicó una y otra vez la frase «Perdóneme, padre; he pecado», y finalmente llegó al confesionario. Después de pronunciar la frase «Perdóneme, padre; he pecado», sacó su lista donde tenía sus pecados traducidos al inglés. Pero descubrió que el confesionario estaba muy oscuro y que no podía leer la lista. Intentó una y otra vez leer la lista, pero no pudo hacerlo, y al fin se dio por vencida. Salió del confesionario llorando. Un sacristán que la vio llorando la escuchó decir en un susurro: «No puedo ver mis pecados».

Aquella fue una declaración muy profunda. Y tú, ¿puedes ver tus pecados? Es decir, ¿no puedes verlos porque los reconoces y los confiesas? ¿No puedes verlos porque Dios ya los ha echado a lo profundo del mar y ahora están tan lejos de ti como lo está «el oriente del occidente», como dice el salmista? ¿O no puedes verlos porque no los reconoces ni aceptas tu culpabilidad ante Dios?

Nuestro tema de hoy nos asegura que *si* confesamos, recibiremos el perdón. Es una de las afirmaciones más claras de la Biblia: «Si confesamos nuestros pecados, él es fiel y justo para perdonar nuestros pecados y limpiarnos de toda maldad».

¡Qué maravillosa seguridad! Deberíamos aceptar eso con todo nuestro corazón. Lamentablemente, muchas veces seguimos sintiéndonos culpables de los pecados que hace tiempo confesamos. Creemos que Dios nos perdona, pero nosotros no nos perdonamos a nosotros mismos. Es como si creyésemos que es nuestra obligación sufrir, pagar algo, hacer expiación. A veces confundimos los problemas que vienen como resultado del pecado con algún tipo de castigo por el pecado, y, si sufrimos ese "castigo", nos sentimos "perdonados".

Dejemos toda duda y aceptemos hoy el perdón divino.

Respondiendo Jesús, le dijo: «¿Qué quieres que te haga?» Y el ciego le dijo: «Maestro, que recobre la vista». Y Jesús le dijo: «Vete, tu fe te ha salvado». Y en seguida recobró la vista, y seguía a Jesús en el camino.
MARCOS 10: 51, 52

Esta es la inspiradora historia del ciego Bartimeo. Aquí se ven las peculiaridades de la historia de los Evangelios. En Mateo 20: 29 dice que eran dos ciegos. Pero aquí y en Lucas 18: 35 dice que era uno solo. Nuestro texto de hoy proporciona una valiosa información. Dice que el ciego se llamaba Bartimeo. Hay quienes aseguran que esa palabra significa "hijo de Timeo", es decir, "hijo de un ciego". El ciego Bartimeo era hijo del ciego Timeo.

Bartimeo preguntó qué ocurría, pues el gentío que se movía a su alrededor no era normal en Jericó. Cuando le dijeron que Jesús de Nazaret estaba pasando por la ciudad, Bartimeo se estremeció. Hacía tiempo que esperaba esta oportunidad. Jesús estaba cerca y él creía que podía devolverle la vista. Sin perder tiempo, sin ninguna inhibición, comenzó a gritar: «Jesús, Hijo de David, ten misericordia de mí». Los gritos eran estridentes, casi ofensivos, para un personaje tan importante como Jesús de Nazaret, quien se encontraba en el apogeo de su fama y de su popularidad. La gente comenzó a reprenderlo, diciéndole que se callara. Pero Bartimeo no estaba dispuesto a desaprovechar su única oportunidad de ser sanado por Jesús, y siguió gritando.

«Entonces Jesús, deteniéndose, mandó llamarle». ¡Qué gloriosa oportunidad! La Biblia Reina-Valera dice: «Él, arrojando su capa, se levantó». Pero la Biblia de Jerusalén dice que Bartimeo «dio un brinco» para acercarse a Jesús.

«Era el hijo ciego de un padre ciego, lo cual empeoraba el caso, y hacía la curación más maravillosa, y, así, más apropiada para tipificar la curación espiritual realizada por la gracia de Cristo en aquellos que no solo nacieron ciegos, sino de padres que eran ciegos» (*Matthew Henry's Commentary*, t. 5, p. 423).

Después de caminar entre sombras, abrir los ojos y observar el rostro de Jesús y las cosas maravillosas de este mundo tiene que ser algo indescriptible. Es algo similar a lo que sucede cuando acudimos a Dios en oración y rogamos: «Señor, ten piedad de mí, que soy pecador», y Dios responde con su inigualable misericordia.

El ruego de Bartimeo fue: «Maestro, quiero ver». ¿Por qué no hacemos una petición así de sencilla? Necesitamos ver la voluntad de Dios en nuestra vida; necesitamos ver las necesidades físicas y espirituales de quienes nos rodean y, sobre todo, necesitamos ver nuestros pecados. Gritemos, como Bartimeo, «Jesús, Hijo de David, ten misericordia de mí».

> Es como el grano de mostaza, que cuando se siembra en tierra,
> es la más pequeña de todas las semillas que hay en la tierra;
> pero después de sembrada, crece, y se hace la mayor de todas las hortalizas,
> y echa grandes ramas, de tal manera que las aves del cielo
> pueden morar bajo su sombra.
>
> MARCOS 4: 31, 32

¿Qué es como el grano de mostaza? El reino de Dios. Nuestro Señor dijo: «¿A qué haremos semejante el reino de Dios, o con qué lo compararemos? Es como el grano de mostaza». «El reino de los cielos» y «el reino de Dios», son lo mismo. Mateo es el único que usa la expresión «el reino de los cielos». La usa 31 veces. Pero solo usa 5 veces la expresión «reino de Dios», que es la única que usan los otros evangelistas.

¿Qué es el reino de los cielos? Es uno de los temas más importantes de la Biblia. El «reino de los cielos» o «reino de Dios» era el tema de la enseñanza de Jesús y fue el tema de la predicación de los apóstoles y de los setenta. Muchas de las parábolas de Jesús comienzan con «el reino de los cielos es semejante a». Su evangelio era la buena nueva del reino. «El "reino de los cielos" se estableció en la primera venida de Cristo. Jesús mismo era el Rey, y los que creían en él eran sus súbditos. El territorio de ese reino era el corazón y la vida de los súbditos. Evidentemente el mensaje de Jesús se refería al reino de la gracia divina. Pero, como Jesús mismo lo indicó claramente, el reino de la gracia antecedía al reino de la gloria (ver DTG 201-202; CS 394-395)» (*Comentario bíblico adventista*, t. 5, p. 309).

¿Por qué comparó nuestro Señor al reino de Dios con un grano de mostaza? «El germen que se halla en la semilla crece en virtud del desarrollo del principio de vida que Dios ha implantado en él [...]. Tal ocurre con el reino de Cristo [...]. ¡Y cuán rápido fue su crecimiento, cuán amplia su influencia! [...] Pero la semilla de mostaza había de crecer y extender sus ramas a través del mundo [...]. De esta manera, la obra de la gracia en el corazón es pequeña en su comienzo. Se habla una palabra, un rayo de luz brilla en el alma, se ejerce una influencia que es el comienzo de una nueva vida; y ¿quién puede medir sus resultados?» (*Palabras de vida del gran Maestro*, pp. 55, 56).

¿Ya está plantada la semilla de mostaza en tu corazón y en tu vida? ¿Estás sembrando muchas semillas de mostaza en el corazón de la gente? ¿Qué semillas plantas?

Pero recibiréis poder, cuando haya venido sobre vosotros el Espíritu Santo,
y me seréis testigos en Jerusalén, en toda Judea, en Samaria,
y hasta lo último de la tierra.
HECHOS 1: 8

El corazón de la misión está en el propio centro de este texto: «Ustedes serán mis testigos». Ese es el mensaje recurrente en todo el libro de los Hechos: «Porque serás testigo suyo a todos los hombres, de lo que has visto y oído» (Hech. 22: 15). «Y nosotros somos testigos de todas las cosas que Jesús hizo» (Hech. 10: 39).

Ser testigos de Cristo significa decir a todos los que nos escuchan lo que dijo y cuanto hizo por nosotros. Es decir, llevar un mensaje sencillo y veraz. Aunque el testimonio sea sencillo, exige del testigo un costoso compromiso. Toca radicalmente nuestro interior, lo que realmente somos en lo profundo. No es solo palabras. El mensaje no solo se presenta con los labios, sino también con la conducta, con lo que se ve en la vida aunque no se diga ninguna palabra.

El testimonio que Henry Stanley dio de David Livingstone debería darse también de nosotros: «Si hubiese estado con él, y nunca me hubiera hablado una palabra sobre lo que creía, de igual manera me habría convencido a ser cristiano». Nuestras vidas deben mostrar la realidad interna de lo que proclamamos. Los apóstoles hacían que sus palabras trascendiesen, hacían que su mensaje tuviese un reflejo en su conducta, movilizaban el evangelio, vivían sus palabras. El evangelio, en fin, modeló su vida y su enseñanza.

Leí en el periódico las siguientes noticias sobre un predicador evangélico: «Arrestado por presentar documentación falsa». «Se divorcia y se casa por tercera vez». «Esposa de predicador denuncia a su esposo por maltrato físico».

Ser un testigo auténtico demanda un corazón sincero y abierto que siempre está creciendo en la experiencia de la proclamación. Se requiere tener siempre la palabra de Cristo, la realidad interna de lo que predicamos, morando en nuestro corazón. Hace falta una pasión desbordante. Hemos de ser creyentes celosos capaces de trastornar al mundo.

Cuando George Whitfield levantaba al pueblo de sus camas a las cinco de la mañana para escuchar su predicación, un hombre, camino de la iglesia, se encontró con David Hume, el filósofo y escéptico escocés. Sorprendido al verlo dirigirse a escuchar a Whitfield, el hombre dijo: «Pensé que usted no creía en el evangelio». Hume replicó: «Yo no, pero el sí».

¿Testificas con tus palabras y con tu vida? ¿Predicas desde el púlpito de tu ejemplo?

Al momento fue abierta su boca y suelta su lengua, y habló bendiciendo a Dios.
LUCAS 1: 64

Zacarías, el padre de Juan el Bautista, quedó completamente asombrado, petrificado, cuando el ángel le comunicó la noticia de que su esposa Elisabet concebiría un hijo. No podía creerlo. Había suficientes razones para dudar: su mujer era estéril y ambos eran de edad avanzada. En tales circunstancias, desde el punto de vista humano, era imposible que ella concibiera y diera a luz un hijo.

La incredulidad de Zacarías fue reprendida por el mismo ángel que le dio la buena nueva. «Y ahora quedarás mudo y no podrás hablar [...], por cuanto no creíste mis palabras, las cuales se cumplirán a su tiempo» (Luc. 1: 20).

Sabemos que el Espíritu Santo reproduce a Cristo en nuestra vida, pero en el relato del nacimiento de Juan el Bautista hay otra función que el Espíritu Santo desempeña en la formación de la iglesia. Había una multitud orando fuera del santuario mientras Zacarías ofrecía el incienso: «Y el pueblo estaba esperando a Zacarías, y se extrañaba de que él se demorase en el santuario» (Luc. 1: 21). Esperaban escuchar la voz del sacerdote. Deseaban escuchar su bendición. Lamentablemente, Zacarías no tenía voz; estaba mudo, no podía hablar.

Una de las características de Lucas, tanto en su Evangelio como en el libro de Hechos, es que introduce los discursos que presenta con la expresión: «lleno del Espíritu Santo». Lucas dice que cuando Zacarías fue lleno del Espíritu «al momento fue abierta su boca y suelta su lengua, y habló bendiciendo a Dios» y «profetizó» (Luc. 1: 64, 67).

El Espíritu Santo le da voz a la iglesia. Cuando una persona es llena del Espíritu Santo, habla y testifica de Jesús. Hace a la iglesia testigo de Cristo. ¿Tienes tú voz para contar al mundo las maravillas de Aquel que nos llamó de las tinieblas a su luz admirable? El Espíritu Santo está dispuesto a darnos esa voz que el mundo necesita escuchar. Las multitudes están afuera, esperando que tú les hables de salvación.

Cuando escuchamos hablar a niños pequeños no podemos diferenciar si el que habla es un niño o una niña; pero cuando alcanzan la adolescencia, algo pasa con la voz. Tiene más volumen; el sonido cambia. La iglesia lleva ya dos mil años de existencia. Nuestra voz debería ser más fuerte y con más volumen. Las personas deben reconocernos, deben saber quiénes son los adventistas, cuáles son nuestras creencias. No debe haber confusión cuando hablan de nosotros. ¿Tiene Dios una voz en tu hogar, en tu oficina, en tu universidad? Dondequiera que te encuentres, ¿tiene Dios una voz en ti?

Entonces la mujer dejó su cántaro, y fue a la ciudad, y dijo a los hombres:
«Venid, ved a un hombre que me ha dicho todo cuanto he hecho.
¿No será este el Cristo?»
JUAN 4: 28, 29

Lo que no habían hecho los discípulos escogidos, los colaborados más íntimos y especiales del Salvador —Pedro, Andrés, Felipe, Natanael...— lo hizo una mujer de corazón valiente, una mujer extranjera que apenas acababa de conocer a Jesús. Lo que ellos habían mantenido en secreto, esta mujer lo publicó inmediatamente. Y, lo que es aún más admirable, en lugar de las burlas, la indiferencia o la hostilidad que cabía esperar, los habitantes de Sicar prestaron oído al relato emocionante de la pecadora; se habían sentido ganados por la sinceridad de su cristianismo y ahora la pequeña ciudad se trasladaba en bloque para ver a Jesús.

Dios tiene necesidad de nosotros. Basta una samaritana para convertir una ciudad. Pero Dios necesita a esa samaritana. No lo puede hacer sin ella. A Dios le hacen falta los apóstoles para difundir el evangelio en el mundo. Esos apóstoles son los padres en el hogar, el estudiante en el colegio, el aprendiz en la fábrica, la costurera en su taller, el empleado en su oficina. Es ese cristiano que habla, que escribe, que lee, para contarle al mundo la alegría, el gozo y la paz que ha encontrado en Jesús. Es el cristiano que enseña a los demás a ilusionarse por el bien. Es el cristiano que hace a los demás amar a Jesucristo a través de su conducta limpia, por encima de todas las cosas. Es el medio más eficaz para evangelizar al mundo.

Dios te llama hoy para ser su instrumento, como la samaritana, en la evangelización de un mundo perdido. Te necesita para restablecer la paz entre los hombres y para conducirlos de nuevo hacia Dios. El Señor te ha asignado un lugar especial en su viña. Nadie más puede ocupar tu lugar. Eres una persona única; no hay otra como tú. Nadie más puede realizar tu tarea ni ocupar tu lugar. Usa los dones que el Señor te ha dado. Haz la obra del Señor según tus talentos y tus circunstancias. Como la samaritana, abre las compuertas de tu corazón, deja que se desborde tu vida cristiana, tu testimonio, tu gozo, tu salvación. Pon de cabeza a tu ciudad, crea un impacto cada día dondequiera que te encuentres, revoluciona tu vecindario, haz popular a Jesús. Que él sea el tema de conversación, dondequiera que vayas. Deja brillar tu luz.

> Por tanto, id, y haced discípulos a todas las naciones,
> bautizándolos en el nombre del Padre, y del Hijo, y del Espíritu Santo;
> enseñándoles que guarden todas las cosas que os he mandado.
>
> MATEO 28: 19, 20

La ciudad de Capernaúm era el centro de operaciones del ministerio de Jesús, pero él no permaneció allí. ¿Qué nos enseña esto, a nosotros, discípulos de Jesús? Nos enseña que nuestro propósito como pueblo de Dios no se cumple por el solo hecho de ir al edificio donde se reúne la congregación. La iglesia a la cual asistimos puede tener una numerosa feligresía, pero ese hecho no cumple las demandas de la misión evangélica. La orden del Comandante en jefe, el Cristo resucitado, a sus seguidores es: «Por tanto id, y haced discípulos a todas las naciones, bautizándolos en el nombre del Padre, y del Hijo, y del Espíritu Santo; enseñándoles que guarden todas las cosas que os he mandado» (Mat. 28: 19-20). La orden no es «Venir y oír». La orden siempre es «Ir y decir». El templo no es un lugar al cual *venimos*, sino un lugar del cual *salimos*.

Mi sorpresa fue grande al encontrar en la iglesia donde crecí a una dama muy conocida. Me llené de asombro porque, durante muchos años, la había conocido como una firme y muy fundada "testigo de Jehová". Y ahora la encontraba el sábado en la iglesia adventista, como miembro bautizada. Lleno de curiosidad le pregunté: «¿Por qué dejó de ser testigo de Jehová para convertirse en adventista del séptimo día?»

Lo que me respondió me dejó más perplejo aún. «Durante veinte años», me dijo, «deseé bautizarme y no me lo permitieron, mientras no saliera a testificar. Y aquí me bautizaron sin que tenga que ir». La testificación no es un requisito para el bautismo, sino un producto del amor de Cristo en el corazón de aquellos que han sido bautizados del agua y del Espíritu. No obstante, de aquella experiencia, extraigo esta reflexión:

La iglesia no es un establecimiento; es un movimiento. No existe un cristianismo cómodo. Nuestra iglesia debe ser como un fuego, el fuego encendido por Jesucristo, que abrazará al mundo entero. Después de la resurrección de Jesús los discípulos siempre fueron al lugar donde estaba el pueblo. Si formamos parte de la misión divina, si comprendemos cuál es nuestra parte en el plan de Dios, tenemos que ir a nuestras comunidades, a nuestros vecindarios, a todo lugar. Esa es la misión. El evangelio no es algo que disfrutamos, sino una sagrada verdad que compartimos.

La misión divina nos pide que vayamos como fue Jesús.

Yo soy la puerta; el que por mí entrare, será salvo;
y entrará, y saldrá, y hallará pastos.
Juan 10: 9

Hace varios años visité las catacumbas que usaron los cristianos durante la persecución para preservar su vida. La historia de las catacumbas es grande y larga. Las catacumbas no las inventaron los cristianos, ni surgieron por causa de las persecuciones. Eran cementerios subterráneos donde los paganos enterraron a sus muertos durante muchos siglos. No solo en Roma existen las catacumbas. También las hay en Chiusi, Bolsena, Nápoles, Sicilia oriental y en el norte de África. Cuando Roma se hizo cristiana, los cristianos siguieron sepultando a sus muertos en las catacumbas.

Es interesante que las catacumbas sean tan grandes y que estén tan escondidas que ni un rayo de sol es capaz de penetrar en su interior. Fuera, el sol resplandecía con toda su fuerza, pero dentro de estas cuevas éramos incapaces de ver las palmas de nuestras propias manos. Sin embargo, al encender un fósforo para prender la antorcha, la lobreguez desapareció. Parecía que cuanto más densa era la oscuridad, más hacía brillar un insignificante fósforo. Casi parecía que no hacía falta el sol.

Tan pronto uno acepta a Jesús como su Salvador personal, sus pecados son perdonados para siempre y su destino es alterado drásticamente. Jesús dijo: «Yo soy la puerta» (Juan 10: 9). Al entrar por esa puerta accedemos a una vida totalmente diferente. No más inseguridad, no más temor, no más condenación, no más tinieblas. Una vez fuimos ciegos, destinados a la oscuridad y a la eterna separación de Dios, pero ahora el Sol de justicia nos ha convertido en hijos de luz. Después de que pasamos por esa puerta, Dios desea moldearnos a la «semejanza de su Hijo» (Rom. 8: 29), hasta que nuestro único deseo sea llevar el orgullo al corazón de nuestro Padre celestial.

Hay momentos en que el moldearnos a semejanza de Jesús puede ser doloroso. Parecernos a Jesús implica que hay que desechar el odio, la envidia, la hipocresía y los malos pensamientos, que son factores de nuestra vieja naturaleza que desean regir nuestras vidas. A cambio, desarrollaremos, aunque sea mínimamente, algo de su gloria en nuestra vida que nos convertirá en destellos de luz para este mundo.

Dios quiere que tú desarrolles la imagen y semejanza de su Hijo en tu vida. Quiere que cuanto más densa sea la oscuridad que te rodea, más brille tu luz. Un Hombre humilde, acompañado de sus doce discípulos, puso de cabeza al mundo con su evangelio. El impacto que tú puedes causar hoy a través de la semejanza con Jesús es incalculable.

Entonces viendo el denuedo de Pedro y de Juan,
y sabiendo que eran hombres sin letra y del vulgo, se maravillaban;
y les reconocían que habían estado con Jesús.

HECHOS 4: 13

Regresaba a mi país después de terminar mis estudios en el seminario teológico. En el mismo autobús, y sentado en el asiento de al lado, venía un compañero de estudios. El tiempo no alcanzaba para conversar de todo lo que la explosión de la vida estudiantil que acabábamos de terminar nos sugería. Me contó una anécdota que acababa de experimentar en el restaurante donde el autobús se había detenido para que los pasajeros almorzáramos.

Cuando se dispuso a pagar, la señorita que atendía la caja le dijo:

—Joven, usted va a pasar en el autobús por Nicaragua, ¿verdad?

—Sí —replicó mi compañero.

Entonces ella le pidió encarecidamente que le entregara a su mamá una cartita que contenía dinero, cuando pasara por ese país. Mi compañero aceptó, pero pronto comenzó a temer que pudiera haber algo ilegal dentro de aquel sobre y que tuviera problemas en la frontera. Así es que se dispuso a abrir el sobre con el dinero que la joven le había entregado. Pero además sacó la carta para comprobar que era cierto que la joven mandaba aquel dinero para su madre. Sus ojos se detuvieron en las primeras líneas de la carta, que decían: «Querida mamá, espero que te encuentres bien. Decidí mandarte esta cartita y el dinero con este joven porque observé su comportamiento en el restaurante. Fue muy paciente cuando la gente se le colaba. Siempre se mostraba muy sonriente con las personas que le servían, y dejó su mesa completamente limpia cuando se levantó. De inmediato supuse que era cristiano y que este sobre no podía estar en mejores manos».

Mi compañero había sido analizado y evaluado sin que lo supiera. La joven cajera pensó que solo un cristiano podía comportarse así. Debemos saber que siempre hay alguien que observa nuestro comportamiento. ¿Qué han visto quienes te han observado? ¿Han llegado a la conclusión de que has estado con Jesús? Cuando los dirigentes religiosos observaron a Pedro y a Juan, llegaron a la conclusión inevitable: «Estos han estado con Jesús». ¿Han llegado otros a la misma conclusión después de observar tu conducta? ¿Cómo nos ven los demás?

Dar un poco más de lo que tu horario exige, llegar un poco antes e irte un poco más tarde de tu trabajo, son, en realidad, pequeños milagros que haces a diario, y que tienen una sola explicación: ¡Has estado con Jesús!

Jesús le dijo: «De cierto te digo que esta noche, antes que el gallo cante, me negarás tres veces».
Mateo 26: 34

Pedro desconocía su verdadera condición. Se consideraba un buen seguidor de Jesús, lleno de fe, lleno del poder del Espíritu Santo, lleno de los frutos del Espíritu. Según su propia evaluación, otros podían negar y abandonar a Jesús; cualquiera menos él. Los demás discípulos podían perder su fe y fracasar, pero él se consideraba firme. Nada ni nadie lo separaría jamás de su Maestro. Aunque la práctica de las disciplinas espirituales como la oración y la comunión con Dios, al parecer, no eran un hábito en su vida, se sentía muy seguro de mantenerse fiel y leal a Jesús ante cualquier crisis.

Mateo registra tres incidentes en la vida de Pedro que eran señales de advertencia de que el apóstol estaba corriendo en vacío. No estaba preparado para enfrentar la crisis que se avecinaba.

- Pedro tenía dificultades en su vida de oración. Jesús le pidió que orara. Sin embargo, prefería dormir. Al parecer, la oración no le entusiasmaba. Era una práctica ausente en su vida. Era difícil pasar tiempo con Dios. Le costaba trabajo hablar con Dios. La oración había desaparecido de su programa diario. En la antesala de la crisis, dormía.

- Pedro había perdido la paciencia. Mientras Jesús se mantenía tranquilo, sereno, calmado, en presencia de quienes lo arrestaban, Pedro estaba furioso. Perdió el dominio propio hasta el punto de sacar la espada para cortarle la cabeza a uno de los que prendían a su Maestro. La violencia lo dominó. Decidió usar la fuerza para enfrentar a los enemigos.

- Pedro no daba un buen testimonio. «Pedro estaba sentado fuera en el patio; y se le acercó una criada, diciendo: Tú también estabas con Jesús el galileo. Mas él negó delante de todos, diciendo: No sé lo que dices» (Mat. 26: 69, 70).

Las palabras de Pedro, «aunque me sea necesario morir contigo, no te negaré», estaban lejos de reflejar la realidad de su vida. Ignoraba que la victoria sobre la tentación es el resultado de una vida de estrecha relación con Jesús. ¿Cómo está tu vida de oración? ¿Qué tal tu paciencia con tu cónyuge, con tus hijos, con tus hermanos de la iglesia, con tus compañeros de trabajo? Jesús te dice hoy: «Oro para que tu fe no falte, oro por ti, para que tu paciencia no falte y para que tu testimonio sea poderoso». Si te sientes vacío, busca a Dios en oración. Él puede llenar tu vida de poder. El diagnóstico de Jesús era una advertencia para Pedro, y también para nosotros.

> Y me llevó al atrio de adentro de la casa de Jehová;
> y he aquí junto a la entrada del templo de Jehová, entre la entrada y el altar,
> como veinticinco varones, sus espaldas vueltas al templo de Jehová
> y sus rostros hacia el oriente, y adoraban al sol, postrándose hacia el oriente.
>
> EZEQUIEL 8: 16

Los seres humanos, incluidos los creyentes, somos extraños. ¿Cómo pudo ocurrir que estos veinticinco varones «de los ancianos de la casa de Israel» estuvieran adorando al sol «entre la entrada y el altar» de la casa de Dios? Naturalmente, no podemos explicarlo. Nos horroriza la impiedad. Con razón Dios llamó a esta práctica «malvadas abominaciones» (Eze. 8: 9).

Sí, es extraño, increíble. Pero ocurrió. Los ancianos de la casa de Israel volvieron la espalda al templo del Señor y «adoraban al sol, postrándose hacia el oriente». Pero uno podría pensar: «¿Por qué no iban a las montañas, al desierto, o a los bosques a adorar al sol? O, ¿qué mejor lugar para adorar al sol que la orilla del mar?» Sin embargo, ellos lo adoraban en el templo, al que daban la espalda. Era una perversión doctrinal. Era confusión religiosa. Era alejamiento de la «sana doctrina». Era que se habían extraviado tanto que ahora enseñaban como doctrina «mandamientos de hombres» (Mat. 15: 9). Peor aún. Practicaban y enseñaban «doctrinas de demonios» (1 Tim. 4: 1).

Comentando este texto, Norval F. Pease afirmó: «Esta visión constituye una acertada representación de la gente que vive en dos niveles. En la superficie aparecen respetables, miembros de iglesia temerosos de Dios y ciudadanos ejemplares. Pero por debajo de la superficie viven en un mundo de vanidad, idolatría e impureza. A la luz del sol, tal como los sacerdotes de Ezequiel, adoran a Dios en el templo; *pero en la oscuridad adoran a las imágenes que decoran las paredes de sus mentes indisciplinadas*».

Es posible que nadie detecte este doble carácter en la vida. Una persona puede descender a la tumba con una reputación de santidad y corrección, pero el día del juicio revelará dónde tenía puestos, realmente, sus pensamientos, y qué adoraba de verdad.

No se te ocurra volverte a todos lados, buscando entre los miembros de la iglesia quiénes, posiblemente, estén haciendo esto. Más bien, vuélvete a tu interior y analízate. Aunque no encuentres pruebas evidentes, sigue desconfiando de ti mismo, como los doce apóstoles, y di: «¿Seré yo, Maestro?»

Conságrate a Dios conscientemente. Reconoce cualquier mancha en tu carácter, aunque sean «malvadas abominaciones». Dios todavía sigue siendo «amplio en perdonar».

Entonces dice: «Volveré a mi casa de donde salí»,
y cuando llega, la halla desocupada, barrida y adornada.
MATEO 12: 44

Es algo muy peligroso tener un corazón completamente limpio y vacío. Probablemente en más de una ocasión le habrás dicho en oración al Señor algo como lo siguiente: «Señor, limpia mi corazón de todo pecado. Vacíalo de todo deseo pecaminoso y de cualquier rebelión en contra de tu voluntad». Es una petición excelente; sin embargo ten mucho cuidado con esa clase de expresiones, porque un corazón limpio y vacío es el mejor sitio para que en él habiten espíritus inmundos. Según el versículo de esta mañana, tales espíritus están sumamente deseosos de morar en un sitio así.

La expulsión de las legiones demoniacas de cualquier corazón trae bonanza, naturalmente. Antes, el corazón estaba lleno de angustia, confusión y desesperación, pero cuando los demonios son echados fuera, el corazón queda limpio y vacío. No obstante, sería un serio error quedarse satisfechos solo con eso, congratulándonos emocionados por estar limpios y vacíos. El objetivo de Dios no se contenta con llegar solo hasta la limpieza. *El Señor nos vacía del mal con el único propósito de llenarnos de él mismo.* Es muy frecuente que nos encontremos en la Biblia la orden de ser llenos de algo: «Sed llenos del Espíritu»; «Sed llenos de la palabra»; «Sed llenos de su amor». Por lo tanto, es un error estar satisfechos por haber sido vaciados en el momento en que el corazón se entregó al Señor Jesús.

Dios nos limpia y nos vacía para que lleguemos a ser su propiedad exclusiva, para que solamente él pueda usarnos. Él desea llenarnos del agua de vida, para refrescar el mundo por medio de nosotros. Está bien el celebrar la limpieza del corazón y estar libres de pecado, pero, más que eso, se debe celebrar la presencia de Jesús en el corazón. Si la limpieza no viene con el anhelo de ser llenos, jamás estarás disponible para servir al Señor.

La Biblia hace mucho hincapié cuando advierte que si el vacío dejado por el demonio no se llena, el diablo regresará con siete demonios más. Si visitantes tan indeseables encuentran la casa vacía y limpia y entrar a morar en su interior, el resultado no solo es perder la fe, sino excluirse de la gloria del testimonio. En Apocalipsis 3: 20 Jesús dice: «He aquí yo estoy a la puerta». Está llamando porque quiere entrar. Él sabe que tu corazón está limpio y vacío, y anhela entrar para bendecirte con su presencia. La decisión es tuya este día: los demonios o Jesús.

Animales del campo, no temáis; porque los pastos del desierto reverdecerán,
porque los árboles llevarán su fruto, la higuera y la vid darán sus frutos.
JOEL 2: 22

La profecía de Joel presenta la promesa divina de un cambio a las condiciones en que se encuentra su pueblo. Aunque alrededor todo parece un desierto, Dios promete enviar su Santo Espíritu para traer nueva vida: los secos pastos reverdecerán, los árboles destrozados se cargarán nuevamente de fruto, y el llanto y el luto se tornarán en canto y fiesta.

Como pueblo de Dios hemos oído hablar bastante acerca del avivamiento. Lo pedimos, lo buscamos, oramos porque estamos convencidos de que lo necesitamos. Entonces, ¿por qué el avivamiento se demora en venir? ¿Por qué no disfrutamos ya de esa experiencia tan necesaria en nuestra vida?

Para que llegue el avivamiento debemos saber hacia dónde mirar, tener una noción de dónde buscarlo. Muchas veces, equivocadamente, lo buscamos en los líderes de la iglesia, pues creemos que el avivamiento vendrá de los pastores. También cometemos el error de señalar el tiempo en que vendrá, como quien fija la hora en el reloj despertador y aguarda para que suene la alarma. El avivamiento llega cuando el corazón de cada creyente que contiene el tesoro de la vida eterna busca en aflicción una nueva experiencia, cuando mira hacia Cristo, quien es nuestra esperanza de gloria. Cuando dejamos atrás la rutina conformista y nos adentramos en la esfera de las cosas extraordinarias e imposibles, comenzamos a beber de la copa del avivamiento.

El avivamiento no es algo que esté confinado, y que se mida y crezca en un edificio con aire acondicionado, donde un grupo de personas se reúnan para planear cosas. El avivamiento nos espera en las calles, nos espera en los asilos de ancianos, en los orfanatos y en las prisiones. El avivamiento nos llama de las regiones de ultramar, de esos campos que invitan a ir en misión, porque no conocen el evangelio.

El avivamiento viene cuando una persona se aproxima al trono de la gracia con valor y espera un milagro, una persona que, al igual que Moisés, espera en las esquinas de las calles para ver manifestarse la gloria de Dios. El Señor desea manifestar su gloria a través de nuestras manos. Desea dirigirse a los pecadores a través de nuestros labios.

Permite hoy que Dios obre un avivamiento en tu vida. Lo verás en tu hogar, en la iglesia, en tu trabajo y en tus relaciones, porque el avivamiento no es un programa. Es una Persona. Es la manifestación de Dios en tu vida.

Así ha dicho Jehová de los ejércitos, Dios de Israel: «Mejorad vuestros caminos y vuestras obras, y os haré morar en este lugar».
JEREMÍAS 7: 3

Jerusalén se había convertido en un muladar espiritual. La fe se había olvidado. La tierra santa se había cubierto con el asfalto de Sodoma y Gomorra. La falsa adoración había sustituido a la adoración verdadera que transforma el corazón. La inmoralidad era subsidiada por el gobierno. Las prostitutas vivían en el templo. Los brujos y los hechiceros habían establecido sus negocios alrededor del santuario.

Pero la existencia y la percepción de lo santo y lo sagrado no habían desaparecido completamente, solo estaban ocultas. Josías fue uno de los primeros en atravesar el negro velo de la impiedad. A pesar de que había iniciado su reinado siendo un muchacho de ocho años, sentía en su interior el llamamiento de Dios. A los dieciséis años de edad sintió desde lo más profundo de su corazón un vehemente deseo de servir a Dios. La abismal impiedad de su abuelo Manasés y la torpeza de su padre Amón no habían podido aplastar la fe dada a los santos. Aquel medio ambiente corrompido en todos los órdenes de la vida no había podido aniquilar la obra del Espíritu de Dios. Josías se preguntó cómo podía establecer un reinado mejor que el de sus antecesores, cómo podía restablecer la salud espiritual y la bondad que se había perdido. Tenía que comenzar por algún sitio.

Después de una lectura cuidadosa del libro de Deuteronomio, que fue encontrado por el sacerdote Hilcías durante la reparación del templo, el rey experimentó el amor de Dios y el poder transformador de la verdadera adoración. Puso en práctica de inmediato todo lo que había leído, y comenzó limpiando el templo. La maldad y la impiedad que surgían del templo llevaban cincuenta y siete años contaminando las calles, las casas y los pueblos de la nación. La vida de las personas puede medirse por el culto que rinden. La adoración define la vida. Si la adoración está corrompida, la vida también lo estará.

La gente aprendió cómo había que adorar. La religión volvió a ser lo que debía. En la historia de la reforma del buen rey Josías aprendemos muchas lecciones. Una de las lecciones más importantes es el poder que tiene la Palabra de Dios. Cuando Josías oyó por primera vez en su vida la lectura del libro de la ley, sintió que su corazón se conmovía. Sintió que Dios había hablado a su corazón, y él respondió al llamado del Señor. Siempre que se lea el Libro de Dios con corazón sincero habrá un avivamiento personal. Si se predica como se debe, habrá un avivamiento en la iglesia. Y si se toman medidas, como en el caso de Josías, habrá un avivamiento nacional. ¿Cómo están tu iglesia y tú en la lectura del libro de Dios? ¿Qué tal su adoración?

Y oyendo el pueblo esta mala noticia, vistieron luto, y ninguno se puso sus atavíos.

ÉXODO 33: 4

E l pueblo de Dios había cometido un gran pecado. Habían hecho un becerro de oro, se habían postrado ante el ídolo, y lo habían adorado. Dios se propuso destruir al pueblo y formar con Moisés una nueva nación. Su presencia ya no estaría con ellos. La gloria de Dios ya no se manifestaría sobre su pueblo. Dios había condescendido a manifestarse a ellos. Manifestaba su presencia mediante una columna de nube durante el día y una columna de fuego durante la noche. Pero ahora Dios amenazó con abandonarlos y negarles el beneficio y la bendición de su presencia.

El texto para nuestra meditación de hoy dice que el pueblo recibió la pésima noticia de que la presencia de Dios ya no iría con ellos. Que sí, les daría la tierra prometida, pero que no los acompañaría en el camino. La leche y la miel no son nada sin la presencia del Pan de vida. El avivamiento no sirve de nada sin el Avivador. Se pueden tener todas las bendiciones del mundo, pero de nada servirán sin la presencia de Aquel que da las bendiciones.

Les daría sus bendiciones, pero no iría con ellos. ¿Está la gloria de Dios en esa casa preciosa con dos automóviles de lujo estacionados en el garaje? ¿Está la gloria de Dios en ese concurridísimo consultorio médico? ¿Está la gloria de Dios en esa profesión tan lucrativa? Las bendiciones, el éxito, las adquisiciones, de nada sirven sin la presencia del gran Proveedor.

¿Qué hacer para que la gloria de Dios regrese a su pueblo? «Entonces los hijos de Israel se despojaron de sus atavíos desde el monte Horeb» (Éxo. 33: 6). Se quitaron sus ornamentos. ¿Por qué? Es posible que los atavíos fueran el símbolo de su principal problema. Habían hecho mal uso de las bendiciones de Dios. Las usaron solamente para el beneficio personal, para cumplir los antojos del corazón natural, para complacer deseos egoístas, para alimentar la vanidad natural del corazón, para satisfacer el yo. Y eso requería arrepentimiento.

¿Hay algo que necesite arrepentimiento en nuestra vida? ¿De qué necesitamos arrepentirnos como iglesia, como familia o como individuos? Nunca veremos la gloria de Dios hasta que reconozcamos nuestra necesidad de arrepentimiento.

Los hijos de Israel se despojaron de sus atavíos. Y nosotros, ¿de qué necesitamos despojarnos?

Si alguno viene a mí, y no aborrece a su padre, y madre, y mujer, e hijos, y hermanos, y hermanas, y aun también su propia vida,
no puede ser mi discípulo.
LUCAS 14: 26

Esta declaración de Jesús produjo un tremendo impacto en sus oyentes. Joseph Ernest Renan, escritor del siglo XIX, autor del libro blasfemo *La vida de Jesús*, aprovechó este texto para declarar que Jesús estaba pisoteando todo lo que es humano: sangre, amor y patria; despreciando el límite saludable del hombre natural; aboliendo toda atadura natural. Se esforzó por hacer aparecer a Jesús como carente de compasión y sentimientos nobles.

A la luz de todo el Nuevo Testamento, Jesús no estaba demandando odio. No puede ordenar en sus mandamientos que debemos amar y honrar a nuestros padres y, a la vez, exigirnos que los odiemos. No podía ordenar amar a la esposa con un amor como el de Cristo, y luego aconsejar odiarla. Quien tomó a los niños en sus brazos y los bendijo, no podía aconsejar aborrecerlos. El que ordenó reconciliarse con los hermanos, jamás nos pediría dejar de amarlos.

No hay lugar en ninguna de las enseñanzas de Jesús para odiar literalmente a nadie. ¿Qué quiso decir Jesús, entonces, con la palabra "aborrecer"? Lo que Jesús pide es lealtad indivisible, amarlo a él de forma suprema, por nuestro propio bien. Si Jesús es el verdadero Señor, la única respuesta válida a su soberanía es la sumisión. Cuando Jesús no tiene rivales en nuestra vida, entonces lo amamos a él primero. Su amor brota de nuestro corazón y alcanza a nuestra familia, nuestros amigos e incluso a nuestros enemigos.

Podemos y debemos amar a nuestros padres y a nuestro cónyuge. Debemos gozarnos en su amorosa relación, pero no pueden ser rivales del Señor Jesús. Podemos tener hijos y gozarnos en su amorosa confianza, pero no pueden ser rivales de Jesús. Podemos tener hermanos y hermanas y gozarnos en el amor fraternal, pero no pueden ser rivales del Señor Jesús. Podemos tener deseos, aspiraciones, recreaciones; pero nada debiera interponerse entre nosotros y Jesucristo. Él debe tener la preeminencia en todo (Col. 1: 18). Debemos darle el primer lugar en nuestra vida. El discipulado demanda que Jesús reine sin rivales en nuestro corazón, que tenga preeminencia en nuestros pensamientos, nuestras palabras y nuestros actos.

Que nuestra oración sea la de Paul Gerhard:

> Jesús, tu ilimitado amor por mí
> ningún pensamiento puede alcanzar,
> ninguna lengua declarar.
> Mi corazón completo es para ti.
> Reina sin rival allí.

Y me dijeron: «El remanente, los que quedaron de la cautividad, allí en la provincia, están en gran mal y afrenta, y sus puertas quemadas a fuego». Cuando oí estas palabras me senté y lloré, e hice duelo por algunos días, y ayuné y oré delante del Dios de los cielos.

NEHEMÍAS 1: 3, 4

Nehemías vivió en la época del rey persa Artajerjes I. Hacía casi un siglo que al primer grupo de judíos repatriados se le había permitido regresar a Jerusalén y reconstruir el templo. Sin embargo, tanto tiempo después, la ciudad seguía sin muros. Cuando Nehemías escuchó el desalentador informe, se sintió desolado y se entregó al ayuno y la oración.

La historia es conocida. Pidió permiso al rey para regresar a Jerusalén y reconstruir las que habían sido una vez murallas imponentes. El rey accedió a la petición de Nehemías, y este llegó a Jerusalén en el año 445 a.C. Enseguida motivó al pueblo para reconstruir las murallas en tiempo récord. No obstante, Nehemías se encontró con mucho más que la destrucción de las murallas físicas. Hacía muchos años que la gente no adoraba a Dios verdaderamente. Nehemías sabía que también las murallas espirituales del pueblo de Israel debían reconstruirse.

Nehemías sabía que la única manera de restaurar el espíritu del pueblo era a través de la Palabra de Dios. Por eso reunió al pueblo y leyeron la Palabra de Dios desde «el alba hasta el mediodía» (Neh. 8: 3). La verdadera restauración ocurrió cuando ellos comprometieron sus vidas a seguir los estatutos de Dios. «Se reunieron con sus hermanos y sus principales, para protestar y jurar que andarían en la ley de Dios, que fue dada por Moisés, siervo de Dios, y que guardarían y cumplirían todos los mandamientos, decretos y estatutos de Jehová nuestro Señor» (Neh. 10: 29).

La negligencia espiritual de los hijos de Dios derriba las murallas espirituales. La negligencia ha convertido en ruinas esas murallas. Muy pocas familias tienen a Dios como verdadero centro del hogar. Los ataques vienen de diferentes direcciones, y, en algunos casos, las murallas de los que profesan la fe se debilitan tanto que no tienen protección.

La restauración de nuestras murallas espirituales no ocurrirá en el ámbito nacional. Será una obra individual. Luego seguirán las de una familia, una iglesia, y, con la ayuda de Dios, las de una comunidad. Tenemos hoy la oportunidad de fortalecer las murallas espirituales dentro de nuestro círculo de influencia.

Promete hoy fortalecer tus propias murallas espirituales para ser una bendición en la reparación de las murallas espirituales de la iglesia, que corre peligro en un mundo de pecado.

Y nunca después vio Samuel a Saúl en toda su vida; y Samuel lloraba a Saúl; y Jehová se arrepentía de haber puesto a Saúl por rey sobre Israel.
1 SAMUEL 15: 35

El profeta Samuel se había retirado a su casa en Ramá, resuelto a no involucrarse más en los asuntos públicos y a vivir con cierta tranquilidad los años que Dios le diera. Además, aún tenía que atender a sus alumnos de lo que se ha dado en llamar la "escuela de los profetas", institución en la que se formaban muchos jóvenes promisorios. Sin embargo, inesperadamente, Dios envió a Samuel al poblado de Belén para ungir como rey a uno de los hijos de Isaí, una persona probablemente desconocida para el anciano juez de Israel. Samuel temió el peligro que suponía el cumplimiento de aquel encargo divino. Le dijo a Dios: «Si Saúl lo supiera, me mataría» (1 Sam. 16: 2). Como ya señalamos, se puede ver con claridad que Saúl se había convertido en un individuo peligroso y violento, dado a todo tipo de maldades, hasta el extremo de ser capaz de matar al profeta de Dios.

Dice la Palabra de Dios: «Y nunca después vio Samuel a Saúl en toda su vida; y Samuel lloraba a Saúl» (1 Sam. 15: 35). Conviene que reflexionemos en este hecho asombroso. El Señor había rechazado a Saúl y «se arrepentía de haber puesto a Saúl por rey sobre Israel» (1 Sam. 15: 35). Saúl se había convertido en un monarca caprichoso y malvado, poseído por un demonio. Y, sin embargo, Samuel lloraba por él.

¿Por qué lloraba el viejo profeta por Saúl? Lloraba porque lo amaba a pesar de su perversidad. Lloraba porque Saúl era un dirigente del pueblo del Señor, elegido por Dios y ungido con aceite santo. El profeta lloraba porque la caída de Saúl era un fracaso más que humano, de graves consecuencias para todos. Era un fracaso, por así decirlo, del pueblo de Dios. La caída de un dirigente es una tragedia para el pueblo. Los que aman a ese dirigente y confían en él experimentan una de las pruebas más grandes de la fe que un creyente puede soportar. La razón es que el pecado de un dirigente es diez veces más grave que el pecado de una persona normal. Por eso, cuando cae el pastor de una iglesia, por ejemplo, esta tarda diez años en recuperarse del trauma, del dolor, de la mala influencia y del desaliento que experimentó. Por eso lloraba Samuel por Saúl.

¿Lloras por los dirigentes del pueblo de Dios? Son tan elegidos por Dios hoy como lo fue Saúl en su día. Un dirigente del pueblo de Dios es muy importante para la iglesia. Cuando alguno cae, como cayó Saúl, el pueblo de Dios llora.

> He aquí que Jehová el Señor vendrá con poder, y su brazo señoreará;
> he aquí que su recompensa viene con él, y su paga delante de su rostro.
> ISAÍAS 40: 10

¿Sabes cómo recibir fuerza de Dios cuando las dificultades llegan a tu vida, destruyendo la paz, la salud, y la seguridad? ¿Sabes cómo descansar en Dios cuando se rompen tus sueños, y tus esperanzas se convierten en cenizas? Quizá la crisis, el dolor o la angustia golpean tu vida hoy, y en tu desesperación no sabes qué hacer.

El texto bíblico para la meditación de hoy presenta un mensaje maravilloso. Nos dice lo que debemos hacer y con quién contamos para enfrentar los peores momentos de nuestra vida. El profeta Isaías, conocedor por experiencia del Único con quien se puede contar en todo momento, dice a los atormentados y afligidos: «¡Vean aquí a su Dios!»

De la declaración del profeta podemos deducir una importante lección. Cuando surgen las pruebas y, como embravecidas aguas, amenazan con anegarnos, inmediatamente debemos fijar nuestra mirada en Dios. Siempre me gusta pensar en el ratón cuando, sorprendido en la cocina y perseguido con la escoba con aviesas intenciones, centra toda su atención y su vista en una sola cosa: No en quien lo persigue ni en la escoba, sino en su ratonera, único lugar donde encontrará protección.

A los que atraviesan por pruebas y dificultades, Isaías les dice: «¡Vean aquí a su Dios!» Mira hacia Dios, porque él es la roca inmutable. Mira hacia Dios; él no te dejará nunca. Mira hacia el Dios que todo lo sabe y todo lo puede. Cada cosa necesaria para vencer en toda circunstancia se encuentra en él.

El Señor es tierno y compasivo. El propio Isaías afirma: «Como pastor apacentará su rebaño; en su brazo llevará los corderos, y en su seno los llevará; pastoreará suavemente a las recién paridas» (Isaías 40: 11). Él es el buen pastor, el Pastor por antonomasia, quien está íntimamente involucrado en la vida de sus ovejas. Él las ama, las junta cerca de él y las lleva a hombros cuando son abrumadas por las pruebas de la vida.

Ánimo, tu Dios es el supremo gobernante del universo, el creador de todas las cosas. En su gran plan, eres muy importante.

Cuando tu problema parezca insuperable, somételo a Dios. Él es capaz, poderoso y compasivo.

Aunque majes al necio en un mortero entre granos de trigo majados con el pisón, no se apartará de él su necedad.
PROVERBIOS 27: 22

La terquedad es un grave defecto. Una persona terca es la que no quiere aprender, la que es inflexible, la que se aferra firmemente a su propia opinión sin dar cabida alguna a las opiniones de los demás.

Una persona terca es incorregible. Puede ser que nunca crezca ni se desarrolle porque cree que todo lo sabe y que no hay nada nuevo que aprender. También es una persona que nunca admite sus errores, y no hay manera de inducirla a cambiar su forma de pensar. Quizá en más de alguna de estas descripciones describo tu personalidad, o la mía. Probablemente, sin que tú y yo lo sepamos, haya personas que nos conozcan y que piensen que somos tercos en un sentido u otro. Y también deberíamos preocuparnos por ello, porque si dos o más personas han pensado eso de nosotros, lo más probable es que tengan razón.

Quizá en cierto sentido podríamos decir que hay dos tipos de terquedad: la terquedad que fluye del Espíritu Santo y la que fluye de la carne, o la necedad, como dice el sabio Salomón. En palabras sencillas, hay un tipo de terquedad buena y una mala. ¿No podríamos llamar, en sentido figurado, "terquedad" a la firmeza de convicciones que el Espíritu Santo pone en la mente del cristiano convertido y fiel? Cuando el Espíritu Santo ha convencido al cristiano de algo, muchos pueden creer que está dominado por la terquedad. Pero no tienen razón. El cristiano que se aferra con todo su ser a una convicción de principios no es terco.

¿Será que como seres humanos procuramos aferrarnos a convicciones egoístas cuyo único objetivo es probar que uno siempre tiene razón, inasequible a la equivocación? Si es así, entonces nos estamos aferrando a nuestro orgullo personal. La persona que tiene un gran ego tiene una inseguridad tan grande como su propio ego.

Dios permita que hoy sea para nosotros un día decisivo en el que podamos hacer un cambio radical, un día para pedir a Dios que nos saque del pozo de la terquedad y nos sitúe en la roca sólida de los principios. Después de eso, que digan los demás lo que quieran. Nosotros nos aferraremos a nuestras convicciones grabadas en la tabla de nuestro corazón por el Espíritu Santo.

No seamos necios, sino firmes en nuestras convicciones, para que cuando Dios nos vea diga que somos hombres y mujeres conforme a su corazón.

> Y estas cosas les acontecieron como ejemplo, y están escritas para amonestarnos a nosotros, a quienes han alcanzado los fines de los siglos.
>
> 1 Corintios 10: 11

Hace algún tiempo leí acerca del empleado de una empresa que estaba muy molesto porque no recibía ningún ascenso. Llevaba muchos años en el mismo puesto y con el mismo salario. Se dirigió al despacho de su jefe y le dijo: «Tengo veinticinco años de experiencia. Sin embargo, la empresa no lo ha tenido en cuenta». El jefe respondió: «No, Roberto. Usted tiene *un* año de experiencia repetido una y otra vez a lo largo de los últimos veinticinco años».

Repetir la misma lección, la misma experiencia, año tras año significa que uno está estancado, que no aprende lo suficiente. Es imprescindible avanzar e ir más allá en el aprendizaje. No permitamos que el egoísmo cierre nuestra mente y ciegue nuestros ojos para no ver y aprender del ejemplo de otras personas. Pensar que ya lo sabemos todo y que somos mejores que los demás es ser orgullosos y detener nuestro progreso. Seamos humildes. Estudiemos a aquellos que han tenido éxito, donde deseamos tenerlo nosotros, con el propósito de descubrir qué hacen y qué no hacen.

Ben Feldman dijo: «Solamente un insensato aprende de su propia experiencia». Y el apóstol Pablo enseña que lo que les sucede a los demás constituye un ejemplo para nosotros. Se trata de lecciones que debemos aprender para no cometer sus mismos errores.

Los personajes bíblicos tienen mucho que enseñar. Selecciona a algunos de ellos y aprende, para tu propio bien, en cuanto a su conducta, su actitud, su respuesta ante Dios, la forma en que reaccionaron en diferentes circunstancias, y las situaciones que la vida les presentó. Si enfrentas una tentación que se repite vez tras vez, fíjate en José. Si quieres saber cuál es el precio de ser leal a Dios, entonces estudia la vida de Daniel. Si quieres conocer el resultado de murmurar contra los siervos de Dios, contempla el caso de María y de su hermano Aarón. Si quieres saber lo que significa golpear la piedra cuando Dios dice que te limites a hablarle, entonces pregúntale a Moisés. Si deseas superar tu complejo de inferioridad, acude a Gedeón. Para levantarte del fracaso, dirígete a Pedro. Para la asunción de riesgos, vete a la reina Ester.

Hoy sé honesto y abierto. Debes estar dispuesto a aprender. Acércate a la Palabra de Dios y enriquece tu vida. Todo lo que les sucede a otras personas es también un ejemplo para ti.

Trayendo a la memoria la fe no fingida que hay en ti, la cual habitó primero en tu abuela Loida, y en tu madre Eunice, y estoy seguro que en ti también. 2 TIMOTEO 1: 5

El mundo que nos rodea observa meticulosamente, "con lupa" y hasta con microscopio diría yo, a los que llevamos el nombre de cristianos. Legítimamente, buscan encontrar en nosotros alguna cosa genuina y verdadera. Se fijan en nosotros para comprobar que nuestras palabras están en consonancia con nuestro estilo de vida, es decir, para verificar si nuestro estilo de vida está de verdad a la altura de aquello en lo que decimos creer. Desgraciadamente, demasiadas veces descubren que en nuestros motivos y acciones existen demasiadas incongruencias, o, peor aún, que no existe nada genuino y verdadero.

La calidad de la conducta cristiana da poder al testimonio del creyente. El éxito al compartir la fe descansa en una vida en la que Jesús se refleja libre de toda sombra. Podemos conocer las veintiocho creencias fundamentales de la doctrina adventista y exponerlas con toda claridad, pero si la teoría que decimos respetar no es congruente con la práctica, nuestra fe no supondrá ningún impacto para las personas que se relacionen con nosotros.

Jesús procuró que cada una de sus enseñanzas fuera entendida a la luz de sus acciones, y eso lo apreciaban hasta aquellos que no querían aceptarlas. Nuestro Señor enseñó que era menester orar y no desmayar, y frecuentemente se le encontraba de rodillas en oración en lugares apartados. Enseñó a sus discípulos a amar a los enemigos. Incluso mientras lo crucificaban pidió perdón a Dios por los soldados que traspasaban sus pies y sus manos. El Rey del universo habló de dar al César lo que es del César y pagó los impuestos cuando le fueron requeridos; enseñó que había que predicar el evangelio del reino y se le vio caminando por todas las aldeas y ciudades de la tierra de Israel alcanzando a los perdidos.

Compartir nuestra fe consiste en encuentros privados con un solo individuo o en reuniones públicas, más o menos concurridas, en las que expresamos verbalmente lo que significa Dios para nuestra vida. No obstante, las personas "escuchan" más lo que hacemos que lo que decimos. Mil palabras nunca tendrán más impacto que el ejemplo. Con razón se ha dicho «Lo que haces habla tan fuerte que no me deja escuchar lo que dices».

Vive hoy una vida que refleje la verdadera naturaleza de tu amor por Jesucristo. Es la única manera en que podrás traspasar tu fe a tus hijos, tus vecinos y tus amigos.

> Entonces Jesús dijo a sus discípulos: «Si alguno quiere venir en pos de mí,
> niéguese a sí mismo, y tome su cruz, y sígame».
>
> MATEO 16: 24

Cuando Jesús, durante su ministerio terrenal, invitaba a la gente a seguirlo, no era difícil entender el significado de sus palabras. Después de todo, él se encontraba aquí físicamente. Él dijo a los pescadores y a los cobradores de impuestos: «Venid en pos de mí». La respuesta de estas personas se plasmó en el acto concreto y físico de poner los pies en la tierra, caminar tras el Salvador y convertirse en sus compañeros de viaje.

Aunque ya no está aquí físicamente, el Señor continúa extendiendo su invitación a seguirlo. ¿Qué significa hoy seguir a Jesús? Seguirlo no se limita ya a recorrer la tierra de Israel tras él. Se trata más bien de una invitación a cada persona en cada país y en cada época.

Seguir a Jesús significa unirse a él para continuar lo que vino a hacer: llamar a los pecadores al arrepentimiento, buscar lo que se ha perdido, dar a conocer la vida abundante que ofrece a todos los que viven en la miseria del pecado, traer gloria al nombre de Dios. Ir en pos de él significa recoger con él, no desparramar. No hay seguidores neutrales. O recogemos o desparramamos. Los creyentes nos hemos unido a él para continuar su labor: congregar un pueblo leal para la gloria de su Padre.

Seguir a Jesús, además, significa que debemos ser partícipes de sus sufrimientos. Cuando Jesús nos llama a seguirlo, hace hincapié en el sufrimiento. Ningún seguidor de Jesús debe extrañarse de que el mundo se le vuelva en contra, de que lo desprecien o de que traten de hacerle difícil la vida. Jesús sabía que se dirigía a la cruz, y nos exige hacer lo mismo. Él sabía que su propio dolor caería sobre aquellos que lo seguían. Nos llama a seguirlo en su sufrimiento, porque esta vida de gozoso sufrimiento por Jesús demuestra que él vale más que todos los tesoros por los que vive el mundo.

Seguir a Jesús es de importancia suprema, y conlleva ciertos comportamientos: romper relaciones con otras personas o con ciertas posiciones; sufrir con él y complacerlo en todo. Es costoso, pero vale la pena.

Si algo obstaculiza que sigas a Jesús en el verdadero sentido del término, debes librarte de todo estorbo. Decide hoy renunciar a todo para estar a la entera disposición de Jesús, para los propósitos que él estime convenientes.

Sino acuérdate de Jehová tu Dios, porque él te da el poder para hacer las riquezas, a fin de confirmar su pacto que juró a tus padres, como en este día.
DEUTERONOMIO 8: 18

Muhammad Ali (Cassius Marcelus Clay) es considerado por muchos entendidos el mejor boxeador de todos los tiempos. Ganó 56 de sus 61 peleas profesionales y dejó fuera de combate a 37 de sus oponentes. Su frase más famosa fue «Yo soy el más grande».

Un día, Ali estaba sentado en un avión. Cuando uno de los asistentes de vuelo vino por el pasillo comprobando que todos los pasajeros tuviesen puesto el cinturón de seguridad, al llegar al asiento de Ali le pidió abrocharse. «*Supermán* no necesita cinturón», sonrió con desprecio el púgil. El asistente de vuelo sonrió dulcemente y replicó, «*Supermán* tampoco necesita un avión». Ali se colocó su cinturón.

Cuanto mayor sea nuestro éxito, mayor será el riesgo de que nos vanagloriemos y de que consideremos que nuestra inteligencia y nuestra capacidad como son los únicos factores de nuestra prosperidad. Dios queda relegado de nuestras vidas y el yo recibe toda la alabanza.

El historiador escocés Thomas Carlyle observó: «Parecería que la adversidad es muy difícil para los hombres. Sin embargo, por cada cien personas que se mantienen en pie frente a la adversidad, solo hay una que se mantiene en pie frente a la prosperidad. El éxito repentino frecuentemente lleva al orgullo y a la caída. Para sobrevivir, la prueba más exigente de todas es la prosperidad».

¿Cómo ves lo que has llegado a poseer? Quizá después de ser pobre o de ocupar posiciones sin importancia, ahora goces de muchas comodidades. Quizá seas dueño de varias casas, o el pequeño negocio se ha convertido en una gran empresa. Puede que hayas alcanzado una posición de prestigio y fama. ¿Qué piensas al considerar el éxito alcanzado?

Debes considerar tus logros no como resultado de tu fuerza, sino como una bendición de Dios. Él es quien da la fuerza y los talentos para triunfar. Todo lo que tienes, lo has recibido de la mano de Dios.

Si eres inteligente, si tienes buena salud o buena formación académica, debes darle las gracias al Señor y dejar a un lado toda arrogancia. Tú no lograste el éxito; lo recibiste como un regalo de Dios.

Camina en humildad delante de Dios. Para no ser humillado bajo su mano poderosa, dile hoy al Señor: «Todo te pertenece a ti; yo soy solamente tu mayordomo».

> Así que somos embajadores en nombre de Cristo, como si Dios rogase por medio de nosotros; os rogamos en nombre de Cristo: Reconciliaos con Dios.
>
> 2 CORINTIOS 5: 20

¿Puedes imaginarte lo que sucedería en la sociedad si cada cristiano viviera de verdad como un embajador del Señor Jesucristo? Un embajador sostiene una posición de gran honor y responsabilidad. Las personas seleccionadas para desempeñar ese cargo reciben una preparación muy especial y deben tener un entendimiento claro de lo que significa su deber. Tienen que conocer la mente del presidente o del primer ministro de su país y representar solamente sus intereses. La persona que está más preocupada por sus propios intereses y por dar sus opiniones nunca cumplirá los requisitos mínimos para acceder a esa responsabilidad.

Muy a menudo, los embajadores son llamados por sus gobernantes después de dos o tres años de servicio, incluso aunque no haya un cambio de gobierno motivado por unas elecciones generales. El gobierno suele cambiar sus embajadores con cierta periodicidad, pues cabe la posibilidad de que, al permanecer largo tiempo en otro país, acaben estando más comprometidos con los intereses de ese país que con los del suyo propio.

Por el mismo motivo, también nosotros, como embajadores del cielo, debemos guardar nuestro corazón, para que no esté más en armonía con los intereses de este mundo que con los de nuestro Señor y Salvador Jesucristo. El apóstol Pablo escribió: «Porque Demas me ha desamparado amando este mundo, y se ha ido a Tesalónica» (2 Tim. 4: 10). Esto puede suceder fácilmente. Demas fue seducido por las cosas de este mundo. Los placeres mundanos apelaron a sus deseos carnales hasta desviarlo de su deber como hijo de Dios.

A diferencia de lo que hacen los gobiernos humanos, Dios no cambia sus embajadores cada poco tiempo. Hemos sido comisionados para representar los intereses de Jesús a perpetuidad. Nuestra mente y nuestro corazón deben centrarse solo en los intereses de nuestro Rey, el Señor Jesucristo. No estamos en este mundo para expresar nuestras propias opiniones, ni para representar los intereses del dios de este siglo. Estamos aquí para representar el gobierno del Dios verdadero, las leyes del cielo y para dar a conocer el mensaje de salvación. Si tememos a los hombres y buscamos su alabanza, nunca podremos representar a nuestro Rey y a su reino.

Vive hoy como un embajador de Jesús. Que por tus palabras y tu conducta el mundo sepa que representas al Rey eterno.

Respondiendo Jesús dijo:
«¿No son diez los que fueron limpiados? Y los nueve, ¿dónde están?»
Lucas 17: 17

La historia de la curación de los diez leprosos realizada por Jesús es muy interesante. Si la lees cuidadosamente, podrás encontrar, como mínimo, tres importantes lecciones:

1. Los leprosos aprovecharon el momento; no dejaron pasar su única oportunidad. Escúchalos «¡Jesús, Maestro, ten misericordia de nosotros!» (Luc. 17: 13). Las personas desesperadas actúan. ¿Quién se cuida de las apariencias o de lo que pueda decir la gente cuando la casa se está quemando? Jesús estaba frente a ellos, era su única oportunidad de ser sanados, y aprovecharon ese momento. ¿Aprovechas la oportunidad cuando se te presenta? Cuando la lepra del egoísmo daña tu corazón y Jesús se te aparece a través de un mensaje, de una lectura o de una amonestación, ¿clamas «Jesús, ten misericordia»? Cuando Jesús te confronta con tu pecado, ¿aprovechas, para decirle «Ten misericordia de mí»? La cosa más grande que le puede ocurrir a una persona es que Jesús pase frente a ella. Hoy Jesús está frente a ti. Aprovecha, no lo dejes pasar sin que haga algo por ti.

2. Los leprosos creyeron aunque no vieron. «Les dijo: Id, mostraos a los sacerdotes, y aconteció que mientras iban, fueron limpiados» (Luc. 17: 14). Jesús les declaró que estaban limpios. Aunque no veían prueba alguna de tal cosa, creyeron las palabras del Señor. Salieron a mostrar al sacerdote que estaban limpios. Cuando ores al Señor, cree que el milagro ya sucedió. Insiste, a través de los obstáculos de la duda y la inseguridad, hasta que veas tu milagro. En la marcha verás con tus propios ojos lo que pediste en oración. Muchas veces la acción de Dios no es un solo paso, sino un proceso. Camina día tras día dependiendo del Señor.

3. Sorprendentemente, solo uno de los diez leprosos sanados regresó para dar las gracias a su Sanador. Por esa razón preguntó Jesús: «Y los nueve, ¿dónde están?» (Luc. 17: 17). ¿Estaban ocupados?, ¿Absortos en sí mismos, o simplemente eran olvidadizos?

Esta mañana Jesús pasa frente a ti. Acude a él desesperado y clama: «Ten misericordia de mí». Aproveche tu oportunidad, cree que el milagro ya ha sucedido, y acuérdate de darle las gracias.

> Pero de ninguna cosa hago caso, ni estimo preciosa mi vida para mí mismo, con tal que acabe mi carrera con gozo, y el ministerio que recibí del Señor Jesús, para dar testimonio del evangelio de la gracia de Dios.
>
> HECHOS 20: 24

Eran las siete de la tarde del 20 de octubre de 1968. Solamente unos pocos espectadores permanecían en el estadio olímpico de la ciudad de México. Ya casi oscurecía cuando el que parecía el último de los corredores rezagados del maratón, dando traspiés, atravesó la línea que marcaba la meta. De pronto, los espectadores escucharon sorprendidos el ulular de las sirenas de los autos de la policía. Atraídos por el inesperado ruido, sus ojos giraron hacia la entrada al estadio y contemplaron un solo corredor que avanzaba lentamente, tambaleándose, vestido de los colores de Tanzania. El joven, llamado John Stephen Akhwari, era el último de los setenta y cuatro competidores que llegó a la meta, con una profunda herida en la rodilla que le hacía cojear. La herida se la causó una caída al principio de la carrera. Poco después, alguien le preguntó por qué había seguido corriendo. Su respuesta, que se hizo muy famosa, fue: «Mi país no me envió a siete mil millas de distancia para iniciar la carrera, sino para finalizarla».

La Palabra de Dios a menudo compara la vida cristiana con una carrera. El apóstol Pablo así lo consideraba cuando afirmó: «He acabado la carrera». No siempre es fácil terminar la carrera, pero un buen corredor nos dirá que la única manera de lograrlo es correr un kilómetro cada vez, nada más. La hora de pensar en el kilómetro siguiente es cuando se acaba el anterior. Si se piensa en la distancia total de la carrera, se despertarán sentimientos de desánimo.

Tú fuiste llamado por el Señor Jesucristo para entrar en la carrera de la vida cristiana. Has sido llamado no solo para comenzar la carrera, sino para finalizarla, para llegar a la meta. No se trata únicamente de comenzar amando a Cristo, sino de ser fieles a él hasta el final. Fuiste llamado para comenzar a guardar el sábado, y también para terminar observándolo, para comenzar a devolver el diezmo con fidelidad y para terminar de la misma manera. Fue llamado para creer en la segunda venida de Cristo y terminar tus últimos días en esta tierra creyendo en esa bienaventurada promesa. Fuiste llamado para comenzar y terminar con gozo.

Toma hoy la decisión firme de correr hasta el final, de terminar la carrera que iniciaste. Pide al Señor que te dé ánimo y fortaleza y que te mantenga fiel hasta el último día.

Jesús les dijo: «Llenad estas tinajas de agua. Y las llenaron hasta arriba».
Juan 2: 7

Jesús llegó a las bodas de Caná cuando los huéspedes tenían escasez de vino. La necesidad del momento ofrecía una gran oportunidad para que Jesús exhibiera su poder a través de un milagro. Podía actuar de una manera que la atención de los presentes se concentrara en él. Un buen momento y una gran oportunidad para hacerse publicidad. Sin embargo, en lugar de ofrecer un gran espectáculo al convertir agua natural en un vino fino y especial, Jesús realizó su primer milagro de una manera inadvertida, quieta y silenciosa, tan discreta que no obtuvo ningún crédito por lo que hizo. En medio de la algarabía de la fiesta, Jesús llamó a unos criados y les dijo: «Llenad estas tinajas de agua» (Juan 2: 7). Cuando llevaron las jarras al coordinador de la fiesta, este probó el vino y felicitó al novio por su generosidad. Solo los criados supieron en un primer momento la realidad de lo acontecido. Esta historia nos ofrece dos grandes lecciones:

En primer lugar, Dios desea que confiemos en él, aun cuando no entendamos sus caminos. Jesús no dijo: «Llenen estas tinajas con agua y la convertiré en un vino más delicioso que el que tienen». Simplemente dio una orden. Los criados obedecieron y solo más tarde que descubrieron lo que Jesús había hecho. Frecuentemente, esperamos que Dios revele de antemano su voluntad; queremos ver la manera en que actúa o entender cada acción que toma. Pero lo único que Dios nos dice es: «Confía en mí».

La segunda lección es que Dios tiene una parte que hacer y nosotros otra. «Llenen las jarras con agua», dijo Jesús. Decía a los siervos: «Tengan fe». Con una sola palabra pudo haber hecho que el vino apareciera, pero ordenó que llenaran las tinajas.

Quizá hoy estás enfrentando un problema cuya causa desconoces, y tampoco sabes la manera en que Dios trabaja para resolverlo. Pero Dios te ordena que te mantengas en una actitud de fe, de confianza, aunque no sepas qué es lo que vendrá después. Tal vez Dios te pide que rompas una relación con alguien que crees que será tu futuro cónyuge, o que cambies de actividad o aceptes trasladarte a otra población, o que inicies conversaciones con un incrédulo. Dios te pide que avances por fe.

El mensaje sobresaliente para ti en este primer milagro realizado por Jesús es: «Lo mejor está por venir», y eso es lo que dice a todos aquellos que han puesto su confianza en él. Él sabe lo que sucederá, cuál será el alimento para el día de mañana o qué sufrimiento vendrá; pero el cristiano sabe que ahí no acaba todo. Habla hoy de tu final feliz. Cree que lo mejor está por venir.

Los tres elementos de la oración

Perseverad en la oración velando en ella con acción de gracias.
COLOSENSES 4: 2

La vida de oración de Jesús fue extraordinaria. Daniel oraba tres veces al día. El apóstol Pablo, según lo expresa él mismo, lo hacía sin cesar. A la luz de estos gigantes, ¿cómo evalúas el estado actual de tu vida de oración? ¿Oras regularmente? ¿Sientes que tus oraciones son escuchadas, atendidas y respondidas por Dios? Si tu respuesta te apena, no te desanimes si te sientes poco satisfecho con el tiempo que dedicas a buscar compañerismo e intimidad con tu Padre celestial.

Muchos cristianos están luchando por mejorar su vida de oración. Algunos se frustran por los pobres resultados obtenidos. La Biblia ofrece algunos consejos que enriquecerán tu vida de oración si los tienes en cuenta.

- Conságrate a una vida de oración. «Perseverando en la oración, velando en ella con acción de gracias» (Col. 4: 2). Según el consejo divino, debes orar sin cesar y con el interés de ver resultados. Aparta tiempo para escuchar al Padre celestial, así como para hablar con él, expresándole con toda confianza los deseos de tu corazón, e incluso aquellas cosas por las cuales no te sientes bien, por mucho que tales cosas parezcan una queja. Si el descanso de la noche no fue bueno, dile: «Señor, me siento malhumorado, pues no tuve una buena noche».

- Vigila la frecuencia y la calidad de tu oración. ¿Oras en todo tiempo? ¿Tienes comunión con tu Padre mientras realizas tus tareas diarias? ¿Verificas diariamente tu programa de oración? ¿Incluyes en tus oraciones a los que predican el evangelio? ¿Oras por los que todavía no conocen a Jesús?

Satanás desea distraerte de la oración, desea desviar tu mente y mantener tu corazón sumido en problemas. Si advertimos estas cosas, podemos contrarrestarlas concentrando nuestra atención en nuestro deber, que consiste en comunicarnos con Dios.

- Ora con espíritu de gratitud. El apóstol Pablo aconseja: «La palabra de Cristo more en abundancia en vosotros, enseñándonos y exhortándonos unos a otros en toda sabiduría, cantando con gracia en vuestros corazones al Señor con salmos e himnos y cánticos espirituales».

Hoy tienes muchas cosas por las cuales dar las gracias al Señor. Dáselas por escucharte, por su fidelidad y por las respuestas que dará a tus oraciones.

Mas gracias sean dadas a Dios, que nos da la victoria
por medio de nuestro Señor Jesucristo.
1 Corintios 15: 57

Durante la Segunda Guerra Mundial, las palabras de Winston Churchill inspiraron al pueblo británico a creer en la victoria. Observemos lo que dijo aquel gran político, militar e historiador:

«Ustedes preguntarán cuál es nuestra política. Es hacer guerra por mar, tierra y aire, con todo nuestro poder y toda la fuerza que Dios pueda darnos [...]. Ustedes preguntarán cuál es nuestro blanco. Puedo responderles con una sola palabra: ¡Victoria! [...] A toda costa, ¡victoria! A pesar de todo el terror, ¡victoria! Sin embargo, por largo y duro que pueda ser el camino, sin victoria no hay superviviente.

»Debemos ir hasta el final, debemos pelear en Francia, debemos pelear en los mares y en los océanos, debemos pelear con confianza creciente y con fuerza por aire, debemos defender nuestras islas, cualquiera sea el costo, debemos pelear en las playas, debemos pelear en los lugares de aterrizaje, debemos pelear en el campo y en las playas, debemos pelear en las alturas, pero nunca, nunca, nunca, debemos rendirnos».

Hay momentos en la vida del cristiano en los que la batalla es tan difícil que parecería que rendirse es la única salida que nos queda. En tales momentos de zozobra, nos sentimos tentados a decir: «No puedo más. No puedo seguir en la iglesia», «No puedo más con este matrimonio», «No puedo más con esta tentación», «No puedo más con esta situación económica». Y casi estamos dispuestos a arrojar la toalla, con un patético «Me rindo».

Sin embargo, los hijos de Dios nunca deben rendirse. Después de todo, están en el lado ganador. Están con Jesús, quien nunca ha perdido una sola batalla. El apóstol Pablo afirma por experiencia propia que en Cristo no hay derrotas, solo victorias. El apóstol de los gentiles fue perseguido, azotado, apedreado, encarcelado y amenazado de muerte, padeció hambre, sed, frío y desnudez, pero nunca se rindió. Sabía muy bien que en el diccionario cristiano no existen las palabras 'derrota' ni 'rendirse', porque Cristo es la victoria del creyente.

Recuerda que no importa cuán malas pueden parecer las cosas hoy. La Palabra de Dios te dice: «Y Jehová va delante de ti; él estará contigo, no te dejará, ni te desamparará; no temas ni te intimides» (Deuteronomio 31: 8). No te rindas.

> Así alumbre vuestra luz delante de los hombres, para que vean vuestras buenas obras, y glorifiquen a vuestro Padre que está en los cielos.
>
> MATEO 5: 16

Escuché en una ocasión a un predicador de otra denominación presentar un sermón basado en el versículo que constituye la base de nuestra meditación de esta mañana. Me llamó la atención que solo hizo hincapié en el hecho de que los cristianos somos luz.

En realidad, su mensaje tenía como objetivo convencer a sus oyentes de que el ser luz los convertía en personas importantes, superiores a los demás. Señalaba que, por ello, debían vivir libres de complejos, que, de hecho, las demás personas se sentirían tímidas y atemorizadas ante ellos. Ser luz los situaba por encima de todo prestigio y toda fama terrenal, a un nivel que estaba muy por encima del ocupado por gobernantes, artistas, profesionales y personas adineradas. Según aquel predicador, ser luz significa ser admirados, alabados y respetados, y que la atención de los demás se centra en aquellos que son luz.

¿Cuál es el objetivo supremo de ser la luz del mundo? ¿Que nos vean? ¿Que nos admiren? ¿Que nos alaben? No, de ninguna manera. El objetivo supremo de obedecer los mandamientos dados por Dios no es que los guardemos para que el mundo vea cuán obedientes somos. La obediencia queda en penúltimo lugar. Lo importante de la obediencia en nuestra vida es que Dios sea glorificado como Señor y Creador del universo. Cuando obedecemos sus mandamientos, lo que el mundo ve es a Cristo actuando en nuestro corazón, el fruto glorioso de su obra, lo valioso que es él y el poder que el evangelio tiene para transformar la vida. En otras palabras, no es para que el mundo vea la persona del creyente, ni la obediencia de este, para lo alabe por ello. El objetivo es muy otro, y consiste en que todos vean la gloria *de Dios* y lo alaben *a él*. Por eso vino Jesús, y por ello su misión continuará hasta que regrese por segunda vez.

Reconoce hoy que la transformación que Dios ha realizado en tu vida no es para que te alaben a ti, sino para que alaben a Dios. Permite que Dios resulte atractivo para todos, y que sea amado, respetado y adorado por los demás por la calidad de vida que pones de manifiesto día a día. Obedece todo lo que Dios ordena, no por estar a bien con la iglesia, y tampoco para permanecer en los libros de la iglesia. Obedece para que Cristo sea glorificado. Él es la auténtica Luz que alumbra a todo hombre.

Y seréis aborrecidos de todos por causa de mi nombre.
Lucas 21: 17

Cuando Jesús dijo: «Amad a vuestros enemigos», dio por sentado que todos tenemos uno o más enemigos. Lamentablemente, es posible que muchos de nuestros enemigos, o tal vez todos ellos, sean de nuestra misma comunidad de fe. Esto no ha cambiado desde los tiempos de Jesús pues la persecución que enfrenta cada uno de nosotros frecuentemente proviene de aquellos que profesan creer en Dios.

Es doloroso pensar que nuestros enemigos sean los mismos de dentro, nuestros hermanos en la fe. ¿Por qué sucede esto? El origen de esta enemistad puede ser explicado por cosas tales como las incompatibilidades de carácter, cosa que alguien ha comparado con la incompatibilidad entre grupos sanguíneos. Lo cierto es que podemos caer mal a otras personas por el sencillo hecho de no pensar como ellas.

Puede ser que esas personas estén molestas por las bendiciones que el Señor te ha dado y por el buen lugar en el que Dios te tiene en este momento. Tal vez los demás no acepten que ganes un buen sueldo y que ocupes un lugar prestigioso. Otros quizá tengan envidia de algunos de los talentos que posees. Quizá los celos provengan de que tus superiores tengan buena opinión de ti.

Siempre habrá en este mundo algunas personas que te mirarán mal y que estarán molestas por el lugar donde Dios te tiene. Nunca faltarán aquellos que estén celosos y procuren tu mal.

Si gozas de buena reputación, no dudes que faltarán aquellos que procuren dañar tu imagen. Desgraciadamente, tus enemigos nunca entenderán que, en realidad, no es que estén molestos contigo, sino con Dios.

La razón principal por la que tú y yo tenemos uno o más enemigos es porque es la voluntad de Dios. ¿Por qué? Porque eso es precisamente lo que necesitamos. Cuando tenemos enemigos, podemos humillarnos y arrepentirnos al observar su carácter, porque nuestros enemigos son un reflejo de lo que somos. Los enemigos nos demuestran cómo somos nosotros también en realidad. Por ello, nunca debemos enojarnos con nuestros enemigos, porque pueden ser el instrumento de Dios para cambiar y tocar nuestro corazón para cambiar.

Que tu oración de hoy sea: «Señor, ayúdame a perdonar a mis enemigos, y permíteme abrir mis ojos para ver lo que está mal en mí y ser una persona que suponga una bendición para los demás».

> Y a cualquiera que te obligue a llevar carga por una milla, ve con él dos.
>
> MATEO 5: 41

Las personas que rodeaban a Jesús y escucharon estas palabras por primera vez se quedaron perplejas con su enseñanza. Su primera reacción fue pensar que el Maestro recurría al sarcasmo para presentar después alguna aplicación profunda de aquel sorprendente concepto. Otros creyeron que, sencillamente, bromeaba cuando pedía a sus seguidores que no solamente llevasen la carga a lo largo de una milla, sino que hicieran de buena gana otra milla adicional.

En los días de Jesús, los romanos tenían una costumbre que ya practicaban los persas medio milenio antes. La práctica en cuestión consistía en que los militares vencedores tenían ciertas prerrogativas sobre los ciudadanos de las naciones cuyos ejércitos habían sucumbido ante el poderío del vencedor. Así, cualquier soldado romano podía exigir de un judío varón, viejo o joven, que le llevara su carga por una milla. Esto causaba incomodidad y resentimiento hacia los romanos, y las personas así obligadas jamás daban un solo paso más de lo que la ley de conquista les exigía. Por esa razón precisamente, las palabras de Jesús no fueron bien recibidas por los que las escuchaban.

Al pedir que andemos la segunda milla, Jesús trata de enseñar un principio vital de su reino. Jesús está diciendo que cualquier gentil o persona no salvada puede ir una milla. «Porque si amáis a los que os aman ¿qué recompensa tendréis? ¿No hacen lo mismo los publicanos?» (Mat. 5: 46).

La primera "milla" es amar a aquellos que nos aman. La segunda "milla" es amar a aquellos que no nos aman. Debemos recordar siempre que la vida es vivida en tres niveles: el nivel infernal es retornar mal por bien; el nivel humano es retornar bien por bien y mal por mal; el nivel celestial es retornar bien por mal.

Considera hoy el importante mensaje de Jesús sobre la segunda milla. Él te pide que hagas más de lo que se requiere. Practica hoy la ley de la segunda milla. No esperes que vengan a pedirte perdón por la ofensa que te hicieron; acude tú a quien te agravió. No termines tu jornada de trabajo de ocho horas cuando el reloj marque la hora de salida; quédate un momento más para ayudar a quien esté en apuros con su tarea. Sonríe al que te pone mala cara. Alaba a quien te maldice; hable bien del que te critica.

Hoy es buen día para andar la segunda milla.

En esto vinieron sus discípulos, y se maravillaron de que hablaba con una mujer; sin embargo, ninguno dijo: «¿Qué preguntas?» o «¿Qué hablas con ella?»
JUAN 4: 27

La historia de la profunda conversación que Jesús mantuvo con la mujer samaritana junto al pozo de Jacob no es solamente una fascinante narración acerca de una mujer desesperada que encontró el amor del Salvador; es un relato que presenta la compasión y la ternura que todos los seguidores de Jesús deben poner de manifiesto cuando hablan con otras personas acerca del inigualable amor de Dios.

Si amamos como Jesús, trataremos de alcanzar a todas las personas con las que entremos en contacto sin hacer ninguna distinción. Buscaremos a los que son como nosotros, y también a los que son diferentes; a quienes nos agradan, y a los que nos desagradan. Jesús no pudo haber escogido como interlocutor a una persona más despreciada y odiada que a aquella mujer de Samaria. Ningún judío común habría aceptado nada de ningún samaritano, pero Jesús le pidió a la samaritana que le diera de beber agua. La gente solía llamar a Jesús *rabí*, pero la tradición no veía con buenos ojos que un rabí hablase con una mujer en público. Se suponía que no podía hacerlo, ni aunque fuese su esposa o su hermana. Sin embargo, Jesús eligió compartir la verdad de Dios con una mujer, y no con cualquier mujer, sino con una samaritana inmoral.

El ejemplo de Jesús encierra preciosas lecciones para sus seguidores:

1. Debemos tratar de alcanzar a aquellos que consideramos no tan justos como nosotros. Dios puede dirigirnos para que compartamos nuestra fe con personas con quienes no nos sintamos muy cómodos. Debemos estar dispuestos a alcanzar a todas las personas, sin importar su categoría.

2. Debemos acudir a donde están las personas. La grandeza del discipulado no está en acudir a la iglesia y permanecer en actitud de espera, sino en salir y compartir las buenas nuevas. Eso hacía Jesús. Siempre buscaba. No se contentaba con esperar.

3. Debemos tener permanentemente una actitud dispuesta a compartir nuestra fe incluso cuando estemos cansados.

4. Debemos compartir nuestra fe con tacto y amor.

Este es un buen día para dejar tu zona de confort, para salir de tu camino y alcanzar un corazón herido por el pecado. Hazlo como lo hizo Jesús.

¿Y acaso Dios no hará justicia a sus escogidos, que claman a él día y noche? ¿Se tardará en responderles?

Lucas 18: 7

«¡No insista! Deje de presionar a Dios. Preséntele una sola vez sus peticiones y deje que él responda». Así se expresaba un predicador en un sermón que escuché en cierta ocasión. Sin embargo, en la parábola de la viuda y el juez injusto, Jesús habla de la necesidad de orar siempre y no desmayar.

¿Le causa a Dios alguna molestia que seamos perseverantes en nuestros ruegos? ¿Debemos insistir a la hora de buscar lo que deseamos recibir? Jesús responde de la siguiente manera: «Pedid, y se os dará; buscad, y hallaréis; llamad, y se os abrirá» (Mat. 7: 7). Parece que está claro que Jesús tenía en mente que hay que ser insistentes en el proceso de la oración. Desgraciadamente, hay cristianos bienintencionados que pueden perder fantásticas oportunidades y bendiciones en la vida por el solo hecho de adoptar un papel completamente pasivo en su vida de oración. Muchos creyentes le piden algo a Dios una o dos veces nada más, y luego se sientan y se olvidan completamente del asunto.

Hay un elemento vital en la oración que la mayoría de las personas pasan por alto, y es el de la perseverancia. Aunque no "pase" nada, y aunque parezca que Dios tarda en responder, hay que perseverar. Debemos ser perseverantes al orar. ¿Sabías que una de las mayores vetas de oro jamás descubierta en los Estados Unidos se encontró a un escaso metro de donde mineros anteriores habían dejado de excavar? A menudo, los cristianos experimentan el mismo problema: la mayor de las bendiciones de Dios se encuentra un poquito más allá de donde nos rendimos, apenas un poco más allá de donde estamos dispuestos a ir.

He tenido la experiencia de orar durante doce años por un problema. Hubo momentos en que me sentí decepcionado. Estaba seguro de que lo que le pedía a Dios en oración era correcto, y estaba convencido de que él habría de responder inmediatamente. No sé por qué demoró tanto tiempo en dar respuesta a mi petición, pero finalmente la bendición llegó: la persona por quien oraba fue liberada de su alcoholismo.

Recuerda esta mañana, y a lo largo de todo el día, que Dios siempre está en el proceso de contestar la oración. Insiste en la oración. Al fin y al cabo, si tienes que esperar, siempre será una bendición, porque la oración es el alimento para la vida del Señor Jesucristo dentro de ti.

Y el Señor haga crecer y abundar en amor unos para con otros y para con todos, como también lo hacemos nosotros para con vosotros.
1 Tesalonicenses 3: 12

Cuando el apóstol Pablo oraba de esta manera, elevaba un ruego urgente desde lo más profundo de su corazón. ¿Cuál era la razón de esta súplica? ¿Por qué pedía en oración que el amor creciera en el corazón de los creyentes? ¿Qué era lo que estaba en juego? Estaba en juego la demostración de la realidad del poder de Dios en la vida de sus hijos. Jesús describió el impacto que el amor mostrado por su iglesia tiene ante el mundo. Lo hizo con las siguientes palabras: «En esto conocerán todos que sois mis discípulos, si tuviereis amor los unos con los otros» (Juan 13: 35).

La marca pública indispensable de un creyente es el amor. Jesús da por sentado que el mundo observa a sus seguidores y que emite un juicio sobre ellos. En los días del Imperio romano, los creyentes de los primeros siglos ejercieron una poderosa influencia en cuantos los observaban. Cuando, por su fidelidad a Dios, eran llevados al circo para ser despedazados por las fieras, la multitud que se había congregado para disfrutar de tan cruel espectáculo viendo correr la sangre inocente, quedaba perpleja por lo que sus ojos contemplaban. Entre los sentenciados a muerte se encontraban hombres y mujeres, adultos y niños, jóvenes y ancianos. En el momento en que salían los leones, los cristianos más fuertes corrían hacia los más débiles para protegerlos. Tal muestra de amor silenciaba a muchos, que exclamaban «¡Mirad cómo se aman!» Esa demostración de amor cambió la vida de muchos habitantes del Imperio, que llegaron a ser cristianos.

Justino, uno de los primeros apologistas cristianos, finalmente martirizado hacia el año 165, describió a los creyentes de sus días de la siguiente manera: «Nosotros, que nos aborrecíamos unos a otros, ahora, desde la venida de Cristo, vivimos en familia con ellos, y oramos por nuestros enemigos y procuramos persuadir a los que nos aborrecen injustamente a que vivan en conformidad a los buenos preceptos de Cristo».

Crecer en el amor, indiscutiblemente, lleva a la iglesia a crecer en la evangelización, el cuidado pastoral, el matrimonio y en las relaciones con otras personas, aun con los que se discrepa.

Ora hoy al Señor para que su amor crezca más y más en tu corazón, para que su amor se muestre en tu vida como se muestra en el cielo.

> Quiero que sepáis, hermanos, que las cosas que me han sucedido,
> han redundado más bien para el progreso del evangelio.
>
> FILIPENSES 1: 12

«**P**oderoso caballero es don Dinero», decía con mucho ingenio el gran literato español Francisco de Quevedo. Otros dichos no tan literarios señalan que «el dinero habla» o que «el que tiene oro manda».

Después de la crucifixión de Jesús, hubo una discusión acerca de dónde habría que sepultar su cuerpo. Al respecto, el profeta Isaías decía: «Y se dispuso con los impíos su sepultura, mas con los ricos fue en su muerte; aunque nunca hizo maldad, ni hubo engaño en su boca» (Isaías 53: 9). Las cosas sucedieron exactamente como fueron predichas.

En cumplimiento de la profecía, un hombre de mucha influencia, llamado José de Arimatea, se presentó ante Pilato para solicitar el cuerpo de Jesús. Su influencia y relación con el prefecto le valieron para lograr lo solicitado, y José colocó el cuerpo sin vida en un sepulcro tallado en la roca para una persona de mucho dinero.

José era una persona muy respetada, miembro del sanedrín, hombre de carácter y muy distinguido. Su posición influyente fue de gran bendición para el cumplimiento de los propósitos divinos. ¡De cuánta bendición son el dinero, la posición social, el prestigio y la fama cuando son puestos en las manos de Dios para el progreso de su causa!

Independientemente de nuestra posición social, de nuestra formación o de nuestras posibilidades económicas, todos podemos ser influyentes. Conocí a una humilde hermana, llamada Francisca, que era la cocinera del presidente de la República de El Salvador en la década de 1970. Aunque no tenía el dinero de José de Arimatea, era rica en fe. En varias ocasiones llevó al señor presidente y a su esposa a cultos de la iglesia. Lo que nunca pudieron hacer otras personas con ventajas materiales lo hizo esta fiel cocinera.

La Biblia dice que Dios desea que sus hijos sean cabeza y no cola. Dios desea que ejerzamos una poderosa influencia en el lugar donde nos encontremos. Si tenemos lo que tenía José de Arimatea, ¡alabado sea Dios!; si no, podemos hacer como el José del Antiguo Testamento, que aun siendo esclavo influyó en Potifar.

¿Ha servido tu prosperidad para el avance del evangelio? ¿Has usado tus dones y talentos para influir en aquellos que te rodean?

Ora hoy y dile al Señor: «Ayúdame a ejercer una influencia positiva con lo que soy y con lo que tengo —mi lugar de trabajo, mi ciudad, mi país— para el bien del evangelio».

Y conoceremos, y proseguiremos en conocer a Jehová;
como el alba está dispuesta su salida, y vendrá a nosotros como la lluvia,
como la lluvia tardía y temprana a la tierra.
OSEAS 6: 3

Conocer a Dios debe ser la búsqueda de toda una vida para cada hijo de Dios. ¿Son intensos y desesperados tus deseos de conocer a Dios? ¿Se elevan tus pensamientos cuando meditas en lo que Dios ha hecho por ti? ¿Has superado la relación superficial en tu comunión con Dios? ¿Cuán estrecha es la comunión que tienes con tu Padre? Durante su ministerio, Pablo estuvo obsesionado por conocer a Jesús. Entendía claramente la diferencia entre conocer *acerca de* Dios y conocer *a* Dios.

Conocer a Jesucristo conlleva una comprensión cada vez más profunda, comprensión que se logra a través del cultivo de una relación íntima con él. Parecería que muchos cristianos han conectado su "piloto automático". Todos sus movimientos son realizados fielmente, de forma mecánica. Asisten a la iglesia, estudian su lección de Escuela Sabática y devuelven sus diezmos, pero realmente no hay emoción, ni pasión; todo es pura rutina. No hay nada más que dar, nada más que conocer, nada más que mejorar.

Si quieres sentir esa pasión, si, como el apóstol Pablo, quieres conocer más y más de tu Señor, he aquí algunos consejos para hoy.

• No permitas que haya algo en tu vida que signifique más para ti que Cristo. Elimina cuanto te impida conocer más de la plenitud de su amor. Nada le agrada más a Dios que nuestra entrega total. Vigila que tu relación con él no decaiga.

• Reordena tus prioridades de manera radical. Es imposible conocer a Dios cuando lo dejo en segundo lugar a la hora de decidir entre culto y diversión, entre devolverle el diezmo o atender mis necesidades, entre conversar con él o con los humanos. Dios debe ocupar siempre el primer lugar. Nuestro prestigio, nuestras posesiones, nuestras pérdidas y nuestras penas son secundarios en comparación con la bendición de conocer a Jesús.

• Dispón hoy tu corazón y tu mente para conocer a Jesús. Experimentarás cómo Dios abre tus ojos y tus oídos espirituales, revelándose a ti de manera maravillosa y a menudo inexplicable. Hoy el diablo te presentará algunos sustitutos tentadores, pero nada puede compararse con el valor de una relación auténtica y apasionada con Jesucristo.

¿Es Dios la pasión más importante para ti hoy?

¿Cómo escaparemos nosotros, si descuidamos una salvación tan grande?
La cual, habiendo sido anunciada primeramente por el Señor,
nos fue confirmada por los que oyeron.

HEBREOS 2: 3

Todavía recuerdo una de las primeras semanas que prediqué en la iglesia que pastoreé cuando aún era aspirante al ministerio. El mensaje estaba basado en la historia de Gedeón y los trescientos. El punto central era mostrar lo difícil que es la salvación. Explicaba que, de los 32,000 que fueron llamados por Gedeón, solo 3,000 pasaron la prueba. Luego, usando una operación matemática, probaba que, de 400 miembros que tenía mi iglesia, solo tres estaban preparados.

Al día siguiente salí a visitar a algunos miembros. Al llegar a uno de los hogares, encontré a toda la familia desanimada. Me dijeron que, después de mi sermón, les parecía que la salvación no es nada fácil y que otros estaban más seguros que ellos. Al recordar aquello comprendo ahora lo equivocado que estaba en mi concepto de la salvación.

Nuestro texto dice que tenemos una salvación extraordinariamente grande. Jamás será comprendida por nuestra mente finita, cuya existencia es breve. Los redimidos tendrán como tema de estudio la inagotable ciencia de la salvación. Los siglos sin fin serán insuficientes para alcanzar sus profundidades. Cada día escucho y leo cosas maravillosas acerca de la gracia salvadora que me llenan de asombro.

En la República Checa escuché a un predicador decir que «la gracia salvadora de Dios no solo pagó la enorme deuda que por nuestros pecados teníamos con Dios, sino que, además, nos dejó saldo suficiente a favor para que nunca más nos volviéramos a endeudar».

Lo más extraordinario del amor de Dios es que nunca cesa. Nos ama hoy lo mismo que nos amó ayer, y su amor por nosotros no cambiará mañana. Cuando sentimos que hemos fallado, Dios corre y se coloca frente a nosotros con el mensaje de esperanza a nuestro favor. «Y la esperanza no avergüenza; porque el amor de Cristo ha sido derramado en nuestros corazones por el Espíritu Santo que nos fue dado» (Rom. 5: 5). La salvación no tiene nada que ver con nuestro comportamiento; lo tiene que ver todo con la gracia de Dios.

Jesús exclamó desde la cruz «Consumado es». No hay nada que podamos hacer para ganar mayor salvación, mayor perdón. Cuando Cristo expió nuestros pecados, borró la cuenta. Le puso el sello de CANCELADO y abonó en su libro de contabilidad todos los beneficios derivados de ser él quien es. El amor de Dios no es consecuencia de lo bien o mal que yo me porte. Esa circunstancia precisamente me quita el deseo de pecar. Lo que quiero es obedecerlo, alabarlo y compartir con otros su gran salvación.

Hermanos, yo mismo no pretendo haberlo ya alcanzado; pero una cosa hago: olvidando ciertamente lo que queda atrás, y extendiéndome
a lo que está delante, prosigo a la meta, al premio del supremo llamamiento de Dios en Cristo Jesús.
FILIPENSES 3: 13, 14

El apóstol Pablo fue un "adicto" a la gloria de Dios. Por eso precisamente dijo: «Por tanto, nosotros todos, mirando a cara descubierta como en un espejo la gloria del Señor, somos transformados de gloria en gloria en la misma imagen, como por el Espíritu del Señor» (2 Cor. 3: 18). En pocas palabras, venía a decir: «Ser como Jesús es mi ansiedad, mi búsqueda, mi desesperación. Me parece que nunca tengo suficiente de él».

Un adicto a una sustancia nunca está satisfecho; siempre necesita más. Cuanto más aumenta su nivel de tolerancia, mayor es la fuerza que lo impulsa a alimentar su hábito con una creciente cantidad de la sustancia en cuestión. No asombra que Pablo expresara el anhelo de su corazón de la siguiente manera: «Olvido lo que queda atrás. Prosigo, no cejo en mi empeño hasta alcanzar más cada vez». Probarlo una vez no fue suficiente. Un milagro no lo llenó. Acudir a la sinagoga no satisfizo sus ansias. Ni siquiera el encuentro camino a Damasco fue el final. El apóstol nunca estuvo satisfecho. Pablo fue adicto. Estaba para siempre poseído por el poder de Dios y por su gloria, como por un anzuelo del cual no podía desprenderse.

Dios anhela que su iglesia sea un ejército de adictos, de creyentes desesperados por ser transformados a la imagen de su Hijo.

Si tu relación con Dios y la devoción que le manifiestas han llegado a ser previsibles y aburridas, te desafío para que busques a una persona que no conozca a Jesús y compartas el amor que Dios ha derramado en tu corazón. Ese amor, que has recibido gratuitamente, debes compartirlo de la misma manera. Permite que el Espíritu Santo te tome. Él puede cambiar en segundos tu rutina y convertirte en un apasionado discípulo de Jesús.

Deja que el poder del Altísimo derribe las barreras de tu indiferencia religiosa. Comienza a gritar lo que Jesús ha susurrado a tus oídos. Di al mundo entero lo que el Señor ha hecho por ti. Sé un adicto a la gloria de Dios.

Grita hoy con voz de triunfo, y con la melodía de un dulce canto: «Jesús es el Salvador del mundo». Que se escuche en toda tu ciudad ¿Sabes qué sucederá? Un río de avivamiento fluirá en tu corazón. No esperes más. Experimenta hoy un avivamiento.

> En mi primera defensa ninguno estuvo a mi lado,
> sino que todos me desampararon; no les sea tomado en cuenta.
>
> 2 Timoteo 4: 16

«Ninguno estuvo a mi lado». Estas son palabras llenas de tristeza con las que todos podemos identificarnos en mayor o menor medida. Igual que el apóstol Pablo, muchos, por no decir todos, hemos experimentado momentos en la vida cuando sentimos que hemos quedado solos en nuestro dolor, nuestro fracaso, nuestro problema o nuestra pérdida. Es fácil entender el peso que este hombre de Dios experimentaba cuando escribió: «Todos me desampararon. Estuve solo frente a mis acusadores». En algún momento de la vida, todos nos hemos sentido abandonados.

Tal vez te has sentido solo cuando has defendido posturas a favor de la verdad y no has aceptado hacer cosas indebidas. Se puso en mi conocimiento hace algún tiempo una historia verídica acerca de uno de los profesionales de la iglesia, un ingeniero de éxito que trabajaba en un organismo oficial del gobierno de su país. Esta persona, perfectamente competente en su campo, no accedió a participar en algo deshonesto que se esperaba de él: no aceptó alterar cifras en los presupuestos de algunos proyectos que serían financiados con fondos públicos. Su determinación de mantenerse del lado de la honradez provocó que todos sus compañeros le hicieran el vacío y que, finalmente, sus superiores, interesados en que el plan prosperase, lo despidieran de su trabajo. Sin duda, tal experiencia no es excepcional. ¿Sientes tú que los que una vez te apoyaron te consideran ahora legalista y raro?

Como hijos de Dios, nunca estamos solos, pues su Espíritu nos guía para indicarnos el camino que debemos seguir. Tomar posiciones en favor de lo correcto requiere de mucha valentía. Vistas las cosas desde una óptica humana, parece que en los momentos difíciles, o cuando tenemos que ser firmes en defensa de la verdad, estamos solos, que nadie está con nosotros. Sin embargo, no es así en realidad, pues tenemos la mejor compañía posible: Jesús siempre está a nuestro lado.

Nunca estamos solos. Las pruebas de la vida son preciosas oportunidades para que Dios manifieste su poder y sabiduría para el bien de sus hijos.

Hoy quizá te sientas solo, como el apóstol. Quizá tu familia te dejó solo, o lo hizo tu pastor, o lo hicieron tus hermanos. Cobra ánimo, no temas. Te invito a entonar hoy las estrofas del himno "¡Solo no estoy! Jesús está a mi lado. Amigo fiel que no me dejará".

¿Por qué no fue este perfume vendido por trescientos denarios
y dado a los pobres?
Juan 12: 5

Judas era un hombre que conocía el precio de cada cosa, y también de aquello que no tenía ningún valor. Con la eficiencia propia de un administrador, calculó de inmediato el monto del derroche de María. Al precio de hoy, el perfume derramado sobre Jesús habría representado un despilfarro de miles de dólares. Si no conociéramos el resto de la historia, consideraríamos legítima la queja de Judas. ¿Era aceptable su actitud? ¿Se podía llamar eso buena mayordomía?

Juan nos cuenta los motivos detrás de la queja de Judas. «Pero dijo esto, no porque se cuidara de los pobres, sino porque era ladrón y, teniendo la bolsa, sustraía de lo que se echaba en ella» (Juan 12: 6). No estaba preocupado por los pobres, sino por él mismo. El lema de su vida era "Menos para Jesús y más para mí".

La actitud de Judas no es muy diferente de la de muchas personas hoy. Como los fariseos, dan solamente lo que Dios requiere. Muchos se preguntan: «¿Cuál es la cantidad mínima que puedo dar o hacer y seguir, pese a ello, considerándome cristiano?» Se va a la iglesia sin un sentido del deber, sin un profundo deseo de adorar; se lee la Biblia apresuradamente, y ni siquiera se tiene interés de información, y menos de transformación; se ora si queda tiempo, y se termina sin comunión con Dios; se ponen algunas monedas en el plato de ofrendas si nos quedó cambio, pero no se ha puesto el corazón.

Frecuentemente, los que menos se interesan en servir y ayudar en la causa de Dios son los que se quejan y critican duramente, y sin contemplaciones, a los heraldos del evangelio en su lucha diaria por el reino de Dios. En cambio, los que menos critican o se quejan son los que trabajan con denuedo y son colaboradores generosos. Están dispuestos a tomar su trinchera en el conflicto cósmico que Cristo libra contra Belial.

Este era el caso de Judas. A él no le interesaban los pobres; los veía como una molesta carga social. Consideraba que se deleitaban en el ocio y que carecían de creatividad. Los motivos de Judas eran egoístas. Se veía a sí mismo como merecedor de todos los reconocimientos y todo el respeto por sus actuaciones brillantes como gerente de la bolsa del Maestro. Para él, todo acto altruista era un desperdicio, se quejaba e importunaba a Jesús con su pretendida astucia en el uso de los recursos. Unas horas después, el Salvador lo llamaría «hijo de perdición» o, literalmente, "hijo del desperdicio".

Jesús es amor. Todo lo que le entregues será ganancia multiplicada por mil. No es ningún desperdicio rendirse a sus pies y prometer lealtad a su nombre. Judas, se equivocó. Acierta tú.

> Todo el día extendí mis manos a un pueblo rebelde,
> que anda por camino equivocado, en pos de sus pensamientos.
>
> Isaías 65: 2

Hay una historia muy divertida que ilustra la intensidad con la que Jesús "persigue" al ser humano. Hace algún tiempo, una estación de radio informó acerca del robo de un automóvil del modelo "escarabajo", de la marca Volkswagen, en California. La policía montó una intensa búsqueda del vehículo y del hombre que lo robó. Hasta pusieron avisos en las estaciones de radio locales en busca de colaboración ciudadana que permitiera localizar su paradero.

La razón de tan inusual revuelo era que en el asiento delantero del vehículo robado había una caja de galletas saladas rociadas con veneno, cosa que el ladrón ignoraba. El dueño del automóvil había tenido la intención de usar las galletas como cebos para ratas. Resulta que la policía y el dueño del automóvil estaban más interesados en apresar al ladrón para salvarle la vida que para recuperar el vehículo. Desconociendo el peligro que se cernía sobre él, el ladrón huyó de quien procuraba salvarlo.

Nuestra vida sería totalmente diferente si entendiéramos todo lo que Dios hace por nosotros. Nos busca, nos persigue, desea tenernos con él para hacernos bien y regalarnos todos los dones del cielo que pidamos y podamos resistir.

Nos amó antes de que lo amáramos, nos salvó siendo sus enemigos, y ahora nos corteja por el ministerio del Espíritu Santo. Coloca trampas de gracia mediante circunstancias y situaciones, a veces molestas, para llamar nuestra atención, para que levantemos nuestra vista al cielo y así lo veamos en toda su hermosura.

Conversaba con un amigo que se apartó de la iglesia, se separó de su esposa e inició el camino del pecado. Gracias a Dios, regresó nuevamente. Llamó mi atención al decirme: «En mi desobediencia fue cuando Dios más me bendijo». Aun en nuestras transgresiones nos otorga bendiciones que ni esperábamos ni merecíamos. Lo hace no para que sigamos en desobediencia, sino para que nos apartemos del pecado.

«Aun cuando estuviéramos fascinados en nuestra iniquidad y rehusáramos oírlo, él nos busca implacablemente. Nos busca en la puerta del peligro y espera a nuestra salida. Nos busca por las ásperas colinas de nuestras aventuras juveniles. Nunca se rinde, es paciente y persistente hasta que alcanza la victoria» (*Ventanas de su gracia*, p. 24).

De una cosa debes estar seguro: nunca te dejará en paz; te perseguirá de mil maneras, porque te ama. Ríndete al Señor en este instante. Es la única alternativa valiosa para ti.

Levántate y ve a Nínive, aquella gran ciudad, y pregona contra ella; porque ha subido su maldad delante de mí.
JONÁS 1: 2

Mientras esperábamos en el cementerio la llegada del auto de la funeraria con los restos de un prominente joven profesional de la iglesia, que había sido asesinado. Me acerqué para expresar mis condolencias a su apesadumbrado padre, quien expresaba en su rostro nítidamente lo que es la tristeza. Su corazón herido hasta lo más profundo experimentaba el dolor más indescriptible. Este angustiado padre, quien había perdido al hijo de sus sueños, me expresó las palabras más difíciles de entender que jamás había escuchado. Hasta el día de hoy repercuten en mis oídos y todavía me pregunto cómo es posible que un ser humano pueda hablar de esa manera, cómo es posible que un hombre, la vida de cuyo hijo ha sido segada con crueldad y sadismo, pueda albergar tales sentimientos. Esto fue lo que me dijo: «Pastor, Dios permita que estos hombres, que me han causado este terrible daño, tengan la oportunidad de conocer a Jesús y se arrepientan, para que no vengan a juicio de condenación y puedan ser salvos. Me gustaría verlos en el cielo juntamente con mi hijo».

Mas confundido de lo que yo me sentí se quedó Jonás cuando escuchó este mandato divino: «Levántate y ve a Nínive, aquella gran ciudad y pregona contra ella» (Jon. 1: 2). ¿Cómo es posible? ¿Dios buscando un predicador para que vaya a Nínive a predicar de manera urgente y elocuente para evitar que esa ciudad fuera destruida? Es difícil que nos hagamos una idea del impacto del mandato divino, a no ser que sepamos quiénes eran los asirios, habitantes de Nínive.

Los asirios eran un pueblo feroz y sanguinario. Deseaban conquistar todo el mundo. Hacían guerra de ciudad en ciudad y permanecían todo el tiempo que fuera necesario hasta que la ciudad caía. Cuando finalmente tomaban la ciudad, empalaban a sus gobernantes y cortaban suficientes cabezas como para formar con ellas una pirámide, que ubicaban ante los muros de la siguiente ciudad para anunciarle el fin que le esperaba. Que Dios evitara destruir a gente así dejaba estupefactos a los israelitas, pues también a Israel quería destruir Asiria.

El amor de Dios es tan profundo que ninguno de nosotros puede alcanzar a entenderlo. No es solo para los que buscan a Dios. Es también para los que están lejos de él. Nunca entenderemos cuánto nos ama Dios hasta que entendamos cuánto amaba a los asirios. Nunca entenderemos por qué tenemos que ir en misión a alcanzar a personas indeseables hasta que entendamos el apasionado amor de Dios.

> Después de esto se turbó el corazón de David,
> porque había cortado la orilla del manto de Saúl.
> 1 SAMUEL 24: 5

Si sabes de alguna persona que esté empeinada en buscar tu mal y en desacreditarte, entonces permíteme que te diga que tienes una bendición muy grande. Eso no le sucede a cualquiera. Tu enemigo y tú han sido escogidos por Dios, y detrás de tu enemigo está la mano de Dios. En realidad, la rivalidad y la enemistad que surgieron de Saúl en contra de David fue lo mejor que le pudo pasar a David. Dios más bien le hizo un favor a David: Dios usó a Saúl para mantener a David huyendo en los montes agrestes, donde aprendió a ser sensible a la voz del Espíritu Santo (1 Sam 24: 5), y donde también aprendió acerca del perdón total. Saúl fue el pasaporte de David para un mayor acercamiento a Dios.

Cuando uno decide perdonar completamente a su enemigo, entonces se ha cruzado completamente la barrera de lo natural a lo sobrenatural. Tal vez tú, igual que yo, quisieras tener todos los dones del Espíritu Santo, pero, aparte del don de la sanidad, de la intercesión o de la paciencia, el don que más debemos buscar es el del perdón.

Todos estos dones son sobrenaturales, lo cual quiere decir que están fuera de lo normal. En realidad, no hay verdadera explicación para lo milagroso; por eso es un milagro. Por ello, cuando extendemos nuestro perdón a alguien obramos un milagro. Cuando perdonamos totalmente, entonces finalmente hemos alcanzado el nivel más alto que hay en términos de espiritualidad.

David tuvo al rey Saúl en sus manos para cortarle la cabeza y, hasta cierto punto, Saúl se lo merecía. Después de todo, Dios ya había escogido y bendecido a David como próximo rey de Israel. David, ciertamente, pudo haber razonado de esa manera y actuado en consecuencia, pensando que más bien contribuía a los propósitos de Dios al matar a Saúl. Humanamente hablando, matar a Saúl es lo que cualquiera de nosotros habría hecho, pero David hizo algo que le acreditaba el titulo de «hombre de acuerdo al corazón de Dios». No hay nada que alegre más el corazón de Dios que el perdón. El gozo más grande de él es perdonarnos a cada uno de nosotros. Hoy él pide que reflejemos su carácter perdonando a alguien a quien consideramos que sea imposible perdonarlo jamás. ¿Podrás cruzar hoy la barrera de lo sobrenatural?

Regocijaos en el Señor siempre. Otra vez os digo: ¡Regocijaos!
FILIPENSES 4: 4

En la carta a los Filipenses, el apóstol Pablo presenta un imperativo al pueblo de Dios: «Regocijaos siempre». Pablo había sido arrestado y enviado a Roma para esperar su juicio. Había pasado días y noches en una prisión oscura y fría, con hambre. Luego había sido encadenado a un soldado romano, circunstancia que garantizaba que Pablo no se escaparía. Sin embargo, en esa circunstancia, en la que no parecía quedar más esperanza que una pronta decapitación, el apóstol todavía se mostraba capaz de reflejar una sonrisa en su rostro y exclamar «¡Regocijaos en el Señor siempre!»

Cuando entendemos el regalo del perdón a través del sacrificio de Jesús, cuando entendemos y aceptamos el concepto de la eternidad, cuando entendemos lo que Dios ya hizo por cada uno de nosotros, tenemos razones más que suficientes para experimentar ese sentir absoluto que dominaba la vida del apóstol Pablo, sin importar la circunstancia presente en la cual podamos encontrarnos. Si somos incapaces de regocijarnos en el Señor es porque hemos permitido que nuestros ojos se estanquen en el presente. Nuestra atención ha sido puesta en los deseos, en las metas o en las ambiciones terrenales, y hemos perdido las bendiciones que hemos recibido de una vida en Cristo Jesús. Solo hay dos opciones: o estamos muy centrados en las cosas terrenales, o simplemente no creemos en Jesús.

Lo más hermoso de regocijarse siempre en el Señor es que produce reacciones positivas en la vida de todo hijo de Dios. Pablo describe las siguientes reacciones que ocurren cuando nos regocijamos en el Señor: nuestra gentileza será evidente ante todos, no estaremos ansiosos por nada, y en nuestras oraciones estaremos llenos de agradecimiento por la guía de Dios en nuestra vida. Cuando mostramos nuestro regocijo a Dios no por lo que él hace o hará, sino por lo que ya hizo por nosotros en la cruz, él interviene en nuestros problemas de trabajo, de salud, de finanzas, y en nuestro trato con nuestros hijos y con las personas con las que nos relacionamos.

Cuando vivimos una vida llena de regocijo en Jesús, nos centramos no en los problemas que estamos enfrentando, sino en la solución que Dios nos puede dar. Las palabras de Pablo parecen no reflejar su situación de abandono en prisión, esperando una muerte segura. Esas palabras reflejan y representan una promesa que hoy podemos experimentar y hacer una realidad en nuestra vida. ¡Regocíjense siempre!

Porque David dice de él: «Veía al Señor siempre delante de mí.
Porque está a mi diestra no seré conmovido».
HECHOS 2: 25

L a verdadera prueba del carácter y de la vida espiritual de una persona no es lo que hace en los momentos extraordinarios de la vida, sino lo que hace en el diario devenir de su vida, cuando nada grande o emocionante sucede.

En el siglo XVI existió un monje a quien llamaban hermano Lawrence. Este monje expresó una gran verdad que debe ser aceptada y practicada por cada uno de los cristianos del siglo XXI. Afirmó: «Para mí el tiempo de actividad no es diferente del tiempo de oración. El bullicio y las presiones de la vida diaria no me hacen perder el sentido de la presencia de Dios ni la paz y tranquilidad que él me da».

Como se puede ver, Lawrence no sentía urgencia por retirarse en soledad para encontrarse con Dios, para adorarlo y tener comunión y compañerismo. Se encontraba con él en *toda* actividad que realizaba. Esta es la clase de vida que Jesús desea para cada uno de sus seguidores.

La Biblia habla de varios hombres que practicaron la presencia de Dios. El primero que menciona es Enoc, de quien se dice que caminó con Dios. También tenemos el caso de José, del cual se dice que el Señor estaba con él en cuanto hacía. Podríamos mencionar también a Moisés, que se sostuvo como viendo al invisible. De Eliseo se dijo que vivía como en la presencia de Dios. El apóstol Pablo, por su parte, puso los ojos en Jesús, el Autor y Consumador de la fe.

¿Qué significa en nuestros tiempos practicar la presencia de Dios diariamente? ¿Cómo podemos practicar la presencia de Dios? Para nosotros significa que hablamos con nuestro Padre celestial constantemente acerca de las actividades, las reuniones, los quehaceres, las frustraciones y las alegrías de nuestro diario vivir. Significa orar acerca de las cosas según van surgiendo cada día. Significa que, cuando nos detenemos frente a la luz roja de un semáforo, oramos por aquellas personas, necesidades y amigos, que Dios trae a nuestra mente. Significa entonar un cántico de alabanza al Creador, mientras estamos en un atasco al viajar a nuestro trabajo, o al regresar a nuestro hogar.

Este día aprovecha todo momento para estar en contacto con el Señor. Cualquiera sea el lugar donde te encuentres o la actividad que realices, no lo pierdas de vista. Como el profeta Eliseo, vive siempre, actúa y habla como en la presencia de Dios. Siente que el Señor está a tu diestra y que nada ni nadie hará que lo olvides.

Por tanto os digo: No os afanéis por vuestra vida, qué habéis de comer
o qué habéis de beber; ni por vuestro cuerpo, qué habéis de vestir.
¿No es la vida más que el alimento, y el cuerpo más que el vestido?
MATEO 6: 25

El Nuevo Testamento contiene muchas enseñanzas preciosas para nuestra edificación. Lo mejor de todo, naturalmente, es el propio evangelio, la buena nueva de la salvación obrada por Cristo mediante su vida inmaculada y su muerte redentora en la cruz por nuestros pecados. De esa salvación consumada se deriva una serie de consecuencias para los hijos de Dios así beneficiados por la gracia divina. Una de esas consecuencias, que es una de las cosas más admirable de Jesús y de su reino, es que el Señor no quiere que sus seguidores estén ansiosos. El estilo de su gobierno es totalmente opuesto al de los reyes humanos. La historia nos enseña que, en general, los gobernantes terrenos han encontrado eficaz el mantener a sus súbditos en constante ansiedad. Saben que si las personas se afanan por su vida y por saber de dónde vendrá su próxima comida, serán más obedientes y estarán sujetas al control de su amo para obtener de su almacén el alimento que necesitan.

Jesús no busca asegurar la lealtad ni el servicio de los súbditos de su reino infundiéndoles temor y ansiedad. Procura desarraigar de sus vidas todo afán. Su mensaje es: «Por nada estéis afanosos. Estad quietos, no temáis. En quietud seréis salvos».

El objetivo de su reino es librarnos de todo afán. Él no necesita mantenernos ansiosos para establecer su poder y su superioridad. Estos son intocables e invencibles. En vez de eso, Jesús pone de manifiesto su poder y superioridad quitando nuestro afán.

El afán no lleva a ninguna parte. No hace ningún bien. Cualquiera que sea el problema que nos haga sentirnos ansiosos, podemos estar seguros de que nuestra ansiedad no lo reducirá; solo hará que nos sintamos muy mal mientras tratamos de resolverlo. Así que no nos afanemos. Es inútil.

¿Te preocupa pensar en tu vida? ¿En la posibilidad de una enfermedad? ¿En el diagnóstico médico? ¿Te preocupa la necesidad que tu familia tiene de alimento, de estudio, de ropa? No te afanes por ello. En lugar de afanarte, haz a Dios el Rey de esos asuntos. O sea, entrega la situación a su poder de Rey y haz su voluntad de forma piadosa, con la plena confianza que de que él trabajará por ti y satisfará todas tus necesidades.

Cree en la realeza de tu Padre celestial. Tú no necesitas afanarte por nada.

Vosotros, pues, sois el cuerpo de Cristo, y miembros cada uno en particular.
1 CORINTIOS 12: 27

Quita un eslabón y la cadena se romperá. Saca del juego a un jugador y el partido probablemente se perderá. Elimina el microchip de la computadora de a bordo de tu automóvil, y este dejará de funcionar. ¿Cuál es la lección que se debe aprender de todo esto? Que todos esos componentes son imprescindibles. Trasplantando eso a la esfera humana, la lección es que nos necesitamos unos a otros.

El poeta inglés John Donne de finales del siglo XVI y comienzos del XVII escribió que «nadie es una isla». Como creación única que eres, también tú desempeñas un papel importante en la obra de Dios. Nunca te consideres innecesario en la iglesia. Hay una función exclusiva que te ha sido asignada. No obstante, no olvides que esa función no debe ser realizada de manera separada del resto de los miembros del cuerpo de Cristo. No actúes como si estuvieses solo, de forma estanca con respecto a los demás.

Para que tu vida sea útil, sé tú mismo una aportación, un beneficio y no un desperdicio. Hay mucha sabiduría en que reconozcas la conveniencia de apoyarte en otras personas, y más aún en que tengas la disposición de ser un apoyo para los demás. Sé lo suficientemente generoso para dar. Sé también lo suficientemente humilde para recibir. Sé honesto para confesar tus faltas y estate siempre dispuesto a perdonar los yerros de tus semejantes.

El amor y la aceptación, la tolerancia y la comprensión, el entendimiento y la paciencia no son elementos opcionales en la vida del cristiano. Tú mejor que nadie sabes que necesitas todo eso de los demás cuando las cosas no marchan bien en tu vida. Por eso mismo, es la voluntad de Dios que tú y yo manifestemos esas virtudes en nuestro trato con todos.

Deléitate en servir y ayudar a otros. Mira con admiración las cosas buenas que tiene cada cual y gózate hablando bien de los demás. Sé paciente cuando te encuentres en situaciones difíciles. Ora constantemente. Cuando los hijos de Dios tengan necesidades, sé tú la mano de Dios para fortalecerlos y ayudarlos.

Recuerda hoy que nadie ha sido creado para vivir de manera independiente. Nos necesitamos unos a otros. Deja de vivir separado de los demás. Aprende a vivir junto a tus hermanos.

La verdad de la amargura

Si decimos que tenemos comunión con él, y andamos en tinieblas, mentimos, y no practicamos la verdad.
1 JUAN 1: 6

Una de las maneras de andar en las tinieblas es atesorar amargura en nuestros corazones hacia los demás. La amargura crea confusión en nuestra mente y opresión en nuestro corazón. Tal vez digas: «Yo no pertenezco al club de los amargados, porque estoy en comunión con Dios». Pues permíteme decirte que muchos de nosotros no estamos en comunión con Dios, sino que sencillamente presumimos de estarlo. Es un hecho que no podemos tener plena y verdadera comunión con Dios si en nuestro ser guardamos cualquier tipo de amargura.

La amargura no puede ser parte de la vida de los hijos de Dios. Pero, ¿cómo saber si estamos amargados? Sencillo: si aún nos cuesta perdonar o aún hay alguien a quien creemos que no es posible perdonar, entonces todavía hay amargura en nuestra vida. Cuando decidimos no perdonar, podemos pasar horas leyendo la Palabra de Dios, podemos cantar himnos durante el día, podemos pasar interminables horas en oración, pero la verdad es que no estamos teniendo una comunión genuina con nuestro Salvador. Si aún estamos dubitativos de si perdonamos a nuestro ofensor o no, entonces seguimos andando en la oscuridad. Si no podemos perdonar a esa persona que habló mal de nosotros y nos perjudicó, entonces hemos perdido nuestra comunión con el Padre. En el caso de los ministros, podemos seguir predicando y la gente podrá decirnos: «¡Qué sermón más maravilloso! ¡Usted sin duda debe de caminar con Dios!», pero lo cierto es que, si no perdonamos, tales predicaciones serán en vano. La Biblia cataloga de mentirosos a quienes obren así.

Jesús enseñó en el Padrenuestro que debemos perdonar a nuestros ofensores. A veces pensamos que perdonar a cierta persona es imposible, especialmente si se trata de alguien de quien nunca pensamos que nos iba a fallar y nos decepcionó enormemente.

Cuando recordemos a las personas que nos devolvieron el mal por el bien que les hicimos y nos preguntamos: «¿Aun hay que perdonar a personas tan ingratas?», demos la respuesta bíblica a ese interrogante: *¡Sí!* Al hacer esto hay una gran promesa de Dios: cuanto mayor sea la ofensa que tengas que perdonar, más grande será la medida del Espíritu Santo cuando perdones.

Echa mano de la ocasión de perdonar hoy la mayor ofensa, la injusticia más grande, y recuerda que, al hacer esto, el Espíritu Santo te ungirá con una mayor unción.

Pero Sion dijo: «Me dejó Jehová, y el Señor se olvidó de mí».
ISAÍAS 49: 14

Puedes estar completamente convencido en lo más íntimo de que el Señor estará siempre a tu lado, tanto en la prosperidad como en la adversidad. En realidad, no existe momento ni circunstancia en que no disfrutemos de su dulce compañía. El Señor nos dice a cada uno: «Tus parientes pueden olvidarte, tus amigos abandonarte, pero yo no me olvidaré jamás de ti. Aun podrías negarme en un momento de debilidad, pero yo no te negaré».

Cuando Pedro negó conocer a Cristo, Jesús no le pagó con la misma moneda. El Señor no negó conocerlo. Es posible que fallemos o dudemos, pero no debemos centrarnos en esos fracasos. En vez de ello, nuestro Señor quiere que centremos nuestra atención en él.

Afortunadamente, nuestro amoroso Padre celestial no actúa igual que nosotros. Recuerdo a un amigo a quien todos admiraban por su vida consagrada a la obediencia, la oración y el estudio de la Palabra de Dios. Su vida de devoción era una inspiración para muchos. Durante más de cuarenta años de servicio fiel al Señor, inspiró a centenares de personas, que conocieron su poderoso testimonio. Al final de su carrera en la vida cristiana, se comentó que había fallado. ¿Saben cuál fue la actitud de los que le conocían? Olvidaron su hermoso pasado y lo evaluaron por ese único error cometido. Lo declararon hipócrita, infiel, mentiroso, alguien que solo fingía la santidad.

Qué bueno es saber que Dios no evalúa nuestra vida según nuestra capacidad de mantenernos fieles, sino según su fidelidad y por la obra que Cristo completó en la cruz del Calvario. El Salvador sabe que tendremos caídas, pero, a pesar de ello, siempre seguiremos siendo los beneficiarios de su gracia infinita y su amor eterno. Después de la resurrección, una de las primeras cosas que Jesús hizo fue ir a donde Pedro y tranquilizarlo con su amor eterno. El plan de Dios para la vida de Pedro no había cambiado. Jesús lo alentó para que no se rindiera. Una persona que vive por fe reconocerá el hecho de que Dios nunca se da por vencido con ella.

Confía completamente tu vida al Señor. Él entiende tus debilidades y tu deseo de amarlo. Hazlo incluso cuando sientas que le has fallado. Él está presto a recibirte y demostrarte su amor.

Pero del fruto del árbol que está en medio del huerto dijo Dios:
«No comeréis de él, ni lo tocaréis, para que no muráis».
GÉNESIS 3: 3

D ios usa una serie de métodos diversos para comunicarse con sus hijos. Fundamentalmente, el Señor nos habla a través de su Palabra y del Espíritu Santo,
así como también por medio de las personas con las que nos encontramos y de
las circunstancias que nos rodean.

Los consejos que recibimos de Dios tienen propósitos específicos. Nuestro Señor
desea que sigamos sus instrucciones para que la vida cristiana tome forma en nuestro
ser. Si así lo hacemos, podremos compartir la buena nueva con todas las personas con
las que nos relacionemos.

¿Qué sucede cuando no seguimos los consejos divinos? El conocido relato de la
primera tentación que experimentaron los seres humanos, registrada en el capítulo
tercero del libro de Génesis, presenta de forma nítida las consecuencias que resultan de
desatender las instrucciones que Dios ha dado para nuestro bien. El mal que desde los
días del Edén ha conocido tan de primera mano la humanidad es una manifestación
inequívoca de a dónde lleva el desoír los consejos de nuestro Creador.

Descuidar el consejo divino supone un riesgo terrible para todos, pues podemos
fácilmente sucumbir a la atracción ejercida por voces equivocadas que también desean
ser escuchadas. Son muchas las voces que cada día se dirigen a nosotros. No es difícil
percatarse de que somos bombardeados constantemente por innumerables voces: la
televisión, la radio, el periódico, las revistas, los amigos, los compañeros de trabajo o
de estudios, los vecinos. Ante tanta competencia, es un buen consejo que atendamos de
inmediato la voz de Dios cuando la escuchemos.

Satanás miente continuamente, y lo hace por naturaleza. Es el mayor de los mentirosos, y hace tan bien su papel que es fácil que podamos ser engañados. Usa la dosis
imprescindible de verdad para sonar creíble, pero no atrae con ella, sino con las cosas
que añade a la mezcla. Siempre apela a la carne, jamás al espíritu. No hay nada malo en
los deseos que han sido dados por Dios, pero Satanás toma nuestros anhelos legítimos
y, con nuestra cooperación, los desequilibra.

Piensa hoy que el pecado no es algo que podamos aislar. El pecado causa sufrimiento a los que están a nuestro alrededor. Pide al Señor que renueve tu corazón y tu mente
con la verdad para que puedas resistir el señuelo de las voces que compiten con la voz
de Dios. Él está dispuesto a mover cielo y tierra para obtener hoy tu atención.

> Pero si tu ojo es maligno, todo tu cuerpo estará en tinieblas.
> Así que, si la luz que en ti hay es tinieblas,
> ¿cuántas no serán las mismas tinieblas?
> MATEO 6: 23

Jesús está profundamente preocupado por nuestros ojos. Esto lo podemos comprobar en la desconcertante declaración que hizo y que está registrada en Mateo 6: 22, 23: «La lámpara del cuerpo es el ojo; así que, si tu ojo es bueno, todo tu cuerpo estará lleno de luz; pero si tu ojo es maligno, todo tu cuerpo estará en tinieblas. Así que, si la luz que en ti hay es tinieblas, ¿cuántas no serán las mismas tinieblas?» En otras palabras, Jesús nos dice que la manera en que vemos la realidad que nos rodea determina si estamos en tinieblas o no. Nuestro Señor afirma que el ojo es la lámpara del cuerpo y que un ojo bueno transmite plenitud de luz al alma.

Examínate los ojos. El ojo maligno acarrea tinieblas; no ve la misericordia de Dios como algo hermoso, sino que lo ve a él como un amo severo, exigente e injusto. El ojo maligno ve en el dinero algo más atractivo que Dios; su imagen está distorsionada; no ve la realidad tal cual es.

¿Cómo es el ojo bueno que nos llena de luz? Un ojo bueno es un ojo que hace valoraciones sabias, un ojo con criterio. Ve la belleza y la fealdad, detecta lo que es de valor y lo que es despreciable, discierne lo que es deseable y lo que es indeseable. Es un buen guía en el camino hacia la luz.

Si tu ojo es bueno, te gozará con el Dios de tu salvación, verás la iglesia como la comunidad de los hijos de Dios y desearás permanecer en ella. Verás la Biblia como la carta de amor de Jesús y será para ti un deleite estudiarla. Verás el diezmo como la renta del evangelio y te gozarás en devolverlo para promover a Jesús. Las cosas de arriba serán más atractivas que las de la tierra. Verás a tu esposa como la que Dios buscó para ti y estarás complacido con ella.

El ojo bueno es un ojo excepcional. Tiene un tesoro: el mismo Dios. Cuando tenemos ese don, nuestra vida se llena de luz.

Hoy debes preguntarte: «¿Cómo están mis ojos? ¿Percibo correctamente la bondad de Dios? ¿Detecto su dirección para mi vida, para su iglesia, para su obra?» Sé vigilante; no seas superficial ni negligente o descuidado en este asunto. Esfuérzate, lucha, pelea por mantener tus ojos en buen estado. Haz lo que sea necesario para ver a Dios como lo supremo, lo más valioso y deseable.

Pero la ley se introdujo para que el pecado abundase;
mas cuando el pecado abundó, sobreabundó la gracia.
Romanos 5: 20

Hace algunos años tuve el placer de encontrarme con un hermano perteneciente a una iglesia en la que, tiempo atrás, yo había realizado una campaña de evangelización. Después de saludarlo, le pregunté cómo le iban las cosas y cómo marchaba la iglesia. Con un rostro lleno de satisfacción, me dijo: «Estamos bien. Tenemos un nuevo pastor, y este *sí* cambiará la iglesia. Denuncia el pecado por su nombre. Claramente nos dice que andamos mal, que de seguir así Dios nos abandonará. Nos ha explicado que si queremos que Dios nos ame, debemos ser perfectos como lo fue Jesús».

¿Qué es realmente lo que puede llevar a una persona a vivir una vida de obediencia? ¿Decirle que Dios es un amo duro y exigente que solo está esperando que fallemos para condenarnos? ¿O decirle que, aunque fallemos, él nos ama de tal modo que su mensaje salvador para el pecador es: «Ni yo te condeno, vete y no peques más»?

El mensaje de la Biblia es meridiano cuando declara que el método de Dios para guiarnos a abandonar el pecado es su misericordia. La suya es una misericordia incansable que da una y otra oportunidad, y después otra y otra más. Su misericordia es tal que si siete veces al día pecase yo contra él, siempre me da su perdón y me llama hijo suyo.

No es fácil aceptar el amor increíblemente expansivo de Dios. Él nos ama de forma "agresiva". El poeta Francis Thompson, ex adicto al opio, escribió acerca de su encuentro salvador con el Señor. Describió a Dios como el «Sabueso del cielo», que lo perseguía por cada vericueto y callejón de su vida y de su mente hasta que se rindió a Cristo y finalmente encontró la paz. Si huyes de Dios, él emprenderá tu persecución. Si procuras evitarlo, él perseverará tras de ti, y aunque te escondas, te encontrará.

Entender cuánto me ama Dios y que no está dispuesto a perderme porque le costó la sangre de su Hijo es el veneno más poderoso contra el deseo de pecar. Ese pensamiento despierta el deseo de obedecer, la sumisión, el amor, la lealtad y la devoción a Dios. Su gracia es lo único que habilita para no rendirse al pecado.

Te invito a reflexionar hoy en la maravillosa gracia divina. La gracia de Jesús te hará vencedor.

> Yo soy la vid, vosotros los pámpanos; el que permanece en mí, y yo en él, este lleva mucho fruto; porque separados de mí nada podéis hacer.
>
> JUAN 15: 5

¿Qué metas esperas alcanzar? ¿Qué sueño ha puesto Dios en tu corazón que anhelas ver hecho realidad? A pesar de tus temores e inseguridades, tú sí puedes realizar esos anhelos.

Para tener éxito en la vida cristiana tienes que poner tu centro de atención en Jesucristo. Él mismo lo declaró: «Permaneced en mí, y yo en vosotros. Como el pámpano no puede llevar fruto por sí mismo, si no permanece en la vid, así tampoco vosotros, si no permanecéis en mí» (Juan 15: 4).

Cuando permanecemos siempre con el Señor, cuando no lo abandonamos, y estamos constantemente a su lado, él nos coloca en el puesto que desea que ocupemos. Sencillamente, lo que se requiere para triunfar en la vida cristiana es confianza total en el Señor.

Aprender a permanecer en vez de esforzarnos por alcanzar algo nos enseña a poner nuestra confianza en Alguien que sabe mucho más que nosotros en cuanto a la vida y al porvenir. Permanecer en Jesús significa que el Salvador es en todo momento la causa de todo bien en nuestra vida. Sin él no podemos hacer nada verdaderamente bueno, nada que honre a Dios y exalte a Cristo. Permanecer en él es confianza continua en la verdad de las palabras de Jesús y en la certeza de su amor. Nunca dejamos de creer que él nos ama. Aunque suframos persecuciones, enfermedades o abandono, siempre estamos convencidos de que su amor nunca cesa. Nos ama hoy igual que nos amaba ayer, y su amor por nosotros no cambiará mañana. Es el amor incondicional de Dios lo que nos cambia y trae consigo una realización duradera. Tan pronto entendemos y aceptamos que no hay amor más grande que el amor de Dios, estamos listos para dar el primer paso a esa vida abundante, plena y extraordinaria.

La persona que permanece en el Señor ya no vive para sí, sino para Jesucristo. Descubre que Dios toma sus pensamientos y los conforma a su voluntad y propósito, que el Señor aguza sus talentos, purifica su mente y lo prepara para el servicio de su reino. Sus tesoros terrenales y las cosas que tiene en gran estima se convierten en ofrendas de alabanza y adoración. Los sentimientos de rencor y amargura se desvanecen, porque recibimos el amor y el perdón divinos.

Permanece en el Señor y descansarás, porque Dios tiene el control de todas las cosas. Contémplalo solo a él, no las cosas que te hacen sentir temor e inseguridad.

Y vio la mujer que el árbol era bueno para comer, y que era agradable a los ojos,
y árbol codiciable para alcanzar la sabiduría; y tomó de su fruto, y comió;
y dio también a su marido, el cual comió, así como ella.
GÉNESIS 3: 6

Dios procura guiar a sus hijos para que tomemos decisiones sabias. Aunque clamamos a Dios pidiendo su dirección con frecuencia, no siempre hacemos lo que él indica que debe hacerse. Demasiado a menudo, hemos tomado un curso de acción contrario al que el Señor aconseja en su santa Palabra o al que él manifiesta a nuestra mente y nuestra conciencia a través del Espíritu Santo. Desgraciadamente, no siempre seguimos su consejo. ¿Qué podemos esperar cuando dejamos de aceptar la voz de Dios, cuando adoptamos decisiones basadas en la lógica o el criterio humanos?

La historia registrada en Génesis 3: 1-7 muestra que Eva enfrentaba un conflicto entre lo que Dios había dicho y lo representado por sus propios deseos. Lamentablemente, decidió creer la mentira y no la verdad, aceptar el consejo del diablo y no el consejo de Dios, dejarse guiar por el que deseaba su ruina y no por el que deseaba su dicha y su felicidad. Como consecuencia de la fatídica decisión adoptada por ella y por su esposo, el pecado entró en el mundo, con su secuela de dolor, llanto, miseria y muerte.

Eva sabía muy bien lo que Dios requería de ella. Sin embargo, centró su atención en los atractivos de la oferta de Satanás. Sopesó cada opción contra los deseos de su propio corazón y, desgraciadamente, optó por lo que resultaba más agradable para sus ojos.

Cuando seguimos una conducta similar a la de Eva, lo que en realidad decimos a Dios es: «Muchísimas gracias por tu consejo, pero haré las cosas a mi manera, y no como tú quieres». Quizá no acabemos de expresar esas palabras, pero nuestras acciones comportan ese mensaje. Debemos ser cuidadosos de cómo respondemos a los llamamientos de Dios.

Dios se ha hecho asequible y disponible. Anhela que lo busquemos y le permitamos poner en nuestra mente sus pensamientos, para que podamos decidir correctamente. Si pedimos que nos ilumine para tomar decisiones correctas, entonces debemos atender su Palabra.

Di deseas evitarte muchas frustraciones, fracasos y pesares, sé obediente y pide fortaleza para seguir el consejo divino.

> Os digo que este descendió a su casa justificado antes que el otro;
> porque cualquiera que se enaltece, será humillado;
> y el que se humilla será enaltecido.
>
> LUCAS 18: 14

Pese a su obediencia, el fariseo no fue justificado. Era justo según su criterio. Hombre fiel a su esposa, ayunaba dos veces a la semana y daba diezmos de todo lo que poseía. Si yo hubiese sido su pastor, no me lo habría pensado dos veces a la hora de ponerlo como primer anciano de la iglesia. Sin embargo, Jesús percibía que ese caballero andaba mal.

¿Acaso la obediencia no es importante? ¿Qué sucedió en el caso del fariseo? ¿Debemos tomarnos la obediencia en serio o no?

La obediencia es importante. La Biblia enfatiza vez tras vez que Dios requiere nuestra obediencia. Se deleita cuando hacemos lo que pide. El problema del fariseo estuvo en que usó la obediencia como *medio* de salvación. Las cosas buenas que hacía respondían a su deseo de sentirse orgulloso y seguro, y de humillar a los demás.

Si la obediencia no cuenta para nuestra salvación, ¿por qué la exige Dios? La preocupación de Dios por nosotros surge de su profundo amor y devoción. Él manda nuestra obediencia no porque sea muy estricto y exigente, sino porque conoce el efecto que la desobediencia y el pecado tendrán sobre nuestra vida. En cambio, Satanás tiene otro objetivo en mente, pues sabe que si puede atraernos al pecado, nuestras acciones deshonrarán al Señor y causarán dolor al corazón de Dios.

La desobediencia también tiene temibles repercusiones en forma de sentimientos de culpa, de vergüenza, de desprecio, vidas quebrantadas, matrimonios destruidos y amargas disputas. Sansón desobedeció por creer que no necesitaba la fuerza de Dios y terminó ciego, arruinado y transformado objeto de mofa. Saúl desobedeció y terminó en el suicidio. Caín desobedeció y vivió errante y fugitivo. Jonás desobedeció y un animal marino se lo tragó. Judas desobedeció y murió ahorcado. Aunque el amor divino no cambia, el pecado interrumpe nuestra comunión con el Señor. La desobediencia envía un mensaje a Dios que declara que, en lo que respecta a regir nuestra vida, nosotros sabemos más que él.

No hay un solo momento en que la obediencia carezca de importancia para el Señor. Dios requiere tu obediencia en cada circunstancia de tu vida. Decir una mentirijilla puede ser tan perjudicial para nuestro bienestar espiritual como sucumbir ante una tentación mayor, como el adulterio o el robo. La obediencia es una cerca de protección contra el mal. Gózate siempre en obedecer.

He aquí que aquel cuya alma no es recta, se enorgullece;
mas el justo por su fe vivirá.
HABACUC 2: 4

"Vivir por fe" es una expresión muy común en el vocabulario cristiano. En cambio, en el mundo secular el lema es, más bien, "Hasta no ver, no creer". Entre los miembros del reino de Jesucristo se promueve el mensaje de vivir por fe. Sin embargo, la idea de vivir por fe puede sonar emocionante y evocar toda suerte de aventuras emocionantes al principio. No obstante, con frecuencia, las personas encuentran mayor atractivo en la seguridad de saber qué es lo que va a ocurrir, en estar al mando de su propio futuro.

Obviamente, es más cómodo creer en lo tangible, en lo que se puede ver. Hay más seguridad cuando se tiene un buen empleo, una casa bonita, y algo de dinero en el banco, que en esperar que algo nos llegue mediante una mano invisible. Los que están desempleados y sin techo, los que han perdido a un ser querido o viven con una enfermedad incurable, frecuentemente se preguntan si tiene algún sentido confiar en Dios.

¿Cómo están las perspectivas de tu fe? Muchos tenemos nuestra propia agenda, en la que ocupa un lugar destacado nuestro punto de vista personal de cómo creemos que debe ser la intervención de Dios, de cómo debe gobernar el mundo, o de cómo debe impartir justicia. Molestos a veces por lo que ha hecho otra persona, decimos que Dios debería haberle dado un castigo doble del que recibió. Nos sentimos disconformes cuando él no actúa de acuerdo al tiempo que nosotros establecemos o en la forma que deseamos que haga las cosas. En consecuencia, nos angustiamos y confundimos. El profeta Habacuc vivió una situación similar. Su libro, una especie de diario personal, pone de manifiesto su disconformidad, sus dudas y su enojo con la actuación de Dios.

Una cosa es cierta: es imposible llamar a otros a la fe en Dios cuando nuestro propio corazón está lleno de tales sentimientos e interrogantes acerca de Dios. Quien considera a Dios completamente invisible no puede regocijarse en su fuerza. En una condición tal, la perspectiva de fe necesita cambiar, porque antes de que puedas persuadir a otras personas para que pongan su fe en Dios, debe cambiar la comprensión que tienes del Soberano del universo.

Con la fe de un niño, acepta hoy la conducción divina. Di al Señor que estás satisfecho con su dirección soberana, y abre tu corazón a la dinámica de la fe.

> Y el hijo le dijo: «Padre, he pecado contra el cielo y contra ti
> y ya no soy digno de ser llamado tu hijo».
>
> Lucas 15: 21

El cristiano que desea alcanzar la victoria sobre el pecado debe tener en su mente una idea clara de todo lo que implica el acto pecaminoso. Se dice que la paga del pecado es la muerte, que pecar roba la paz del corazón, que es un desperdicio de la vida, y que afecta física y emocionalmente. A pesar de todo lo que se pierde, el número de personas que hemos pecado contra Dios no puede contarse.

¿Cuál es la razón principal para cortar toda relación con el pecado? ¿El castigo? ¿El lago de fuego? ¿La vida eterna? ¿Que lo borren a uno de los libros de iglesia? De la siguiente historia podemos extraer la verdadera razón.

A un joven de dieciocho años de edad, hijo de padres adventistas, las malas compañías lo arrastraron al pecado. Practicaba toda clase de vicios, desde fumar cigarrillos hasta pasar su tiempo en lugares inmorales. Como era de esperar, su padre no aceptaba en forma alguna tal conducta. Le aplicó todo tipo de castigos, pero nada hizo que este joven cambiara su mal proceder. Un día en que el muchacho regresó a casa después de estar con sus amigos tomando bebidas alcohólicas, su padre lo llevó a un lugar solitario. El joven debe de haber pensado que sería para recibir una soberana paliza. Su padre, hombre fuerte y corpulento, se lo quedó mirando fijamente al rostro, como diciéndole algo, pero sin palabras. Después de un par de minutos, explotó en llanto. Cuando el joven rebelde vio las lágrimas que corrían como aguas desbordadas por el rostro de su padre, entendió que su pecado iba más allá de dañar su propia salud, más allá de violar una norma, o de afectar una relación paterno-filial. Entendió que su pecado despedazaba el corazón de un padre amante. Ese día terminó su rebeldía y decidió no causar más dolor a quien lo amaba tanto.

Si quieres dejar de pecar, piensa en lo siguiente:

- El pecado no solo te hiere a ti, sino que es una ofensa contra el cielo, contra Dios. Esa es la naturaleza fundamental del pecado. Es un ataque contra Dios.
- El pecado deshonra a Dios, y supone una difamación de su honor en la que incurrimos mediante nuestra conducta y actitud degradante. Nos perjudica a nosotros y a los que nos contemplan.

Enfréntate hoy al enemigo, no pensando en tu prestigio, empleo, buena fama, o en el qué dirán. Hazle frente pensando que cada pecado que cometas crucificará de nuevo al Hijo de Dios.

Pero los que esperan a Jehová tendrán nuevas fuerzas;
levantarán alas como las águilas; correrán y no se cansarán;
caminarán y no se fatigarán.
Isaías 40: 31

Hace un par de años conversaba con un miembro de nuestra iglesia. Me decía: «Creo que si tan solo la iglesia me diera un poco más de libertad, mi progreso sería mayor. Estoy convencido de que las normas y algunas creencias suponen una limitación; dificultan, de hecho, ir más allá de donde me encuentro». Sin duda, no es el único que piensa que ciertas doctrinas le impiden disfrutar de algunos deleites de la vida. He escuchado a algunos decir que el *Manual de la Iglesia* supone un obstáculo para la realización de cosas que supondrían, según su punto de vista, mayor crecimiento. Y, ¡para qué hablar de la manera en que expresan su opinión acerca de los sabios consejos de Elena G. de White! La gente a menudo teme que la entrega a Jesucristo significa una interminable lista de noes. Algunas personas son vulnerables, sobre todo, a la mentira de que Dios siempre restringirá su creatividad y su desarrollo. Temen que nunca logren alcanzar su pleno potencial si se atan a muchas restricciones religiosas.

Aunque parezca triste, la gran verdad es que ningún ser humano alcanzará su verdadero potencial si no está unido a Jesús. Lo mismo puede decirse de quienes ven en los mandamientos trabas que los privan de realizar todas las cosas que consideran divertidas. Esas personas desconocen que el gozo verdadero y duradero es el resultado de seguir a Jesús y servirlo. ¿Has observado a una cometa volar con el viento? Estoy seguro de que jamás se te ocurriría decir que la cuerda que la sostiene es una carga o que estorbe. La cuerda no está para impedir el funcionamiento de la cometa; de hecho, esta no va a volar a menos que esté asociada a la cuerda. No se puede cortar la cuerda y esperar que la cometa vuele hacia el cielo. Si se corta la cuerda, la cometa se estrellará contra el suelo poco después. La cuerda mantiene la posición de la cometa con respecto al viento, y permite usarlo para su beneficio. Sin el cordel, la cometa estaría a merced de cualquier influencia que pasara por el lugar, y, sin duda, terminaría atrapada en un árbol o destrozada contra el suelo. Cuando llega el momento de que la cometa regrese a tierra, el cordel la atrae con suavidad, evitando las ramas de los árboles.

Piensa hoy que tu entrega diaria a Jesús no es pesada, ni tampoco te quita el gozo verdadero. En su presencia hay deleite. Dios se asegura de que los vientos de la vida soplen a tu favor. Vive unido a Jesús.

>   ¡Ay de los reposados en Sion, y de los confiados en el monte de Samaria, los notables y principales entre las naciones, a los cuales acude la casa de Israel!
> AMÓS 6: 1

La autocomplacencia y la indiferencia espiritual eran las características distintivas de los pueblos de Israel y de Judá en los días del profeta Amós. El profeta sentía intensamente en su corazón el peso del pecado del pueblo hebreo en su conjunto. Predicó sus mensajes proféticos a tanto a los habitantes del reino del norte como a sus paisanos del reino de Judá, gente, en su mayoría, orgullosa de su posición social. Confiaban más en sus logros que en el Dios de Abraham, Isaac y Jacob.

En aquella época, las clases hebreas más acomodadas estaban entregadas a la música, al placer y a los finos vinos que bebían. Tal como denuncia el profeta, dormían en camas de marfil, y no les preocupaban los pobres ni los afligidos. En su extraña y exuberante adoración, se olvidaban del sufrimiento de sus hermanos. Se aislaron de aquellos que estaban perdidos sin el conocimiento del Dios verdadero y en esclavitud. Inesperadamente, en medio de los banquetes y las danzas con las que se entretenían aquellos creyentes profesos, Dios les envió al profeta Amós con el siguiente mensaje: «¡Ay de los reposados en Sion y de los confiados en el monte de Samaria!» (Amós 6: 1).

Aunque vivamos más de dos milenios y medio después de aquella época, el mensaje del profeta Amós resulta especialmente pertinente para nosotros y para nuestro tiempo. Debemos ser cuidadosos para no caer en la complacencia e indiferencia del pueblo de Israel en los días de Amós.

Los actos de adoración en la iglesia no son el final de la gloria de Dios, son solamente el comienzo. Debemos salir para demostrar al mundo que hemos tenido un encuentro con el Altísimo. Ese mundo vacilante lleno de desigualdad, al borde de la eternidad, en el gran valle de la decisión, como si fluctuara entre el cielo y el infierno, necesita más que un nuevo CD o un libro: necesita una demostración de Jesucristo. A la puerta de nuestras iglesias hay una cantidad de obstáculos que mantienen a los perdidos fuera.

Cuídate hoy para que no te veas desviado de tu curso, del propósito para el cual hemos sido llamados como pueblo de Dios. Vigila todos tus pasos. No des lugar a la complacencia, ni dejes que las cosas de este mundo te distraigan de tu cometido.

Jesús les dijo: «Por vuestra poca fe, porque de cierto os digo, que si tuviereis fe como un grano de mostaza diréis a este monte: "Pásate de aquí allá", y se pasará; y nada os será imposible».
MATEO 17: 20

Cuando las circunstancias por las que atravesamos parecen tomar un giro inesperado para peor, muchas veces nuestra fe se ve sacudida y, desesperados, nos preguntamos cuáles son los pasos que tenemos que dar para hacer frente a la tragedia y a las injusticias que enfrentamos. Independientemente de cuáles sean las dificultades concretas, una fe firme nos capacitará para hacer frente a todas las pruebas que puedan venir.

¿Qué hacer cuando los problemas de la vida golpean nuestra fe? Si las circunstancias son tales que nuestros planteamientos anteriores han quedado desbordados por la realidad, ¿cómo podemos recuperar nuestra confianza en Dios? He aquí tres consejos que pueden resultarte útiles.

- Adopta la firme decisión de creer que Dios es fiel y totalmente digno de confianza; siente la seguridad de que el Señor siempre cumplirá sus promesas. Él desea lo mejor para tu vida. A veces, lo que pensamos que es lo mejor está en conflicto con lo que Dios piensa que es lo mejor. Sin embargo, los caminos de Dios son los únicos que nos conducen a la dicha y a la paz, pues fortalecen el carácter y siempre dan magníficos resultados.

- Elimina toda duda en cuanto a Dios. Rechaza todas las insinuaciones al respecto que el diablo suscite en tu mente. Mi tío y mi padre, cuando jóvenes, eran diáconos de la iglesia a la que asistían. Un miércoles salieron de su casa hacia el templo para hacer la limpieza y quedarse para el culto de oración y testimonios. Cuando regresaron a su casa, encontraron que los ladrones les habían robado todo. Mi tío exclamó: «No es posible que mientras adorábamos al Señor en su templo, él no haya cuidado nuestra casa». Aceptó la duda en su mente, abandonó la iglesia y finalmente murió alcohólico. Cuando decidimos no mirar nuestras circunstancias con los ojos de la duda, experimentaremos paz y tranquilidad.

- Lee la Palabra de Dios y medita en sus promesas. Fundamenta tu fe en las promesas de Dios. Eso es lo único que garantiza que tu fe no naufrague cuando ruja la tempestad.

Cree hoy firmemente que Dios cumplirá todo lo que te ha prometido. Él es fiel y verdadero. Descansa en sus promesas.

Confía en Jehová, y haz el bien; y habitaras en la tierra
y te apacentaras de la verdad.
SALMO 37: 3

¿**C**onfías en Dios en todo momento y circunstancia? ¿Confías en él aunque tarde en responder a tus peticiones? ¿Confía en él aunque responda de una manera contraria a lo que esperas?

Conocí a una joven madre de veinticuatro años de edad. Tenía una hermosa bebé. Servía fielmente al Señor junto con su esposo. Era una pareja muy feliz. Un día esa felicidad se vio interrumpida. Después de un examen médico, le diagnosticaron a esta joven esposa un cáncer terminal. Oraron durante varios meses para que el Señor la restableciera, pero, con el correr del tiempo, su cuerpo se iba debilitando más cada vez. Los que la visitaban sabían que la hora de su muerte se aproximaba. Un día vino a visitarla uno de sus amigos, quien le dijo: «Tengo una buena noticia para ti. Puedes ser curada de tu terrible enfermedad. Te aconsejo que visites el centro espiritista. Te aseguro al cien por cien que tu cáncer desaparecerá. Muchas personas que han visitado dicho centro han sanado de sus enfermedades». La respuesta de esta hija de Dios fue: «No iré. Prefiero perder unos cuantos años más de vida en esta tierra que privarme de vivir eternamente con Jesús. Estoy dispuesta a confiar plenamente en él hasta que dé mi último suspiro».

¿Cuáles son las razones que se nos presentan en la Palabra de Dios para confiar firmemente en él en toda circunstancia?

• Él es absolutamente fiel. El profeta dice: «Grande es tu fidelidad» (Lam. 3: 23). ¿Cuándo fue la última vez que Dios se apartó y te dejó solo? Nunca lo ha hecho y nunca lo hará. Independientemente de lo que estés afrontando, Dios conoce cada detalle de tu vida y está contigo para mostrarte cómo resolver cada uno de tus problemas.

• Él es poderoso. Jesús dijo: «Toda potestad me es dada en el cielo y en la tierra» (Mat. 28: 18). Henry Thiessen escribió: «Dios puede hacer todo lo que sea su voluntad, pero él no necesariamente hará todas las cosas». El Dios omnipotente es una fuente de consuelo y esperanza para el cristiano.

• Él te ama incondicionalmente. «Como el Padre me ha amado, así también yo os he amado» (Juan 15: 9). Dios nunca ha dejado de amarte, ni cuando te portas mal. Es precisamente la seguridad de su amor lo que te aparta del pecado.

Gózate hoy, cualquiera sean las circunstancias que enfrentes. Confía plenamente, porque tu Dios es fiel, poderoso, y te ama con amor eterno.

¿Qué, pues, diremos a esto? Si Dios es por nosotros, ¿quién contra nosotros?
ROMANOS 8: 31

Durante muchos años se han usado las represas para controlar el agua, cambiar el curso de los ríos, prevenir inundaciones, y almacenar el agua, abundante en algunas ocasiones para poder irrigar la tierra en tiempos de escasez hídrica. Sin embargo, ni siquiera las represas más modernas construidas en la actualidad pueden detener por completo el flujo del agua dentro de sus cauces, ni impedir su regreso final a los mares.

La Biblia habla en varios lugares de fuerzas opuestas a nuestros intereses eternos que actúan como corrientes impetuosas, pues tratan de llevar al naufragio nuestra fe y echar a perder los propósitos de Dios para nuestra vida. Así, el profeta Isaías afirma: «Vendrá el enemigo como río» (Isa. 59: 19).

A veces podemos llegar a pensar que nadie podrá detener todo aquello que está en contra nuestra: personas que buscan por todos los medios posibles hacernos daño; pecados que no hemos podido vencer, a pesar de nuestras buenas intenciones, y que nos han hecho caer vez tras vez; desafíos, que, en potencia, pueden desviarnos y hasta afectar de manera temporal los buenos planes que Dios tiene para nuestro éxito. Todas estas cosas se asemejan al río impetuoso del que hablaba el profeta Isaías.

Quizá hemos sido arrastrados por las corrientes pecaminosas de este mundo, por malas decisiones que tomamos, o por errores que cometimos. Si es así, pon todas esas circunstancias en las manos de Dios, pues él puede detener con éxito todas esas fuerzas malignas que no puedes enfrentar por ti mismo. La Biblia señala que el poder de Dios es suficiente para superar tales cosas. Más que suficiente, es infinito. Cuando habla de él, la Palabra de Dios presenta figuras e imágenes extraordinarias para que depositemos nuestra confianza en él. Se dice que es «torre fuerte», «gigante poderoso», «el león de la tribu de Judá». Sí, eso y más es nuestro Dios. ¿Quién podrá sostenerse en pie delante de él?

Los planes que Dios tiene nunca pueden ser derrotados. Él siempre ha salido victorioso, y eso es una buena noticia hoy para nosotros. Puedes estar completamente seguro esta mañana que Dios puede enfrentarse con todo lo que te sobrevenga. Con él la victoria es segura. Solo cuida de que tus propósitos sean acordes con los del Señor.

> Desde entonces comenzó Jesús a predicar y a decir: «Arrepentíos, porque el reino de los cielos se ha acercado».
>
> MATEO 4: 17

La primera exigencia del ministerio publico de Jesús fue «Arrepentíos». Esta exhortación fue hecha indiscriminadamente a todas las personas que lo escuchaban. Fue un llamado radical al cambio interior, en las percepciones, las disposiciones y los propósitos de la mente. A una nueva manera de mirar y relacionarse con Dios.

Arrepentirse es algo que sucede dentro de la persona. Con el tiempo, ese cambio produce los frutos de una nueva conducta. Las buenas acciones no son el arrepentimiento, sino el fruto del mismo. El arrepentimiento es el cambio interior que produce las nuevas acciones. Jesús exige que sus seguidores, antes de obedecer, experimenten ese cambio dentro de sus corazones, porque se puede mostrar una buena conducta sin arrepentimiento, pero no puede haber arrepentimiento sin buena conducta.

La experiencia del arrepentimiento es necesaria, porque produce un cambio en la mente y en las percepciones para ver a Dios de manera diferente, con una mentalidad renovada. Arrepentirse significa experimentar un cambio en la manera de pensar, para contemplar al Señor como el Dios fiel y verdadero, Alguien que no miente, que cumple todo lo que promete. Significa una mente nueva, capaz de ver a Dios en toda su santidad y hermosura, como Aquel que es digno de toda alabanza y obediencia.

Cuando una persona experimenta el arrepentimiento su actitud en cuanto al Salvador cambia: Jesús se convierte en el punto central y en el valor supremo de su vida. Eso es lo que experimentó Simón de Cirene al encontrarse con Jesús aquel viernes al mediodía. Fue renovado interiormente, e inmediatamente cambió de dirección. En lo sucesivo, había de ir siempre en la misma dirección de Jesús. Mientras que la multitud consideraba que Jesús era un impostor, él lo consideró su Salvador; cuando otros lo consideraban un engañador, él lo consideró el Hijo de Dios. El arrepentimiento convierte a Jesús en el punto central y el valor supremo de la vida.

Antes de que ocurra el arrepentimiento, hay cientos de cosas que parecen más importantes y más atractivas: la salud, la familia, el trabajo, los amigos, los deportes, la música, la comida, el sexo, las aficiones, la jubilación, las novelas; pero cuando Dios produce el arrepentimiento, Jesús se convierte en la Perla de gran precio.

Dobla hoy las rodillas y pide al Señor la hermosa experiencia del arrepentimiento. Entonces el nuevo nacimiento hará que Jesús sea para tu vida lo único, lo mejor, tu todo, tu encanto, tu placer, tu héroe.

El que dice que está en la luz y aborrece a su hermano, está todavía en tinieblas.
1 JUAN 2: 9

Si de repente te dijeran que debes quedarte sin uno de los cinco sentidos, ¿cuál estarías dispuesto a perder? Es poco probable que eligieras el sentido de la vista. La vista es el más apreciado de los cinco sentidos. Es placentero contemplar las maravillas de la creación de Dios, apreciar la belleza y disfrutar los colores que alegran la naturaleza. Piensa por un momento que tu visión fuese afectada repentinamente. Sería algo terrible quedar hundido en la profunda oscuridad de la ceguera.

La Biblia advierte que más terrible que la ceguera física es la ceguera espiritual, la cual limita enormemente nuestra capacidad de distinguir entre el bien y el mal. Es trágico estar practicando pecados vergonzosos y decir «No veo nada malo en ello.» Conversaba en una ocasión con un estudiante universitario, quien me decía que no veía nada de malo en tener con su novia relaciones sexuales fuera del matrimonio.

Ni siquiera los que tenemos una relación personal con Cristo somos inmunes a esa condición de falta de visión. Hablando de los cristianos de Laodicea, Jesús dijo que no se daban cuenta de que eran ciegos.

Si no vivimos cada día con Cristo, si él no es el centro de nuestra vida, podemos volvernos insensibles a las realidades del reino de los cielos. Una de las actividades que mayor disfrute proporciona a Satanás es apartar la atención del creyente de la verdad.

En el texto base de nuestra medición de hoy, el apóstol Juan presenta un ejemplo de cómo puede uno tener ceguera espiritual sin darse cuenta. Afirma: «El que dice que está en la luz y aborrece a su hermano, está todavía en tinieblas» (1Juan 2: 9). De hecho, si nos llamamos cristianos y maltratamos al prójimo, hablamos de manera airada, somos descorteses, tratamos con dureza al cónyuge, humillamos a los que están bajo nuestra responsabilidad, o guardamos resentimiento por ofensas recibidas, estamos aún viviendo en la oscuridad. Vivir en la oscuridad no solo desagrada a Dios, sino que causa daño a los que nos rodean.

El gran predicador D. Moody dijo una vez: «Donde un hombre lee la Biblia, cien hombres lo leen a él». Ora hoy y di al Señor: «Padre, muéstrame algún punto ciego en mi vida y abre mis ojos a la luz de tu verdad».

Vi yo al Señor sentado sobre un trono alto y sublime,
y sus faldas llenaban el templo.

Isaías 6: 1

No podemos ni siquiera imaginar lo que vio Isaías. De repente, Dios invadió su mundo. El profeta no lo esperaba, pero Dios se le acercó. En eso consiste el hecho de que Dios se revele a sí mismo: Dios entra en nuestro mundo. Toma la iniciativa, se mueve primero, busca primero, llama primero, llega primero. Cuando lo encontramos, descubrimos que ha estado buscándonos todo el tiempo. Dios toma la iniciativa y se acerca a nosotros. ¿Cómo ocurre este portento? No lo sabemos; lo que importa es que ocurre.

Isaías no describe a Dios. Vio su trono, su manto; pero no podía ver la pura esencia de la Majestad del cielo. Lo primero que vio Isaías fue el impresionante trono de Dios, símbolo del gobierno absoluto y soberano del Todopoderoso, creador, preservador, sustentador y controlador del universo.

El drama de la historia del pecado no terminará por accidente. Llegará a su conclusión por decisión divina. Dios está en el centro de control del tiempo, del espacio y de la eternidad. Es Rey de reyes y Señor de señores. Pese a ser tan inmensos sus dominios, Dios conoce hasta tu dirección y tu código postal. Le preocupa personalmente todo lo que te preocupa a ti. Todo lo que haces es importante para él.

A veces pensamos que Dios es un Señor ausente del planeta Tierra. Hay quienes creen que Dios creó el mundo y luego lo dejó a la deriva, abandonado a su propia suerte. Pero eso es una acusación y una calumnia. Dios se interesa en nosotros. Conoce nuestro pesar, nuestro dolor, la crisis que afrontamos. Influye para que todas las cosas redunden en bien de los que lo aman.

Hoy te invita a mirar hacia su trono y reconocer que todavía mantiene el control de todas las cosas. Está en su trono alto y sublime, por encima de todas las cosas: por encima de esa enfermedad incurable, del problema cardíaco, del cáncer, de ese diagnóstico que te angustia, de la muerte, de esa hipoteca que te desespera, de esos enemigos que te amenazan, de ese juez que decidirá tu caso, de esa tentación que no puedes vencer, de ese pecado que ha manchado tu vida y te ha hecho prisionero de la culpa.

Acepta y sigue hoy el consejo bíblico: «Acerquémonos, pues, confiadamente al trono de la gracia, para alcanzar misericordia y hallar gracia para el oportuno socorro (Heb. 4: 16).

357

En seguida el rey dijo: «Partid por medio al niño vivo, y dad la mitad a la una, y la otra mitad a la otra». Entonces la mujer de quien era el hijo vivo, habló al rey (porque sus entrañas se le conmovieron por su hijo), y dijo: «¡Ah, señor mío! Dad a esta el niño vivo, y no lo matéis». Mas la otra dijo: «Ni a mí ni a ti; partidlo».
1 REYES 3: 25, 26

¿Te has preguntado alguna vez por qué dos prostitutas se peleaban tanto por un hijo? Después de todo, los bebés de ambas eran ilegítimos. Cualquiera de las dos que se quedara con el bebé iba a tener que enfrentar una vida mucho más difícil, que implicaba no solo la responsabilidad de criar un hijo, sino gastos y una vida de más pobreza aún.

Quizás ese bebé representaba una forma de escape del trabajo degradante que su madre practicaba. Su madre quizás razonaba que solo sería cuestión de tiempo para que su bebé creciera y fuera un hombre que cuidaría de ella para así no tener que prostituirse nunca más. O tal vez el bebé simplemente representaba ese apego cercano entre una madre y su hijo. En cualquier caso, Salomón tomó la decisión de partir al bebé por la mitad para descubrir quién era su madre en realidad. Él sabía que el bebé sería demasiado querido para la verdadera madre y que esta se opondría a que su bebé acabara cortado en dos pedazos.

Hay una gran lección para nosotros en esto. Satanás siempre ha estado susurrando en nuestros oídos que tomemos las cosas de valor, y aun las cosas santas, y que las partamos por la mitad. Tal vez él nos anima a cortar nuestro tiempo de devoción con Dios por la mitad. Nos exhorta a cortar el tiempo que pasamos en oración por la mitad. Él nos anima a que recortemos el diezmo del Señor por la mitad. En cuanto a lo social, quiere que partamos nuestro amor en dos: la mitad para nuestra esposa, y la mitad para una amante. Quiere que en nuestro trabajo seamos negligentes y que solo demos la mitad de nuestro verdadero potencial. Él quiere que los sábados no vayamos al culto entero, sino que procuremos ir a la mitad del servicio, o sea, al culto divino. Él quiere que lo partamos todo por la mitad. Satanás quiere que tomemos las cosas preciosas de Dios y de la vida y las cortemos por la mitad hasta que perdamos la sensibilidad y las cosas de suma importancia se vuelvan sin importancia.

Pide a Dios sabiduría hoy para mantener las cosas del Señor y las cosas buenas de este mundo enteras y no en mitades. Quiera Dios que puedas presentarle completo todo lo que a él pertenece.

> Dijo luego Jehová a Noé: «Entra tú y toda tu casa en el arca; porque a ti he visto justo delante de mí en esta generación».
>
> GÉNESIS 7: 1

Imagínate que eres la única persona fiel que queda en la tierra, el único ser humano que agrada a Dios. Esa es la situación en que se encontraba Noé. Debido a la fidelidad de aquel patriarca, Dios le preparó una manera de huir de una destrucción segura por el diluvio que él enviaría sobre toda la tierra.

La huida de la destrucción fue un plan muy elaborado. Noé construyó un barco bastante largo y ancho, y tan alto como un edificio de cinco plantas. Era una construcción majestuosa, calculada para soportar turbulencias marinas considerables y vientos huracanados. Es posible que aquel barco imponente, construido sin ninguna herramienta moderna, pudiera caber solo en los estadios olímpicos de nuestros días. El arca era de medidas grandes precisamente porque había sido diseñada para que entraran en ella muchas personas, aparte de animales. Sin embargo, en el arca únicamente entraron ocho personas, todas de la familia de Noé, por ser él el único hombre bueno y justo delante de Dios, según lo describe la Biblia.

Ahora imagínate todo lo contrario. Imagínate que eres el único pecador que hay en la tierra. No el pecador más malo, sino el único pecador; nadie más es pecador en este mundo, solo tú. Pues, aun en ese caso, igual que hizo con Noé, Dios también te ofrecería a ti una vía de escape de la destrucción. Y no se trata de ninguna hipótesis. Es algo absolutamente cierto, un hecho histórico. Cuando Dios obró ese portento, no lo hizo con un arca de madera calafateada, sino con su Hijo amado clavado en una cruz.

Nuestro Dios sabía que no somos buenos y que nunca podríamos merecer la salvación. Sin embargo, el Padre eterno se despojó de su único Hijo para dar una solución no solo a los justos como a Noé, sino a pecadores como nosotros. Era tan profundo el amor de Dios que aun si tú hubieses sido el único pecador que había en el mundo, de igual manera él habría mandado a su Hijo para que efectuara, tan solo por ti, un rescate que le costase la vida.

Ser rescatados de nuestros pecados no depende de nuestros propios méritos. La salvación es un regalo del cielo. Por eso, reconociendo que fuimos salvos en algo mucho más precioso que un gran barco, debemos procurar que nuestras buenas obras sean un complemento de la fe que tenemos en la salvación que Jesús logró para nosotros.

Velad y orad, para que no entréis en tentación;
el espíritu a la verdad está dispuesto, pero la carne es débil.
MATEO 26: 41

¿Has considerado el altísimo precio que hay que pagar por vivir una vida falta de oración? Considera por un momento el caso de un predicador de mucho éxito, que, inesperadamente para sus seguidores, cayó víctima del pecado del adulterio. Cuando se le preguntó cuál había sido la razón de su poco edificante conducta, contestó: «Todo comenzó cuando descuidé mi vida de oración». Todo el mundo tiene que pagar un alto precio cuando permite que la oración no sea prioritaria en su vida.

Cuando la oración no es algo esencial en nuestra vida, perdemos la preciosa oportunidad de pasar tiempo a solas con el Señor. En tal situación, se experimenta un vacío en el corazón, acompañado de un extraño sentido de intranquilidad e inseguridad y zozobra. En cambio, cuando vivimos una vida de mucha oración, el peso de las cargas se aligera enormemente, pues es quitado de nuestros hombros por la mano poderosa del Altísimo.

Si la oración es tan vital como el aire que respiramos, si la oración es considerada el aliento del alma, ¿por qué hay tantísimas personas que eligen orar tan poco? La triste realidad es que muchos se han acostumbrado a vivir vidas débiles y fracasadas, y a aceptar el funesto error de que no necesitan de la oración. Como consecuencia de cultivar un estilo de vida semejante, ponen toda su confianza en ellos mismos, en sus recursos y en su propia capacidad, en lugar de ponerla en Dios y en su omnipotencia. Así se vuelven vulnerables y corren el riesgo cierto de que les sobrevenga un desastre.

¿Cuál es la solución para evitar una vida pobre en lo que respecta a la oración? La solución se encuentra en dar una alta prioridad al compañerismo y a la comunión con nuestro Señor. Después de todo, necesitamos mantener nuestro compañerismo con Dios para escuchar su voz y conocer su voluntad para nuestra vida.

Si has permitido que ciertas cosas se interpongan entre tú y tu Padre celestial, si has permitido que algún pecado destruya tu vida de oración, confiésalo a él hoy. Cuando de nuevo revitalices tu vida de oración, que es la clave de toda victoria y la antesala de toda vida poderosa, serás capaz de experimentar las bendiciones del cielo, y tu vida cristiana será saludable.

Mirad bien, no sea que alguno deje de alcanzar la gracia de Dios;
que brotando alguna raíz de amargura, os estorbe,
y por ella muchos sean contaminados.

HEBREOS 12: 15

Esta declaración se basa en Deuteronomio 29: 18: «No sea que haya en vosotros raíz que produzca hiel y ajenjo». «Se aplica a cualquier persona de la iglesia dada a las discusiones con el deliberado propósito de fomentar mala voluntad y división entre los hermanos. Una raíz de amargura generalmente germina en la oscuridad de algún alma marchita, y luego florece convirtiéndose en una crítica pública y maligna contra los dirigentes de la causa de Dios en la tierra, y hace que los hermanos se dividan entre sí» (*Comentario bíblico adventista*, t. 7, pp. 501, 502).

La amargura es una condición espiritual enfermiza. Conlleva un deseo excesivo de venganza capaz de todo. Está a la cabeza de la lista de los problemas que ahuyentan al Espíritu de Dios: «Quítense de vosotros toda amargura, enojo, ira, gritería, maledicencia, y toda la malicia» (Efe. 4: 31).

Es muy difícil curar la amargura, porque la persona amargada se acostumbra a vivir con ese espíritu, considerando que su comportamiento es normal y parte de su personalidad. Por desgracia, quien tiene este problema tampoco percibe el daño que le ocasiona la amargura.

Los efectos de la amargura son graves: pérdida del dominio propio, irritabilidad, insomnio, depresión, negatividad, y malestar del ser en su conjunto. La amargura ahuyenta al Espíritu de Dios. Sin embargo, cuando arrancamos la raíz de amargura, el Espíritu Santo toma posesión y control de nuestras vidas.

Todos los cristianos deseamos llegar a ser como Jesús. Si ese es nuestro objetivo, el primero y más grande paso que debemos dar es el de ser personas dulces, en las cuales no tenga cabida la amargura. ¿Cómo sabremos que hemos triunfado y nos hemos deshecho de la amargura? Hemos arrancado la raíz de amargura cuando nuestra vida está dominada por el amor y ya no deseamos vengarnos de nuestros ofensores; cuando nuestra boca ya no pronuncia palabras hirientes que afecten la reputación de los demás. Seremos completamente libres de la amargura cuando les deseemos el mayor de los éxitos a nuestros ofensores.

Decide hoy poner a un lado la amargura. Pide al Señor que te dé un carácter dulce. Que tu oración sea: «Señor, ayúdame a ser una persona de carácter dulce, a la cual todos quieran acercarse porque sienten la presencia divina en su vida».

Mira que te mando que te esfuerces y seas valiente; no temas ni desmayes, porque Jehová tu Dios estará contigo en donde quiera que vayas.
JOSUÉ 1: 9

El mandato que con más frecuencia se repite en las Escrituras para los hijos de Dios es el de no tener temor. Se da más de 360 veces en toda la Biblia, y cada vez que aparece los autores bíblicos hacen mucho hincapié en él.

«¡Sean valientes! ¡No teman!» Eran palabras que oyeron desde los pastores que vieron a los ángeles anunciando el nacimiento de Jesús, hasta los discípulos que vieron caminar a Jesús sobre las aguas y creyeron que era un fantasma.

La Biblia está repleta de exhortaciones a no temer. Una de estas exhortaciones la encontramos en Isaías 41: 8-10: «Pero tú, Israel, siervo mío eres; tú, Jacob, a quien yo escogí, descendencia de Abraham mi amigo. Porque te tomé de los confines de la tierra, y de tierras lejanas te llamé, y te dije: Mi siervo eres tú; te escogí, y no te deseché. No temas, porque yo estoy contigo; no desmayes, porque yo soy tu Dios que te esfuerzo; siempre te ayudaré, siempre te sustentaré con la diestra de mi justicia».

En las Escrituras se presentan exhortaciones enfáticas a no temer son hechas porque el temor nos paraliza. El temor hizo que los israelitas prefirieran creer a los diez espías que afirmaban que la tierra era inconquistable a creer el mensaje optimista de Josué y Caleb. El miedo era lo único que se interponía entre Israel y su herencia.

También hoy el temor puede privarnos de nuestra herencia. Una parábola de Jesús lo ilustra de esta manera: «Por lo cual tuve miedo, y fui y escondí tu talento en la tierra; aquí tienes lo que es tuyo. Respondiendo su señor, le dijo: Siervo malo y negligente, sabías que siego donde no sembré, y que recojo donde no esparcí» (Mat. 25: 25, 26). Paralizado por el miedo, este hombre escondió el talento en la tierra. Por su temor, el siervo recibió de su señor la evaluación de ser un ocioso y un perezoso. Por el temor de no hacer nada mal, terminó no haciendo nada bien. No hizo nada en absoluto.

¿De dónde proviene nuestro valor para desechar completamente el temor? Atesoremos en nuestro corazón estas palabras del segundo Evangelio: «Mas él les dijo: No os asustéis; buscáis a Jesús nazareno, el que fue crucificado; ha resucitado, no está aquí; mirad el lugar en donde le pusieron» (Mar. 16: 6).

Hoy Dios quiere que deseches todo temor, porque si de verdad crees en un Cristo resucitado que venció la muerte, no habrá nunca nada que temer.

> Porque todo el que quiera salvar su vida, la perderá;
> y todo el que pierda su vida por causa de mí, este la salvará.
>
> LUCAS 9: 24

Alguien ha dicho que lo que se predica hoy desde nuestros púlpitos es un evangelio edulcorado. Vivimos en una época en que la buena nueva del evangelio se ha convertido en algo tan de uso común que ha dejado de ser evangelio. Parecería que seguir a Cristo no implique ningún cambio, como si ser discípulo de Jesús fuese algo semejante a ponerse una pegatina que diga «Soy cristiano», y eso sería todo. Con la invitación a seguir a Cristo que se extiende desde algunos púlpitos, da la impresión que lo único que se requiere del que acepte tal invitación es decir algunas palabras, creer intelectualmente o caminar por el pasillo hacia el frente, sin tener que cambiar nada. Jesús dijo a todos los que lo escuchaban: «Si alguno quiere venir en pos de mí, niéguese a sí mismo, tome su cruz cada día, y sígame» (Luc. 9: 23).

Cuando el apóstol Pablo se encontró con Jesús en el camino que conducía a Damasco también encontró su propio final, pues ese encuentro extraordinario fue el punto final al odio que había respirado contra los cristianos, el final de su orgullo, de su justicia propia, de su nacionalismo, de sus esperanzas, de sus sueños y de sus objetivos. Supuso una decisión de entregarse a la muerte, no por suicidio, sino por el simple hecho de apartarse de su antiguo yo y de comenzar una nueva identidad en Cristo. Cuando se produce el milagro de la conversión, todo lo que se posee queda a completa disposición de Jesús, para los propósitos que él estime convenientes, y nada de ello deberá nunca obstaculizar la obediencia absoluta a su mandamiento de amor.

Jesús no desea engañarte con un cebo, ni te propone tampoco un trueque para que lo sigas. Aparte de su persona, no te ofrece nada "a cambio" para que lo sigas. Él es completamente franco con respecto al costo. Preguntó: «¿Quién de vosotros, queriendo edificar una torre, no se sienta primero y calcula los gastos, a ver si tiene lo que necesita para acabarla? [...] ¿O qué rey, al marchar a la guerra contra otro rey, no se sienta primero y considera si puede hacer frente con diez mil al que viene contra él con veinte mil?» (Luc. 14: 28, 31).

Permite que el llamamiento a seguir a Jesús sea respondido por ti de forma clara y sincera. Jamás te lamentarás de hacer lo que él te pida. Por el contrario, encontrarás gozo en la obediencia y deleite en entregarle todo a él.

Y todos vosotros pasáis armados el Jordán delante de Jehová,
hasta que haya echado a sus enemigos delante de sí, y sea el país sojuzgado
delante de Jehová; luego volveréis, y seréis libres de culpa para con Jehová,
y para con Israel; y esta tierra será vuestra en heredad delante de Jehová.
NÚMEROS 32: 21, 22

¿Qué es lo que pide Dios antes de otorgar un premio? A semejanza de las tribus de Israel, a las que se les prometió que heredarían la tierra anhelada por Abraham, Isaac y Jacob, a nosotros también se nos ha prometido que heredaremos el cielo. Pero, así como las tribus de Israel tenían asuntos que atender antes de heredar la tierra prometida, nosotros también tenemos obligaciones que cumplir antes de heredar la Canaán celestial. Nuestra obligación la encontramos expresada de forma meridiana en Apocalipsis 2: 10, donde el Testigo fiel recuerda a la iglesia de Esmirna: «Sé fiel hasta la muerte y yo te daré la corona de la vida».

En este sencillo mandato de Jesús, lo de ser fiel parece simple, pero la parte que habla de la muerte no lo es tanto. Pero ser fiel y cumplir siempre lo que hemos prometido es muy importante para Dios. Por eso, después de nuestra conversión, él anhela que seamos fieles a las cosas respecto de las cuales hemos prometido fidelidad. Dios quiere que seamos fieles hasta la muerte con el sábado, que lo seamos con el voto matrimonial que hicimos, ser fieles hasta la muerte con los diezmos aunque no tengamos para comer en el mes. Estas son algunas de las promesas de fidelidad que Dios quiere que cumplamos. Por eso Jesús nos recuerda: «Dad al César lo que es del César y a Dios lo que es de Dios».

Aunque ser fieles puede parecer sencillo, no hay duda de que, humanamente hablando, es algo difícil. Por eso la Biblia nos pregunta: «Cuando venga el Hijo del hombre, ¿hallará fe en la tierra?» Jesús quiere saber si cuando él regrese encontrará a aquellos que dicen llamarse cristianos cumpliendo su voluntad.

La fidelidad no fingida exige que nos comportemos de la misma manera cuando estamos delante de los demás y cuando estamos a solas. ¿Somos fieles a nuestro compromiso con las cosas de Dios aunque ningún ser humano nos esté mirando? Jamás olvidemos que los ojos de Jehová están sobre toda la tierra. Aunque seamos salvos por gracia, tal como enseña la Biblia, es bueno cumplir las promesas que hicimos ante él por respeto a ese Dios que nunca ha fallado en ninguna de sus promesas.

> Porque muchas veces había sido atado con grillos y cadenas,
> mas las cadenas habían sido hechas pedazos por él,
> y desmenuzados los grillos; y nadie le podía dominar.
> Marcos 5: 4

El relato del endemoniado presentado por Marcos 5: 1-20 retrata a un joven con el que cualquiera de nosotros podría encontrarse únicamente en la peor de las pesadillas. Se trataba de un hombre poseído por los demonios, quienes lo encaminaban a la violencia. Lo habían desfigurado, lo habían privado del uso de la razón, lo tenían desnudo, y vivía en el cementerio, con los muertos como única compañía. Su lamentable estado no difería mucho del de un animal rabioso, y era perfectamente natural que la sociedad lo rehuyera.

No había casa en Israel para una persona como él. Tampoco había hospital o asilo que lo pudiese acoger. ¿Cómo pudo desfigurarse de tal modo física y, sobre todo, moralmente ese hombre? ¿Cómo es posible que se echase a perder así la imagen de Dios en aquel habitante de Gadara? ¿Cómo llegó aquella persona a la terrible condición en que se encontraba? ¿Cómo llegó a hacer del cementerio su morada y de los cadáveres y los demonios sus únicos compañeros? ¿Es que en algún tiempo no fue un niño amado y mimado por sus padres, un niño que jugaba inocentemente con otros niños? Por circunstancias que desconocemos, ahora había caído en el abismo donde no hay memoria del pasado ni esperanza del futuro. Su única parte debajo del sol era la tortura del presente.

El relato dice que nadie podía con él: «Nadie le podía dominar». Ni médicos ni taumaturgos podían hacer nada con su mal. Sus antiguos vecinos lo dieron por un caso perdido. Su familia había perdido toda esperanza. Ni los hombres más fuertes del lugar eran capaces de reducir la furia incontenible del morador endemoniado del cementerio.

Quizá hemos escuchado palabras semejantes: «Su enfermedad es incurable», «Ya no hay remedio para su mal», «Ese hijo es un caso perdido», «Ese esposo jamás se convertirá». Pero el relato que nos presenta el segundo evangelista muestra una salida del túnel de la imposibilidad y nos dice que hay Uno que sí puede: Jesús. Para él no hay nada imposible. Él puede hacer todas las cosas.

Acude hoy al Señor con tu problema. Aunque no haya nada que se pueda hacer desde el punto de vista humano para solucionarlo, hay Uno que sí puede. Jesucristo, que destruyó a los demonios, puede destruir cualquier mal de tu vida.

Entonces los marineros procuraron huir de la nave, y echando el esquife al mar, aparentaban como que querían largar las anclas de proa.
Pero Pablo dijo al centurión y a los soldados: «Si estos no permanecen en la nave, vosotros no podéis salvaros».
HECHOS 27: 30, 31

Al final de su tercer viaje misionero, Pablo fue arrestado en Jerusalén. Estuvo preso más de dos años aguardando la tramitación de su caso y su envío a Roma, donde tendría lugar finalmente su juicio. Llegó por fin el día en que tomaría el barco para ir a la capital del imperio. En la travesía, el barco sufrió los embates de una terrible tempestad, tan intensa que la embarcación perdió su curso y amenazaba con el naufragio en alta mar.

¿Dónde está nuestra verdadera seguridad? La mayoría de nosotros tenemos "botes salvavidas" que mantenemos cerca de nosotros "por si acaso". Aun después de haber aceptado el perdón y la gracia salvadora de Jesús, tendemos a echar mano de nuestros botes salvavidas, por si no hemos sido completamente perdonados por Jesús. Decimos que ponemos nuestro futuro en las manos de Dios, pero siempre nos aseguramos de hacer todo lo que esté a nuestro alcance para asegurar el bienestar en nuestra vida por si Dios no se manifiesta.

Decimos entender el concepto de la eternidad y la idea de que nuestra vida es, como dice Santiago 4: 14, «neblina que se aparece por un poco de tiempo, y luego se desvanece», pero, aun así, nos esforzamos en exceso por alcanzar títulos y posiciones elevadas para que nuestros amigos y familiares reconozcan nuestro éxito. Decimos que queremos vivir para Jesús y alabar a nuestro Padre celestial por toda la eternidad, pero no queremos perdernos los placeres inmediatos de este mundo, por si fuera mentira el cielo.

El problema de esto es que si mantenemos un pie en el barco, o sea, Jesús, y otro en el bote salvavidas, o sea, el mundo, nunca viviremos como Dios desea. No tiene sentido decir que confiamos plenamente en Dios y sus promesas si las incertidumbres y las dificultades de la vida hacen que fluctuemos entre el barco insumergible y el esquife. Olvidarnos de este implica depositar nuestra confianza plenamente en Dios, creer que las promesas hechas en su Palabra son verdaderas, y vivir de acuerdo a lo que él, en su amor, nos pide.

¡Debemos permanecer en el barco! Una relación salvadora estrecha con Jesús implica que hemos reconocido que hay una tormenta que amenaza con hundirnos, pero también implica aferrase al único barco de perdón provisto para nosotros. Aferrarnos a Jesús y su gracia es la única forma de salvarnos, porque no hay otro nombre bajo el cual se encuentre la salvación. Olvida hoy tu barquito salvavidas y aférrate al barco grande y seguro que te llevará al reino de los cielos.

Y el rey dijo a Arauna: «No, sino por precio te lo compraré; porque no ofreceré a Jehová mi Dios holocaustos que no me cuesten nada». Entonces David compró la era y los bueyes por cincuenta siclos de plata.

2 SAMUEL 24: 24

E l Señor había dado instrucciones a David para que ofreciera un sacrificio que detuviera la plaga que había caído sobre Israel por causa del censo del pueblo. El jebuseo Arauna puso a disposición de David todo lo necesario para realizar el sacrificio. Según el versículo de esta mañana, David rechazó de plano el ofrecimiento aparentemente generoso de su súbdito: «No, sino por precio te lo compraré; porque no ofreceré a Jehová mi Dios holocaustos que no me cuesten nada» (2 Sam. 24: 24).

En la respuesta de David podemos observar un principio fundamental: Los sacrificios que no tienen precio carecen de valor. David rehusó tomar lo que Arauna le ofreció, porque entendía que todo lo que se ofrece al Señor debe ser lo mejor, lo primero, lo que se necesita, y nunca lo que sobra. Los sacrificios que no tienen un coste no reflejan cuánto amamos a Dios, ni muestran reverencia y adoración.

Este principio nos enseña que debemos dar no de lo que nos sobra, sino de lo que nos cuesta. Lo que sobra rara vez duele, precisamente porque no lo necesitamos. La actitud cicatera de muchos cristianos queda perfectamente ilustrada con la siguiente fábula.

Un día se encontraron un billete de cien dólares y un billete de un dólar. El primero estaba nuevo y sin ningún maltrato; daba la impresión de que había sido tratado con cariño y mucho cuidado. En cambio, el segundo estaba todo envejecido y casi roto. Este le preguntó al de cien dólares: «¿Qué tal? ¿Cómo te ha ido?» La respuesta fue: «Muy bien, he viajado mucho. He estado en Europa, en los Estados Unidos, en los casinos de las Vegas, en los mejores hoteles, en los restaurantes más lujosos y costosos». El otro replicó: «¡Qué dichoso eres! A mí me ha ido muy mal. Solo me han llevado al templo y me han dejado en el plato de las ofrendas».

Decide hoy reverenciar al Señor dando lo mejor de tu tiempo, de tu dinero, de tus talentos y de tu vida. Solamente cuando estés realmente dispuesto a ser consecuente con el sacrificio de Cristo, que te exige la negación de ti mismo, verás un fruto genuino en tu vida espiritual. David entendía esta realidad, y por eso ofrendó con sacrificio.

Velad y orad para que no entréis en tentación;
el espíritu a la verdad está dispuesto, pero la carne es débil.
MATEO 26: 41

Martín Lutero dijo: «No podemos evitar que los pájaros vuelen sobre nuestra cabeza, pero sí que hagan nido en ella». La tentación es inevitable; sin embargo, la manera en que se afronta es un asunto de elección. Para que la tentación no nos lleve al pecado, debemos hacer nuestras algunas recomendaciones del apóstol Pablo:

- «Todas las cosas me son lícitas, mas no todas convienen» (1 Cor. 6: 12). Pregúntate: «Si decido hacer esto o aquello, ¿cuán saludable será para mi vida espiritual, mental y física?» No debe fomentarse lo que no nos ayude a progresar en la vida cristiana.

- «Todas las cosas me son lícitas, mas yo no me dejaré dominar de ninguna» (1 Cor. 6: 12). Pregúntate: «¿Formará esto un hábito que posteriormente me llevará a hacer lo que no quiero y finalmente estaré bajo su dominio? ¿Me llevará esta práctica a convertirme en esclavo de un vicio?»

- «No comeré carne jamás para no poner tropiezo a mi hermano» (1 Cor. 8: 13). Pregúntate: «¿Será mi acción un motivo para perder mi influencia sobre los demás? ¿Dejaré de ser respetado?» Como cristianos, estamos en este mundo para aportar algo importante. Somos las señales puestas por Dios para indicar al extraviado cómo encontrar el camino verdadero que conduce a la felicidad y a la vida eterna. Somos la prueba que Dios muestra al mundo para enseñar a los pecadores el poder que hay en el evangelio para cambiar la maldad en el corazón humano.

- «Hacedlo todo para la gloria de Dios» (1 Cor. 10: 31). Pregúntate: «Si decido hacer esto, ¿daré honor a Dios? ¿Exaltaré su nombre?» Todo pecado desprestigia a Dios, deshonra su nombre y lleva a los incrédulos a hablar mal de nuestro Padre celestial.

Hacerte estas preguntas te llevará a conocer si lo que haces es correcto o no, si debes tomar o no una decisión, si debes aceptar o no un ofrecimiento, si debes asistir o no a una invitación o permitir ciertas compañías. Sabrás si tu manera de conducirte te afectará a ti, a otros y, en último término, al reino de Dios.

Toma hoy la decisión de practicar los consejos del apóstol Pablo. Te ayudarán a elegir bien, a adoptar las mejores decisiones y a ganar muchas victorias con la ayuda de Dios.

Jehová exalta a los humildes, y humilla a los impíos hasta la tierra.
SALMO 147: 6

Sé que el título para la lectura de hoy suena duro. Pero lo que enseña es verdad. En otra parte de la Biblia dice: «Dios resiste a los soberbios, y da gracia a los humildes» (1 Ped. 5: 5). Y la razón es clara: Dios es el ser más humilde. Y no comulga con los soberbios; no se lleva bien con ellos, ni puede caminar a su lado. La razón es bien sencilla: la respuesta negativa a la pregunta retórica «¿Andarán dos juntos si no están de acuerdo?»

Si hablamos de personas dominadas por el ego, Amán probablemente está a la cabeza. Amán era el segundo después del rey. Era honrado y reverenciado por todos los ciudadanos del imperio, pero había algo que no podía comprar: la obediencia de Mardoqueo. El judío se negaba a postrarse delante de Amán, y ello hería el orgullo del primer ministro persa. Tan profunda era la herida de su orgullo que urdió un plan para exterminar no solo a Mardoqueo, sino a todo el pueblo judío.

El orgullo es destructor. ¿Has visto algo destruido por el orgullo? Somos muchos los que lo hemos visto destruir matrimonios, cuando ninguno de los dos cónyuges se humilla a decir: «Lo siento, fue mi culpa». Lo hemos visto destruir a los mejores hombres, que creyeron que su posición la habían alcanzado por sus propios esfuerzos y no por la gracia de Dios. Hemos visto al orgullo destruir amistades de toda una vida, simplemente por no decir «Perdón, me equivoqué».

Jesús contó una parábola acerca de un hombre orgulloso. Había sido bendecido con grandes cosechas. Se enorgulleció y empezó a construir graneros inmensos para guardar grandes cantidades de cereal, olvidándose de que su fortuna y su éxito venían de Dios (Luc. 12: 13-21). Jesús lo llamó "necio". La verdad es que ser orgulloso es ser necio. Amán, a causa de su orgullo, se procuró una vergonzosa derrota.

¿Quieres acercarte a Dios? Entonces, acude a él con un corazón humilde. Si no, ni te molestes. Si tu corazón está lleno de orgullo, no hay ni siquiera un rinconcito para él cerca de Dios.

Quiera Dios que tomemos la decisión hoy de apartarnos del ego y del orgullo. Que seamos humildes en cada uno de los aspectos de nuestra vida. Entonces podremos tener un compañerismo íntimo con Dios, porque él «habita en la altura y la santidad, y con el quebrantado y humilde de espíritu» (Isa. 57: 15).

¿No decís vosotros: «Aún faltan cuatro meses para que llegue la siega?»
He aquí os digo: «Alzad vuestros ojos y mirad los campos,
porque ya están blancos para la siega».
JUAN 4: 35

Los discípulos miran hacia donde el Señor les indica y lo que contemplan les llena el corazón de asombro. Hace todavía una hora recorrían las calles de Sicar, buscando provisiones. La gente los miraba con aire de desconfianza. Tampoco ellos se sentían a gusto en medio de los enemigos de su nación y de su culto. Ahora, apenas minutos después, aquellos mismos samaritanos medio paganos acuden en tropel a Jesús, y perciben que van a tener un puesto con ellos en el reino de los cielos.

Los discípulos habían estado con aquella gente mientras compraban alimentos en la ciudad. Intercambiaron con ellos únicamente las palabras indispensables para procurar las provisiones. Probablemente no se les ocurrió revelar su identidad a aquellos extranjeros, ni mucho menos confiarles que habían hallado al Mesías. No les habían dicho nada. No les hablaron nada de la espléndida causa a la que se habían consagrado totalmente. No les habían dejado traslucir nada acerca de su nueva vida por el poder de Jesucristo. ¡Qué tragedia! ¡Los discípulos de Jesús en la ciudad y nadie lo supo!

«Alzad los ojos y contemplad» es la orden del Maestro. La gente es menos mala de lo que imaginamos, y está menos alejada del evangelio de lo que muchas veces suponemos. Y vamos y venimos en medio de ellos, sin pensar siquiera en comunicarles algo de nuestro cristianismo, o sin atrevernos a hacerlo.

¿Cuándo nos decidiremos a romper de una vez los negros cristales con los que nos empeñamos en contemplar la vida y el mundo? ¿Dónde están esos campos de mies?

Como requisito de la asignatura de Evangelismo Personal, Jonás, un joven estudiante de una de nuestras universidades, visitaba un barrio de la ciudad, haciendo contactos misioneros. Mientras llamaba a las puertas para ofrecer la revista *Prioridades*, en uno de los hogares que visitó se encontró con una señora que, después de escuchar sus palabras, le dijo: «Usted es la respuesta a lo que he estado pidiendo a Dios. Me encuentro desesperada, a pesar de todo lo que poseo. Siento en mi corazón una profunda necesidad, que nada ni nadie puede llenar». Ese día comenzó un nuevo amanecer para esa angustiada señora. Jesús llegó a su corazón y llenó su vida con la paz que solo él puede ofrecer.

Los campos están maduros para la siega. Pasar inadvertidos o guardar silencio es un pecado grave. Muchos están esperando que compartas con ellos la gran salvación que has encontrado en Jesús.

Bendice, alma mía, a Jehová, Y no olvides ninguno de sus beneficios.
SALMO 103: 2

L legamos al último día, a la última mañana del año. No todos los que comenzaron este año han podido terminarlo.

Lamentablemente, de los que lo terminan, no todos lo acaban felices, con su relación matrimonial estable, con una buena relación con sus hijos, con la seguridad de un salario mensual, con salud y fortaleza física, con fe y confianza en Dios, como nosotros lo terminamos.

Indudablemente, esto nos debe llevar a un acto de gratitud a Dios, que nos ha concedido otro año más, 365 días, casi nueve mil horas y más de medio millón de minutos.

Hay razones abundantes para alabar agradecidos a Dios con todo nuestro ser, nuestra alma y nuestro espíritu por todos sus beneficios. Los milagros de Dios son milagros de todos los días. Hay material en cantidad para expresarle gratitud.

Hace algunos años, mi esposa me comunicó que había descubierto en su cuerpo unas manchas oscuras. Fuimos a ver al médico, quien la examinó y le recetó algunos medicamentos. Como no mejoró, regresamos para verlo nuevamente. Esta vez dijo que era algo grave y que tenía que ser hospitalizada. A partir de ese día todo se complicó, y las cosas comenzaron a ir de mal en peor. Los médicos no acertaban cuál era la enfermedad.

Un derrame cerebral la dejó inconsciente y le paralizó la parte derecha del cuerpo. El médico me comunicó que el daño era irreversible y que, si sobrevivía, quedaría paralizada en silla de ruedas. Luego se me comunicó que sería llevada a la sala de cuidados intensivos. Unas horas más tarde, se me pidió autorización para colocarle los aparatos para darle respiración artificial. Luego el médico vino a verme para decirme: «Prepárate para lo peor».

Junto con muchos hermanos, doblé las rodillas clamando a Dios por un milagro. Y el milagro llegó. Un sábado, a la puesta del sol, Dios manifestó su poder. Mi esposa sanó totalmente. Los médicos no salían de su asombro y dijeron: «Esto no tiene explicación. Lo único que podemos decir es que es un milagro».

Junto contigo, que también has disfrutado la manifestación del poder de Dios en tu vida, canto y digo: «Bendice, alma mía, a Jehová, y no olvides ninguno de sus beneficios» (Sal. 103: 2).

250 RECETAS
QUE PREVIENEN
Y CURAN

Ofrece una serie de platos
realizados con productos alimentarios saludables.
Las recetas incluidas en este volumen
están recomendadas para 150 enfermedades
clasificadas según el órgano o la parte del cuerpo
que recibe mayor beneficio.

**Cuanto mejor nos alimentemos
más felices y sanos nos sentiremos.**

Apacienta mis ovejas

La primera obra de
CLÁSICOS DEL ADVENTISMO

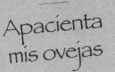

CLÁSICOS DEL ADVENTISMO

Apacienta mis ovejas

H. M. S. Richards

¿Desea conocer los secretos de los grandes predicadores?

¿Quiere predicar sermones poderosos?

✓ Por primera vez en español, la obra maestra de H. M. S. Richards, con todos los principios de la buena homilética, presentados en forma amena y sencilla por este maestro de la predicación adventista.

✓ Este libro no debe faltar en la biblioteca de ningún adventista comprometido con la predicación del evangelio.

DR. MARIO PEREYRA

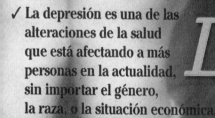

Decida
ser feliz

✓ La depresión es una de las
alteraciones de la salud
que está afectando a más
personas en la actualidad,
sin importar el género,
la raza, o la situación económica.

✓ Mucha gente sufre de angustia
y ansiedad sin saber las causas
ni conocer los posibles remedios.

Decida
ser
feliz

Ⓒ

DR. TIM ARNOTT

Mejore su salud

24 Maneras Realistas

MEJORE SU SALUD 24 MANERAS REALISTAS

DR. TIM ARNOTT

¿Confundido por la avalancha de nueva y a menudo contradictoria información sobre la salud?

- El Dr. Arnott nos ofrece 24 consejos prácticos basados en la investigación científica y en las leyes naturales establecidas por el Creador, que nos ayudarán a vivir más tiempo, más felices y de forma más saludable.

- La información que nos ofrece todo el mundo puede entenderla y aplicarla de inmediato con el fin de mejorar nuestra calidad de vida.

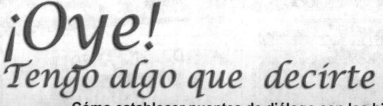

¡Oye!
Tengo algo que decírte

Cómo establecer puentes de diálogo con los hijos

*V*aliosos consejos
que ayudan a superar
las barreras
de la comunicación
y establecer
puentes de diálogo
entre padres e hijos.

*U*na
herramienta práctica
que lo ayudará
a mantener un
diálogo constructivo
en su hogar
y lograr una eficaz
transmisión de valores
a sus hijos.

¡Oye!
Tengo algo que decirte

Cómo establecer puentes de diálogo con los hijos

DR. FERNANDO ZABALA

Imprescindible para el estudio a fondo de las profecías

El modelo literario de Daniel ¿contiene pistas para saber cómo deberíamos interpretar sus profecías?

Jacques B. Doukhan recrea el mundo de Babilonia, aclara alusiones confusas y nos descubre modelos ocultos en las profecías, que nos permiten aclarar su significado.

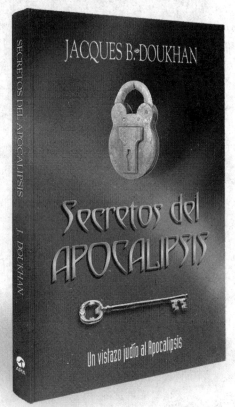

Jorge L. 97 99 9378) Willy 237-1865
338